창업지원제도
활 용
실무 가이드

창업지원제도
활 용
실무 가이드

이동명, 남기정, 배상완
오경상, 권혁진
지음

1971년 세계경제포럼을 창립한 클라우스 슈밥 교수는 그의 저서 『제4차 산업혁명』에서 지금 우리가 살아가는 세상은 "전 세계 사회, 산업, 문화적 르네상스를 불러올 과학기술의 대전환기가 시작됐다"고 주장하였고, 이러한 주장은 2016년 다보스포럼에서 '제4차 산업혁명'이 최초로 논의된 계기가 되었다.

'제4차 산업혁명'이라는 개념이 등장한 지 50여 년이 지난 현재는 '초연결', '초지능', '초융합'으로 정의되는 '제4차 산업혁명 시대'가 도래했다는 것을 부정하는 이는 그리 많지 않은 듯하다. 이미 우리 사회는 인공지능과 빅데이터가 세상을 지배하기 시작했고, IoT에 기반한 웨어러블기기와 클라우드 서비스, 3D프린터에서 자율주행 및 드론을 이용한 도심 항공 모빌리티(Urban Air Mobility, UAM)에 이르기까지 생소하게만 느껴졌던 기술들이 하루가 멀다고 융합과 진화를 거듭하고 있고, 새로운 기술이 끊임없이 출현하고 있다.

제4차 산업혁명 시대는 많은 일자리를 사라지게 만들고 있지만 이와 함께 새로운 일자리를 창출하고 있다. 특히나 혁신적인 기술과 아이디어를 바탕으로 창업하는 스타트업과 벤처기업들은 우리가 생각하는 것 이상으로 대규모 고용을 창출한다는 사실은 이미 아마존, 우버 등 글로벌 기업들의 사례를 통해서도 입증되고 있다.

이에 따라 세계 각국은 이러한 거대한 산업혁명의 시대적 흐름에 부응해 새로운 제4차 산업혁명을 선도하기 위해 글로벌 경쟁을 치열하게 펼치고 있다. 반도체와 조선, 자동차, 정보통신 등으로 대표되는 우리나라 산업 역시 새로운 패러다임 전환에 발맞추어 빠르게 대응하고 있다. 이와 관련해 우리나라는 민간기업의 자율적인 기술혁신을 정부 차원에서 아낌없이 지원하고 있으며, 그 어느 때보다 창업에 대한 지원을 아끼지 않고 있다.

정부가 그 어떤 것보다 창업에 적극적인 이유도 새로운 패러다임에 맞는 일자리 창출과 이를 통해 지속 가능한 성장을 만들기 위해서 필수 불가결한 요소이기 때문이다. 이러한 측면에서 우리나라의 창업지원제도는 어느 국가와 비교하더라도 뒤처지지 않을 정도로 잘 구축되어 운영되고 있다.

그러나 시중에 나와 있는 책들을 보면 이처럼 많은 정부의 창업지원제도 중 일부분만 다루고 있는 경우가 많고, 공공기관 및 민간기관의 창업지원제도 역시 체계적이고 전체적으로 다룬 경우는 그리 많지 않다. 이에 본 저서는 창업을 준비하는 예비창업자와 초기창업기업 CEO 및 실무자를 비롯해 일선 창업 현장에서 창업교육과 멘토링, 컨설팅, 자금조달 등 창업지원 활동을 하고 있는 창업지원 전문가들에게 우리나라 창업지원제도를 전체적으로 한눈에 살펴볼 수 있도록 정리하여 소개하고자 하는 목적에서 저술되었다.

본 저서는 총 7부로 구성되어 있으며, 제1부에서는 창업과 창업기업에 대한 개념과 유형을 알기 쉽게 정리하였고, 제2부에서는 우리나라 창업지원제도에 대하여 전체적인 구조와 유형을 정리하였다. 제3부에서 제6부까지는 우리나라 창업지원기관을 보증기관, 공공기관, 민간기관으로 구분해 각각의 창업지원기관의 주요 창업지원제도와 지원사업을 정리하였고, 제7부에서는 창업지원을 받기 위해 필수 불가결한 신용관리에 대한 설명과 함께 창업지원사업에 선정되기 위해 매우 중요한 요소인 사업계획서 작성 방법과 작성 사례를 소개하였다.

특히 부록에는 "2023년 중소벤처기업부 창업지원사업 통합공고문"에 기초해 "2023년도 정부 창업지원사업 일람표"를 수록해 수많은 창업지원사업 중에서 예비창업자, 초기창업기업, 소상공인들이 각각의 니즈와 상황에 맞는 창업지원사업을 손쉽게 찾아볼 수 있도록 하였다.

본 저서 역시 국내의 창업지원제도를 모두 담지 못한 한계를 지니고 있지만, 이 책을 통해서 예비창업자와 창업초기기업, 소상공인은 물론이고 우리나라 창업 생태계에서 활동하는 많은 창업지원 전문가들에게도 조금이나마 보탬이 될 수 있기를 기대해 본다.

2023년 새해 아침에
공저자 일동

4차 산업혁명 시대의 패러다임 변화에 맞춰 공공 및 민간기관의 창업지원 방식에도 한 차원 높은 혁신이 요구되고 있어 기존에 다양한 형태로 제공되고 있었던 창업지원 제도들의 시너지 효과를 위한 방법의 모색이 필요한 시점이라고 생각됩니다. 창업을 준비하는 사람들에게 더 많은 창업지원 정보와 다양한 기회가 제공된다면 창업 생태계의 활성화를 통해 고용창출 효과뿐만 아니라 국가경쟁력 향상 또한 가능하기 때문입니다.

이러한 이유로 예비창업 단계에서 기업의 성장 단계까지 창업에 필요한 서비스 및 창업지원 기관에 대한 정보를 쉽게 확인할 수 있도록 도움을 주고자 하는 이 책의 시도가 흥미롭습니다.

이 책에서 제시한 아이디어를 참고해 공공 및 민간 창업지원 기관의 데이터 협력 네트워크가 더욱 활성화될 수 있는 계기가 되었으면 하며, 이 책이 국내 창업지원 제도의 발전과 창업기업들의 성공에 일조할 수 있기를 기대합니다.

– 신용보증기금 이사장 최원목

필요한 요소들을 모두 갖추고 사업을 시작하는 창업자가 얼마나 있을까요? 아마, 대부분의 창업자는 부족한 부분이 풍족한 부분보다 많을 것입니다. 하지만, 다행히도 우리나라는 창업지원제도가 잘 갖추어진 나라이기에 부족한 부분을 상당부분 채우는 게 가능합니다. 필요한 건, 나에게 필요한 지원제도를 정확히 파악하고 잘 활용하는 것뿐이죠. 물론, 이것도 쉬운 일은 아닙니다. 지원기관도 많고, 사업도 많고, 사업마다 체크해야 하는 사항도 많으니까요. 하지만, 이제, 이 책의 등장으로 이런 어려움은 상당 부분 해소될 것으로 보입니다. 많은 창업자들의 막막함을 시원하게 풀어준 고마운 책의 등장에 감사드립니다.

– IT동아 대표이사 강덕원

4차 산업혁명의 급변하는 기술 환경에서 창업을 준비하는 사람들은 창의적인 아이디어와 혁신적인 아이템을 적극 개발하여 지식재산 기반 창업을 통해 시장을 선점할 필요가 있다. 특히 우리나라의 경우 천연 자원이 부족한 핸디캡을 극복하기 위해 뛰어난 인재들이 창업시장에서 그들의 능력을 맘껏 발휘할 수 있도록 지원하는 것이 국가 경쟁력 확보 차원에서 매우 중요하다.

현재 국내에서 제공되는 창업지원제도는 너무 다양하고 광범위하게 산재되어 있어 정작 이러한 정보가 절실하게 필요한 창업가들이 적절하게 이용하기에 어려움이 많았다. 아무리 좋은 연장도 필요한 곳에 제대로 활용하지 못한다면 쓸모가 없다. 이 책에서는 창업가들이 차별화된 지식기반 사업 아이템을 구체화시켜 빠르게 성공 창업으로 나갈 수 있도록 다양한 창업지원 기관의 방대한 정보를 체계적으로 정리해 보기 쉽게 제공하고 있어, 창업을 준비하거나 이제 창업한 이들이 본인에게 맞는 창업지원 제도를 효율적으로 활용해 성공 창업으로 나아갈 수 있도록 도와줄 것이라 기대한다.

– 한국발명진흥회 지식재산금융센터 소장, 경영공학박사 김운선

이 책은 마치 잘 차려진 한정식 같은 느낌이다. 창업제도에 대한 기본 지식과 함께 실제 창업지원기관의 창업지원 프로그램을 한눈에 파악할 수 있도록 체계적으로 정리하고 있어 예비창업자나 창업기업의 니즈를 충족시켜 주기에 부족함이 없어 보인다. 게다가 예비창업자나 창업기업에민 유용한 것이 아니라 창업기업의 성공창업을 지원하고 돕는 창업컨설턴트나 창업지원기관 종사자들에게도 유익한 가이드북이 될 수 있을 것이라고 생각한다.

– 화성산업진흥원 초대원장 나원주

창업관련 지식을 찾아볼 때마다 늘 느껴왔던 아쉬움은 정보가 파편화되어 있다는 점이다. 1인 다역의 눈코 뜰 새 없는 나와 같은 창업가들에게 창업지원제도의 통합적 정보제공에 대한 기대는 오래된 갈증 같다. 이론과 전문성을 겸비한 학자와 현장전문가들이 만들어낸 이 책은 창업지원제도를 충실하게 집대성한 안내서로서 담고 있는 내용도 탄탄하다. 예비창업가뿐만 아니라 이미 창업한 기업가들이 곁에 두고 언제든 펼쳐볼 수 있는 책이다.

– ㈜예간아이티 대표이사 박병재

성공한 창업기업가들은 대체로 위험을 최소화하고, 계산된 위험을 선별적으로 수용하며, 위험을 공유할 수 있는 사람이다. 저명한 투자가인 '워런 버핏'도 "패배할 가능성이 큰 게임은 시작도 하지 않는다"고 하며 리스크 관리의 중요성을 강조하였다. 창업을 준비하는 기업가들은 창업 초기에 안정적인 사업 성장을 위해 다양한 창업지원 제도에 대한 정보가 필요하다. 이 책을 통해 창업 초기의 리스크를 최소화하고 그들의 목표를 위해 전진할 수 있는 로드맵을 제공 받게 될 것이다.

– 기술전략센터 대표, 정보통신기술사 박수기

이 책 한 권을 통해 창업을 준비하거나 이제 막 창업한 기업, 그리고 창업 후 스케일업이 필요한 기업에 국내의 모든 창업지원제도에 대해 'A에서 Z까지' 관련 분야의 기본 지식과 정보를 얻을 수 있을 것으로 기대된다. 창업지원 제도의 토털 플랫폼인 이 책을 통해 보다 많은 기업인들이 성공 창업의 길을 갈 수 있길 기원한다.

– 뉴패러다임인베스트먼트 대표이사 박제현

중소벤처기업은 전 성장주기(Start up-기술개발-제품개발-생산준비-본격생산-마케팅-상장-글로벌강소기업-히든챔피언) 동안 지속성장을 위해서는 가장 중요한 Start up단계에서 Dinamic Management를 위해서 정부와 지자체의 각종 창업지원제도를 최대한 활용하는 등 치밀한 준비와 도전으로 프로젝트를 획득하여야 한다. 최근 많은 예비창업자들이 창업에 도전을 하고 있지만, 창업지원 관련 정보들이 너무 여러 곳에 흩어져 있어 어떻게 창업을 준비하고, 어떤 창업지원제도를 이용해야 할지 막막했던 것이 현실이었다. 이 책을 통해 그동안 창업자들이 필요로 했던 여러 민간 · 공공기관에서 제공하는 창업지원제도에 대한 폭넓은 정보를 획득하여 활용할 수 있을 것이다. 이 책이 창업을 준비하는 분들의 막막한 어둠을 밝히는 등불과 같은 역할을 할 수 있을 것이라 기대한다.

– 한국바이오투자파트너스 부사장, 경영학박사 박준수

창업은 시장경제의 혈맥이라고 할 수 있다. 창업을 통해서 혁신이 일어나고 경제의 피가 도는 것이다. 양질의 일자리 창출은 시대적 화두가 되고 있다. 많은 사람들이 창업을 꿈꾸고 있고 지금 이 순간도 창업이 이루어지고 있다. 그러나 막상 창업을 하는 것이 쉬운 일은 아니다. 그래서인지 서점에 가거나 인터넷을 검색하면 창업에 대한 책이 시중에 넘친다. 그러나 창업지원에 대해 종합적이고 체계적인 책을 만나기는 쉽지 않다. 최고 전문가들이 머리를 맞댄 이 책은 기존에 출간된 다른 창업지원제도 소개책자와는 차별화된 점이 보인다. 우선 창업지원기관의 많은 창업지원제도를 일목요연하게 보여 주고 있을 뿐만 아니라 사업계획서 작성방법이나 신용관리방법 등 실무적인 내용까지 자세하게 설명하고 있어 창업기업이라면 반드시 필요한 내용들로 가득 차 있다. 창업을 하는 기업들에게는 친구 같은 동반자가 되리라 확신한다. 끝으로 이 책의 도움으로 창업을 꿈꾸는 많은 분들이 창업에 성공하고 한국경제가 도약하는 데 일조하기를 바라면서 창업지침서로 일독을 권한다.

– 한국해양대학교 석좌교수(전 한국공정거래조정원장) 신동권

창업지원 현장에서 느끼는 것 중의 하나가 예비창업자들이 창업 준비를 하면서 필요한 정보를 어떻게 찾을 수 있을지 어려워한다는 점이다. 그런 점에서 이 책은 우리나라 창업제도를 체계적으로 잘 정리해 놓고 있어서 예비창업자와 창업기업 실무자들이 여기저기 창업지원 프로그램을 찾아보는 수고로움을 상당 부분 덜어 주는 데 도움이 될 것으로 생각된다. 아울러 창업지원 생태계에서 활동하는 많은 실무자들에게도 유익한 정보를 제공함으로써 창업자들에게 올바른 방향을 제시하는 지침서 역할도 할 수 있을 것으로 기대된다.

– 화성산업진흥원 기업성장팀장 유지훈

창업은 트랜드가 아니라 현실이다. 고용 창출과 국가 경쟁력 향상을 위해서도 보다 많은 창업가들이 창업에 도전할 수 있는 여건을 제공하는 것이 중요하다. 다양한 창업 지원제도가 운영되고 있지만 대다수 창업가들은 어디에서 어떤 창업지원 제도를 이용해야 하는지 잘 알지 못하는 것이 현실이다. 기존의 창업관련 저서들과 비교해 볼 때 이 책은 창업이론과 지식에 해박한 학계전문가와 중소기업 금융지원 현장 전문가들이 저자로 참여하여 현실성 높은 창업지원제도 전반에 대한 폭넓은 접근을 했다는 점에서 차별점이 있다. 창업지원제도에 대한 다양한 정보가 필요한 독자라면 필독을 권한다.

– 경영컨설턴트(경영공학박사) 윤태준

이 책은 정책금융기관 등의 현직 전문가들이 일선 현장에서 다양한 창업·중소기업을 지원하고 소통하는 과정에서 창업을 준비하는 이들이 진정 필요로 하는 것이 무엇인지 그들로부터 직접 듣고, 이를 해결하기 위해 오랫동안 고민하여 만들어낸 결과물이다.

창업기업들의 눈높이에 맞춘 우리나라 정책 및 민간 창업지원 기관들의 다양한 금융지원제도 등 정보와 그들이 정책자금을 원활하게 지원 받을 수 있도록 하기 위한 신용관리 방법과 사업계획서 작성 팁은 현장의 전문가들의 경험으로부터 얻을 수 있는 소중한 살아 있는 정보라고 하겠다.

창업 성공을 원하시는 독자라면 이 책이 그들의 안정된 창업 성공을 위한 이정표가 될 수 있을 것이다.

– KDB 한국산업은행 부행장 정병철

창업을 해서 가장 어려운 일은 자금을 조달하는 것이다. 우리나라의 중소기업 정책금융을 다루는 기관은 많지만 스타트업이 접근하기가 쉽지 않다. 이 책은 현장에서 오랫동안 근무하면서 겪은 경험들과 체계적 이론을 융합하여 창업기업들이 현실을 감안하여 효과적으로 정책지원 기관들의 지원을 받을 수 있도록 안내하는 나침반이다.

– 호서대학교 대학원 산학협력대학 교수 조경식

창업을 꿈꾸고 있거나 창업한 기업이라면 누구든 창업지원정책에 대한 관심을 잠시도 소홀히 할 수 없다. 창업자금 조달은 물론이고 기술개발, 제품 디자인, 마케팅 등 매 단계마다 창업지원기관들의 도움 없이 성공적으로 사업을 영위해 나가기 어려운 것이 현실이기 때문이다. 이런 가운데 이 책을 만나게 된 것은 다행스러운 일이다. 이 책은 여기저기 흩어져 있는 창업지원기관들의 창업지원제도를 이해하기 쉽게 정리해 놓고 있으며 이는 오랜 기간 창업지원 현장에서 저자들이 쌓아온 내공과 경험 덕분에 가능한 일이 아닌가 싶다. 이 책이 예비창업자는 물론 초기창업기업들이 짧은 시간에 각자에게 적합한 창업지원제도를 파악하고 이해하는 데 도움이 될 것이라 확신한다.

– 한국경영혁신중소기업협회 경영혁신연구원장 최창석

제3부　보증기관 창업지원제도

제4부 공공기관 창업지원제도(A)

제5부 공공기관 창업지원제도(B)

제6부 민간기관 창업지원제도

제7부 신용관리와 사업계획서

부록

제1부

창업과 창업기업

I 창업의 의의

1 창업의 개요

「중소기업창업지원법」제2조에 창업은 중소기업을 새로 설립하는 것이라고 정의되어 있고 창업, 재창업, 신산업창업, 기술창업으로 창업의 유형을 구분하고 있다. 또한 통계청장이 작성·고시하는 한국표준산업분류상의 세세분류 업종을 기준으로 창업지원 대상에서 제외되는 창업의 범위를 정해 제외 대상에 해당하지 않는 모든 창업을 「중소기업창업지원법」지원 대상 창업으로 보고 있다.

이러한 기준에 따라 창업지원 대상에서 제외되는 창업으로는 일반유흥주점, 무도유흥주점, 기타 사행시설 관리 및 운영업 등의 업종이 있고, 타인의 사업을 상속 또는 증여받아 동종 사업을 계속하는 것, 개인인 중소기업자가 기존 사업을 영위하면서 중소기업을 새로 설립하여 사업을 개시하는 것, 기존 사업을 폐업한 후 동종 사업을 개시하는 것, 법인인 중소기업이 조직변경 등 기업형태를 변경하여 변경 전의 사업과 동종의 사업을 계속하는 것과 같은 창업 형태가 이에 해당한다.

2 창업의 유형

「중소기업창업지원법」제2조에는 '창업'의 정의와 함께 '창업'을 재창업, 신산업창업, 기술창업으로 세분화해서 규정하고 있다. 이처럼 창업을 구분한 것은 일반창업과 구별해 재창업, 신산업창업, 기술창업에 대한 지원을 강화하려는 정책적 목적이 반영된 것으로 보인다. 「중소기업창업지원법」상 창업의 유형과 정의는 아래 표와 같다.

【「중소기업창업지원법」상 창업 관련 용어의 정의】

용어	용어의 정의
창업	· 중소기업을 새로 설립하는 것
재창업	· 중소기업을 폐업하고 새로운 중소기업을 설립하는 것
신산업창업	· 기존 산업을 융복합하거나 시장성, 파급효과, 성장 잠재력 및 국민경제 발전에 기여도가 높을 것으로 예상되는 산업(이하 "신산업"이라 한다)을 기반으로 하여 창업하는 것
기술창업	· 창의적인 아이디어, 신기술, 과학기술 및 정보통신기술에 기반하여 문화 등 다양한 부문과의 융합을 촉진함으로써 새로운 사업 영역을 개척하거나 도전하는 창업

한편 실제 창업 생태계에서는 사업아이템을 기준으로 아래 표와 같이 일반창업(또는 생계형창업), 프랜차이즈 창업, 기술창업, 벤처창업, 소셜벤처창업, 무점포창업, 소호창업, 1인창업 등으로 구분하고 있으나, 정부의 창업지원을 받기 위해서는 「중소기업창업지원법」에서 정의하고 있는 지원 대상 '창업'의 유형에 해당하는지 살펴보는 것이 무엇보다 중요하다.

【창업의 유형】

창업유형	내용
일반창업 (생계형창업)	· 기존 제품, 상품을 구매해 판매, 기존에 존재하는 서비스를 제공하는 형태의 창업을 말한다. 다른 창업에 비해 신규성이나 독창성이 낮고, 진입장벽도 낮아 경쟁이 치열한 편임
프랜차이즈 창업	· 가맹점주가 가맹본부와 가맹점계약을 맺고 창업하는 것을 말함 · 우리나라 창업자가 가장 선호하는 창업형태이나 진입장벽이 비교적 낮아 경쟁이 치열하고, 가맹본부와 가맹점사업 간 불공정사례가 많아 공정거래위원회에서 「가맹사업거래의 공정화에 관한 법률」에 근거해 관리하고 있음
기술창업	· 창의적인 아이디어, 신기술, 과학기술 및 정보통신기술에 기반하여 문화 등 다양한 부문과의 융합을 촉진함으로써 새로운 사업 영역을 개척하거나 도전하는 형태의 창업
무점포창업	· 별도의 사업장을 갖추지 않고 사업을 영위하기 위하여 창업하는 것을 말하며, 온라인쇼핑몰, 온라인마켓, O2O플랫폼, 번역사업 등이 이에 해당함
소호창업	· Small Business, Small Office의 약자로 자본, 기술이 아닌 정보와 아이디어 기반으로 창업하는 것으로, 무점포창업과 유사한 측면이 있으며, 홈케어서비스(곰팡이, 진드기 제거), 세차서비스 등이 이에 해당함
1인창업	· 창업자가 직원 없이 혼자 창업하는 것으로 소자본으로 창업하게 되어 창업 초기 소자본으로 창업할 수 있는 장점이 있는 반면, 사업 성장 속도가 다소 더딘 단점이 있음

3 창업의 핵심요소

창업하는 이유는 다양할 것이다. ① 경제적 이득, 즉 돈을 벌기 위해서, ② 자신이 하고 싶은 일을 하면서 자아성취를 이루기 위해서, ③ 사업을 통해서 타인에게 인정받고 명예를 높이기 위해서, ④ 조직 내에서 윗사람의 간섭을 받지 않고 자율적으로 일하고 싶어서 등등 많은 이유가 있을 수 있다. 그러나 어떤 이유이든 창업을 통해서 이루고자 하는 것들은 단순히 기업을 설립하는 창업 행위만으로 충족되는 것이 아니라 성공 창업이 전제되어야 한다. 이처럼 성공 창업을 하기 위해서 필요한 요소 역시 무수히 많을 것이나, 가장 중요한 핵심요소는 사람, 창업아이디어, 시장, 자본이라 할 수 있다.

1. 사람

창업기업의 업무는 사람이 수행하게 되며, 업무를 수행하는 사람이 갖고 있는 기업가정신과 의지, 능력과 자질, 사업에 임하는 태도, 구성원의 협력관계 등에 따라 기업의 성패가 좌우되므로 사람이야말로 창업의 요소 중 가장 중요한 요소라고 할 수 있다. 창업자, 동업자, 팀원이 이에 해당한다.

① 창업자

사업을 계획하고 실행을 주도하며, 실질적으로 책임을 지는 사람으로서 창업자의 능력에 따라 창업기업의 성공과 실패가 좌우될 수 있다.

② 동업자

창업자와 함께 금전, 현물 또는 기술을 투자하여 사업 부문별 역할을 수행하고 그 과실을 분배하여 얻는 자로서 창업자 다음으로 중요한 구성원이라고 할 수 있다.

③ 창업기업의 팀원

창업자와 함께 창업사업의 성공을 위해 참여하는 사람으로서 창업자를 도와서 업무를 수행하는 중요한 구성원이며, 창업자와 팀원 간 팀워크는 창업 성공의 중요한 요소이다.

2. 창업아이디어(기술, 제품, 서비스)

창업아이디어는 무슨 사업을 할 것인지에 대한 내용으로 구체적으로는 어떤 기술을 통해서 어떤 제품이나 서비스를 생산하여 시장에 팔 것인지를 결정하는 것을 말하며, 성공창업을 위해서는, ① 우수한 기술이나 사업아이디어로 우수한 제품이나 서비스로 생산될 수있어야 하고, ② 우수한 제품이나 서비스로 가격이나 품질 면에서 경쟁력을 갖고 있어야 하며, ③ 소비자가 기대하는 것 이상의 가치를 제공할 수 있어야 한다.

3. 시장

아무리 좋은 제품이나 서비스가 공급될지라도 대가를 지급하고 구입하려는 자가 없을 경우에는 제품이나 서비스의 공급이 중단될 수밖에 없다. 따라서 대상 제품이나 서비스를 구매하려는 고객이 있어야 한다.

많은 경우에 기술의 우수성만을 믿고 제품을 개발한 후 시장을 개척하려는 경향이 있으나, 시장의 가능성을 보고 제품이나 서비스를 개발하는 것이 성공 가능성이 더 높다고 할수 있다.

시장은 창업자가 제공하는 제품이나 서비스에 대하여 대가를 지불하고 구입하려는 고객 집단을 의미하며, 고객은 제품이나 서비스의 가격을 결정하며, 수요를 간접적으로 조절하는 역할을 한다.

따라서 창업자가 제공하는 제품이나 서비스의 가격 및 품질은 고객이 느끼는 가치 수준에 맞아야 한다.

제품이나 서비스의 원가 < 판매가격 < 고객이 느끼는 가치

시장은 기존의 사업자와 경쟁을 하여야 하는 시장과 새로운 제품이나 아이디어를 통하

여 개척하여야 할 새로운 시장으로 구분할 수 있으나, 기존 시장이든 새로운 시장이든 제품이나 서비스를 판매하기 위해서는 고객의 욕구를 정확히 파악하여 그에 맞는 제품이나 서비스를 개발하고 필요한 시기에 적절한 가격으로 제공할 수 있어야 한다.

4. 자본

계획사업의 수행에 필요한 자금을 말하며 사업을 수행하고자 하는 사람과 좋은 아이디어, 그리고 시장이 존재한다고 해도 사업 수행에 필요한 자금이 없다면 사업을 수행할 수 없으며, 이러한 자본은 자기자본과 타인자본으로 구분할 수 있다.

자기자본은 상환의무가 없는 기업 고유의 재산으로 창업자 또는 창업기업의 주주나 출자자들로부터 투자를 받아 조달하는 금액을 말하며 개인, 법인(벤처캐피탈 포함) 모두가 투자자가 될 수 있다.

반면에 타인자본은 상환의무가 있는 자본으로서 창업자 또는 창업기업의 주주나 출자자가 기업에 투자하는 자본 이외에 사업의 수행에 필요한 자금을 타인으로부터 조달하게 되는 금액을 말하며 친인척, 지인, 금융기관으로부터 차입하게 되는 자금 등을 말한다.

II 창업기업의 의의

1 창업기업의 개요

「중소기업창업지원법」 제2조에 따르면 '창업기업'은 중소기업을 창업하여 사업을 개시한 날부터 7년이 지나지 아니한 기업(법인과 개인사업자를 포함한다)으로 정의하고 있다.

2 창업기업의 유형

「중소기업창업지원법」 제2조에서는 '창업기업'에 대한 정의와 함께 업력과 창업연령, 재창업 여부에 따라 초기창업기업, 재창업기업, 청년창업기업, 중장년창업기업, 예비창업자, 예비재창업자, 예비청년창업자를 구분해 정의하고 있다. 이처럼 업력, 재창업 여부, 연령에 따라 창업자 또는 창업기업을 구분해 정의한 것은 이러한 대상에 해당되는 창업자와 창업기업에 대한 지원을 여타 창업자 또는 창업기업과 구별해 우대하고자 하는 정책적 목적이 반영된 것으로 보인다. 「중소기업창업지원법」상 창업자, 창업기업의 유형과 정의는 아래 표와 같다.

【「중소기업창업지원법」상 창업기업의 유형과 정의】

구분	용어의 정의
중소기업	· 「중소기업기본법」 제2조에 따른 중소기업
예비창업자	· 창업을 하려는 개인 등
예비재창업자	· 재창업을 하려는 개인 등
예비청년창업자	· 창업을 하려는 39세 이하의 개인 등

구분	용어의 정의
창업기업	· 중소기업을 창업하여 사업을 개시한 날부터 7년이 지나지 아니한 기업(법인과 개인사업자를 포함한다)
초기창업기업	· 창업하여 대통령령으로 정하는 기준에 따른 사업을 개시한 날부터 3년이 지나지 아니한 창업기업
재창업기업	· 재창업하여 사업을 개시한 날부터 7년이 지나지 아니한 기업
청년창업기업	· 창업기업 대표자의 연령이 39세 이하인 창업기업
중장년창업기업	· 창업기업 대표자의 연령이 40세 이상인 창업기업

* '사업을 개시한 날'이라 함은 창업자 또는 재창업자가 법인이면 법인설립등기일, 개인이면 사업자 등록일을 말함(중소기업창업지원법 시행령 제3조).

【창업기업의 유형】

구분	내용
일반창업기업 (생계형 창업기업)	· 기존 제품, 상품을 구매해 판매하거나 기존에 존재하는 서비스를 제공하는 것을 목적으로 창업한 기업을 말함. 소상공인, 자영업자의 대부분이 이에 해당
프랜차이즈 가맹점	· 가맹점주가 가맹본부와 가맹점계약을 맺고 창업하는 유형 · 우리나라 창업자가 가장 선호하는 창업형태이나 진입장벽이 비교적 낮아 경쟁이 치열하고, 가맹본부와 가맹점사업 간 불공정사례가 많아 공정거래위원회에서 「가맹사업거래의 공정화에 관한 법률」에 근거해 관리하고 있음
기술창업기업 (스타트업)	· 창의적인 아이디어, 신기술, 과학기술 및 정보통신기술에 기반하여 문화 등 다양한 부문과의 융합을 촉진함으로써 새로운 사업 영역을 개척하거나 도전하는 창업 유형
벤처기업	· 기술창업기업 중 보다 더 구체적인 비즈니스모델과 수익모델을 기반으로 설립된 신생기업
소셜벤처(기업)	· 경영 및 영업활동을 통해서 수익을 발생시키는 것은 일반 창업기업과 마찬가지이나, 장애인 등 사회의 취약계층에게 일자리를 제공하고 사회적 서비스를 제공하여 사회의 문제점을 적극 해결하는 데 주목적이 있는 창업기업의 형태
사회적기업	· 소셜벤처와 유사한 개념이나 정부로부터 사회적기업으로 인증이 될 경우 세금 감면, 컨설팅 제공, 사회보험료 지원, 국·공유지 임대, 시설비·부지 구입비 등의 지원, 융자 혜택 등을 받을 수 있음
무점포창업 기업	· 별도의 사업공간이 필요 없이 자신이 거주하는 장소에서 전자상거래업 등의 사업을 영위하기 위하여 창업하는 것을 말하며, 흔히 전자상거래기업을 지칭함(예: 온라인쇼핑몰, 온라인마켓, O2O플랫폼, 번역사업 등)
소호창업기업	· Small Business, Small Office의 약자로 창업자가 자본 또는 인력이 아닌 정보와 아이디어를 기반으로 자택 또는 작은 사무실에서 인터넷을 활용해 사업을 영위하는 창업기업 · 무점포창업과 유사한 측면이 있으며, 홈케어서비스(곰팡이, 진드기 제거), 세차서비스 등이 이에 해당됨
1인창조기업	· 창의성과 전문성을 갖춘 1명 또는 5명 미만의 공동사업자로서 상시근로자 없이 사업을 영위하는 자(「1인 창조기업 육성에 관한 법률」 제2조)로, 도매 및 상품중개업, 숙박업·음식점업, 부동산업 등은 1인 창조기업에서 제외되는 업종임 · 1인 창조기업은 자유롭고 창의적으로 창업하고 제품 및 지식서비스 등을 활발하게 판매할 수 있도록 사무공간 및 시설 등의 인프라뿐만 아니라 경영 및 사업화 등 판로개척을 지원받을 수 있음

한편, 「중소기업창업지원법」에서 분류하는 기준과 달리 창업 생태계에서는 일반창업기업(생계형창업기업), 소상공인, 영세자영업자, 기술창업기업(또는 스타트업), 벤처(기업), 소셜벤처, 전자상거래기업, 프랜차이즈가맹점(기업), 일반창업기업(생계형창업기업), 무점포창업기업, 소호창업기업, 1인(창조)기업 등 다양한 기준에 따라 여러 가지 명칭으로 창업기업을 분류하고 있으며, 서로 중첩되는 개념이 혼재되어 사용되고 있으나, 창업기업 유형과 명칭에도 불구하고 정부의 창업지원사업을 이용하기 위해서는 정부에서 발표하는 지원대상 창업기업 요건에 해당되는지 살펴볼 필요가 있다.

제2부

창업지원제도

I 창업지원제도의 의의

창업지원제도는 예비창업자를 비롯해 창업한 지 7년 이내인 기업에 대하여 성공적인 창업과 성장 및 도약에 필요한 각종 지원제도를 말하며, 초기 창업자금 지원부터 제품 및 서비스 개발, 시제품 제작, 사업화, 시장개척, 해외진출에 이르기까지 성장단계별 및 각각의 기업 특성에 맞는 맞춤형 지원제도 등 다양한 창업지원제도가 「중소기업창업지원법」에 규정되어 있다.

「중소기업창업지원법」에 따르면 중소벤처기업부장관은 창업지원제도의 근간이라고 할 수 있는 '창업지원종합계획'을 3년마다 수립·시행하여야 하고, 이에 근거해 매년 '창업지원시행계획'을 수립·시행하여야 한다. 또한 창업 활성화와 창업기업 등의 성장·발전을 지원하기 위해 필요한 사업을 추진하거나 관련 사업비 예산을 지원할 수 있다.

따라서 창업기업은 반드시 정부의 창업지원제도에 대한 기본적인 이해와 함께 매년 공고되는 창업지원사업을 꼼꼼하게 살펴보아야 한다.

1 창업지원종합계획 수립·시행(법 제7조)

우리나라 창업지원제도는 중소벤처기업부장관이 창업의 촉진 및 예비창업자, 창업기업, 예비재창업자, 재창업기업 등(이하 '창업기업 등'이라 한다)의 성장과 발전을 위하여 중소기업정책심의회의 심의를 거쳐 3년마다 수립·시행하는 '창업지원종합계획'에 근간을 두고 있으며, 이러한 '창업지원종합계획'에는 아래와 같은 사항이 포함되어 있다.

> 1. 종합계획의 기본방향
> 2. 창업 촉진 및 창업기업 등의 성장·발전 지원에 관한 사항

3. 청년창업기업, 중장년창업기업, 예비창업자, 재창업기업 등 대상별 창업지원 기반 조성에 관한 사항
4. 신산업 · 기술 창업 등 분야별 지원에 관한 사항
5. 창업기업 등의 기술혁신역량 강화를 위한 사항
6. 창업기업 등의 판로, 해외시장 진출 등에 관한 사항
7. 창업기업 등과 창업지원기관 간 교류 · 협력에 관한 사항
8. 해외의 우수한 창업기업 및 관련 인력의 국내 유치 등에 관한 사항
9. 창업 관련 제도 및 법령의 개선에 관한 사항
10. 그 밖에 중소벤처기업부장관이 필요하다고 인정하는 사항

② 창업지원시행계획 수립 · 시행(법 제8조)

창업지원종합계획이 수립되면 중소벤처기업부장관은 종합계획을 시행하기 위하여 매년 관계 중앙행정기관의 장과의 협의를 거쳐 창업지원시행계획(이하 '시행계획'이라 한다)을 수립하여 공고하여야 한다.

③ 창업 활성화 지원사업의 추진 등(법 제10조 제1항)

중소벤처기업부장관은 중소기업의 창업을 활성화하고 창업기업 등의 성장 · 발전을 지원하기 위하여 다음 각호의 사항에 관한 사업을 추진하거나 필요한 시책을 수립 · 시행할 수 있다.

1. 창업기업 등의 발굴 · 육성 및 그에 대한 지원
2. 창업기업 등의 우수한 아이디어 사업화에 대한 지원
3. 기업, 창업 관련 단체 등을 통한 창업기업 등의 발굴 · 육성
4. 창업기업 등의 판로개척 및 해외진출 지원
5. 창업기업 등에 대한 창업교육 및 창업기반시설 확충
6. 해외 인재 또는 해외기업 유치 활성화
7. 인터넷 등 정보통신망을 통한 창업정책 및 창업기업 등과 관련한 지식 · 정보 등 데이터의 축적, 가공, 공유 및 활용 등의 촉진
8. 그 밖에 대통령령으로 정하는 사업

4 사업비 지원(출연 또는 보조)(법 제10조 제3항)

중소벤처기업부장관은 제1항에 따른 사업을 추진하기 위하여 필요하다고 인정하는 경우에는 예산의 범위에서 대학, 연구기관, 공공기관, 창업 관련 단체, 창업기업 등에 해당 사업을 수행하는 데에 드는 비용의 전부 또는 일부를 출연하거나 보조할 수 있다.

II 창업지원제도의 유형

우리나라의 창업지원제도는 분류기준에 따라 다양하게 그 유형을 분류할 수 있다. 우선 창업지원 주체에 따라 크게 정부에서 주관하는 창업지원제도와 공공기관에서 주관하는 창업지원제도, 민간기관의 창업지원제도로 구분할 수 있다.

정부에서 주관하는 창업지원제도는 다시 중앙부처, 광역 지자체, 기초 지자체 창업지원제도로 구분된다. 그리고 창업지원사업의 성격에 따라 사업화 지원사업, 기술개발 지원사업, 시설 · 공간 · 보육 지원사업, 멘토링 지원사업, 행사 · 네트워크 지원사업, 융자사업, 인력 지원사업, 글로벌 지원사업의 8개 유형으로 창업지원사업을 분류하고 있다.

또한 창업기업의 성장단계에 따라 예비창업자 지원제도, 초기창업기업 지원제도, 창업성장 및 도약기업 지원제도 등으로 구분할 수 있고, 그 밖에 수많은 지원 대상별 맞춤형 창업지원제도가 있다.

창업지원사업 추진 경과를 보면 2016년도에 6개 정부부처에서 65개의 사업(6천억원)이었던 정부의 창업지원사업은 2021년도에는 31개 광역지자체의 창업지원사업이 추가되어 총 193개 사업(2조 2천억원)으로 증가하였다. 2022년도에는 기초지자체의 사업(63개 기관, 126개 사업, 205억원)과 융자사업(5개 사업, 220억원)이 추가되어 94개 정부기관에서 378개의 창업지원사업(3조 6,668억원)이 시행되었던 것이 2023년도의 경우 창업교육 지원사업이 멘토링 · 컨설팅 지원사업으로 통합되고, 인력 지원사업, 글로벌 지원사업이 새로운 지원사업 유형으로 추가되었다.

① 창업지원 시행 주체에 따른 창업지원제도

1. 정부의 창업지원사업

정부의 창업지원제도는 매년 창업지원사업을 선정해 지원 분야별로 창업지원사업을 선정하고, 각각의 사업별로 예산을 편성 및 배정하는 방식으로 구축되어 있으며, 이들 창업지원사업은 시행 주체에 따라 중앙부처의 창업지원사업과 광역지방자치단체의 창업지원사업, 기초지방자치단체의 창업지원사업으로 구분할 수 있다.

중앙부처의 창업지원사업은 중소벤처기업부, 과학기술정보통신부, 산업통상자원부를 비롯한 거의 모든 정부부처에서 시행하는 각종 창업지원사업을 말하며, 광역지자체의 지원사업은 서울특별시와 6개의 광역시, 8개의 도, 세종특별자치시, 제주특별자치도 등 총 17개의 광역지자체에서 시행하는 창업지원사업을 말한다. 또한 기초지자체의 창업지원사업은 지방자치단체 중 광역지방자치단체의 산하 단체로서 광역지방자치단체보다 좁은 지역을 관할하는 기초지방자치단체에서 시행하는 지원사업을 말한다. 중앙부처의 창업지원사업은 중앙부처가 직접 시행하는 경우도 있으나, 각 중앙부처에서 산하 공공기관을 전담(주관)기관으로 정하거나 민간기관에 위탁해 시행하는 경우가 대부분이다.

2023년 창업지원사업의 경우 중앙부처는 14개 기관이 102개의 사업을 시행하고, 지자체는 89개 기관이 324개의 사업을 시행한다.

2. 공공기관의 창업지원사업

정부의 창업지원사업은 거의 모든 정부부처가 시행하고 있으나, 그중에서도 중소벤처기업부에서 창업지원사업을 주도하고 있으며, 과학기술정보통신부와 산업통상자원부도 적극적으로 창업지원사업을 시행하고 있다.

정부부처의 창업지원사업은 정부부처가 직접 시행하는 경우보다는 각 정부부처 산하 공공기관을 통해 사업을 시행하는 경우가 대부분이다. 특히 중소벤처기업부 산하 창업진흥원과 중소벤처기업진흥공단, 중소기업기술정보진흥원 등은 대표적인 창업지원기관으로서 중추적인 역할을 수행하고 있고, 그 밖에 중소벤처기업부 산하 기술보증기금, 지역신용보증재단, 소상공인시장진흥공단, 서민금융진흥원, 창조경제혁신센터, 테크노파크 등이 적극적으로 창업지원사업을 펼치고 있다.

또한 금융위원회 산하에는 신용보증기금을 비롯해 산업은행, 기업은행, 핀테크지원센터 등이 있으며, 과학기술정보통신부 산하 정보통신기술진흥센터와 산업통상자원부 산하 한국산업기술평가관리원 등 많은 공공기관에서 활발하게 창업지원사업을 펼치고 있다. 그 밖에 서울창업허브, 부산창업카페, 산업진흥원, 경제진흥원 등 지방자치단체도 직접 또는 산하 기관을 통해 적극적으로 창업지원사업을 펼치고 있다.

3. 민간기관의 창업지원사업

우리나라의 창업지원제도는 주로 정부 및 공공기관 주도로 창업지원사업을 선정하여 각각의 사업을 통해 지원하는 방식으로 시행되고 있으나, 최근에는 민간 영역에서도 매우 활발하게 창업지원사업을 전개하고 있다.

대표적인 민간 창업지원기관으로는 아산나눔재단이 운영하는 마루180, 네이버가 운영하는 D2스타트업팩토리, 구글코리아가 운영하는 구글캠퍼스, 기업형 벤처캐피탈(CVC) 등 대기업이 설립하여 운영하는 기관들과 창업기획자(액셀러레이터), 마이크로 벤처캐피탈(Micro VC), 벤처캐피탈(VC), 크라우드펀딩사 등 민간기관 및 은행권청년창업재단에서 운영하는 디캠프나 기업은행에서 운영하는 IBK창공 등과 같이 금융기관에서도 활발하게 창업지원사업을 전개하고 있다.

이 중에서 「벤처투자 촉진 및 육성에 관한 법률」에 따라 중소벤처기업부에 등록된 국내 액셀러레이터는 2022년 5월 30일 기준 총 375개이고, 등록되지 않은 액셀러레이터를 포함하면 그보다 훨씬 더 많은 액셀러레이터가 활동 중인 것으로 추정된다.

또한 한국벤처캐피탈협회에서 발표한 「2022년 3분기 Venture Capital Market Brief」에 따르면 벤처캐피탈(VC)은 2022년 9월 30일 기준 총 229개사가 운영 중이며 그중 LLC는 42개사, 신기술사는 40개사이다. 투자재원의 경우 2022년 신규 결성된 278개 조합의 총 약정 금액은 7조 517억원이며, 운영 중인 조합은 1,651개로 총 약정 금액은 47조 9,083억원에 달하고, 신규조합의 조합원 구성비는 금융기관이 25.3%로 가장 높고, 일반법인이

18.4%의 순이다.

【국내 창업지원기관 현황】

구분		전담(주관)기관
중앙부처	중소벤처 기업부	· 창업진흥원, 중소벤처기업진흥공단, 기술보증기금, 지역신용보증재단, 소상공인시장진흥공단, 중소기업기술정보진흥원(TIPA), 창조경제혁신센터, 테크노파크 등
	금융위원회	· 신용보증기금, 산업은행, 기업은행, 핀테크지원센터 등
	과학기술 정보통신부	· 한국전자통신연구원(ETRI), 정보통신산업진흥원, 한국연구재단 등
	산업통상 자원부	· 한국산업기술평가관리원, 에너지기술평가원, 특허청, 무역보험공사, 대한무역투자진흥공사(KOTRA) 등
지방자치단체		· 서울창업허브, 부산창업카페, 산업(경제)진흥원 등
민간기관		· 마루180, D2스타트업팩토리(네이버), 구글캠퍼스, 디캠프(은행권청년창업재단), 창업기획자(액셀러레이터), 벤처캐피탈, 마이크로벤처캐피탈, 기업형 벤처캐피탈(CVC), 크라우드펀딩사, 창업보육센터 등

2 창업지원 용도에 따른 창업지원제도

중소벤처기업부가 「중소기업창업지원법」 제5조 및 「중소기업 창업지원계획('21~'23)」에 근거해 창업자 및 예비창업자가 국내 창업지원사업 정보를 알기 쉽게 접할 수 있도록 정부부처 및 지자체의 창업지원사업을 통합해서 발표하고 있다.

2022년도에는 창업지원사업 유형을 기존 사업화, 기술개발, 시설·공간·보육, 창업교육, 멘토링, 행사·네트워크, 융자사업 등 7개로 구분하였으나, 2023년도는 창업교육이 제외되고 인력, 글로벌 사업이 추가되어 사업화, 기술개발, 시설·공간·보육, 멘토링, 행사·네트워크, 융자, 인력, 글로벌 지원사업의 8개 유형으로 창업지원사업을 구분하고 있다.

사업유형별로 살펴보면 사업 수는 사업화(172개), 시설·공간·보육(107개), 행사·네트워크(38개), 멘토링(74개), 글로벌(15개), 인력(11개), 기술개발(5개), 융자사업(4개)의 순이고, 예산규모는 융자(2.01조원, 54.8%), 사업화(8,168억원, 22.3%), 기술개발(4,460억원, 12.4%), 시설·공간·보육(1,569억원, 4.3%) 순이다.

사업별 시행내용과 지원대상, 요건, 지원내용, 신청 절차 등은 K-Startup 창업지원포털

(https://www.k-startup.go.kr)과 기업마당(https://www.bizinfo.go.kr) 및 각 기관 홈페이지 등을 통해 별도 공고되고 있으므로 예비창업자와 창업기업은 창업지원사업에 대한 정보를 수시로 확인할 필요가 있다.

1. 사업화 지원사업

사업화 지원사업은 창업기업이 기술개발을 통해 생산 및 출시한 제품 및 서비스를 시장에 판매하는 데 필요한 사항을 지원하는 사업을 말한다.

중소벤처기업부에서 「2023년 창업지원사업 통합공고문」을 통해 발표한 전체 사업화 지원사업은 47개이고, 이 중에서 대표적인 사업은 창업진흥원이 전담해서 시행하는 예비창업패키지와 초기창업패키지, 창업도약패키지 사업과 민관공동 창업자발굴육성사업, 혁신 분야 창업패키지(BIG3) 멘토링 지원사업, 중소벤처기업진흥공단이 전담해서 시행하는 청년 창업사관학교 사업 등이 있다. 주요 사업화 지원사업은 아래 표와 같다.

【주요 사업화 지원사업】

소관부처 (전담기관)	사업명	지원내용	지원대상
중기부 (창업진흥원)	민관공동창업자 발굴육성사업	· 시제품 제작 · 해외진출, 마케팅 · 후속 사업화 자금 등	· 팁스(TIPS) R&D에 선정된 창업 기업 중 업력 7년 이내 기업
중기부 (창업진흥원)	예비창업패키지	· 사업화 자금 · 창업교육, 멘토링	· 예비창업자
중기부 (창업진흥원)	창업도약패키지	· 사업화 자금 · 대기업 연계	· 업력 3~7년 이내 창업기업
중기부 (중소벤처기업진흥공단)	청년창업사관학교	· One-Stop 패키지 지원시스 템 운영(자금, 교육, 코칭, 공 간, 판로 등 패키지 지원)	· 만 39세 이하, 창업 3년 이내 기업
중기부 (창업진흥원)	초기창업패키지	· 사업화 자금 · 특화 프로그램(아이템 검증, 투자유치 등)	· 업력 3년 이내 창업기업
중기부 (창업진흥원)	혁신 분야 창업 패키지(BIG3) 및 멘토링 지원	· 사업화 자금 · 기술 · 경영 멘토링 · R&D, 정책자금, 보증 등 연계 지원	· BIG3 분야(시스템반도체, 바이오헬스, 미래차) · 창업 7년 이내 기업

2. 기술개발 지원사업

기술개발 지원사업은 연구개발(R&D) 지원사업이라고도 하며 창업기업이 각종 기술을 개발하고 비즈니스모델을 설계하고 고도화하는 등 기술개발에 필요한 내용을 지원하는 사업을 말한다.

기술개발 지원사업은 중소벤처기업부, 과학기술정보통신부, 산업통상자원부, 농수산식품부, 해양수산부 등 많은 정부부처에서 전담기관을 통해서 이루어지고 있으나 과학기술정보통신부, 산업통상자원부, 농수산식품부, 해양수산부 등 대부분의 정부부처에서 운영하는 기술개발 지원사업은 창업지원만을 위한 지원사업이라기보다는 창업기업을 포함한 모든 기업들을 대상으로 하는 사업이라 창업기업이 지원받을 수 있는 가능성이 상대적으로 낮을 수밖에 없다. 그러므로 창업기업만을 대상으로 하는 중소벤처기업부의 기술개발 지원사업에 지원하는 것이 현실적으로 지원받을 가능성이 높다. 중소벤처기업부에서는 주로 중소벤처기업부 산하 중소기업기술정보진흥원(TIPA)을 통하여 창업기업에 대한 기술개발 지원사업을 펼치고 있다. 중소벤처기업부에서 「2023년 창업지원사업 통합공고문」을 통해 발표한 전체 기술개발 지원사업은 5개이다. 이 중에서 중앙부처 지원사업이 3개, 지자체 사업이 2개이며, 주요 내용은 아래 표와 같다.

【주요 기술개발 지원사업】

소관부처 (전담기관)	사업명	지원내용	지원대상
과기부 (정보통신 기획평가원)	ICT 미래시장 최적화 협업 기술개발사업	· 기술개발자금 지원(2+1년)	· ICT 스타트업 (주관 연구개발기관 창업 7년 이내)
해양수산부 (해양수산과학 기술진흥원)	해양수산 기술창업 Scale-up사업	· 사업화 추진에 필요한 기술개 발 지원(최대 2년간 10억원)	· 선민간투자를 유치한 해양수산 분야 7년 이내 창업기업
중기부 (중소기업기술 정보진흥원)	창업성장기술개발	· 기술개발 지원	· 업력 7년 이하 & 전년도 매출액 20억원 미만 창업기업
충청북도 (충북산학융합본부)	보은군 창업지원 및 R&D센터 운영	· 보은군 창업지원 및 R&D센터 입주	· 벤처기업 창업 예정자 및 창업자 · 창업 목적으로 제품 개발을 희망 하는 개인 또는 업체

소관부처 (전담기관)	사업명	지원내용	지원대상
전라남도 (연구바이오 산업과), 보건복지부	㈜전남바이오 산업진흥원 생물의약연구센터	① 연구개발 지원 ② 비임상시험 지원 ③ 임상시험 지원	창업 7년 이내

3. 시설 · 공간 · 보육 지원사업

시설 · 공간 · 보육 지원사업은 시제품 제작, 양산 등에 필요한 비즈니스 공간 및 사무기기를 지원함으로써 창업기업의 성장 기회를 제공하는 사업을 말한다.

중소벤처기업부에서 「2023년 창업지원사업 통합공고문」을 통해 발표한 시설 · 공간 · 보육 지원사업 중에서 대표적인 사업은 창업진흥원이 전담해서 시행하는 창조경제혁신센터 사업이고, 그 밖에 한국창업보육협회가 전담해서 시행하는 창업보육센터 지원사업과 메이커 스페이스 구축사업 등이 있다. 주요 시설 · 공간 · 보육 지원사업은 아래 표와 같다.

【주요 시설 · 공간 · 보육 지원사업】

소관부처 (전담기관)	사업명	지원내용	지원대상
중기부 (한국창업보육협회)	창업보육센터 지원사업	· 보육역량 강화지원	· 창업보육센터 입주 (예비)창업자
중기부 (창업진흥원)	창조경제혁신센터	· 원스톱서비스(창업관련 법률, 특허, 금융, 경영 등 컨설팅) · 창업지원(창업교육, 투자유치, 네트워킹, 마케팅 · 판로지원, 글로벌 진출지원 등)	· 예비창업자 및 창업 후 7년 이내 기업
중기부 (창업진흥원)	메이커 활성화 지원	· 메이커 스페이스 구축 · 운영 경비 지원	· 민간 · 공공기관 및 단체
중기부 (창업진흥원)	창업존 운영	· 입주공간 제공 · 창업 인프라 제공 · 창업지원프로그램 제공	· 예비창업자 또는 7년 이내 창업 기업
중기부 (창업진흥원)	1인 창조기업 활성화 지원사업	· 사업공간 · 마케팅 · 판로 지원	· (예비) 1인 창조기업

4. 멘토링 · 컨설팅 지원사업

멘토링 · 컨설팅 지원사업은 창업기업 및 예비창업자들을 대상으로 멘토링과 컨설팅을 통해 애로 사항을 진단하고 해결방안을 제시하는 사업을 말한다.

종전에 창업교육 지원사업은 2023년 창업지원사업에서는 멘토링 · 컨설팅 지원사업 유형에 통합되었다.

중소벤처기업부에서 「2023년 창업지원사업 통합공고문」을 통해 발표한 전체 멘토링 · 컨설팅 지원사업 중에서 대표적인 사업은 특허청 산하 한국발명진흥회가 전담해서 시행하는 IP나래 프로그램과 IP디딤돌 프로그램 사업이 있고, 과기부 산하 한국청년기업가정신재단이 전담해서 시행하는 K-Global 창업멘토링 사업 등이 있다.

또한 창업진흥원이 전담해서 시행하는 신사업창업사관학교 사업과 교육부 산하 한국연구재단이 전담해서 시행하는 학생창업유망팀 300 사업 등이 있다. 주요 멘토링 · 컨설팅 지원사업은 아래 표와 같다.

【주요 멘토링 지원사업】

소관부처 (전담기관)	사업명	지원내용	지원대상
교육부 (한국연구 재단)	학생창업 유망팀300	· 창업기초교육 · BM고도화 · 시드투자 유치 · 단계별 창업교육 및 육성	· 전국의 초 · 중 · 고등학생 및 대학(원)생 및 학교 밖 청소년 등
중기부 (창업진흥원)	신사업창업 사관학교	· 창업교육 · 점포경영체험 실습지원 · 사업화 자금	· 예비창업자
과기부 (한국청년기업가정신재단)	K-Global 창업멘토링	· 멘토링 · 창업교육 · 투자유치 지원 · 홍보	· ICT 및 제4차 산업혁명 분야 예비창업자 및 7년 이내 창업기업
농림부 (벤처기업협회)	농식품 벤처창업센터	· 센터별 특화프로그램 운영 · 멘토링 · 창업지원 연계	· 농식품 분야 예비창업자 및 7년 이내 창업기업
특허청 (한국발명진흥회)	IP나래 프로그램	· IP기술 · 경영 융복합 컨설팅 집중지원	· 기술보유 중소기업으로 업력 7년 이내 또는 전환창업 후 5년 이내
특허청 (한국발명진흥회)	IP디딤돌 프로그램	· 창업교육 및 멘토링	· 예비창업자

5. 행사 · 네트워크 지원사업

행사 · 네트워크 지원사업은 우수 벤처기업을 발굴하고 제품 홍보 및 투자유치 기회를 제공하여 창업 붐을 조성하고 국내 창업생태계를 전 세계에 소개하고, 글로벌 창업생태계와 교류함으로써 창업기업의 해외 진출을 지원하는 사업을 말한다.

중소벤처기업부에서 「2023년 창업지원사업 통합공고문」을 통해 발표한 전체 행사 · 네트워크 지원사업 중에서 가장 대표적인 사업은 도전! K-스타트업 사업, 민관협력 오픈 이노베이션 지원사업, 컴업(COMEUP) 2023 사업 등이 있다. 주요 행사 · 네트워크 지원사업은 아래 표와 같다.

【주요 행사 · 네트워크 지원사업】

소관부처 (전담기관)	사업명	지원내용	지원대상
중기부 (창업진흥원)	도전! K-스타트업	· 상장 · 상금 · 창업지원사업 후속 연계지원	· 예비창업자(팀) 또는 7년 이내 창업기업
중기부 (창업진흥원)	민관협력 오픈 이노베이션 지원	· 시상 및 사업화자금 연계지원	· (예비)창업기업
중기부 (창업진흥원)	컴업(COMEUP) 2023	· 해외 네트워킹 지원 · 투자유치 지원 등	· 국내외 스타트업 및 예비창업기업

6. 인력 지원사업

인력 지원사업은 2023년에 새롭게 추가된 창업지원사업 유형으로 11개 사업, 470.3억 원의 예산이 배정되었으며 중소벤처기업부, 부산시, 충청북도 등에서 시행할 예정이다.

주요 사업으로는 중소벤처기업부가 '22년도에 신설된 '스타트업 AI 기술인력 양성사업'과 중소벤처기업부, 교육부, 고용부가 협업하는 벤처스타트업 아카데미 등이 있다. 주요 인력 지원사업의 세부 내용은 아래 표와 같다.

【주요 인력 지원사업】

소관부처 (전담기관)	사업명	지원내용	지원대상
중기부 (창업진흥원)	스타트업 AI 기술인력 양성사업	· 인공지능 특화교육 · 취 · 창업 연계지원	· 만 39세 이하 청년(학력, 전공 무관)
중기부, 교육부, 고용부 (협업)	벤처스타트업 아카데미	· (교육생) 훈련비, 장려금 · (기업) 인건비 보조, 중소벤처 기업부 참여사업 가점	· (교육생) 연령제한 없음, 중소벤 처기업에 개발자로 취업하고자 하는 자 · (기업) 벤처 · 스타트업

7. 글로벌 지원사업

글로벌 지원사업 유형의 경우 15개 사업, 865억원으로 중소벤처기업부, 법무부, 서울시 지원사업 등이며, 주요 사업으로는 중소벤처기업부가 운영하는 글로벌기업 협업프로그램, 글로벌창업사관학교 등이 있다. 주요 사업화 지원사업은 아래 표와 같다.

【주요 사업화 지원사업】

소관부처 (전담기관)	사업명	지원내용	지원대상
중기부 (창업진흥원)	글로벌기업 협업 프로그램	· 사업화 자금 · 주관기관 특화 프로그램 · 글로벌기업 지원 프로그램	· 혁신기술을 보유한 업력 7년 이 내 창업기업
중기부 (중소벤처기업신흥공단)	글로벌창업사관학교	· D.N.A. 특화교육 · 창업성공사업화 지원 · 글로벌 프로그램 패키시 시원	· 업력 3년 이하 D.N.A. 분야 (예비)창업기업
중기부 (창업진흥원)	글로벌 스타트업 육성	· 해외 액셀러레이팅 프로그램 · 글로벌 기업과의 실증 지원 · 해외진출자금	· 해외진출을 희망하는 7년 이내 창업기업

8. 융자 지원사업

중소벤처기업부에서 발표한 2023년도 전체 융자 지원사업 수는 총 4개이고, 총 배정 예산은 2조원을 넘는다. 이 예산은 중소벤처기업진흥공단을 통해 창업기반지원자금 1조 9,300억원, 재창업자금 750억원이 배정되었고, 산림청 산하 산림조합을 통해 귀산촌인 창업 및 주택구입지원사업에 180억원이 배정되었다. 주요 융자 지원사업은 아래 표와 같다.

【주요 융자 지원사업】

소관부처 (전담기관)	사업명	지원내용	지원대상
중기부 (중소벤처기업진흥공단)	창업기반지원자금	· 융자 지원	· 업력 7년 미만 중소기업 및 중소기업 창업자
중기부 (중소벤처기업진흥공단)	재창업자금	· 융자 지원	· 업력 7년 미만 재창업자 및 예비재창업자
산림청 (산림조합)	귀산촌인 창업 및 주택구입지원	· (창업) 세대당 300백만원 융자 · (정착) 세대당 75백만원 융자	· 만 65세 이하 귀산촌인(5년 미만)

3 성장단계별 창업지원제도

1. 예비창업자에 대한 지원제도

「중소기업창업 지원법」 제2조에 따르면 예비창업자는 창업하려는 개인 등을 말한다. 예비창업자를 위한 지원사업은 예비창업자에 대한 창업교육, 멘토링, 비즈니스모델 구축 및 고도화, 창업공간 제공, 창업경진대회 등 다양한 유형으로 구성되어 있다. 대표적인 예비창업자 지원사업으로는 창업진흥원의 예비창업패키지와 중소벤처기업진흥공단의 청년창업사관학교 사업, 소상공인시장진흥공단의 신사업창업사관학교 사업이 있으며, 신용보증기금과 기술보증기금에서도 예비창업자 보증지원 프로그램을 운영하고 있다.

【주요 예비창업자 지원사업】

소관부처 (전담기관)	사업명 (프로그램)	지원내용	지원대상
중기부 (창업진흥원)	예비창업 패키지	· 사업화 자금 · 창업교육, 멘토링	· 예비창업자
중기부 (중소벤처기업진흥공단)	청년창업사관학교	· One-Stop 패키지 지원시스템 운영(자금, 교육, 코칭, 공간, 판로 등 패키지 지원)	· 만 39세 이하 · 창업 3년 이내 기업

소관부처 (전담기관)	사업명 (프로그램)	지원내용	지원대상
중기부 (소상공인시장진흥공단)	신사업창업 사관학교	· 창업교육, 점포경영체험, 사업화 자금 지원 – (지원예산) 197.5억원 – (지원규모) 500명 교육생 선발	· 신사업 등 유망 아이디어와 아이템을 보유한 예비창업자
금융위원회 (신용보증기금)	예비창업 보증	· 지원한도 10억원 · 보증료 0.7%p 차감	· 전문자격, 아이디어, 기술 또는 지식 기반 예비창업자로서 6개월 이내 창업예정인 자
중기부 (기술보증기금)	예비창업자 사전보증	· 지원한도 10억원 · 보증료 0.7%p 차감	· 우수기술 · 아이디어를 보유한 예비창업자

2. 초기창업기업에 대한 지원제도

「중소기업창업 지원법」 제2조에 따르면 초기창업기업은 사업을 개시한 날부터 3년이 지나지 아니한 창업기업을 말한다. 초기창업기업에 대한 대표적인 창업지원사업으로는 창업진흥원의 초기창업패키지와 신용보증기금의 초기창업기업을 위한 지원 프로그램 등이 있고, 그 외에도 다음과 같은 다양한 지원제도들이 있다.

【주요 초기창업기업 지원사업】

소관부처 (전담기관)	사업명 (프로그램)	지원내용	지원대상
중기부 (창업진흥원)	초기창업패키지	· 사업화 자금 · 특화 프로그램 (아이템 검증, 투자유치 등)	· 업력 3년 이내 창업기업
중기부 (창업진흥원)	혁신 분야 창업 패키지(BIG3) 및 멘토링 지원	· 사업화 자금 · 기술 · 경영 멘토링 · R&D, 정책자금, 보증 등 연계 지원	· 창업 7년 이내 BIG3 분야(시스템반도체, 바이오헬스, 미래차)
금융위원회 (신용보증기금)	신생기업 보증	· 지원한도 10~20억원(운전) · 보증료 0.4%p 차감	· 창업 후 3년 이내
금융위원회 (신용보증기금)	Start-up NEST (스타트업 육성 플랫폼)	· 액셀러레이팅(컨설팅, 멘토링, 네트워킹, 정보제공) · 금융지원(신용보증, 투자, 신용보험) · 성장지원(해외진출, 광고 · 마케팅, 기술컨설팅, 입주공간, 대기업 연계, 네트워킹 등)	· 혁신성장 분야의 3년 이내 창업기업

소관부처 (전담기관)	사업명 (프로그램)	지원내용	지원대상
중기부 (창업진흥원)	재도전 성공 패키지	· 사업화 자금 · 교육 및 멘토링 · 보육공간 등	· 예비 또는 재창업 3년 이내 기업의 대표(TIPS-R, IP전략형은 재창업 7년 이내)

3. 성장 및 도약기업에 대한 지원제도

성장 및 도약기업은 일반적으로 창업한 지 3년 이상 7년 이내인 창업기업을 말하며 성장 및 도약기업에 대한 대표적인 창업지원제도로는 창업진흥원, 신용보증기금 및 기술보증기금의 금융 및 비금융 지원 프로그램 등이 있다.

【주요 성장 및 도약기업 지원제도】

소관부처 (전담기관)	사업명 (프로그램)	지원내용	지원대상
중기부 (창업진흥원)	창업도약 패키지	· 사업화 자금 · 대기업 연계	· 업력 3~7년 이내 창업기업
중기부 (창업진흥원)	민관공동 창업자 발굴육성 사업	· 시제품 제작 · 해외진출, 마케팅 · 후속사업화 자금 등	· 팁스(TIPS) R&D에 선정된 창업기업 중 업력 7년 이내 기업
금융위원회 (신용보증기금)	창업초기보증	· 지원한도 30억원(운전) · 보증료 0.3%p 차감	· 창업 후 3~5년
금융위원회 (신용보증기금)	창업성장보증	· 지원한도 30억원(운전) · 보증료 0.3%p 차감	· 창업 후 5~7년 이내
중기부 (기술보증기금)	원클릭보증	· 보증절차 간소화 · 운전자금 1억원 이내 보증지원 · 보증료감면: 0.3%p	· 신기술사업을 영위하는 중소기업

④ 창업기업 특성별 맞춤형 창업지원제도

대부분의 창업지원기관들은 성장단계별 지원 프로그램 외에도 창업기업의 특성에 맞는 맞춤형 지원프로그램을 마련해 적극적인 지원활동을 전개하고 있으며 대표적인 맞춤형 창업지원 프로그램으로는 신용보증기금 및 기술보증기금의 금융 및 비금융 지원 프로그램 등이 있고 그 밖에도 문화체육부, 중소벤처기업부 등 여러 정부 차원의 창업지원기관들의 맞춤형 지원 프로그램들이 있다.

【주요 맞춤형 창업지원제도】

소관부처 (전담기관)	사업명 (프로그램)	지원내용	지원대상
금융위원회 (신용보증기금)	유망청년창업기업보증	· 지원한도 3억원 · 보증비율 90~100% · 고정보증료율 0.3% 적용	· 창업 후 7년 이내 · 대표자 만 17~39세
금융위원회 (신용보증기금)	청년희망드림보증	· 지원한도 3억원 · 고정보증료율 0.3% 적용	· 창업 후 7년 이내 · 대표자 만 17~39세 · 제조업, 신성장기업 등
금융위원회 (신용보증기금)	신중년행복드림보증	· 지원한도 3억원 · 보증료 0.3%p 차감	· 창업 후 7년 이내 · 대표자 만 17~39세 · 제조업, 신성장기업 등
중기부 (기술보증기금)	청년창업기업보증	· 보증료 감면 또는 고정보증료 율(0.3%)	· 경영주가 만 17~39세 이하인 창업 후 7년 이내 기술창업기업
중기부 (기술보증기금)	기술창업보증 (맞춤형 창업기업)	· 창업 후 7년 이내 신기술사업자 – 창업 초기, 중기, 후기기업 (창업 연수 기준) · 맞춤형 창업기업 해당 시 우 대지원 – 맞춤형 창업기업 분야: 지 식문화, 이공계챌린저, 기술 경력·뿌리창업, 첨단·성 장연계 창업	· 보증료 감면(5억원 이하)
중기부 (기술보증기금)	지방소재창업기업보증	· 창업 후 7년 이내 지방소재 기술중소기업	· 보증금액 2억원 이하 우대보증 운용
중기부 (기술보증기금)	우수기술 사업화 지원 (TECH밸리)	· 투자, 기술·경영컨설팅 지원 등	· 창업 후 7년 이내 기업으로서 우 수 전문인력(교수, 연구원)이 창 업한 기업: U–TECH, R–TECH, M–TECH
문체부 (한국관광공사)	관광벤처사업 공모전	· 사업화자금 · 교육 · 멘토링, 홍보, 판로개척 등	· 관광분야 예비창업자, 초기기업 (~3년), 성장기업(3~7년) 등
농림부 (농업기술실용화재단)	농식품벤처 육성지원	· 사업화자금 지원	· 농식품 분야 예비창업자 및 창업 기업, 첨단기술 분야 창업기업
중기부 (창업진흥원)	비대면 스타트업육성	· 사업화자금 · 특화 프로그램(인증, 기술평가 등)	· 비대면 분야 예비창업자 및 7년 이내 창업기업
중기부 (중소벤처기업진흥공단)	글로벌창업사관학교	· D.N.A. 특화교육 · 창업성공사업화 지원 · 글로벌 프로그램 패키지 지원	· 업력 3년 이하 D.N.A. 분야 (예비)창업기업

제3부

보증기관
창업지원제도

신용보증기금

1 기관 소개

신용보증기금(Korea Credit Guarantee Fund, KODIT)은 1974년에 제정된 신용보증기금법에 의거하여 1976년에 특별법인으로 설립되었고, 공공기관의 운용에 관한 법률에 의하여 설립된 금융위원회 산하 기금관리형 준정부기관이다. 신용보증기금의 설립 목적은 담보능력이 미약한 중소기업이 부담하는 채무를 보증하여 기업의 자금 융통을 원활히 하고, 신용정보의 효율적 관리·운용을 통하여 건전한 신용 질서를 확립함으로써 신용사회 구현과 균형 있는 국민 경제 발전에 기여하는 것이다.

담보력이 부족한 기업의 채무를 보증하여 기업의 자금융통을 원활히 하고
신용정보의 효율적인 관리·운용을 통하여
건전한 신용질서를 확립함으로써 균형있는 국민경제의 발전에 기여함

※ 법적성격: 「신용보증기금법」에 따라 설립된 비영리 특수법인

【신용보증기금 설립 목적】

신용보증기금의 조직은 9개 영업본부, 109개 영업점, 15개 재기지원단, 11개 채권관리단으로 구성되어 있으며, 본사는 2014년 12월 22일 대구광역시 동구 첨단로7(신서동) 신서 혁신도시로 이전하였다.

2 보증제도

1. 보증지원체계

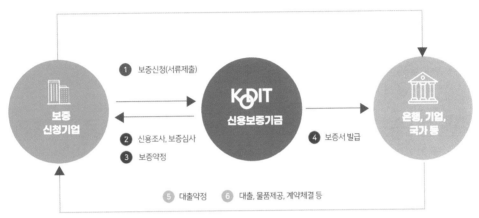

【신용보증 지원체계도】

2. 보증이용에 따른 장점

초기 창업기업의 입장에서 신용보증을 이용하면 담보문제 해소, 비용절감, 대외신용도 제고 및 기업경영 부담 완화 등의 효과가 있다.

장점	내용
담보문제 해소	· 은행으로부터 대출, 거래처로부터 물품공급 등을 받을 때 부족한 담보를 제공
비용절감	· 은행은 안전한 담보인 신용보증서 대출에 대해 우대 금리 적용
대외신용도 제고	· 신용보증은 신용도 및 사업성이 우수한 기업에 선별적으로 지원됨으로써 보증받은 기업의 신용도 제고 효과
기업경영 부담 완화	· 법인기업의 채무에 대하여 대표자 개인의 연대보증 면제

3. 보증대상

보증대상 기업과 보증대상 업종은 다음과 같다.

구분		내용
보증대상기업	법인기업	· 영리를 목적으로 사업을 영위하는 법인
	개인기업	· 영리를 목적으로 사업을 영위하는 기업
	기업단체	· 중소기업 협동조합법에 의한 중소기업협동조합
보증대상 업종		· 신용보증은 업종별 제한 없이 보증 취급이 가능 ※ 다만, 도박 · 사행성게임, 사치, 향락, 부동산 투기 등을 조장할 　우려가 있는 업종에 대해서는 보증을 제한

※ 대기업, 상장기업은 특정자금에 한하여 제한적 허용

4. 보증 이용절차

단계	절차
보증신청 및 상담	· 신보 홈페이지(신보 ON-Biz)를 통하여 보증 상담 신청 · 신규기업은 영업점 방문상담, 기존 보증거래기업은 전화상담 가능(방문상담 생략)
자료수집 및 신용조사	· 신용조사 및 보증심사에 필요한 자료를 수집 · 수집된 자료 및 담당자 현장 출장 등을 통해 신용조사
보증심사 및 승인	· 신용평가 실시 및 신용등급 산출 · 각종 검토표 충족 여부 검토 · 보증지원 가능 여부 및 보증금액 검토 · 보증 승인(영업점 또는 본부)
보증서 발급	· 신용보증약정 체결(비대면 약정 가능) · 보증료 수납(신용카드 결제 가능) · 보증서 발급(전자보증서)

5. 보증료

5.1. 보증료 적용 방식

보증료는 보증금액에 대하여 보증심사등급별 보증료율, 가산보증료율, 차감보증료율을 차례대로 적용하여 계산하며, 신용도 등의 변화에 연동하여 보증료도 변동이 된다.

5.2. 보증료율 운용체계

구분		내용
보증심사 등급별 보증료율		미래성장성등급 적용: K1(0.5%)~K15(2.5%)
가산요율	보증비율 미충족	0.2%p
	일부 해지기준 미충족	0.1~0.4%p
	장기분할 보증 해지 미이행 등	최대 0.5%p
	기타(중소기업 이외의 기업 등)	0.1~0.6%p
차감요율	0.7%p	예비창업보증
	0.5%p	최고일자리기업, BEST 서비스기업, IPO 후보기업(창업), 지식재산보증 (가치평가보증)
	0.4%p	좋은일자리기업, 가젤기업, 신생기업보증, 스마트공장 협약보증
	0.3%p	사회적경제기업, 수출진입기업, 창업형 예비 가젤기업, 창업초기보증, 창업성장보증, 라이징 스타기업, 우수 경영혁신형기업 중 10~100 선정 기업, 유망서비스 부문 기업(60점 이상), 특화서비스 부문 기업 중 수출 기여형, 핀테크형 및 신유형(60점 이상), 신성장동력산업 영위 기업(60점 이상), IPO 후보기업(비창업), 수출희망기업 특례보증, 신중년행복드림보증, 전자상거래담보용보증 등
	0.2%p	장애인기업, 수출확장기업, 수출주력기업, 사회적 취약계층 고용기업, 정부인증 프랜차이즈 가맹본부, 혁신형 중소기업 중 혁신역량 공유 및 전파기업, 창업 3년 이내 기업, 프런티어 스타기업, 우수 경영혁신형기업 중 경영성과 우수기업, 국내복귀기업, 지식재산보증(가치평가보증 이외), SMART 융합보증, 스마트공장 우대보증, 장기분할해지보증, Best-Partner 선정기업, 사업전환기업 등
	0.1%p	고용창출우수기업에 대한 보증, 창업 7년 이내 여성기업, 국가유공자기업, 의사상자기업, 지역주력산업 영위기업, 지역협력산업 영위기업, 녹색성장산업 영위기업, 행정자치부에서 "착한가격 업소(물가안정 모범업소)"로 선정한 기업, 회계투명성 제고기업, 뿌리산업 영위기업, 지역사회공헌 인정기업, 혁신형 중소기업(유망서비스 부문 기업 제외), 창업 3년 초과 7년 이내 기업, 유망서비스 부문 기업(60점 미만), 특화서비스 부문 기업 중 신유형(60점 미만), 신성장동력산업 영위 기업(60점 미만), 전자상거래대출보증 등
조정요율	차감	최대 0.2%p

6. 보증신청 준비서류

자료 원천	신용조사 자료	고객 협조 사항
대법원등기 자료	· 법인등기사항전부증명서 (舊 법인등기부등본) · 부동산등기사항전부증명서	· 신보 직원이 직접 수집
행정정보 자료	· 주민등록등 · 초본 · 지방세납세증명, 4대보험료 납부(완납) 증명 등 행정정보 · 사업자등록증명 · (국세)납세증명, 납부내역증명	· 고객이 신보 홈페이지 내 신용보증 플랫폼을 통해 전자로 제출, 또는 고객이 정보활용동의 (신용보증 플랫폼) 후 신보직원이 직접 수집
금융거래정보자료	· 전자금융거래확인서	
국세청자료	· 부가세과세표준증명 등	
세무회계자료	· 매입 · 매출처별 세금계산서 합계표(금년, 전년) · 재무제표(최근 3년)	· 고객이 신보 홈페이지 내 신용보증 플랫폼을 통해 전자로 제출
기타자료	· 주주명부 · 임대차계약서(사업장, 거주주택) 사본 · 전자로 수집이 불가한 전자금융거래 확인서	

③ 주요 업무

구분	내용
신용보증	· 기업이 은행 등으로부터 사업상 필요한 자금을 조달할 때 부담하는 채무와 상거래와 수반하여 부담하는 각종 채무에 대한 보증
유동화회사보증	· 중소 · 중견기업의 자금난 완화를 위해 회사채 등을 유동화자산으로 하여 유동화전문회사가 부담하는 채무에 대한 보증
신용정보종합관리	· 보증기업의 신용정보를 수집 · 분석하여 체계적으로 종합관리
산업기반신용보증 (인프라보증)	· 인프라 민간투자사업자가 금융기관으로부터 대출을 받거나 사회기반시설 채권을 발행할 경우 신용보증을 지원하여 사회기반시설 확충 및 국민생활 편익 증진
신용보험	· 중소기업 매출채권(어음 및 외상매출금)의 회수불능으로 인해 손해가 발생할 경우에 보험금을 지급하여 연쇄도산 방지
보증연계투자	· 성장 가능성은 높으나 신용도가 낮아 민간 투자시장에서 자금조달이 어려운 기업에 대해 보증과 연계하여 주식 등 유가증권 인수
기업경영지원	· 창업 상담부터 창업 후 경영컨설팅 서비스까지 맞춤형 서비스를 지원하는 등 중소기업의 생산성 향상과 경쟁력 제고를 위한 진단 및 지도

4 신용보증

1. 신용보증 종류

보증 종류	내용
대출보증	· 기업이 금융회사로부터 사업 운영상 필요한 자금을 대출받는 데 따른 보증 – 일반운전자금, 시설자금, 무역금융, 구매자금융, Network Loan, 각종 기술개발 자금, 할인어음 등
제2금융보증	· 기업이 제2금융회사로부터 대출받는 데 따른 보증 – 농업협동조합, 수산업협동조합, 한국농수산식품유통공사, 중소벤처기업진흥공단, 종합금융회사, 보험회사, 중소기업창업투자회사, 상호저축은행 등
어음보증	· 기업이 상거래의 담보 목적 또는 대금결제 수단으로 주고받는 어음에 대하여 지급을 보증 – 지급어음, 받을어음 및 담보어음에 대한 보증
이행보증	· 기업이 건설공사, 물품납품, 용역제공 등을 위하여 입찰참가 또는 계약체결 등을 할 때 담보로 이용되는 보증 – 입찰보증금, 계약보증금, 차액보증금, 지급보증금, 하자보수보증금 – 보증상대기관: 정부, 지자체, 공공기관, 금융회사 또는 이러한 기관들과 계약을 체결한 원사업자, 사회기반시설에 대한 민간투자법에 의한 사업시행자 등 금융위원회가 정하는 자
지급보증의 보증	· 기업이 금융회사로부터 지급보증을 받을 때 그 보증채무의 이행으로 인한 구상에 응하여야 할 금전채무에 대한 보증 – 신용장 개설에 대한 지급보증 등
납세보증	· 기업이 국세 및 지방세 납세의무와 관련하여 세무서, 지방자치단체에 세금을 분할 납부, 징수유예를 받고자 할 때 담보로 이용되는 보증
(전자)상거래담보보증	· 중소기업이 (전자)상거래계약과 관련하여 부담하는 대금지급채무에 대한 보증

2. 일반보증 성장단계별 Program

2.1. 창업단계(창업활성화 맞춤형 프로그램) (창업 후 3년 이내)

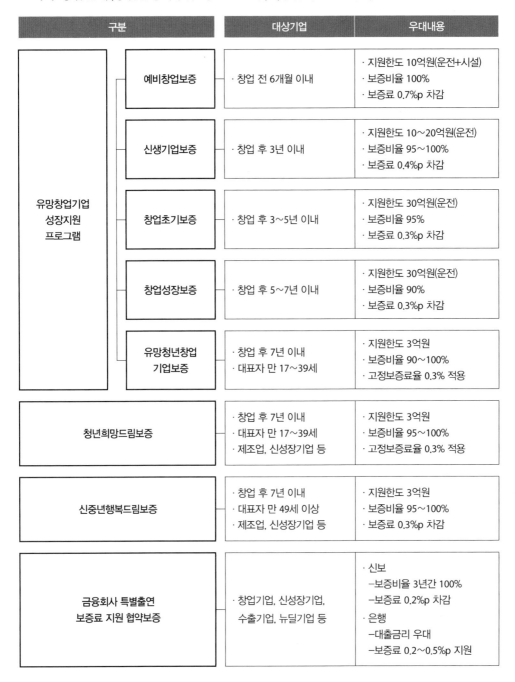

구분		대상기업	우대내용
유망창업기업 성장지원 프로그램	예비창업보증	· 창업 전 6개월 이내	· 지원한도 10억원(운전+시설) · 보증비율 100% · 보증료 0.7%p 차감
	신생기업보증	· 창업 후 3년 이내	· 지원한도 10~20억원(운전) · 보증비율 95~100% · 보증료 0.4%p 차감
	창업초기보증	· 창업 후 3~5년 이내	· 지원한도 30억원(운전) · 보증비율 95% · 보증료 0.3%p 차감
	창업성장보증	· 창업 후 5~7년 이내	· 지원한도 30억원(운전) · 보증비율 90% · 보증료 0.3%p 차감
	유망청년창업 기업보증	· 창업 후 7년 이내 · 대표자 만 17~39세	· 지원한도 3억원 · 보증비율 90~100% · 고정보증료율 0.3% 적용
청년희망드림보증		· 창업 후 7년 이내 · 대표자 만 17~39세 · 제조업, 신성장기업 등	· 지원한도 3억원 · 보증비율 95~100% · 고정보증료율 0.3% 적용
신중년행복드림보증		· 창업 후 7년 이내 · 대표자 만 49세 이상 · 제조업, 신성장기업 등	· 지원한도 3억원 · 보증비율 95~100% · 보증료 0.3%p 차감
금융회사 특별출연 보증료 지원 협약보증		· 창업기업, 신성장기업, 수출기업, 뉴딜기업 등	· 신보 　－보증비율 3년간 100% 　－보증료 0.2%p 차감 · 은행 　－대출금리 우대 　－보증료 0.2~0.5%p 지원

2.2. 성장단계(성장동력 확충 프로그램)

구분	대상기업	우대내용
유망, 특화, 가젤, BEST서비스기업 보증지원 프로그램	· 고용, 부가가치 창출효과 및 성장잠재력 높은 서비스 · 경제적 기여도 높은 신사업 서비스	보증비율 90% 보증료 0.1~0.5%p 차감
신성장동력산업 영위기업 보증	· 신성장동력 46개 분야 및 300개 품목 관련 기술보유 및 생산기업	보증비율 90% 보증료 0.1~0.2%p 차감
수출중소기업 종합지원 프로그램	· 수출기업의 수출역량 단계에 따른 보증 지원 · 수출희망–진입–확장–주력–스타기업	보증비율 90~100% 보증료 0.2~0.3%p 차감 수출스타 0.5% 고정보증료율
고용창출 특례보증	· 최근(향후) 6개월 이내 신규 고용 창출(예정) 기업에 대해 보증지원	고용인원에 따라 한도 우대 0.7% 고정보증료율 적용
지식재산(IP) 보증	· 우수 지식재산(IP)에 대한 연구개발(R&D), 기술거래, 사업화 및 활용촉진을 하고자 하는 중소기업	보증비율 90~100% 보증료 0.2~0.5%p 차감
SMART 융합보증	· 융합설비 도입, 융합제품 생산기업 · ESS장치 생산 또는 도입 기업	보증비율 90% 보증료 0.2%p 차감
스마트공장 특화지원 프로그램	· 스마트공장 사업 선정기업, 구축완료기업, 수준확인기업 등	보증비율 90~95% 보증료 0.2~0.6%p 차감
소재 · 부품 · 장비 분야 경쟁력 강화 지원 프로그램	· 소재 · 부품 · 장비 분야 관련 업종 영위 기업 · R&D 및 사업화 · 성장 단계 기업	보증비율 90~100% 보증료 0.2~0.5%p 차감
신한류 해외진출 지원 프로그램	· 문화콘텐츠 제작 기업으로 · 해외진출 준비 또는 진행 중인 기업	보증비율 90% 보증료 0.2~0.4%p 차감

2.3. 성숙단계(지속성장 지원 프로그램)

구분	대상기업	우대내용
유동화회사보증	· 지속성장 유망기업	· 기초자산 편입한도 – 중소기업 200억원 – 중소기업 외 350억원
프런티어스타기업 라이징스타기업 신보스타기업	· 향후 일정 기간 내에 글로벌 중견기업으로 성장하거나 기업공개 가능성이 높은 기업	· 보증료 0.2~0.3%p 차감 · 신보스타 0.5% 고정보증료 상시 경영자문
고용의 질 우수기업	· 질적 수준이 우수하거나, 고용을 안정적으로 유지하는 기업 – 좋은일자리 기업(GWP) – 최고일자리 기업(BWP)	· 보증비율 90% · 보증료 GWP 0.4%p 차감 · 보증료 BWP 0.5%p 차감

2.4. 재도약단계(경영애로기업의 재도약)

구분	대상기업	우대내용
중소기업 밸류업 프로그램	· 총여신 10~100억원 이하인 기존 보증 기업 중 일시적으로 경영상태가 취약한 제조업, 혁신형 중소기업, 고용창출기업, 신성장동력 산업 영위기업	· 외부 전문가 컨설팅 제공 · 신규보증 지원한도 50억원 · 기보증 전액 만기연장 · 보증료 할인, 매출채권보험 보험료 10% 할인
경쟁력 향상 프로그램	· 총여신 10억원 미만인 일시적 경영위기인 기업	· 기보증 전액 만기연장 · 보증료 할인 · 신규보증 추가 지원, 경영컨설팅

2.5. 재도전단계(실패기업에 대한 재도전)

구분	대상기업	우대내용
재도전지원 프로그램	· 신보 구상채무를 보유한 실패기업 또는 재도전 기업주가 운영 중인 기업 · 파산 면책 등 법적 변제의무 종결기업	· 보증한도 우대 보증비율 80~100%
재창업지원 프로그램	· 신용회복위원회에 재창업 자금을 신청한 다중채무자	· 지원한도 30억원 이내 (운전자금 10억원) · 고정보증료 1.0%

3. 문화산업 완성보증 Program

구분	대상기업	우대내용
문화산업 완성보증	· 영화, 게임, 만화, 애니메이션, 캐릭터, 디지털콘텐츠, 음악, 방송, 공연, 출판 등 콘텐츠 제작 기업	· 보증비율 90% · 보증료 0.3%p 차감

4. 녹색보증 Program

구분	대상기업	우대내용
탄소중립 특화보증	· 신·재생에너지 관련 설비·품목 등을 제조 혹은 기술 보유 기업	· 보증비율 95% · 보증료 0.2%p 차감
탄소중립 프로젝트보증	· 사업용 신·재생에너지 설비를 설치하고 발전사업 등 에너지를 공급·판매하는 기업	· 보증비율 95% · 보증료 0.5% 고정

5 유동화회사보증

1. 개요

유동화회사보증이란 개별기업이 발행한 유동화자산(회사채, 대출채권)에 기초하여 유동화회사(SPC)가 유동화증권을 발행하여 조달한 자금을 기업에 지원하는 보증 상품으로 중소, 중견기업이 주요 보증대상이다.

① 선순위 유동화증권: 신용보증기금의 보증을 통해 회사채등급을 최우량등급(AAA)으로 상향하여 직접 금융시장에 매각
② 후순위 유동화증권: 유동화자산(회사채, 대출채권)을 발행한 개별기업이 매입

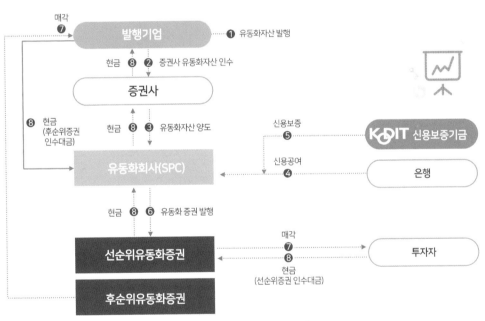

【유동화회사보증의 기본구조】

2. 이용절차

– 신청 마감 후 자금수령(유동화증권 발행일)까지 약 1.5개월 소요

이용절차	신청마감	지원승인	유동화자산 발행 계약	유동화자산발행	유동화증권발행
일정	매월 20일 전후	신청 마감일 +2주	지원 승인일 +1주	계약 체결일 +1주	유동화자산 발행+1일

* 유동화자산 및 유동화증권발행 일정은 시장 상황에 따라 변동 가능

3. 지원대상

3.1. 지원대상 기업

중소기업	· CPA 감사보고서 보유: 신보의 보증심사등급 K10 이상
	· CPA 감사보고서 미보유: 신보의 보증심사등급 K9 이상
중견 · 대기업	· 신용평가회사의 회사채등급 BB– 이상

3.2. 편입제한 기업

채무불이행	· 보증금지, 보증제한, 회생절차 및 구조 조정절차 진행 기업
감사의견 제한	· 당기 CPA 감사의견이 "부적정" 또는 "의견거절"인 기업
지원 타당성이 낮은 업종	· 지원 타당성이 낮은 업종
	· 금융업 영위 기업

* 편입 제한 기업이 아니라도 재무상태 취약기업 등 심사 미충족 기업은 지원이 거절될 수 있음

3.3. 지원한도

기업규모	중소기업	중견기업	대기업
최대한도	250억원	1,050억원	1,500억원

* 신용등급별 한도, 매출액 한도, 자기자본 한도 등을 추가로 적용

3.4. 발행금리 및 후순위 증권

중소·중견기업	· 무보증 공모사채(3년) AAA등급 민평금리* + 등급별 가산금리
대기업	· 신용등급별 개별 민평금리 + 등급별 가산금리

* 민평금리란 KIS채권평가, 한국자산평가, 나이스PNI 등 4개 채권평가기관에서 평가한 신용등급별 회사채 금리의 평균을 의미함

– 후순위 증권 인수:

유동화자산 편입금액 × 연율 0.5~2.0%(신용등급별로 차등 인수)

6 신용보험

1. 신용보험제도 업무개요

* 구매기업의 지급불능이나 채무불이행으로 손실이 발생할 경우 보험금을 받는 제도

【신용보험의 기본구조】

신용보험이란 기업 간의 상거래에 있어 물품 또는 용역을 판매하는 기업(보험계약자)이 구매기업의 지급불능이나 채무불이행으로 인하여 예측하지 못한 손실이 발생할 위험에 대비하여 가입하는 손해보험을 말한다.

【신용보험의 상품 종류】

구분	매출채권보험	어음보험
보험 대상	매출채권 (외상매출금 + 받을어음)	받을어음
도입 시기	2004년 3월	1997년 9월

구분	매출채권보험	어음보험
도입 목적	· 기업의 신용위험관리시스템 구축	· 거래처부도에 따른 연쇄도산 방지
보험취급방법	· 근보험 또는 개별보험으로 취급(매출채권 일괄 또는 선택 가입)	· 개별보험으로 취급(수취한 어음건별로 보험 가입)

2. 매출채권보험

2.1. 기본개념

매출채권보험이란 판매기업(보험계약자)이 보험기간 동안 구매기업에 물품 또는 용역을 공급하여 취득한 매출채권(외상매출금 + 받을어음)에 대해 향후 구매기업의 지급불능 또는 채무불이행으로 인하여 예측하지 못한 손실이 발생할 경우 보험자(신용보증기금)로부터 보험금을 지급받는 제도를 말한다.

2.2. 보험가입 요건

구분	내용
보험계약자 요건	· 규모: 중소기업 및 중견기업 　(단, 중견기업은 평균매출액 3천억원 미만인 기업 대상) · 업종: 제한 없음(보험운용 필요성이 낮은 일부 업종 제외) · 매출액: 제한 없음 · 영업실적: 최근 결산일 현재 영업실적 1년 이상 　– 간편보험, 창업보험(7년 이내 창업)은 영업실적 요건 없음 　– 잇서e조보험, 스타트업보험은 2년 이상
구매기업 요건	· 정부 · 지자체 및 공공기관, 현금거래기업, 해외소재기업, 보험계약자의 관계기업, 신용도가 취약한 기업 등 제외
보험대상 매출채권	· 보험기간 중에 발생할 것으로 예상되는 매출채권 　(외상매출금 + 받을어음)
보험가입한도	· 신청기업(보험계약자) 보험가입한도는 최고 100억원, 구매기업별 보험가입한도는 구매기업의 신용도, 거래규모, 업종 등을 고려하여 결정
보험료	· 보험료율은 보험가입대상 구매기업의 신용도, 거래비율, 결제기일 등을 종합적으로 고려하여 결정(보험가입 매출채권에 대하여 연 0.1~5.0%의 보험료율을 적용하여 산출)
보험기간	· 보험 가입일로부터 1년

2.3. 보험금 지급

- 보험금 지급 청구: 아래와 같은 보험사고 발생 시 청구

  ① 구매기업의 지급불능 사유(부도, 폐업 · 해산등기, 회생 · 파산 · 개인회생 절차 개시신청) 발생

  ② 구매기업이 매출채권의 연장결제기일(외상매출금의 경우 정상 결제기일에서 2개월 합산) 이내
  에 결제대금을 지급하지 않아 채무불이행 발생(다사랑 · 한사랑보험 기준)

- 보상 범위: 아래 금액 중 적은 금액을 보상

  ① 보험금 지급대상 구매자의 보험금액

  ② 실제 손해 금액에서 보상률(70~80%)을 곱한 금액

2.4. 보험상품 및 운용방식

상품		운용방식
다사랑	표준형	· 계약자와의 거래규모 일정 수준 이상인 구매기업 대상(5개 이상) · 구매기업별 결제기일과 보험금액을 계약으로 정하고 보험기간 내에 발생하는 매출채권 전체를 보험 가입 대상으로 운용
	선택형	· 표준형을 기초로 계약자에게 일부 선택권 부여
	맞춤형	· 계약자가 희망 구매기업을 모두 선택
	소기업형	· 계약자가 당기 매출액 일정 금액 이하인 영세중소기업만 가입 가능 · 계약자와의 거래규모 일정 수준 이상인 구매기업 대상(3개 이상) · 계약자 및 구매 기업평가 등의 절차를 간소화하여 운용
한사랑	일반	· 한 개 구매기업의 결제기일과 보험금액을 계약으로 정하고 보험기간 내 발생하는 매출채권 전체를 보험 가입 대상으로 운용 · 구매기업은 신용등급이 신보가 정한 일정 수준 이상인 기업에 한정
	간편	· 간편보험평가시스템을 통해 가입의 편리성과 신속성을 높인 보험
	온라인	· 간편보험평가시스템을 이용해 계약자가 직접 신용보증기금 홈페이지에서 가입(간편보험, 다이렉트보험, 창업보험)
	창업	· 창업기업(7년 이내)에 대한 경영안정 지원을 위해 구매기업의 가입 가능 신용등급을 완화하고 보험료율을 우대하는 상품
	소기업형	· 계약자가 당기매출액 30억원 미만인 영세중소기업만 가입 가능 · 계약자 및 구매기업 평가 등의 절차를 간소화하여 운용
B2B Plus+		· 전자방식 외상매출채권 대상의 보험으로, 판매위험 보장과 전자방식 외상매출채권 담보대출이 가능한 상품

상품	운용방식
하이옵션형	· 보험기간 중 영업환경 변화에 따라 보험금액, 구매기업, 평균결제기간 등을 변경할 수 있는 옵션이 최대 3회 부여된 상품
일석e조	· 구매기업에 대한 보험보장과 함께 보험금 청구권을 담보로 대출이 가능한 상품
하나보험	· 구매기업과 이미 발생된 거래를 건별로 운용하는 보험
기타	· 스타트업보험, 창업성공패키지보험, 전자방식보험, 협약보험, 환급형보험, 옵션형보험, 상거래 신용지수 연계보험

7 스타트업 지원 프로그램

1. 개요

신용보증기금은 스타트업의 성장주기에 맞춰 보증, 보험, 투자, 컨설팅 등 융·복합 형태의 One-Stop 서비스를 제공하는 체계적 지원 프로그램을 운용하고 있다.

2. Start-up NEST(스타트업 육성 플랫폼)

Start-up NEST는 혁신 스타트업이 본격적인 성장궤도에 진입할 때까지 금융·비금융 서비스를 포함한 맞춤형 패키지를 제공하는 융·복합 육성지원 플랫폼이다.

【Start-up NEST(스타트업 육성 플랫폼) 지원체계】

단계	개요	주요 내용
대상기업 발굴	공개모집 ⇩ 서류심사 ⇩ 발표평가	· (공개모집) 혁신성장 분야의 3년 이내 창업기업 공모 · (서류심사) 내·외부위원의 NEST서류심사단이 1차 선발 · (발표평가) 내·외부위원의 NEST발표평가단이 최종 선발
액셀러레이팅	정보제공 / 멘토링 / LEVEL UP / 컨설팅 / 네트워킹	· (컨 설 팅) 성장 전략 수립 컨설팅 · (멘 토 링) 멘토단을 통한 성공 노하우 전수 · (네트워킹) 온오프라인 커뮤니티, 다자간협의체 · (정보제공) 법률, 세무, 회계 등 전문 분야 정보 및 자문 제공

단계	개요	주요 내용
금융지원	보증연계투자 / 크라우드펀딩 / 보험 / 금융지원 / 보증 / 민간투자	· (신용보증) 스타트업 맞춤형 신용보증 지원 · (투자) 직접투자, 투자유치 지원 · (신용보험) Risk hedge를 위한 신용보험 지원
성장지원	해외진출 / 광고마케팅 / 성장지원 / 업주공간 / 기술자문 / 대기업연계	· (성장 기반 지원) – 해외진출 / 광고 · 마케팅 / 기술컨설팅 / 입주공간 / 대기업 연계 / 네트워킹 등

3. 프론트원(FRONT1) NEST

프론트원(FRONT1) NEST는 스타트업의 도전과 성장을 지원하기 위해 청년 스타트업에게 입주 공간 및 종합지원서비스를 제공하는 프로그램이다. 프론트원에서는 한국판 뉴딜 핵심 분야인 DNA-US(데이터 · 네트워크 · AI · 언택트 · 디지털인프라)를 중심으로 입주기업을 선발하여 스타트업 전문 보육공간을 제공하고 있다.

【프론트원 입주기업 지원 프로그램】

구분		프론트원 스타트업 아이디어 개발보증	프론트원 스타트업 사업화 보증
금융지원	성장단계	비즈니스 모델 개발단계	시험 모델 사업화 단계
	보증한도	2억원	5억원
	우대사항	· 5년간 보증비율 100%, 보증료율 0.7%	
비금융지원		역량 강화 프로그램	협업 네트워킹
		· (조직) 전담밀착조직 운영 · (비금융) 맞춤형 전문 컨설팅, 경영활동 자문, 스타트업 특강, 잡매칭 서비스 등 제공	· 입주기업 간 네트워킹 형성 · 우수 졸업기업 멘토링 제공 · 혁신 창업 플랫폼을 활용한 투자연계 · 파트너사와 다자간 네트워킹 형성
기타		· 투자자금 모집 지원을 위한 프론트원 NEST 적용 IR 실시 · 입주기업 임직원의 직무 경쟁력 강화를 위한 사이버 연수 제공	

4. 혁신스타트업 성장지원 프로그램

혁신스타트업 성장지원 프로그램은 스타트업의 성장단계별로 금융·비금융서비스를 융합하여 지원함으로써 혁신적·도전적 기업을 육성하는 프로그램이다.

【혁신스타트업 지원 체계】

(연구개발 단계)	(초기사업화 단계)	(본격성장 단계)	(도약 단계)
스텝업 준비기업 보증	스텝업 도전기업 보증	퍼스트펭귄 보증*	Pre-ICON 보증
창업 5년 이하	창업 5년 이하	창업 7년 이하	창업 2년 초과 10년 이하
최대 10억원 한도	최대 20억원 한도	최대 30억원 한도	최대 50억원 한도
연구개발 소요자금	3차년도 추정매출액의 1/2		
개별거래 또는 한도거래(2년)	3년간 Credit Line 설정 → 경영목표 달성 여부에 따라 연차별 단계적 지원		
보증료율(0.5% 또는 0.7% 고정), 보증비율(90% 이상) 등 우대 지원			

5. 퍼스트펭귄 보증

퍼스트펭귄 보증은 무리 중에서 처음 바다에 뛰어든 펭귄처럼, 현재의 불확실성을 감수하고 과감하게 도전하는 기업을 대상으로 지원하는 보증상품으로 창의적 아이디어와 기술력을 보유한 유망창업기업 중 사업경쟁력이 탁월하여 향후 강소기업으로 성장이 기대되는 신사업 선도기업에 대해 밀착 지원·육성하는 신보의 대표적인 스타트업 지원 제도이다.

유망창업기업으로 제조업, 신성장동력산업, 11대 선도기술 활용 기업 등이 퍼스트펭귄 보증의 주요 지원 대상이다.

【11대 선도기술】

① 인공지능(AI) ② 사물인터넷(IoT) ③ 빅데이터 ④ 실감형콘텐츠(AR/VR) ⑤ 무인운송수단
⑥ 로봇공학 ⑦ 차세대신소재 ⑧ 바이오산업 ⑨ 헬스케어 ⑩ 3D프린팅 ⑪ 온디멘드경제

---

6. 핀테크 스타트업 특화지원 프로그램

핀테크 스타트업 특화지원 프로그램은 핀테크 스타트업을 적극적으로 발굴 · 육성하여 민간의 핀테크 산업을 활성화하기 위한 특화된 보증지원 프로그램으로 핀테크 업종의 스타트업에 대하여 3억원까지 자금을 지원하고 있다.

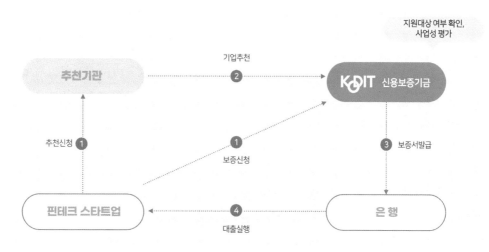

【핀테크 스타트업 특화지원 프로그램】

8 경영지도 사업

1. 개요

중소기업의 경영 효율성 제고와 경쟁력 강화를 위한 컨설팅, 잡매칭, 경영혁신형 중소기업 선정평가, 기업연수, 경영정보 제공 등 다양한 경영지원 서비스를 제공하고 있다. 주요 내용은 아래 표와 같다.

구분	지원 서비스	주요 내용
컨설팅	· 경영컨설팅, 특화컨설팅, 데이터컨설팅	· 경영애로 사항 해결
잡매칭	· 온 · 오프라인 구인 · 구직정보 제공	· 중소기업 인력 채용 지원
경영혁신평가	· 경영혁신형 중소기업 발굴 · 육성	· 경영혁신 촉진 지원

구분	지원 서비스	주요 내용
기업연수	· 집합연수, 온라인연수, 인재개발원 시설대여	· 임직원의 실무능력 향상
경영정보 제공	· 경영 참고자료, 뉴스레터	· 경영활동 관련 정보제공

2. 경영컨설팅, 특화컨설팅

신보에서는 다양한 내·외부 전문가로 구성된 Pool을 활용하여 기업의 경영 상태를 진단·평가하고 개선점을 도출, 제시하는 컨설팅 서비스를 제공하고 있다.

구분	지원 서비스
경영컨설팅 분야	① 경영전략, ② 인사·조직, ③ 마케팅, ④ 재무·회계, ⑤ 생산관리, ⑥ 정보화(IT)
특화컨설팅 분야	① 주식상장(IPO), ② M&A, ③ 해외진출, ④ 기술개발, ⑤ 가업승계, ⑥ 지식재산(IP), ⑦ Value-up, ⑧ Re-start

3. 데이터컨설팅

신보에서는 신용조사 및 심사 시 분석된 계량 정보와 비계량 정보를 바탕으로 고객의 신용관리능력 배양을 위해 아래와 같이 영업점에서 수행하는 고객 맞춤형 현장 컨설팅서비스도 제공하고 있다.

구분	지원 서비스
CRC 컨설팅	· 기업이 자기신용관리 능력을 배양할 수 있도록 기업경영관련 신용관리 기법을 지원하는 컨설팅
CRM 컨설팅	· 보험계약자에게 거래처 관리의 중요성을 알리고 거래처 관리에 필요한 능력을 강화할 수 있도록 지원하는 컨설팅
BIR 컨설팅	· 보증심사 시 활용한 기업분석정보를 보고서로 재구성하여 기업의 데이터 분석 및 활용 능력을 배양하는 컨설팅

4. 컨설팅 비용지원

- 컨설팅 비용의 60~100% 지원(신보 이용 여부 및 기업 특성에 따라 차등지원)

9 경영혁신형 중소기업 선정평가

경영혁신형 중소기업(Main-Biz) 선정평가제도는 경영혁신활동을 통해 새로운 성장 동력을 갖춘 중소기업을 발굴하여 기술, 자금, 판로 등의 연계지원으로 우수 중소기업으로 육성하는 제도이다.

경영혁신형 중소기업(Main-Biz)은 MANAGEMENT + INNOVATION + BUSINESS를 결합한 용어로 제품 및 공정 중심의 기술혁신과 달리 마케팅 및 조직혁신 등 비기술 분야의 경영혁신형 중소기업을 육성하기 위해 「중소기업 기술혁신 촉진법」 제15조 3항에 의거 중소벤처기업부장관이 선정한 기업을 의미한다.

신보에서는 신용보증을 이용하고 있는 기업을 대상으로 경영혁신형 중소기업(Main-Biz) 인증업무를 진행하고 있다.

Main-Biz 도입 목적	· 경영혁신 활동을 통해 새로운 성장동력을 갖춘 중소기업에 기술, 자금, 판로 등 연계 지원을 통한 전통제조업 및 서비스 산업의 경영혁신 촉진 지원
대상기업	· 중소기업기본법 제2조 규정에 의한 중소기업 중 업력이 3년 이상인 기업

10 중소기업 팩토링

1. 개요

중소기업 팩토링은 신용보증기금이 매출채권을 매입하면서 판매기업에 자금을 선지급(Factoring)하고 결제기일에 구매기업으로부터 거래대금을 회수하는 금융상품이다.

구매기업이 대금을 상환하지 않더라도 판매기업에 책임을 묻지 않는 상환청구권이 없는 방식이라 기업의 연쇄도산 리스크를 해소하는 데 기여한다.

2. 지원대상

구분	지원 서비스
판매기업	· 원활한 물품 및 용역 제공이 가능한 중소기업
구매기업	· 대기업, 외감법인 이상 중견 · 중소기업
매출채권	· 결제기일이 30일 이상 90일 이내인 과세대상 매출채권

【지원이 안 되는 기업】

· 구매기업과의 거래기간이 6개월 미만인 판매기업
· 구매기업과 관계기업인 판매기업
· 면세사업자, 해외 소재 기업 등

3. 지원내용

지원한도: (판매기업) 최고한도 100억원, (구매기업) 최고한도 30억원

※ 거래규모, 신용등급 등에 따라 최고한도 이내에서 기업별 한도 차등 운용

4. 지원효과

구분	효과		
구매기업	신규 결제수단	금융비용 없음	보증료 차감 등
판매기업	금융기관 최저수준 할인료	신속한 현금화	상환청구권 없음

II 기술보증기금

1 기관 소개

기술보증기금은 기술력은 우수하나 담보력이 부족한 중소기업의 기술성과 사업성을 평가하여 기술보증을 지원하고, 기술평가, 기술이전·보호, 혁신형기업인증, 중소기업 창업지원 등의 업무를 수행하고 있는 중소기업종합지원 금융기관이다.

영업점으로는 중앙기술평가원 1개소, 지역본부 9개소, 지점 62개소, 기술혁신센터 8개소, 문화콘텐츠금융센터 4개소, 벤처투자센터 1개소, 소셜벤처가치평가센터 1개소, 지식재산공제센터 1개소를 두고 있고, 본점은 부산광역시 남구 문현금융로 33에 소재하고 있다.

주요 업무로는 기술보증, 기술평가, 기술인증, 기술이전, 기술신탁, 기술보호, 지식재산 공개 업무가 있으며, 그 밖에도 기술·경영컨설팅, 기보벤처캠프(액셀러레이팅), 창업보육기관 연계지원, M&A지원, 보증연계투자, 민간투자 연계보증, 매출채권 팩토링, 기술신용평가사 업무를 수행하고 있다.

② 보증제도

1. 보증지원체계

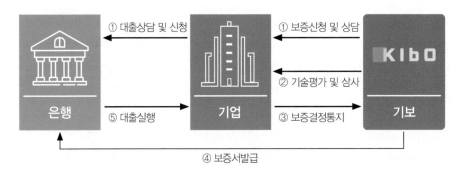

【기술보증기금 보증지원 체계】

2. 보증대상기업

2.1. 신기술사업을 영위하는 중소기업

- 신기술사업을 영위하는 중소기업

- 벤처기업, 이노비즈(INNO-BIZ)

- 기술창업중소기업

- 지식 · 문화산업 영위 기술중소기업 등

2.2. 신기술사업을 영위하는 총자산액이 5천억원 미만인 기업

3. 보증한도

구분		기업당 보증한도
일반한도		30억원
특별한도	기술집약형 중소기업	50억원
	우수기술기업	70억원
	시설자금보증	100억원
	미래혁신 고성장기업*	200억원

* 미래혁신 고성장기업: 예비유니콘 선정기업, 강소기업 100+ 선정기업, 혁신기업 국가대표 1000 선정기업

4. 보증료

보증료는 보증금액에 보증료율을 곱한 값으로, 보증료율은 기술사업평가등급별 보증료율에 기업 및 보증상품의 특성 등에 따라 감면·가산하여 결정된다.

최저 보증료율	평균 보증료율	최고 보증료율
연 0.5%	1.12%	연 3.0%

기술사업평가등급별 보증료율 (0.8~2.2%)	−	보증료율 감면	+	보증료율 가산	=	결정 보증료율 (0.5~3.0%)

5. 보증절차

단계별	주요 내용
보증신청	· 인터넷(홈페이지 내 디지털지점)에서 신청: 회원가입, 보증신청내용 입력, 고객정보 활용 동의서 작성, 온라인 자료제출(상담참고자료) 등 · 영업점 방문을 통해서도 신청 가능
상담	· 고객과의 상담을 통하여 기술사업내용, 보증금지·제한 해당 여부 등을 검토하여 진행 계속 여부 결정 및 서류 준비 안내 − 기술력 사전점검 체크리스트를 통하여 기술사업의 주요 내용 파악
접수/ 조사자료 수집	· 디지털 지점의 온라인 자료제출시스템 이용 또는 영업점을 방문하여 제출(사전동의 시 기금 직원 수집)
기술평가/조사	· 신청기업으로부터 수집한 자료 등을 예비검토 후 현장평가 실시 − 기술개발 능력, 제품화 능력, 생산 능력 및 경영상태, 자금상태 등을 확인
심사·승인	· 기업의 기술력, 사업전망, 경영능력, 신용상태 등을 종합적으로 검토 후 승인
보증약정	· 디지털지점에서 전자약정 체결 또는 영업점 방문하여 서면약정 체결 − 전자약정 체결 시 보증금액, 보증기간 등 약정내용 확인 후 약정서 등에 전자서명
보증서 발급	· 보증서 발급 및 신청기업의 보증료 수납 이후 채권기관에 전자보증서 발송

6. 기술평가료

보증지원을 위한 기술평가료는 정액평가료 20만원으로 운영하고 있다. 다만 5천만원 이하의 소액보증신청기업은 기술평가료 전액을 면제하고, 협약 등에 의해 별도로 운영하는 경우에는 협약에 따른다.

7. 보증신청 준비서류

구분	서류 목록	비고
사업계획서	기술사업계획서	· 고객 별도 제출 – 스마트 자료제출(업로드)
사업자정보	사업자등록증명	– 온라인 자료제출시스템(스크래핑)
	법인등기사항전부증명서	
	주주명부	· 고객 별도 제출 – 스마트 자료제출(업로드)
부동산정보	임대차계약서	
	부동산등기사항전부증명서	· 고객 직접 제출 또는 직원 수집 – 온라인 자료제출시스템(스크래핑)
대표자정보	주민등록표 등 · 초본	
	신분증 사본	· 고객 별도 제출 – 스마트 자료제출(업로드)
금융정보	금융거래확인서	· 고객 직접 제출 또는 직원 수집 – 온라인 자료제출시스템(스크래핑)
세무회계정보	부가세과세표준증명	
	표준재무제표증명	
	국세 · 지방세 납세증명	
기술정보	산업재산권 등록원부	

8. 기술보증 대상 채무별 보증 종류

보증 종류	내용
대출보증	· 금융회사 또는 신기술사업금융업자로부터 각종 자금을 대출받을 경우 담보로 이용되는 보증 – 금융회사: 시중은행, 특수은행, 지방은행, 외국은행 국내지점 – 신기술사업금융업자: 신기술을 개발하거나 이를 응용하여 사업화하는 중소기업에 투 · 융자 및 시설대여, 경영 · 기술지도 등의 지원업무를 수행하는 기관
지급보증의 보증	· 금융회사로부터 각종 대내외 지급보증을 받기 위한 담보로 이용되는 보증

보증 종류	내용
비은행대출 보증	· 비은행금융기관 또는 기타대출기관(중소기업진흥공단 등)으로부터 각종 대출을 받을 때 담보로 이용되는 보증
회사채보증	· 증권시장에서 소요자금을 조달하기 위해 기업이 회사채를 발행하는 경우, 기업이 부담하는 회사채 원리금의 상환을 보증하는 제도
어음보증	· 기업이 영업활동과 관련하여 주고받는 지급어음, 받을어음 및 담보어음에 대해 지급을 보증
이행보증	· 기업이 건설공사, 물품의 공급, 용역제공 등을 위한 입찰 또는 계약 시 납부하여야 할 각종 보증금에 대한 담보로 이용되는 보증
사채인수보증	· 기업이 신기술사업금융업자 또는 금융회사, 중소기업창업투자회사, 투자조합, 종합금융회사와의 사채인수계약에 의해 자금조달을 하는 경우의 보증
상거래담보보증	· 기업이 상거래계약에 의하여 재화 등을 구매함으로써 판매기업에 대하여 부담하는 대금지급채무에 대한 보증
유동화회사보증 (P-CBO)	· 중소기업이 발행한 회사채를 유동화회사가 인수하여 유동화자산을 구성한 후 발행 · 유통하는 증권에 대한 보증
전자상거래 대출보증 (B2B보증)	· 기업 간 전자상거래의 대금결제를 위한 대출금 또는 외상구매자금에 대한 보증

③ 주요 업무

구분	내용
기술보증	· 담보력이 부족하나 기술을 보유하고 있는 중소기업의 기술성, 사업성 등 미래가치 위주로 평가하여 보증을 지원함으로써 금융기관 등으로부터 원활하게 자금지원을 받도록 하는 제도 · 대상기업: 신기술사업을 영위 중인 총자산액이 5천억원 미만인 기업
기술평가	· 무형의 기술에 대한 경제적 가치를 기술성, 시장성, 사업성 등의 관점에서 종합적으로 평가 　－ 기술가치평가 　－ 기술사업타당성평가 　－ 종합기술평가
기술인증	· 벤처기업 확인 평가 · 이노비즈(INNO-BIZ) 선정평가 · 경영혁신형기업 선정평가
기술이전	· 기술 보유자 또는 기술 수요자로부터 의뢰 기술 또는 기술의 권리에 대한 정보제공, 기술이전 중개 및 기술의 사업화 지원 　－ 기업 · 기술매칭 시스템 KTMS 　－ Tech-Bridge(테크브릿지)

구분	내용
기술신탁	· 우수기술 중소기업은 기보에 기술을 신탁함으로써, 기술 탈취 없이 기금의 중개를 통해 정당한 대가를 받고 기술이전 가능 · 기술 신탁 중소기업에 아래 부대 서비스 제공 − 기술 보호, 특허권 관리, 연차료 지원, 기술이전 중개, R&D 가점부여, 금융수혜

기술보호	· Tech−Safe 시스템: 중소기업의 기술 보호를 위한 온라인 기술금고 시스템
	  − 증거지킴이(기술자료 거래기록 등록시스템, TTRS)
	  − 기술지킴이(기술임치시스템)

지식재산공개	· 중소중견기업의 IP리스크 대응 및 국내외진출 지원을 통해 공제가입 기업의 안정적인 경영기반 제공
	  − 지식재산비용대출
	  − 경영자금대출
	  − 자문서비스(법률, 회계, 세무)
	  − 공제파트너 제도 운영

기업지원	· 기술경영 컨설팅 제공, 기보벤처캠프(액셀러레이팅) 운영, 창업보육기관 연계지원, M&A 지원, 보증연계투자, 민간투자 연계보증, 매출채권 팩토링, 기술신용평가사

4 기술보증

1. 창업기업 보증

보증상품	지원대상	주요 내용

예비창업자 사전보증	· 우수기술 · 아이디어를 보유한 예비창업자
	  − 지식재산권 사업화, 혁신성장산업 및 '맞춤형 창업기업' 창업 예정자
	  − 창업교실 수료, 창업경진대회 수상 예비창업자 등
		· 창업 준비단계에서 창업자금 지원 가능 금액을 제시하고, 창업 후 사전 제시 금액 보증지원
		· 보증비율: 100%
		· 보증료감면: 0.7%p

청년창업기업 보증	· 경영주가 만 17~39세 이하인 창업 후 7년 이내 기술창업기업	· 보증비율: 최대 100% · 보증료감면 또는 고정보증료율(0.3%)

기술창업보증
(맞춤형 창업기업)
	· 창업 후 7년 이내 신기술사업자
	  − 창업초기, 중기, 후기기업(창업연수 기준)
	· 맞춤형 창업기업 해당 시 우대지원
	  − 맞춤형 창업기업 분야: 지식문화, 이공계 챌린저, 기술경력 · 뿌리창업, 첨단 · 성장연계 창업
		· 보증비율: 90%
		  − 창업 후 1년 이내 100%, 3년 이내 95%
		· 보증료 감면(5억원 이하)
		  − 창업 후 3년 이내: 0.4%p 감면 (1억원까지 1.0% 고정보증료율)
		  − 창업 후 7년 이내: 0.3%p 감면 (1억원까지 1.0% 고정보증료율)

보증상품	지원대상	주요 내용
마이스터 (Meister) 기술창업보증	· 일반창업 　– 경영주가 신청기술 분야 5년 이상의 대·중견 기업 기술경력(연구기술 또는 기술생산 분야)을 보유 중인 예비창업자 또는 창업기업 　– 경영주가 25년 이상의 중소기업 동업종 경력을 보유하면서 특급기술자에 해당하는 창업기업 · 스핀오프(Spin-off)창업 　– 대·중견기업 스핀오프 창업기업으로서, 대·중견 기업으로부터 우수 기술(예비)창업기업 추천을 받은 기업 　– 중기부 '사내벤처 육성 프로그램'으로 선정 및 지원이 확인된 사내벤처팀의 스핀오프(Spin-off) (예비)창업기업	· 보증비율: 100%(창업 후 1년 초과 95%) · 보증료감면 　– 창업 후 3년 이내: 0.7%p 감면(1억원까지 1.0% 고정보증료율) 　– 창업 후 7년 이내: 0.3%p 감면(1억원까지 1.0% 고정보증료율) · 스핀오프(Spin-off) 창업기업의 경우 사전한도 부여 가능
지방소재 창업기업보증	· 창업 후 7년 이내 지방소재 기술중소기업	· 보증금액 2억원 이하 우대보증 운용
우수기술 사업화 지원 (TECH밸리)	· 창업 후 7년 이내 기업으로서 우수 전문인력(교수, 연구원)이 창업한 기업: U-TECH, R-TECH, M-TECH	· 보증비율: 95%(창업 후 1년 이내 100%) · 고정보증료율: 0.5% · 투자, 기술·경영컨설팅 지원 등

2. 도약·성장기업 보증

보증상품	지원대상	주요 내용
원클릭보증	· 신기술사업을 영위하는 중소기업 　– 제외: 다른 보증기관(신보, 재단) 잔액 보유기업, 신용도 저촉기업 등	· 보증절차 간소화 · 대상자금: 운전자금 · 지원한도: 건별 운전자금 1억원 이하 · 보증비율: 100%(취급 후 3년 초과: 95%, 5년 초과: 90%) · 보증료감면: 0.3%p
기술융합기업 우대보증	· 융합기술을 사업화 중이거나, 융합기술을 활용한 제품을 양산 중인 신기술사업자	· 보증료감면: 0.3%p
고부가서비스 프로젝트 보증	· 혁신형 지식서비스산업과 선도콘텐츠 산업 영위기업 중 고부가서비스 용역공급계약(프로젝트 계약)을 체결하였거나, 체결이 예상되는 기업	· 고부가서비스 용역(프로젝트)을 수행하는 중소기업이 소요예산 범위 내에서 사업계획이나 계약서 등에서 정한 계약기간 이내에 용역공급을 완수할 수 있도록 필요한 자금에 대하여 보증 지원(계약체결 전 기획·개발 초기에 소요되는 준비자금 보증 지원도 가능)
기업인수보증	· 기업 인수·합병을 추진하고 있는 기업	· 기업 인수단계부터 사업화 단계까지의 소요자금을 단계별로 구분하여 보증지원

보증상품	지원대상	주요 내용
유동화회사보증 (P-CBO)	· 기술사업 평가등급 BB 이상인 기술력 우수 기업	· 기술혁신형 중소기업의 개발 및 사업화 과정에서의 자금부족 해소를 위한 회사채 발행 기회를 제공
수출중소기업 보증	· (수출예상기업) 잠재 수출기업 · (수출실적기업) 수출실적이 당기매출액 등 의 10% 이상인 기업 · (수출주력기업) 수출실적이 당기매출액 등 의 30% 이상이거나 1백만 불 이상인 기업, 수출유망중소기업 · (수출선정기업) 중소벤처기업부 '수출바 우처 사업' 및 '브랜드K제품' 선정기업, KOTRA '신규 수출기업화사업' 선정기업, 과학기술 정보통신부 'K-Global 300' 선정 기업	· 보증비율: 최대 95% · 보증료감면: 최대 0.4%p · 보증심사 우대 등
시설자금 특례보증	· 금융기관 등에서 취급하는 시설자금 대출금	· 보증비율: 90% 이내(전액해지조건은 전액 보증)
혁신기업의 성장 지원 (Kibo-Star밸리)	· 창업 후 12년 이내 기업으로서 기술사업평 가등급 B등급 이상, 기술사업성장등급 G6 등급 이상인 기업	· 보증비율: 95%(창업 후 1년 이내 100%) · 보증료감면: 0.5%p · 투자 · 이노비즈 선정 및 상장 지원 등

해외진출보증	· 해외 종속기업을 보유하고 있는(보유예정
	포함) 국내 지배기업
		· 해외 투자자금보증과 해외사업자금보증으
		로 구성
		  - 해외 투자자금보증: 외화증권취득, 외화
		    대부 채권취득 및 기타 해외 영업활동
		    등 해외직접 투자에 소요되는 자금에 대
		    한 보증지원
		  - 해외사업자금보증: 현지 금융기관을 통
		    한 해외 종속기업의 원활한 사업자금 마
		    련을 위하여 국내 지배기업의 의뢰로 발
		    행하는 금융회사의 보증신용장에 대한
		    지급보증의 보증을 지원

스마트제조 ·
서비스보증
	· 스마트공장 보급사업 도입 및 공급 기업
	  - 도입기업: 정부 등의 스마트공장 보급사
	    업 참여기업 등
	  - 공급기업: 정부의 스마트공장 공급기업
	    인정기업 등
	· 스마트서비스 기업
	  - 기업 서비스(비제조) 분야에 빅데이
	    터 · AI 등 첨단 ICT를 활용하여 생산성
	    향상, 고부가가치화 및 신규 BM을 창출
	    하여 기업혁신 서비스, 온라인경제 서비
	    스, 공공 서비스를 제공하는 기업
		· 스마트공장 도입 기업의 기업 유형 및 스마
		트공장 구축단계에 따라 우대사항 차등화
		  - 보증비율: 90~100%
		  - 보증료감면: 0.3~0.5%p(경우에 따라
		    0.7% 고정보증료율)
		· 스마트공장 공급기업
		  - 보증비율: 90%
		  - 보증료감면: 0.3%p
		· 스마트서비스 기업
		  - 보증비율: 95%
		  - 보증료감면: 0.3%p

보증상품	지원대상	주요 내용
핀테크 기업 지원 우대보증	· 핀테크 분야에 해당하는 제품을 제조하거나 서비스, 용역 등을 제공하는 기업	· 보증비율: 90% · 보증료감면: 0.3%p

비대면 · 디지털 기업 우대보증	· 비대면기업
	  - ICT 기술 등을 활용하여 기존의 제조 생산 · 서비스 전달 과정에서 사람 간 접촉을 감소시킨 비즈니스 모델 영위기업
	· 디지털기업
	  - D.N.A.* 및 ICT(정보통신기술)를 이용하는 '제4차 산업혁명' 관련 영위기업
	    * Data, Network, AI
		· 핵심기업*
		  - 보증비율: 95% 이내
		  - 보증료감면: 0.3%p
		  * 비대면 · 디지털 분야 영위기업 중 기술성 및 사업성 우수기업
		· 일반기업
		  - 보증비율: 90% 이내
		  - 보증료감면: 0.2%p

소셜벤처 (S-Venture) 임팩트보증	· 「소셜벤처기업 판별기준」에 따른 사회성 및 혁신성장성 판별표에 의한 평가점수가 각각 70점 이상인 기업	· 보증비율: 100% 전액보증 · 보증료감면: 0.5%p(중복적용 배제) · 같은 기업당 운전자금보증금액 2억원 이하 보증금액 산정생략 가능

3. 일자리창출 및 혁신성장 지원 프로그램

보증상품	지원대상	주요 내용

일자리창출 지원 프로그램 (굿잡보증)	· 일자리 창출기업으로 아래 요건에 해당
	  - 과거 1년 전 대비 상시근로자 10인 이상 및 20% 이상 증가
	  - 최근 1년 이내 비정규직의 정규직 전환, 경력단절 여성 재고용, 장애인 또는 특성화고 · 마이스터고 졸업자 고용, 일자리 안정자금 수혜, 일자리 제공형 사회적기업, 상생형 지역 일자리 참여기업
	  - 상시근로자 30인 이상 유지
		· 보증비율: 90~95%
		· 보증료감면: 0.3~0.4%p
		· 운전자금 산정한도: 120~150%
		* 고용유형별 우대내용 상이

	〈양질의 일자리 창출 지원〉
	· 굿잡보증 유형에 하나 이상 해당하고 아래 요건을 모두 충족하는 기업
	  - 상시근로자 5인 이상을 고용 중인 기업
	  - 월평균 임금이 연도별 기준금액 이상인 상시근로자가 전체 상시근로자 규모의 80% 이상일 것
		· 보증료 추가 감면: 0.2%p

	〈일자리 창출 한도가산〉 · 최근 6개월 이내 정규직을 신규 고용한 신기술사업자인 중소기업	· 한도가산: 신규고용 인력의 연령, 기술수준에 따라 1인당 3~5천만원(기업당 5억원 이내) · 보증료감면: 0.2%p
	〈일자리창출 사전한도〉 · 일자리창출기업으로 지원 후 1년 이내 상시근로자 2인 이상 증가 예상 기업	· 사전한도: 향후 1년 이내 추가고용 1인당 5천만원(같은 기업당 5억원 이내) · 보증료감면: 0.4%p

보증상품	지원대상	주요 내용
일자리창출 지원 프로그램 (굿잡보증)	〈일자리평가 우수기업〉 · 일자리의 양과 질 평가 결과가 50점 이상인 기업	· 보증비율: 90% · 보증료감면: 0.4%p
제4차 산업혁명 지원 프로그램 (인더스트리 4.0 퍼스트보증)	· 제4차 산업혁명 영위기업 – 핵심기업: 기술사업평가등급 BBB 이상 또는 정부 추진 6대 핵심 분야(D.N.A.+BIG3) – 일반기업: 기술사업평가등급 B 이상	· 보증비율: 핵심기업 95%, 일반기업 90% · 보증료감면: 핵심기업 0.3%p, 일반기업 0.2%p
스마트제조 · 서비스보증	· 스마트공장 보급사업 도입 및 공급 기업 – 도입기업: 정부 등의 스마트 보급사업 참여기업 등 – 공급기업: 정부의 스마트공장 공급기업 인정기업 등 · 스마트서비스 기업 – 기업 서비스(비제조) 분야에 빅데이터 · AI 등 첨단ICT를 활용하여 생산성 향상, 고부가가치화 및 신규 BM을 창출하여 기업혁신 서비스, 온라인경제 서비스 공공서비스를 제공하는 기업	· 스마트공장 도입기업: 기업유형 및 스마트공장 구축단계에 따라 우대사항 차등 – 보증비율: 90~100% – 보증료감면: 0.3~0.5%p (경우에 따라 0.7% 고정보증료율) · 스마트공장 공급기업 – 보증비율: 90% – 보증료감면: 0.3%p · 스마트서비스 기업 – 보증비율: 95% – 보증료감면: 0.3%p
핀테크기업 지원 우대보증	· 핀테크 분야에 해당하는 제품을 제조하거나, 서비스, 용역 등을 제공하는 기업	· 보증비율: 90% · 보증료감면: 0.3%p
비대면 · 디지털 기업 우대보증	· 비대면 기업 – ICT 기술 등을 활용하여 기존의 제조, 생산 · 서비스 전달 과정에서 사람 간 접촉을 감소시킨 비즈니스 모델 영위기업 · 디지털기업 – D.N.A.* 및 ICT(정보통신기술)를 이용하는 '제4차 산업혁명' 관련 영위기업(* Data, Network, AI)	· 핵심 기업 – 보증비율: 95% – 보증료감면: 0.3%p (비대면 · 디지털 분야 영위기업 중 기술성 및 사업성 우수기업) – 보증비율: 90% – 보증료감면: 0.2%p
소셜벤처 (S–Venture) 임팩트보증	· 「소셜벤처기입 판별기준」에 따른 사회성 및 혁신성장성 판별표에 의한 평가점수가 각각 70점 이상인 기업	· 보증비율: 100% 전액보증 · 보증료감면: 0.5%p(중복적용 배제) · 같은 기업당 운전자금보증금액 2억원 이하 보증금액 산정 생략 가능

4. 협약보증 등

보증상품	지원대상	주요 내용
금융기관 협약보증	· 일자리창출기업, 혁신성장분야기업, 사회적기업 등에 해당하는 기업 * 상품별로 지원대상 및 지원방법 상이 ** 협약은행: 기업, 신한, 국민, 하나, 우리, 농협, 부산, 대구 등	· 보증비율: 최대 100% · 보증료감면: 0.2%p · 보증료지원(은행): 0.2%p(보증료지원 협약보증)

보증상품	지원대상	주요 내용
지방자치단체 협약보증	· 각 지자체에 사업장 또는 공장을 둔 신기술사업 영위 중소기업 * 지자체별로 지원대상 및 지원방법 상이 ** 협약지자체: 인천, 대구, 경북, 경기도 성남시 등	· 보증비율: 최대 100% · 보증료감면: 0.2%p
일자리 안정자금 협약보증	· 일자리 안정자금 수혜 기술중소기업	· 기업당 지원한도 　- 일자리 안정 자금 수혜 5명 이하(1억원), 5명 초과(2억원) · 기술평가료: 면제 · 고정보증료율: 0.7%(최대 3년)
대·중소기업상생 협약보증	· 대기업이 은행을 거쳐 융자를 추천하거나 기금에 직접 추천한 협력 중소·중견기업	· 보증비율: 최대 100% · 보증료감면: 0.3%p
문화산업완성 보증	· 문화상품(영화, 게임, 만화, 애니메이션, 캐릭터, 디지털콘텐츠, 음악, 방송, 공연, 출판)을 제작하는 기업	· 보증비율: 95% · 보증료감면: 0.2%p
안전인프라 보증	· 안전 취약기업 　- 재해율이 높은 업종 영위기업 　- 고령취업자 재해율이 높은 업종 영위기업 　- 위험성평가 컨설팅 추천기업 · 안전 우수기업 　- 안전 경영활동 우수기업(안전보건공단으로부터 안전 관련 인증을 받은 기업)	· 안전 취약기업 　- 보증비율: 90% 　- 보증료감면: 0.2%p · 안전 우수기업 　- 보증비율: 100% 　- 보증료감면: 0.2%p 　- 운전자금 보증금액 산정생략 한도 확대 (1억원 → 2억원)

5. R&D보증 / 지식재산(IP) 평가보증

보증상품	지원대상	주요 내용
R&D보증	· R&D를 통해 개발·사업화를 추진 중인 기술 혁신선도형 기업	· 보증비율 　- 개발단계: 95% 이내(창업 후 7년 이내 100%) 　- 사업화단계: 85% 이내(정부출연 R&D 과제에 대한 보증 95%) · 보증료감면: 0.3%p
지식재산(IP) 평가보증	· 지식재산(IP)을 개발 완료 후 사업화하는 기업(전용실시권자 포함)으로, 기술사업 평가등급 B 이상 · 정부, 유관기관 등과의 협약을 통해 다양한 방식의 지식재산(IP) 보증상품 운용 가능 　- 지식재산(IP) 가치보증 　- 지식재산(IP) 패스트보증 　- 지식재산(IP) 등급보증 　- 지식재산(IP) 인수보증	· 지식재산(IP) 평가보증별 세부 운용방법 상이 　- 보증비율 및 보증료감면: 세부 운용 방법 적용

6. 녹색금융

보증상품	지원대상	주요 내용
기후기술보증	· 기후기술 개발 및 사업화를 추진 중인 중소기업으로 기술사업평가등급 B 이상(같은 기업당 기금보증금액 1억원 이하 기업은 CCC 등급 이상)	· 보증료감면: 0.2%p
신재생에너지 보증	· 한국에너지공단이 확인·추천한 신재생에너지 분야 ① 발전사업 영위 기업(발전기업) 또는 ② 관련 기술 보유·품목 생산 기업(산업기업)	· 추가한도 지원 　- 기업의 탄소가치(온실가스 감축효과) 평가 후 운전자금 추가 한도 우대지원(시설자금은 해당 소요자금 한도 이내 지원) · 보증비율: 95% 이내 · 보증료감면 　- (발전) 0.5% 고정, (산업) 0.2%p 감면

7. 민간투자 연계보증 등

보증상품	지원대상	주요 내용
보증연계투자	· 아래 요건을 모두 충족하는 중소기업 　- 설립 후 5년 이내의 기업(단, R&D기업, 혁신성장산업 영위기업 등 정책적 지원 필요성이 인정되는 기업, 업력제한 없음) 　- 기보와 보증 거래 중이거나 보증과 투자를 동시에 신청하는 기업 　- 기술혁신선도형기업으로 투자용 기술평가등급이 TI8등급 이상인 기업	· 기술평가 절차를 기반으로 기업의 기술성·시장성·사업성 및 수익성 등 투자 타당성을 종합적으로 심사 　- 투자용 기술평가등급 요건 및 투자한도 　① T18등급 이상: 투자금액 10억원 이하, 투자와 보증 통합한도 50억원 이하 　② T16등급 이상: 투자금액 30억원 이하, 투자와 보증 통합한도 100억원 이하 · 「벤처투자 촉진에 관한 법률」 제2조제1호에 따른 주식, 전환사채, 신주인수권부사채, 조건부지분인수계약(SAFE) 등
엔젤투자연계 보증	· 창업초기 기보엔젤파트너스(창업기획자, 전문개인투자자)로부터 3천만원 이상의 엔젤투자를 유치한 창업기업	· 엔젤투자금액의 2배 이내 보증지원(최대 3억원) · 보증비율 100%, 보증료 0.3%p 우대
벤처투자연계 보증	· 벤처투자기관으로부터 벤처투자를 받은 중소기업의 스케일업을 위한 자금 지원	· 보증심사 시 투자금액을 반영하여 한도 산정 우대 · 보증비율, 보증료 우대
VC투자매칭 특별보증	· 최근 6개월 이내에 민간VC로부터 20억원 이상의 투자를 유치한 중소기업 　- 기술사업평가등급 BB등급 이상 · '아기유니콘 200 육성사업' 선정기업 · TIPS R&D성공기업 또는 포스트 팁스 참여기업	· 보증심사 시 투자금액을 반영하여 한도산정 우대(벤처투자연계보증 대비 한도 상향) · 보증비율 100%, 보증료: 1.0% 고정 · 투자옵션부 보증(보증금액의 10%)

보증상품	지원대상	주요 내용
예비유니콘 특별보증	· 벤처투자기관으로부터 50억원 이상 투자를 유치하고, 혁신성 등이 검증된 기업 – 연간 공고사업으로 별도 신청기간 운용 및 선정평가 진행	· 최대 200억원 보증지원 · 보증비율 95%, 보증료: 1.0% 고정 · 기술상장을 위한 기업평가(사전진단) 지원

8. 기업구조개선보증

보증상품	지원대상	주요 내용
경영개선지원 보증	· 기술력과 사업성이 있으나, 경영에 애로를 겪고 있는 기업	· 진단컨설팅을 통한 경영정상화 가능성 진단 및 보증지원 등
저신용기업 특별보증	· 기술사업평가등급 A등급 이상인 저신용기업(요건에 따라 채무상환 의지가 있는 기업에 대해서는 BBB등급으로 완화)	· 보증비율: 100% · 지원금액: 같은 기업당 최대 30억원(단, 운전자금은 최대 10억원)
공동워크아웃 기업에 대한 우대보증	· 기보증업체로 공동워크아웃 신규여신 지원 결정 기업	· 같은 기업당 보증 최고한도 내 취급 – 한도 차감기준 적용 제외 · 보증금액 산정생략 – 경영정상화계획에 의거 채권액 비율에 따라 산정한 기보 지원 분담액 범위 내 지원

9. 재기지원보증

보증상품	지원대상	주요 내용
회생지원보증	· 구상채권 변제를 위한 보증을 신청하는 기업	· 보증취급액 전액이 구상채권에 충당 · 1.0% 고정보증료율
재도전 재기지원보증	· 재도전 경영자가 영위하는 실패기업 또는 실패기업의 경영자가 대표자(실제경영자 포함)인 기업	· 재기 가능성이 인정되는 경영자가 대표자(실제경영자 포함)인 기업에 대해 회생지원보증(또는 채무조정)과 신규보증을 지원 · 1.0% 고정보증료율
재창업 재기지원보증	· 신용회복지원협약 등에 따라 실패한 중소기업의 경영자가 신설한 기술성과 사업성을 갖춘 기업 – 재창업일로부터 7년 이내인 기업	· 신용회복위원회 재창업지원위원회에서 채무조정 및 자금지원기관(기보, 신보, 중진공)의 사업성평가보고서를 바탕으로 최종 심의·의결 · 1.0% 고정보증료율

5 투·융자 복합상품 및 매출채권 팩토링

1. 보증연계투자

구분	내용
제도개요	· 기술성 및 사업성이 우수한 기술혁신선도형 중소기업에 보증과 연계하여 기보가 직접 투자함으로써 기술혁신선도형 중소기업의 직접금융 활성화를 위하여 도입한 제도
대상기업	· 아래 요건을 모두 충족하는 중소기업 　ㅡ 설립 후 5년 이내의 기업(단, R&D 기업, 혁신성장산업 영위 기업 등 정책적 지원 필요성이 인정되는 기업, 업력 제한 없음) 　ㅡ 기보와 보증 거래 중이거나 보증과 투자를 동시에 신청하는 기업 　ㅡ 기술혁신 선도형 기업으로 투자용 기술평가등급이 TI8등급 이상인 기업 　ㅡ 투자용 기술평가등급 요건 및 투자 <table><tr><th>투자용 기술평가등급</th><th>투자 한도</th></tr><tr><td>'TI8' 등급 이상</td><td>투자금액 10억원 이하, 투자와 보증통합한도 50억 이하</td></tr><tr><td>'TI6' 등급 이상</td><td>투자금액 30억원 이하, 투자와 보증통합한도 100억 이하</td></tr></table>
투자심사 주요 내용	· 기술평가 절차를 기반으로 기업의 기술성·시장성·사업성 및 수익성 등 투자 타당성을 종합적으로 심사
투자방식	· 「벤처투자 촉진에 관한 법률」 제2조 제1호에 따른 주식, 전환사채, 신주인수권부사채, 조건부 지분 인수계약(SAFE) 등

2. 엔젤투자연계보증

구분	내용
제도개요	· 창업초기 엔젤투자를 유치한 창업기업의 성장 및 엔젤투자 생태계 활성화를 지원하기 위해 기술 보증기금이 사업화 등에 필요한 자금을 후속으로 보증을 지원하는 상품
대상기업	· 기보엔젤파트너스로부터 최근 3년 이내에 3천만원 이상 투자를 유치한 창업기업(창업 7년 이내)으로 기보엔젤파트너스가 추천한 기업 　ㅡ (기보엔젤파트너스) 엔젤투자 활성화를 위해 창업기획자, 전문개인투자자 중에서 선정한 전문가 그룹 　ㅡ (최근 3년 이내 투자) 자본금 변동 등기일로부터 보증접수일까지의 기간을 기준 　ㅡ (창업기획자 추천기업) ①, ② 중 하나를 충족하는 기업 　① 창업기획자 보육시설에 현재 입주기업 또는 과거 3개월 이상 입주했던 기업 　② 전문보육실적이 있는 기업
우대사항	· (보증금액) ① 기존 보증금액에 불구 엔젤투자금액*의 2배 이내(최대 3억원) ② 같은 기업에 대한 운전자금 보증금액 5억원까지 투자금액과 추정매출액 중 많은 금액의 1/2 범위로 지원(* 엔젤투자금액 5천만원 미만인 경우 최대 1억원, 1억원 미만인 경우 최대 2억원 한도) · (보증비율) 100% · (보증료) 0.3%p 감면, 투자옵션부보증으로 취급 시 1% 고정보증료

3. 벤처투자연계보증

구분	내용
제도개요	· 벤처투자를 받은 기술중소기업의 Scale-up을 지원하기 위해 기술보증기금이 기술개발·사업화 등에 필요한 자금을 후속으로 보증을 지원하는 상품 ※ 투자: 「벤처투자 촉진에 관한 법률」 제2조 제1호에서 정한 투자*를 유치하는 것(단, 현물투자 제외) * ① 주식회사의 주식, 무담보전환사채, 무담보교환사채 또는 무담보신주인수권부사채의 인수 　② 유한회사 또는 유한책임회사의 출자 인수 　③ 중소벤처기업부령으로 정하는 바를 따른 지분 인수 　④ 중소벤처기업부령으로 정하는 요건을 충족하는 조건부 지분인수 계약을 통한 지분 인수 등
대상기업	· 벤처투자기관으로부터 투자를 유치한 비상장 중소기업(코넥스 상장사는 가능)
우대사항	· (보증금액 산정특례) 같은 기업에 대한 운전자금보증금액 10억원까지는 투자금액과 추정매출액 중 많은 금액의 1/2 범위까지 지원 가능(단, 기술사업평가등급 BB등급 이상인 경우) · (보증비율) 기술창업기업 95%, 기술창업기업 이외의 기업 90%(투자옵션부 보증으로 취급 시 100% 전액보증) · (보증료) 0.3%p 감면, 투자옵션부 보증으로 취급 시 1% 고정보증료

4. VC투자매칭 특별보증

구분	내용
제도개요	· 민간 VC(벤처캐피탈) 등으로부터 투자를 유치하는 기업에 유사 규모의 보증 레버리지 방식으로 매칭하여 스케일업 보증을 지원하는 상품
대상기업	· 아래 요건을 모두 충족하는 비상장 중소기업으로 기보 VC파트너스가 추천한 기업 　- (투자요건) 보증신청일 이전 6개월 이내에 20억원 이상의 투자를 유치 　1) 벤처투자 활성화를 위해 한국벤처캐피탈협회 등으로부터 추천받은 우수 벤처캐피탈 중 기보가 선정한 투자 전문가 그룹 　2) 법인등기사항전부증명서상 등기일자 기준. 다만, SAFE 투자방식에 의한 투자 건의 경우에는 투자금 입금일 기준으로 적용 가능 　3) 「벤처투자 촉진에 관한 법률」 제2조 제1호에서 정한 투자를 유치하는 것(단, 현물투자 제외) 　- (등급요건) 기술사업평가등급 BB등급 이상 · '아기유니콘 200 육성사업'에 선정된 기업(협약기간 이내) · TIPS R&D 성공기업*(성공 판정 후 1년 이내) 또는 포스트 팁스(Post-TIPS) 참여기업(협약 기간 이내)(* 누적 투자유치금액 20억원 이상)
보증한도	· 최대 50억원 이내 · (보증금액 산정특례) 운전자금보증금액 20억원까지는 투자금액과 추정매출액 중 많은 금액의 최대 1/2까지 지원 가능
우대사항	· (보증비율) 100% 전액보증 · (보증료) 1%(고정보증료) · (성과공유) 투자옵션부보증으로 운용 　- (옵션내용) 보증금액의 10% 이내에서 기보가 신주인수권을 취득

5. 상환청구권 없는 매출채권 팩토링

구분	내용
제도개요	· 기보가 상환청구권 없는 조건으로 매출채권을 매입 후 대금을 판매기업에 선지급하고 만기에 구매기업으로부터 직접 대금을 회수 　- 구매기업이 만기일에 대금 미결제 시에도 판매기업에 최종 상환책임이 없어 연쇄부도 우려 없이 낮은 비용으로 매출채권 조기 현금화 가능
대상기업	· 판매기업: 기술성·사업성이 우수한 신기술사업자 중 물품공급 등을 통해 매출채권을 취득한 중소기업 · 구매기업: 기술성·사업성이 우수한 신기술사업자(기술을 개발하거나 이를 응용하여 사업화하는 중소기업과 자산총액 5천억 미만인 중견기업) · 매출채권: 등록일부터 결제일이 30일 이상 90일 이내인 외상매출채권(전자세금계산서 한정)
지원한도	· 기술평가등급, 매출액 등을 반영하여 기업별 최고한도 30억원 이내 산정

6 기술평가/기술인증

1. 기술평가

　기술평가는 대상기술의 기술성·시장성·사업성 등을 분석하고 결과를 금액, 등급, 의견 등으로 평가하는 제도이다. 기업에 대한 정량화된 평가는 주로 신용평가를 통해서 이루어지고 있으나, 초기기업 또는 기술혁신형 기업의 경우 신용평가등급 산출이 불가능하거나 낮게 산출되므로 시장에서 제대로 평가받지 못하고 있는 상황이다. 이에 기술평가는 정보의 비대칭성을 줄이면서 정책적인 지원을 위한 판단 기능으로서 유용한 수단이 되고 있다.

【기술평가의 유형】

구분	내용
기술사업 타당성 평가	· 보증지원을 위한 평가, 벤처기업 확인평가, INNO-BIZ기업 선정을 위한 평가, 발명의 사업성 평가, 정부, 지자체 또는 금융회사 등의 자금의 지원대상자 선정을 위한 평가, R&D 평가, 소셜벤처기업 평가, 기술이전거래 등을 위한 평가, 금융회사 등의 여신심사용 기술평가 등
기술가치평가	· 벤처기업 현물출자 특례대상 산업재산권 등의 평가, 외국인 출자 산업재산권 등의 평가, 기술의 담보가치를 산정하기 위한 평가, 기술이전거래 기준가격 산정을 위한 평가, 기술 관련 사업의 이전·양수도 등을 위한 평가 등
종합기술평가	· 금융기관, 벤처캐피탈, 엔젤투자자 등의 투자용평가, 벤처기업의 코스닥시장 상장을 위한 평가, 주식가치평가 등

2. 벤처기업 확인

기술보증기금은 '전문평가기관'으로 벤처기업 확인평가를 실시하고 있으며, 벤처기업협회의 '벤처기업확인기관'으로, 벤처 확인·취소와 관련한 업무 및 '벤처확인종합관리시스템'(www.smes.go.kr/venturein) 운영 및 관리 등을 전담하고 있다.

【벤처기업 평가대상 및 요건】

구분	내용
혁신성장유형	· 기술 혁신성 및 사업 성장성 우수
연구개발유형	· 연구개발비가 5천만원 및 신청 직전 4분기 연구개발비가 총매출액의 5~10% 이상 · 기업부설연구소, 연구개발전담부서, 기업부설창작연구소, 기업창작전담부서 보유 · 사업 성장성 우수
예비벤처유형	· 법인 설립 또는 사업자등록을 준비 중인 자 · 기술 혁신성 및 사업 성장성 우수
벤처투자유형	· 투자금액 5천만원 이상 · 자본금 대비 투자금액이 10 이상

3. 이노비즈(Inno-Biz) 선정

이노비즈(Inno-Biz)는 혁신(Innovation)과 기업(Business)의 합성어로 기술우위를 바탕으로 경쟁력을 확보한 기술혁신형 중소기업을 의미하며, 정부에서는 기술경쟁력과 미래성장 가능성을 갖춘 이노비즈(Inno-Biz)에 기술, 자금, 판로 등을 연계 지원함으로써 글로벌 경쟁력 있는 우수기업의 성장을 정책적으로 지원하고 있다.

【벤처기업 평가대상 및 요건】

구분	내용
신청자격	· 「중소기업기본법」상의 중소기업으로서, 신청일 현재 설립 후 3년 이상이며 정상 가동 중인 기업 · 대상 분야: 제조업, 건설업, 소프트웨어업, 비제조업, 농업, 바이오업, 환경업, 전문디자인업
신청절차	· 기술혁신시스템 자가진단 650점 이상인 업체 대상으로, 기보의 현장실사 후 선정

선정기준	· 아래 2가지 조건 모두 충족 시 통과
	  − 기술혁신시스템 점수 700점 이상
	  − 기보의 기술사업평가등급 B 이상

1. 기술이전 · 사업화 지원

중소기업의 개방형 기술혁신지원을 위해 대학연구소기업 등이 보유한 우수기술을 중소기업에 이전하고 이전기술의 사업화를 지원하는 업무이다.

시스템	네트워크	금융	신뢰성
· 독창적인 기술−기업매칭 시스템(KTMS) ※ 특허(10−1562748) · 전국 60개 영업점 및 8개 기술혁신센터	· 연구소대학의 우수한 기술 DB 구축 · 전국 공공연 · 대학 및 민간 거래기관과 업무 협약 체결	· 기술도입에서 양산 자금(운전, 시설)까지 One−Stop으로 금융 지원	· 기술거래 지원사업 전담기관 (기술혁신촉진법) · 기술거래기관(기술이전촉진법) · 기술평가기관(벤처법 외 다수)

2. Tech−Safe 시스템

Tech Safe는 '기술'과 '금고'의 합성어로 '증거지킴이' TTRS*와 '기술지킴이' 기술임치 시스템을 포함한 온라인 기술금고 시스템을 의미한다.(http://ts.kibo.or.kr)

* TTRS: Technology data Transaction record Registration System(기술자료 거래기록 등록시스템)

2.1. '기술지킴이' 기술임치 시스템

'기술지킴이' 기술임치 시스템은 기업의 기술경영상 핵심비밀이 외부로 유출되는 것을 대비해 공신력 있는 제3의 기관에 비밀을 보관하고, 기술 유출이 발생할 경우 그 기술의 보유자라는 것을 증명할 수 있는 제도로서, 임치된 기술은 「상생협력법」 제24조의3 제2항에 따라 법적 추정력이 부여되어 소송에서 유리한 증거자료로 활용이 가능하다.

2.2. '증거지킴이' TTRS

'증거지킴이' TTRS 제도는 중소기업이 사업제안, 입찰 등 기술거래 과정에서 발생하는 각종 비공식 기술탈취 증거자료를 향후 법적 분쟁 발생 시 활용하기 위해 신뢰성 있는 제3

의 기관인 기보에 안전하게 보관하는 제도로서, TTRS 활용 시 「부정경쟁방지법」 제2조 제3호의 '영업비밀 침해행위'에 대한 입증자료로 활용이 가능하다.

3. 기술신탁관리

기술신탁관리제도는 공신력 있는 기술보증기금이 중소기업의 우수기술을 신탁(소유권 이전)받아 안전하게 보호하며 직접 기술이전을 중개하는 제도로서, 우수특허기술을 보유한 중소기업이 중소기업 또는 중견·대기업 등으로 기술유출·탈취 없이 정당한 대가를 받고 기술을 이전하고자 할 때 이용할 수 있는 제도이다.

기술보증기금은 기술신탁관리기관으로서 특허권을 위탁한 중소기업을 위해 특허관리, 기술이전중개, 기술분쟁 대응 등의 서비스를 제공한다.

구분	혜택 내용
기술보호	· 신탁받은 특허의 분쟁 발생 시 기보가 당사자로서 소송을 수행함에 따라 기술 탈취를 미연에 방지하는 효과 기대(소송비용은 기업이 전액 부담)
TLO* 역할수행	· 특허권 연차료 납부 기일관리 및 기술료 징수업무 대행
비용절감	· 특허권 유지를 위한 연차료를 예산 범위 내에서 70%까지 지원 (지원한도 연간 30만원)(단, 신탁기간 연장 시 연차등록료는 기업이 부담)
기술이전	· 신탁기술을 대상으로 기금이 기술이전 중개서비스 지원
R&D 가점부여	· 최근 3년 이내 신탁기술을 이전받은 중소기업이 중기부 소관 R&D과제를 신청할 경우 2점의 평가 가점을 부여
금융수혜	· 기술이전 과정에서 필요한 자금도 IP 인수 보증을 통해 지원 가능

* TLO(Technology Licensing Office): 기술이전 전담조직으로 연구결과물을 체계적 관리 및 기술 마케팅을 지원

8 지식재산공제/창업지원/기술신용평가사

1. 지식재산공제

기업이 납입한 부금 총액의 최대 5배까지 대출이 가능한 상품으로, 다양한 수요에 맞춰 부금 월액(30~1,000만원) 및 납입기간(30~70개월)을 구분한 상품으로 구성되어 있다.

【공제상품 종류】

부금 월액	납입 기간	부금 총액	부금 월액	납입 기간	부금 총액
30만원	50개월	15백만원	300만원	30개월	90백만원
	70개월	21백만원		40개월	120백만원
50만원	40개월	20백만원	500만원	· 30개월	150백만원
	60개월	30백만원		40개월	200백만원
80만원	50개월	40백만원			
100만원	50개월	50백만원			
200만원	30개월	60백만원	1,000만원	30개월	300백만원
	40개월	80백만원		50개월	500백만원
	50개월	100백만원			

【대출상품 종류】

구분	대출요건(자금용도)	대출한도
지식재산 비용대출	· 산업재산권 국내외출원, 국내외 심판소송비용, 국내외 지식재산 침해소송, 지식재산 이전 사업화 등	· 부금 적립액의 5배와 실제 발생비용 중 적은 금액
경영자금대출	· 경영자금 필요시	· 부금 적립액의 90%

2. 창업지원

구분	대상	지원 내용
기술경영 컨설팅 (무료)	· 기보 거래 중인 기업 또는 거래 예정인 기업 (예비창업자 포함)	· 기업의 지속 가능한 성장역량 및 생존력 강화를 위해 자금, 재무관리, 마케팅 등 분야에서 창업컨설팅, 진단컨설팅, 전문컨설팅, 전문심화컨설팅 등 수행
기보벤처 캠프 (무료)	· 창업 후 3년 미만 우수기술 중소기업 및 예비창업자	· 기금이 보유하고 있는 기술평가 인프라를 바탕으로 기술창업 기업에 대한 보증, 투자 등 금융지원 및 교육, 컨설팅, 기술이전 등 비금융 지원을 제공하는 프로그램

3. 기술신용평가사

기술신용평가사 제도는 기업의 무형자산에 대한 기술평가와 전반적인 신용 및 재무현황에 대한 신용평가를 수행하여 이에 대한 평가결과를 등급 또는 금액으로 산출하는 전문 평가사 제도이다.

구분	기술신용평가사3급	기술신용평가사2급	기술신용평가사1급
자격체계	기술신용평가 입문자 육성	기술신용평가의 이론 및 실무를 겸비한 금융전문가	기술신용평가 전문인력 육성
신청자격	'기술금융의 이해', '기술금융 기초', '기술금융' 중 택1 이수자(단, 기술의 이전 및 사업화 촉진에 관한 법률상 기술평가기관 제외)	3급 자격 취득자	동일직무 분야 5년 이상의 2급 자격 취득자, 동일직무 분야 2년 이상의 변리사, 회계사, 변호사, 감정평가사(외국에서 동일자격을 취득한 자 포함)
검정과목	기술평가와 신용분석 기초, 경영컨설팅과 지식재산권	기술신용평가, 기술전공* 일반 이론	기술신용평가 실무사례
자격부여	60점 이상(100점 만점)	각 과목 40점 이상이고, 전 과목 평균 60점 이상(100점 만점)	70점 이상(100점 만점)

* 기계, 전기전자, 정보통신, 재료금속, 화공, 생명(BIO), 섬유, 환경, 콘텐츠 중 택 1

- (2급) 금융위원회의 「기술금융 체계화 및 제도 개선방안」 이행을 위한 '은행의 자체 기술신용평가 실시를 위한 기술신용대출 정착 로드맵'상 양성인력으로 인정되어 월 12건의 자체 TCB평가서 작성 권한 부여

- (1급) '기술신용대출 정착 로드맵'에 따른 은행의 자체 TCB평가 시 전문인력으로 인정되어 LEVEL 상승의 핵심 요소임

III 지역신용보증재단

1 기관 소개

    지역신용보증재단은 담보력이 부족한 지역 내 소기업, 소상공인과 개인의 채무를 보증하게 함으로써 자금융통을 원활하게 하고 지역경제 활성화와 서민의 복리 증진에 이바지함을 목적으로 지방자치단체가 설립한 신용보증기관으로 1997년 9월 7일 제정된 「지역신용보증재단법」에 근거해 전국에 17개의 지역신용보증재단이 설립되어 운영되고 있다.

    지역신용보증재단은 중소기업금융의 사각지대에 있는 소기업 및 영세소상공인의 금융지원, 한계집단의 경제적 기회를 증진시킴으로써 경제양극화로 인한 사회, 경제적 긴장을 완화시키고, 지역경제 활성화 및 지역 균형발전에 기여하게 된다. 또한 담보 여력이 부족한 소기업과 소상공인을 대상으로 신용보증을 제공함으로써 이들이 제도권 금융을 이용할 수

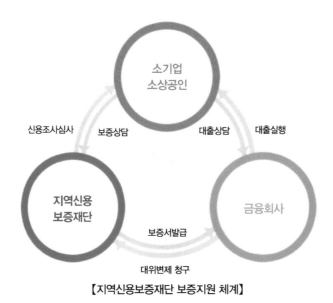

【지역신용보증재단 보증지원 체계】

있는 역할을 하게 된다. 그리고 개별 지역신용보증재단의 공동이익 증진과 건전한 발전을 도모하기 위하여 17개의 신용보증재단을 구성원으로 하는 신용보증재단중앙회를 두고 있다.

【지역신용보증재단 현황】

구분	주소
강원신용보증재단	· 강원도 춘천시 중앙로 45, SC은행 3층 · TEL: 033-260-0001
경기신용보증재단	· 경기도 수원시 영통구 광교로 107, 경기중소기업지원센터 2층 · TEL: 1577-5900
경남신용보증재단	· 경남 창원시 의창구 원이대로 362, 창원컨벤션센터 4층 · TEL: 055-212-1250
경북신용보증재단	· 경북 구미시 이계북로 7, 경상북도경제진흥원 7층 · TEL: 054-474-7100
광주신용보증재단	· 광주시 광산구 하남산단 8번로 177, 중소기업지원센터 1층 · TEL: 062-950-0011
대구신용보증재단	· 대구시 달서구 달구벌대로 1568, 대구은행 4층 · TEL: 053-560-6300
대전신용보증재단	· 대전시 중구 중앙로 116, 대전신용보증재단빌딩 · TEL: 042-380-3800
부산신용보증재단	· 부산시 부산진구 진연로 15, 부산신용보증재단빌딩 7층 · TEL: 051-860-6600
서울신용보증재단	· 서울시 마포구 마포대로 163, 서울신용보증재단 · TEL: 1577-6119
세종신용보증재단	· 세종시 나성로 33-10, 5층 · TEL: 052-289-2300
울산신용보증재단	· 울산시 북구 산업로 915, 중소기업종합지원센터 3층 · TEL: 052-289-2300
인천신용보증재단	· 인천시 남동구 남동대로 215번길 30, 인천비즈니스센터 9층 · TEL: 1577-3790
전남신용보증재단	· 전남 순천시 해룡면 향매로 109, 전남신보빌딩 3층 · TEL: 061-729-0600
전북신용보증재단	· 전북 전주시 완산구 홍산로 276, 2층 · TEL: 063-230-3333
제주신용보증재단	· 제주도 제주시 연북로 33 KT&G 제주본부 4층 · TEL: 064-758-5740
충남신용보증재단	· 충남 아산시 염치읍 은행나무길 223 · TEL: 041-530-3800
충북신용보증재단	· 충북 청주시 흥덕구 풍산로 50, 충북중소기업종합지원센터 5층 · TEL: 043-249-5700

2 주요 업무

지역신용보증재단의 업무는 「지역신용보증재단법」 제17조에 구체적으로 명시되어 있으며, 기본재산의 관리, 신용보증, 신용조사 및 신용정보의 관리, 경영지도, 구상권의 행사가 주요 업무에 해당한다. 이 중에서 가장 핵심적인 업무는 신용보증이라고 할 수 있다.

그 밖에 신용보증, 신용조사 및 신용정보의 관리의 업무에 부수되는 업무로서 중소벤처기업부장관의 승인을 받은 업무와 기본재산의 관리, 경영지도, 구상권 행사의 업무에 부수되는 업무로서 시·도지사의 승인을 받은 업무를 비롯해 국가, 지방자치단체, 공공기관 등이 위탁하는 사업 중소기업 등 지원 또는 그에 부수되는 사업으로 중소벤처기업부장관 또는 시·도지사의 승인을 받은 사업을 영위하고 있다.

3 신용보증제도

1. 신용보증대상

구분	내용
보증대상	· 본사나 주사업장이 해당 지역 신용보증재단의 관할지역 내에 소재하고 사업자등록증을 득한 소기업 · 소상공인
보증금지	· 보증기관이 보증채무를 이행한 후 채권을 회수하지 못한 기업 및 신용보증 사고기업 · 위 기업의 과점주주와 무한 책임사원이 영위하는 기업 또는 이들이 대표자로 되어 있는 기업
보증제한	· 휴업 중인 기업 · 금융기관 대출금을 빈번하게 연체하고 있는 기업 · 사업성이 낮은 기업 · 부실자료 제출 기업 · 금융기관이나 지역신용보증재단에 손실을 입힌 기업 · 보증금지기업의 연대보증인인 기업 또는 연대보증인이 대표자로 되어 있는 법인기업 · 보증제한업종을 영위하는 기업(도박, 유흥, 오락, 점술 및 유사서비스업 등) · 기타 신용상태가 불량하다고 판단되는 기업

2. 보증절차

단계별	주요 내용
보증신청 및 상담	· 가까운 지역신용보증재단이나 협약은행으로 방문 · 신청서류: 신용보증신청서, 법인등기부등본(법인인 경우), 주민등록등본, 사업장 및 거주주택의 부동산등기부등본(임차인 경우 임차계약서), 기업실태표 * 재단마다 제출서류는 다소 차이가 있음 · 온라인 전송시스템(FIND SYSTEM), 한국평가데이타㈜를 이용하여 국세청 발급자료 제출 가능 * 국세청 증빙서류: 사업자등록증명, 납세증명서, 납세사실증명서, 부가가치세 과세 표준증명, 부가가치세 면세사업자 수입금액증명, 표준재무제표(3개년)
신용조사	· 예비확인 – 신용보증신청서가 접수되면 지역신용재단에서 신청기업에 대한 신용조사자료를 수집하고 제출된 서류 진위확인 · 현장확인 – 각 사업장 관할 지역신용보증재단은 신청기업의 사업장을 방문하여 현장을 확인하고 다음의 내용을 점검 – 신용조사 자료, 제출서류와 사업장 현황 확인 – 대표자 등 경영진의 경영능력 및 사업의지 확인 – 사업장의 영업 현황 – 기타 추가 확인 사항
보증심사	· 기업의 신용도, 사업전망, 보증신청금액의 타당성 등을 종합적으로 검토하기 위해 신청내용 및 금액에 따라 소액심사, 표준심사, 정식심사 방법을 선택적으로 적용하여 심사
보증금액 결정	· 보증금액은 일정한 기준에 의하여 산출된 보증한도금액 범위 내에서 기업규모, 자금용도, 신용도 등을 종합적으로 감안하여 결정
보증약정 및 보증서 발급	· 보증서가 발급되면 재단에서 개별적으로 연락 후, 보증서를 가지고 지정된 은행에 방문하여 대출을 실행

3. 보증대상채무별 보증 종류

보증 종류	내용
대출보증	· 기업이 금융기관으로부터 각종 자금을 대출받을 때 담보로 이용되는 보증 · 보증대상채무: 운전자금 및 시설자금대출
지급보증의 보증	· 기업이 금융기관으로부터 지급보증을 받을 때 담보로 이용되는 보증 · 보증대상채무: 대출지급보증, 기타 각종 지급보증

보증 종류	내용
시설대여보증	· 기업이 시설대여회사로부터 기계 · 기구 등 필요한 시설을 대여받을 때 담보로 이용 · 보증대상채무: 시설대여계약에 따라 부담하는 규정손해금
어음보증	· 기업이 상거래의 담보 또는 대금결제수단으로 주고받는 어음에 대한 지급보증 · 보증 종류: 지급어음보증, 받을어음보증, 담보어음보증
이행보증	· 기업이 건설공사 · 물품공급 · 용역제공 · 보증대상채무: 운전자금 및 시설자금대출

4. 지원 목적별 보증 종류

지역신용보증은 지원 목적에 따라 일반보증과 특례보증으로 구분할 수 있다.

일반보증은 지역신용보증재단이 조성해 보유하고 있는 보증재원인 기본재산을 토대로 모든 소기업 및 소상공인을 대상으로 지원하는 보증을 말하며 운전자금보증, 시설자금보증, 소상공인 창업 및 경영개선자금보증으로 세분화된다.

일반보증과 달리 특례보증은 특정 기업에 대하여 지방자치단체에서 특별한 정책적 배려 차원에서 별도의 기준을 마련해 지원하는 보증을 말하며 재도전지원 특례보증, 장애인기업 특례보증, 재해중소기업 특례보증, 사회적경제기업 특례보증으로 세분화된다.

4 일반보증

1. 보증한도: 동일기업당 최고 8억원

2. 보증 종류

보증 종류	내용
운전자금보증	· 제조업 · 제조관련 서비스업: 연간 매출액의 1/3~1/4 이내 · 기타업종: 연간 매출액의 1/4~1/6 이내
시설자금보증	· 당해 시설의 소요자금 범위 내
소상공인 창업 및 경영개선자금보증	· 최고 7천만원 · 소상공인 신용평가시스템상의 보증한도 이내

3. 보증료

- 신용도, 보증금액, 보증기한 등에 따라 0.5~2.0% 차등 적용
- 보증기간 1년을 초과하는 경우, 1년마다 분할 납부 가능

5 특례보증

1. 재도전지원 특례보증

재도전지원 특례보증은 기존 사업을 운영하다 실패한 소상공인 및 중소기업인 중에 도덕성에 문제가 없는 성실실패자 및 법적 채무 종결기업 등에 대해 재기지원 가능성을 평가하여 재도전 기회를 제공하고 창업생태계 활성화를 도모하기 위한 보증 프로그램으로 지역신용보증재단과 보증부 여신 운용에 관한 협약(유사명칭 포함)을 체결한 금융기관에서 해당을 상품 취급하고 있으며, 세부적인 지원대상은 다음 표와 같다.

【지역신용보증재단 보증지원 체계】

구분	내용
대상기업	· 아래의 어느 하나에 해당하는 기업 중 '재도전 실무위원회' 또는 '재도전 심의위원회' 심의 결과 본 특례보증 지원이 결정된 기업 　－ 재단이 보증채무를 이행한 후 구상채권의 변제를 받지 못한 기업으로서 재단의 구상채무에 대하여 변제책임이 있는 기업 　－ 재단의 구상채무에 대하여 변제책임이 있는 아래 각호의 어느 하나에 해당하는 자가 별도로 영위하는 기업 　1) 재단 대위변제기업이 개인기업인 경우: 대위변제기업의 대표자, 연대보증인 　2) 재단 대위변제기업이 법인기업인 경우: 대위변제기업의 대표이사, 연대보증인 · 법정채무 종결기업 　－「채무자회생 및 파산에 관한 법률」에 따른 파산·면책확정을 받은 자 　－「채무자회생 및 파산에 관한 법률」에 따른 기업·개인회생 계획에 따라 채무변제를 완료한 자 　－ 신용회복위원회의 「신용회복지원협약」에 따라 채무변제를 완료한 자

2. 장애인기업 특례보증

구분	내용
시행 목적	· 장애인기업에 대한 금융지원 확대로 장애인기업에 대한 경영안정 및 성장지원을 통해 장애인의 사회적 · 경제적 자립을 도모하고 고용기회를 확대
대출취급은행	· 광주은행, 국민은행, 기업은행, 농협은행, 부산은행, 신한은행, 우리은행, 하나은행 등
대상기업	· 사업자등록을 한 후 영업(가동) 중인 장애인기업 단, 같은 기업당 재단보증금액 50백만원 초과 시 업력 6개월 이상
보증한도	· 같은 기업당 재단보증금액 1억원 이내
보증비율	· 같은 기업당 재단보증금액 20백만원 이하: 100% 전액보증 · 같은 기업당 재단보증금액 20백만원 이상: 90% 부분보증
보증료율	· 연 0.7% 이내
보증기간	· 운전자금: 7년 이내 · 시설자금: 대출기한 이내

※ 장애인기업
 - 기업 또는 대표자(실제경영자 포함)가 다음 각목의 어느 하나에 해당하는 중소기업
  가. 장애인복지법에 의거 지자체로부터 장애인등록증을 받은 자
  나. 국가유공자 등 예우 및 지원에 관한 법률에 의거 국가보훈처로부터 상이등급을 받은 자
  다. 고엽제후유증 등 환자지원 및 단체설립에 관한 법률에 의거 장애등급에 해당하는 자

3. 재해중소기업 특례보증

구분	내용
시행 목적	· 전국 또는 특정 지역 내의 공장, 점포 및 시설이 재해로 파손되거나 유실되어 피해를 입은 재해중소기업에 대하여 신속한 보증지원을 통한 경영정상화 도모
대출취급은행	· 전 금융기관
대상기업	· 재해로 인하여 피해를 입은 중소기업 및 소상공인 중 정부, 지자체로부터 '재해중소기업 확인증' 또는 '피해사실 확인서' 등을 발급받은 기업
보증한도	· 기보증금액에도 불구하고 다음 1), 2) 중 적은 금액 1) 70백만원(단, 제조업은 100백만원) 2) 재해관련 피해금액 또는 재해복구 소요자금 중 적은 금액
보증금액사정	· 운전자금: 피해금액(또는 재해복구 소요자금) 범위 내에서 사정 생략 · 시설자금: 피해금액 범위 내에서 당해 시설소요자금 범위 내 * 대상채무: 재해중소기업이 금융회사 등으로부터 지원받은 재해복구기금
보증비율	· 100% 전액보증

4. 사회적경제기업 특례보증

구분	내용
시행 목적	· 사회적기업 육성을 통해 취약계층에게 사회서비스 제공 또는 일자리 창출을 확대하여 지역주민의 삶의 질 향상 및 사회통합 도모 · 취약계층 일자리 및 사회서비스 제공, 창업활성화 등에서 중추적인 역할을 할 협동조합, 마을기업, 자활기업, 소비자생활협동조합에 대한 보증지원을 통해 지역경제발전 도모
대출취급은행	· 국민, 기업, 농협, 신한, 우리, 하나, 경남, 광주, 대구, 부산, 전북, 신협, 새마을금고, 산림조합

대상기업	· 사회적기업
	 * 고용노동부 인증 사회적기업
	  (1) 영리사회적기업: 중소기업기본법 제2조에 의한 중소기업
	  (2) 비영리사회적기업: 중소기업기본법시행령 제3조 제2항에 의한 중소기업
	· 협동조합, 협동조합연합회, 사회적협동조합, 사회적협동조합연합회
	· 행정안전부가 지정한 마을기업
	· 국민기초생활보장법에 의한 자활기업
	· 소비자생활협동조합, 소비자협동조합연합회, 소비자생활협동조합 전국연합회

보증한도	· 같은 기업당 4억원 이내
보증비율	· 100% 전액보증(단, 비은행금융회사의 경우 80%)

6 햇살론(사업자)

신용보증재단은 저신용, 저소득으로 담보능력이 부족하여 제도권 금융기관 이용이 어려운 자영업자, 농림어업인에 대하여 신용보증을 통해 저축은행 및 대부업체 등에서 30~40%대 고금리를 10% 이내의 저금리자금으로 대환하는 대환자금 및 사업운영자금, 창업자금 등을 지원하는 햇살론 보증제도를 운영하고 있다.

1. 대환자금

구분	내용
대출대상	· 기본요건: 햇살론 신청 자격을 만족하는 자영업자, 농림어업인 · 추가요건 − 신청일 기준으로 3개월이 경과한 대부업체, 저축은행, 캐피탈사, 신용카드사의 연이율 16% 이상 고금리 채무를 정상 상환 중인 자 − 소득 대비 채무상환액 비율이 40%를 초과하지 않을 것
대상채무	· 대부업체, 저축은행, 캐피탈사, 신용카드사의 연이율 16% 이상 고금리 채무를 정상 상환 중인 자

구분	내용
대출한도	· 3천만원(대출원금 기준) 이내에서 중앙회 및 재단의 기보증에 의한 대출금액을 차감한 금액과 대환 대상 고금리 채무 잔액 중 적은 금액을 적용 · 추가요건 − 신청일 기준으로 3개월 이전에 대출받은 연이율 16% 이상 고금리 채무를 정상 상환 중일 것 − 소득 대비 채무상환액 비율이 40%를 초과하지 않을 것
보증기간 및 상환방법	· 거치기간 없이 5년 이내에서 연 단위로 채무자가 정하는 기간 동안 원금균등분할 상환

2. 사업운영자금

구분	내용
대출대상	· 영업 중인 자영업자, 농림어업인
대상채무	· 대부업체, 저축은행, 캐피탈사, 신용카드사의 연이율 16% 이상 고금리채무를 정상 상환 중인 자
대출한도	· 최고 2천만원 한도 내에서 '햇살론 소상공인 평가표'에 의해 평가된 점수별 평가 등급에 따라 대출한도가 달라짐
보증기간 및 상환방법	· 5년(1년 거치 4년 이내 원금 균등분할 상환)
보증료	· 대출금액의 연 1.0% 이내에서 결정

【사업운영자금 대출한도】

평가점수*	평가등급	대출한도
249~384	1등급	2,000만원
184~248	2등급	1,500만원
147~183	3등급	1,200만원
119~146	4등급	1,100만원
98~118	5등급	1,000만원
73~97	6등급	800만원
56~72	7등급	700만원
30~55	8등급	600만원
12~29	9등급	500만원
0~11	10등급	400만원

* 햇살론 소상공인 평가표에 의해 평가된 점수

3. 창업자금

구분	내용
대출대상	· 정부 · 지방자치단체로부터 창업교육 · 컨설팅을 이수한 후 창업 중이거나, 개업일로부터 1년 이내 창업자 · 무등록 · 무점포에서 유등록 · 유점포로 전환하여 창업 중이거나 창업을 완료한 사업자로 등록일로부터 3개월 이내의 자영업자
대출요건	· 창업교육 이수 기준 12시간(장애인 사업자 10시간) 이상 이수 * (교육기관) 소상공인시장진흥공단, 창업진흥원, 서울산업진흥원 등 · 창업요건: 사업장 확보 및 사업장등록을 마친 후 개업한 지 1년 이내이어야 함(단, 무등록 · 무점포 자영업자는 개업한 지 3개월 이내)
대출한도	· 사업장 마련을 위한 임대차계약서를 제출하는 경우 5천만원 범위 내에서 임차보증금을 대출하고, 필요한 경우 5천만원에서 임차보증금을 제외한 나머지 한도 내에서 운영자금까지 지원 * 임차보증금이 1천만원을 초과하는 경우에 도덕적 해이를 방지하기 위해 임대인의 승낙서를 접수하여 임차보증금 반환청구권을 담보로 취득
보증기간 및 상환방법	· 5년(1년 거치 4년 이내 원금 균등분할 상환)
보증료	· 대출금액의 연 1.0% 이내에서 결정

제4부

공공기관
창업지원제도(A)

Ⅰ 창업진흥원

1 기관 소개

창업진흥원(Korea Institute of Startup and Entrepreneurship Development)은 국민의 기업가정신을 함양하고 창업을 촉진하며 예비창업자와 창업기업의 기술·서비스 혁신을 지원함으로써, 신산업 및 일자리 창출을 통한 국가경쟁력 강화에 기여를 목적으로 설립된 중소벤처기업부 산하 위탁형 준정부기관으로 2008년 12월 사단법인 창업진흥원으로 설립되었다가 2019년 「중소기업창업지원법」 제39조에 의거 법정법인인 창업진흥원으로 전환되었다. 본사는 세종특별자치시에 소재하고 있으며 서울 강남구에 소재한 서울 TIPS타운과 대전 유성구에 소재한 대전 TIPS타운을 두고 있다.

2 주요 업무

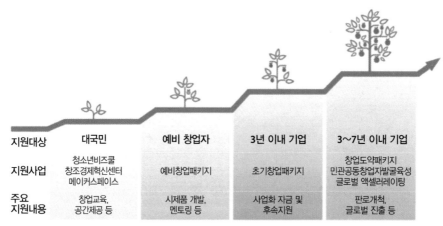

지원대상	대국민	예비 창업자	3년 이내 기업	3~7년 이내 기업
지원사업	청소년비즈쿨 창조경제혁신센터 메이커스페이스	예비창업패키지	초기창업패키지	창업도약패키지 민관공동창업자발굴육성 글로벌 액셀러레이팅
주요 지원내용	창업교육, 공간제공 등	시제품 개발, 멘토링 등	사업화 자금 및 후속지원	판로개척, 글로벌 진출 등

【성장단계별 창업기업 지원 주요 업무】

창업진흥원은 창업기업의 성장단계별로 차별화된 지원 프로그램을 마련하여 '예비-초기-도약'으로 이어지는 수준별 맞춤형 지원체계를 구축하여 국내 창업기업의 건전한 성장 생태계를 조성함으로써 국가경쟁력 향상에 기여하고 있다.

【창업진흥원 주요 업무】

구분	내용
창업 사업화	· 우수(예비) 창업자 발굴 및 육성 · 우수 아이디어 사업화 지원
창업교육	· 청소년, 예비창업자, 재창업자 등에 대한 창업교육
행사, 네트워크	· 창업 생태계 구성원 간 활발한 교류와 네트워크의 장 마련
해외진출	· 창업기업의 해외 진출 및 해외 판로개척 지원
창업인프라	· 창업 생태계 조성 및 창업 문화 조성을 위한 지원
조사연구	· 창업진흥을 위한 조사연구/정책 개발, 창업실태 통계조사 및 관리

3 창업 사업화

1. 예비창업패키지

'예비창업패키지'는 혁신적인 기술창업 아이템이 있는 예비창업자의 원활한 창업 사업화를 위해 사업화 자금, 창업교육, 멘토링을 지원하는 프로그램으로, 사업자등록 전 예비창업자를 대상으로 최대 1억원까지 사업화 자금을 지원한다.

구분	내용
지원대상	· 예비창업자: 공고일 기준 신청자 명의의 사업자 등록(개인 · 법인)이 없는 자
지원내용	· 창업 사업화에 소요되는 자금을 최대 1억원 지원(평균 48백만원) · 예비창업자 창업교육(40시간) 프로그램 운영 · 전담 멘토를 1:1 매칭하여 사업계획 검토 · 보완, 경영 · 자문 서비스 제공

2. 초기창업패키지

'초기창업패키지'는 창업 후 3년 이내인 초기창업기업을 대상으로 시제품제작, 지재권 취득, 마케팅 등에 소요되는 사업화 자금을 지원(최대 1억원)하는 창업지원 프로그램이다.

구분	내용
지원대상	· 공고일 기준 창업 3년 이내 창업기업
지원내용	· 창업아이템 검증: 기술제품의 시장 수용성 검증지원 등 　－ 제품, 서비스에 대한 소비자 · 성장지원: 초기창업의 성공 제고를 위한 마케팅, 인증지원, 지재권 보호 등 창업기업 맞춤형 지원 　－ 마케팅(홍보물 제작, 홍보물 제작비용 등) 　－ 인증지원(제품, 시스템 인증 등) 　－ 지재권 보호(기술자료 임치, 지재권 보호 등)

3. 창업도약패키지

'창업도약패키지'는 창업 후 3~7년 차인 창업기업이 어려운 시기(Death Valley, 죽음의 계곡)를 극복하고 자생적으로 성장할 수 있도록 사업모델 혁신, 시장진입 등을 지원하는 창업지원 프로그램으로, 제품 및 서비스 고도화에 필요한 사업화 자금(최대 3억원)과 창업도약패키지를 주관하는 기관의 다양한 특화프로그램을 지원하는 사업이다.

구분	내용
지원대상	· 공고일 기준 업력 3~7년의 도약기 창업기업
지원내용	· 성장 가능성이 높은 도약기 기업을 대상으로 사업모델 및 제품 · 서비스 고도화에 필요한 사업화 자금(최대 3억원)과 주관 기관의 특화프로그램을 지원

'창업도약패키지'는 중소벤처기업부와 창업진흥원에서 사업을 공고하고 아래의 사업절차를 통해 진행된다.

공고		창업기업 신청 · 접수		요건검토 및 선정평가
중소벤처기업부, 창업진흥원	⇨	K-Startup	⇨	창업진흥원, 주관기관

협약체결 및 사업비 지급		수정사업계획서 작성 및 협약준비		지원대상 심의 및 선정 공지
창업진흥원 – 주관기관 – 창업기업	⇦	수정사업계획서 제출 창업기업 대응자금(현금) 매칭 등	⇦	K-Startup 홈페이지

사업수행		중간(수시)보고 및 점검		최종보고 및 점검
창업기업	⇨	창업기업, 주관기관	⇨	창업기업, 주관기관, 창업진흥원

4. 민관 공동 창업자발굴육성(TIPS)

'팁스(TIPS: Tech Incubator Program for Startup)'는 민간 투자사를 통해 우수한 창업기업을 선별하고 민간투자와 정부자금을 매칭 지원하여 고급 기술인력의 창업 활성화를 도모하기 위한 프로그램이다.

【팁스(TIPS) 세부 사업별 현황(2023년 계획)】

세부 사업명		지원대상	지원기간	지원한도	기업부담금
창업성장 기술개발 (TIPS/R&D)		· 팁스 운영사로부터 투자 및 추천을 받은 업력 7년 미만의 예비 창업기업	24개월	최대 5억원	총사업비의 10% 이상
민관공동 창업자 발굴/육성 (R&D)	창업사업화	· 팁스 R&D 선정 창업기업	10개월	각 최대 1억원	총사업비의 30% 이상
	해외마케팅				

* 자료: 중소벤처기업부

'팁스(TIPS)'는 엔젤투자자 및 보육역량을 갖춘 액셀러레이터를 TIPS 운영사로 선정하고, 운영사의 투자를 통해 발굴된 유망 창업팀에게 정부의 R&D, 사업화 자금지원, 팁스타운 운영 등을 지원함으로써 창업생태계를 조성하는 사업으로 팁스(TIPS) 프로그램 세부 내용은 아래 표와 같다.

【팁스(TIPS) 프로그램 세부 내용】

구분	내용
지원대상	· Pre-TIPS: 투자자(팁스 운영사, 액셀러레이터, 개인투자조합)로부터 1천만원 이상 투자를 유치(사업공고일 기준 1년 이내)한 업력 3년 미만의 창업기업
	· TIPS: 팁스 운영사로부터 투자 및 추천을 받은 업력 7년 미만의 (예비*)창업팀 * 기관(대학 · 연구기관 등) 또는 기업에 소속된 상태로 창업을 희망하는 경우 법인등록을 하지 않은 상태로 사업신청 가능(단, 최종 선정 후 반드시 법인 설립)
	· Post-TIPS: TIPS 최종평가 결과 '성공' 판정받은 기업 중 업력 7년 미만의 창업기업 * 팁스 프로그램 성공판정 기준: ① M&A(50억원), ② IPO(코넥스 포함), ③ 연매출 60억원, ④ 후속투자 50억원, ⑤ 연수출 100만 불, ⑥ 신규 고용 20명 이상, ⑦ 상기 ③~⑥요건 1/2 기준을 복수 달성

구분	내용
지원예산 규모	· Pre-TIPS: 30개사 내외, 최대 1억원 · TIPS: 525개사 내외, 최대 1억원 · Post-TIPS: 50개 팀 내외, 최대 5억원
지원내용	· Pre-TIPS: 엔젤투자를 유치한 초기 창업기업 대상 사업 아이템 구체화를 위한 사업화 자금을 1년간 최대 1억원 지원 * 전체 지원 규모의 60% 이상을 지방소재 창업기업으로 선발
	· TIPS: 운영사의 엔젤투자금(1~2억원 내외)에 정부의 기술개발(R&D)자금(최대 5억원)을 매칭하여 지원하고, 창업사업화 자금(최대 1억원), 해외마케팅자금(최대 1억원)을 연계지원하고, 엔젤투자매칭펀드(최대 2억원, 지분투자)를 추가 지원 가능 * 운영사별로 지정된 인큐베이터에 입주하여 보육 및 멘토링 등 종합적인 밀착 지원
	· Post-TIPS: 제품 · 서비스의 상용화(사업화) 또는 국내외 마케팅(판로 확대 등) 등 사업 고도화를 위한 자금을 2년간 최대 5억원 지원

5. 창업중심대학

'창업중심대학'은 지역 청년창업 확산을 위한 거점 역할 수행을 통해 예비-초기-도약으로 이어지는 성장단계별 (예비)창업자 발굴 · 육성프로그램이다.

구분		내용
지원대상		· 예비창업자부터 7년 이내 창업기업
지원내용	기본	· 예비, 초기, 도약 패키지 사업별 창업지원을 위한 기본프로그램 운영
		예비창업패키지 / 초기창업패키지 / 창업도약패키지
		· 1:1 전담 멘토링제 · 창업 교육 / · 선정기업 전용 프로그램 · 투자유치, 원스톱상담창구 / · 도약기 창업기업 대상 특화 프로그램
	자율	· 기관별 특성을 반영하여 창업 관련 교류협력, 문화확산 등 자율프로그램 운영(창업중심대학별 프로그램 상이)
		창업교류 협력 / 창업문화 확산 / 창업역량 강화
		· 권역 내 타 대학 등과 협업 프로그램 운영 / · 청년 · 재창업 인식개선을 위한 창업 행사 개최 등 / · 전문 창업강좌, 컨설팅 등 교육 및 멘토링 운영

6. 재도전성공패키지

'재도전성공패키지'는 우수한 아이템을 보유한 (예비)재창업자를 발굴, 재창업 교육, 멘토링, 사업화 지원 등을 통한 실패를 경험한 사업자들의 성공적인 재창업을 지원하기 위한 창업지원 프로그램이다.

구분	내용
지원대상	· 재창업 7년 이내 기업 또는 예비 재창업자
지원내용	· 사업화 자금(최대 1억원), 재창업교육, 멘토링 등 패키지식 지원

7. 창업기업지원 서비스 바우처

'창업기업지원 서비스 바우처'는 세무 · 회계, 기술보호 등 서비스를 통해 청년창업자가 기업활동에 집중할 수 있는 여건을 조성함으로써 창업 초기에 사업 안정화에 기여하기 위한 창업지원 프로그램이다.

구분		내용
지원대상		· 만 39세 이하 청년창업자 중, 창업 3년 이내 기업
지원내용	세무 · 회계	· 기장대행수수료, 법인 · 개인사업자 결산 및 조정 수수료 * 컨설팅, 신고 대리, 소급기장 비용으로는 사용 불가 · 세무 · 회계 프로그램 구입비
	기술보호 (임치)	· 기술자료 임치 및 갱신 수수료 * 임치계약 수수료 비용 지원(신규 20만원, 갱신 10만원) * 대 · 중소기업 · 농어업협력재단 또는 기술보증기금에서만 집행 가능
	지원한도	· 연간 최대 100만원 * 창업기업 현금부담금 별도

8. 지역기반 로컬크리에이터 활성화 지원

'지역기반 로컬크리에이터 활성화 지원' 프로그램은 지역의 자연환경 · 문화적 자산을 아이템으로 창의성과 혁신을 통해 사업적 가치를 창출하는 지역을 기반으로 한 로컬크리에이터를 발굴 · 육성하기 위한 창업지원 사업이다.

구분	내용
지원대상	· 예비창업자, 업력 7년 이내의 로컬크리에이터
지원내용	· 로컬크리에이터의 비즈니스 모델(BM) 구체화, 멘토링, 브랜딩, 마케팅 등 성장단계별 맞춤형 프로그램 제공

9. 사내벤처육성프로그램

'사내벤처육성프로그램'은 대기업 등 민간에서 구축된 사업지원 역량을 활용하여 사내벤처팀 및 분사 창업기업의 사업화를 지원하고 개방형 혁신 창업생태계를 조성하기 위한 창업지원 사업이다.

구분		내용
지원대상 (3개 트랙으로 운영)		· 추천형: 운영기업*에서 추진하는 사내벤처팀 및 업력 3년 이내 분사 창업기업 * 사내벤처 육성을 위한 제도, 재원, 인력을 보유한 대·중견·중소·공기업으로 중소벤처기업부의 '사내벤처 육성프로그램 운영기업 모집공고'를 통해 선정된 기업
		· 개방형: 운영기업 이외의 대·중견·중소·공기업에서 분사한 창업 3년 기업
		· 포스트: 추천형 및 개방형 지원기업을 대상으로 하는 후속 지원
지원내용	직접지원	· 사업화 자금: 아이템의 사업화를 위해 소요되는 자금(최대 1억원)
		· 실증 자금: 시험 및 인증, 소비자 검증 등 사업화 후속 지원자금(최대 2억원)
	간접지원	· 운영(모)기업: 운영(모)기업의 기술, 테스트, 생산시설, 유통망 등 지원
		· 주관기관: 주관기관별 성장프로그램(맞춤형 멘토링, IR 등) 지원

10. 혁신 분야 창업패키지(소재, 부품, 장비 스타트업 100)

'소재, 부품, 장비 스타트업 100' 사업의 혁신 분야 창업패키지는 소재·부품·장비 산업의 기술 자립도 제고와 대·중견 기업의 수요 소재·부품에 대응할 수 있는 혁신적인 스타트업을 발굴·육성하기 위한 프로그램이다.

구분	내용
지원대상	· 스마트엔지니어링, 복합소재, 융합바이오, 산업용IoT, 친환경 분야 소재·부품·장비 창업기업(예비창업자 포함)
지원내용	· 사업화 자금: 시제품 제작·고도화, 마케팅 등에 소요되는 자금(기업당 평균 1.9억원) · 대·중견기업 상시 매칭 지원: 창업기업이 제출한 기술소개서를 바탕으로, 대·중견기업과 상시 매칭 및 멘토링 제공 · 성장촉진 프로그램: 투자유치 강화 프로그램, 정기 네트워킹, 성과공유회 등 · 기타 연계지원: 중소벤처기업진흥공단 정책자금, 기술보증기금 보증지원, 중소기업기술정보진흥원 R&D연계 등

11. 혁신 분야 창업패키지(비대면 스타트업 육성사업)

'비대면 스타트업 육성사업'은 비대면 분야의 유망 창업기업을 발굴하여 창업사업화 지원을 통해 글로벌 디지털 경제를 선도할 혁신적인 기업으로 육성하기 위한 혁신 분야 창업패키지 프로그램이다.

구분	내용
지원대상	· 비대면 분야 예비창업자 및 7년 이내 창업기업
지원내용	· 사업화자금: 시제품 제작, 시장검증, 마케팅 등 사업화자금 지원(최대 1.5억원) 및 비대면 분야별 특화프로그램(기술지원, 시장검증, 판로개척, 투자유치 등) 제공 · 비대면 분야별 소관부처의 전문성을 갖춘 주관기관을 선정(13개 기관)·활용하여 창업기업 선발 및 특화프로그램 지원

12. 혁신 분야 창업패키지(신산업 스타트업 육성)

'혁신창업패키지'는 글로벌 트렌드와 기술, 시장수요에 부합하며 국가 경제의 미래를 이끌어갈 신산업 분야 유망 스타트업을 육성하기 위해 초격차 분야별 핵심기술·제품, 성장 가능성을 보유한 기업을 선별하여, 기술사업화 및 스케일업을 지원하는 프로그램이다. 2023년 150개사를 대상으로 지원 예정(2022년 선정기업 100개사, 스케일업 25개사 제외)으로 주요 지원 분야는 초격차 5개 분야(시스템반도체, 바이오헬스, 미래모빌리티, 친환경·에너지, 로봇)이며, 사업화자금(기업당 최대 6억원, 연간 2억원×3년), R&D 자금(기업당 최대 6억원, 연간 최대 2.5억원×2년), 기타 신산업 스타트업의 글로벌 혁신성장 지원을 위한 3대 프로그램(기술사업화, 글로벌협업, 투자유치)을 지원한다.

구분	내용
지원대상	· 시스템반도체, 바이오헬스, 미래모빌리티, 친환경·에너지, 로봇 분양에 해당하는 업력 10년 이내 기업 · 연구원 창업기업에 가점 부여
지원내용	· (사업화) 기업당 최대 6억원(연간 최대 2억원×3년) 　* 연간 지원한도(최대 2억원) 내 별도 사업비 배정평가를 통한 차등 지원 예정 · (R&D) 기업당 최대 5억원(연간 최대 2.5억원×2년) · (프로그램 지원) 신산업 스타트업의 글로벌 혁신성장 지원을 위한 3대 프로그램(기술사업화, 글로벌협업, 투자유치) 지원

13. 딥테크 팁스(TIPS)

딥테크 팁스(TIPS)는 기술개발 기간이 길고 인증·시험평가·설비 등 비용 소요가 타 분야에 비해 큰 딥테크 스타트업에 큰 규모의 자금 공급이 필요함에 따라 민간투자사를 통해 우수한 창업기업을 선별하고 민간투자에 정부자금을 매칭 지원하여 딥테크 스타트업의 성장을 도모하기 위한 프로그램이다.

구분	내용
지원 분야	· 「초격차 스타트업 1000+ 프로젝트」에서 발표한 스타트업 10대 초격차 분야*
지원대상	· 기술력·사업성·글로벌 진출 가능성 등을 시장으로부터 검증받아 팁스 운영사로부터 3억원 이상의 투자금을 유치한 업력 10년 이내 창업기업
지원내용	· (R&D) 연구개발자금 최대 15억원 지원(최대 3년) · (비R&D) 창업사업화·해외마케팅 자금 각 최대 1억원 지원(최대 10개월)
신청절차	· (사전검토) 신청 창업기업의 기본 신청 자격(의무사항, 채무불이행, 과제의 중복성 등) 및 운영사-창업기업 간 투자계약 적절성 검토 · (기술성 평가) 딥테크 분야 적합성, 기술의 파급성 등을 평가 · (시장성 평가) 기술의 시장성 및 사업화 가능성 등을 평가 * 기술성 평가에서 우수한 결과를 얻은 경우 시장성 평가 면제(패스트트랙) · (최종 선정) 평가결과를 토대로 최종 선정 및 기간·지원 금액 결정

【스타트업 10대 초격차 분야】

10대 분야	세부 분류(예)
❶ 시스템반도체	로직·아날로그 IC, 마이크로컴포넌트
❷ 바이오·헬스	의약, 임상기술, 의료기기
❸ 미래모빌리티	전기·수소차, 자율주행
❹ 친환경·에너지	자원순환, CCUS, 친환경 신소재, 신재생, 이차전지, 에너지 절감
❺ 로봇	지능형·서비스 로봇, 스마트시스템
❻ 빅데이터·AI	컴퓨터비전, 빅데이터 수집 및 활용, 고객데이터플랫폼, AIoT
❼ 사이버보안·네트워크	복호화, 블록체인, 5·6G, 무선통신, 클라우드, 메타버스, 모바일 엣지컴퓨팅
❽ 우주항공·해양	위성, 발사체, 기지국, 비행체, 첨단선박
❾ 차세대원전	원자로, 원전 재료, 안전기술
❿ 양자기술	양자컴퓨터, 양자센서, 양자통신

14. 아기유니콘200 육성사업

'아기유니콘200 육성사업'은 혁신적 창업모델과 성장성을 검증받은 유망 창업기업을 발굴하고, 글로벌 경쟁력을 갖춘 예비 유니콘기업(기업가치 1천억원 이상)으로 육성하기 위한 창업기업 지원 프로그램이다.

구분	내용
지원대상	· 투자실적(20억원 이상 100억원 미만)이 있는 업력 7년 이내 창업기업
지원내용	· 시장개척자금: 신시장 조사, 국내외 유통망 구축 등 시장개척자금 최대 3억원 · 신시장진출: 해외 진출 지원 프로그램, VC 및 투자자 미팅, 규제 샌드박스 지원 · 금융지원: 특별보증 최대 50억원(기보), 정책자금 최대 100억원(중진공), 금융기관 연계 우대 · R&D, 경영지원: 기술혁신개발 R&D 최대 20억원(기정원), 청년일자리도약장려금 연계 지원, 방송광고 지원 프로그램 등

4 창업교육

1. 청소년 비즈쿨

'청소년 비즈쿨' 사업은 초·중·고교생을 대상으로 기업가정신 및 창업 교육을 통해 꿈·끼·도전정신·진취성을 갖춘 미래 스타트업 생태계의 주인인 '융합형 창의인재'로 양성하기 위한 사업으로 비즈쿨(Bizcool): Business + School의 합성어로서 "학교에서 경영을 배운다"는 의미이다.

구분	내용
지원대상	· 초중등교육법 제2조에 해당하는 초·중·고등학교, 특수학교, 대안학교 · 영재교육진흥법 제6조에 해당하는 영재학교 · 학교 밖 청소년 지원에 관한 법률 제12조에 해당하는 학교 밖 청소년 지원센터 · 초중등교육법 시행령 제54조에 의거하여 지정된 대안교육 위탁교육기관
지원내용	· 비즈쿨 학교 운영(창업·경제교육, 창업 동아리, 전문가 특강 지원 등) · 체험활동 지원(기업가적 마인드 함양을 위한 캠프, 페스티벌, 모의 창업활동 등) · 기업가정신 교육지원(교재·콘텐츠 개발, 담당 교사 연수, 교사협의회 운영 등)

2. 창업에듀

'창업에듀'는 비대면 시대를 맞이하여 기업가정신, 창업기본, 창업준비 등 창업의 전 과정을 온라인으로 제공하여 시공간의 제한 없는 교육으로 준비된 창업자로 양성하기 위한 창업지원 프로그램이다.

구분	내용
지원대상	· 창업교육을 필요로 하는 (예비)창업자 또는 창업교육이 필요한 기관 (대학, 공공, 민간 기업 등)
지원내용	· 온라인 창업교육 플랫폼 창업에듀(http://www.k-startup.go.kr/edu/edu/)를 통해 온라인 강좌, 패키지 과정, 맞춤형 서비스 등을 제공 · 온라인 강좌 창업자가 필요로 하는 창업 관련 이론 및 실무, 실제 사례 중심의 강의를 핵심 위주로 구성하여 15분 내외의 '마이크로 러닝(Micro Learning) 강좌'를 제공 · 패키지 과정: 창업교육이 필요한 대학, 기업, 공공기관 등을 대상으로 기관별 교육 목적에 맞는 교육 과정을 개설해 주고, 학습자의 교육 이수 조건 충족 시 수료증 발급 등을 지원 · 맞춤형 서비스: 창업역량 자가 진단 기능, 맞춤 강좌 추천 기능 등을 지원의회 운영 등

3. 혁신창업스쿨

'혁신창업스쿨'은 창업 아이디어를 보유한 예비창업자에 창업실습 교육과 lean startup 등을 지원함으로써 준비된 창업자를 양성하기 위한 창업지원 프로그램이다.

구분		내용
지원대상		· 창업 아이디어를 보유한 (예비)창업자
지원내용		· 혁신적인 기술 아이디어를 보유한 예비창업자를 대상으로 준비된 창업을 위한 비즈니스모델 정립, 창업실무 등 체계적인 교육지원 * 모든 교육은 무료로 운영, 2단계 선정자 대상 최소요건제품(MVP) 등 제작 지원을 위해 교육비(500만원) 지원
	1단계	· 온라인 기본교육(기업가정신, 마인드셋, 창업기초 및 준비과정, 분야별 BM 수립, 아이디어 보완 및 구체화)
	2단계	· 오프라인 실습교육(최소요건제품 제작, 시장 및 고객 검증, BM 검증, 멘토링)
	3단계	· 후속지원(IR 피칭대회, 멘토링, 창업지원사업 연계)

1. 글로벌스타트업 페스티벌(COMUP)

'글로벌스타트업 페스티벌(COMUP)'은 창업생태계 구성원 간의 활발한 교류와 네트워크의 장을 마련하여 신산업 분야의 창업 저변 확대를 통한 창업생태계의 경쟁력을 강화하기 위한 창업지원 프로그램이다.

구분		내용
지원대상		· 국내 · 외 스타트업, VC · 액셀러레이터, 대기업, 주요 스타트업 협업 단체
지원내용	콘퍼런스	· 산업 트렌드를 이끄는 글로벌 리더들의 세션별 강연 및 패널 토크, 스타트업 피칭 등
	컴업스타즈	· 국내 · 외 혁신 스타트업을 발굴하여, 글로벌 네트워킹, 1:1 비즈매칭 지원 등
	부대행사	· 글로벌 기업, 유관기관 등과의 협업을 통한 스타트업 프로그램 운영
	오픈이노베이션 쇼케이스	· 오픈이노베이션 운영 기업들의 쇼케이스를 통한 협업 스타트업 발굴

2. 도전! K-스타트업

'도전! K-스타트업'은 유망한 창업 아이템을 보유한 (예비)창업자를 대상으로 경연을 통해 창업 능력을 배양하고 우수 아이템에 대한 포상 및 사업화 지원

구분	내용
지원대상	· 국 · 내외 예비창업자(팀) 및 창업 후 7년 이내인 기업
지원내용	· 경진대회 왕중왕전 수상자 대상 상금 · 상장 수여(총상금 15억원) · 통합본선 · 왕중왕전 진출팀 대상 창업지원사업 연계 등 후속지원

3. 청소년 비즈쿨 페스티벌

'청소년 비즈쿨 페스티벌'은 꿈 · 끼 · 도전 · 진취성 등 기업가정신을 갖춘 '융합형 창의 인재' 양성을 위한 청소년 비즈쿨 사업의 활동 성과를 공유하는 축제의 장을 개최하여 미

래 스타트업 생태계의 주역인 청소년들의 꿈을 개발해 주기 위한 프로그램이다.

구분	내용
참가대상	· 전국 청소년, 일반인
지원내용	· 전시관: 비즈쿨 주제관, 학교관, 유관기관 및 기업관 · 경진대회: 대기업 협업 아이디어 경진대회, 새싹캠프 IR 경진대회, 활동수기 대회 등 · 부대행사: 기업가정신 콘퍼런스, 토크콘서트, 신기술 체험 등

4. 해외전시회

'해외전시회'는 국가 브랜드 「K-STARTUP」을 활용하여 혁신 스타트업의 글로벌 진출을 지원하고 경쟁력을 강화하기 위한 사업이다.

구분	내용
참가대상	· 공고일 기준 업력 7년 이내 창업기업
지원내용	· 교육컨설팅: 전시 준비 사전 멘토링, 전시회별 어워드 수상 컨설팅 · 교육 · 홍보 및 마케팅: 기업별 홍보 팸플릿 제작 등 · 현지운영: 부스 임차 및 전시관 구축, 전시회 참가 티켓, 현지 네트워킹 구축지원 등

5. 대–스타 해결사 플랫폼

'대–스타 해결사 플랫폼'은 대기업 등 민간에서 제시하는 혁신과제를 해결할 수 있는 스타트업을 정부와 민간이 공동으로 선발하여 사업화자금(최대 1억원) 지원, 수요 기업 간 협업, R&D 연계를 추진하는 창업지원 프로그램이다.

구분	내용		
지원규모	· 60개사 내외		
지원내용	· 최종 선정된 스타트업에 사업화(PoC)자금, 기술개발(R&D) 정부지원을 연계하고, 수요 기업(대기업 등)과의 협업 기회를 부여		
	지원구분	지원금액	· 세부 지원내용
	사업화자금 지원	최대 1억원	· 과제 해결을 위한 아이디어 구체화 및 개발 과정에 활용할 수 있는 자금지원 * 별도 안내되는 사업비 집행 기준에 따라 활용

구분			내용
지원내용	수요기업 협업	–	· 멘토링 및 글로벌 네트워크 연계, 협업사업 참여 기회 부여 등
	R&D 연계	최대 3억원	· 창업성장기술개발사업(R&D) 연계 * 전략형(최대 2년, 3억원), 디딤돌(최대 1년, 1.5억원) * 요건, 신청서 등은 별도 안내될 예정

6 해외 진출

1. K-스타트업 센터(K-Startup Center)

'K-스타트업 센터(K-Startup Center)'는 글로벌 진출을 희망하는 성장단계 스타트업의 현지 창업생태계 '진입 · 안착 · 성장' 지원 글로벌 플랫폼이다.

구분	내용
지원대상	· 투자실적 및 진출지역 매출실적을 보유한 업력 7년 이내 창업기업
지원내용	· 통합 프로그램: 수요층 확대를 위한 홍보 · 마케팅, 현지 파트너사와의 협업을 통한 시장 확대 등 현지 시장 안착을 위한 기업 맞춤형 프로그램 · 해외진출자금: 기업당 최대 60백만원 · 운영국가: 스웨덴, 핀란드, 이스라엘, 미국, 인도, 싱가포르, 프랑스

2. 글로벌 액셀러레이팅

'글로벌 액셀러레이팅' 사업은 글로벌 진출을 희망하는 초기 단계 Start-up 및 창업기업들에 현지 액셀러레이팅 및 사업화 자금을 지원하여 글로벌 진출의 가능성을 타진하여 성장을 지원하는 프로그램이다.

구분	내용
지원대상	· 해외 진출을 희망하는 7년 이내 창업기업
지원내용	· 글로벌 액셀러레이팅: 글로벌 진출역량 제고, 진출 희망 국가에 맞는 비즈니스모델 현지화를 위한 액셀러레이팅 프로그램 제공 · 해외 실증 PoC: 창업기업의 기술 및 비즈니스모델을 글로벌 대기업의 인프라 및 사업에 적용을 통해 비즈니스모델 현지화 지원 · 글로벌 투자유치: 투자교육, 창업보육, 멘토링 등의 정보전달 위주의 프로그램, 글로벌 투자 IR 프로그램 운영

3. 글로벌 창업사관학교

'글로벌 창업사관학교'는 글로벌로 진출하기 위한 사업교육과 글로벌 탑티어 액셀러레이터의 국내 상주 보육을 통해 D.N.A. 기술을 활용한 창업기업 역량 및 글로벌 경쟁력을 강화하기 위한 사업이다.

구분	내용
지원대상	· 예비창업팀 또는 3년 이내 D.N.A와 연관된 기술 기반 분야 창업기업
지원내용	· 글로벌 기업 교육: AWS, Google Cloud, Microsoft, NVIDIA 등의 맞춤형 교육 · 글로벌 액셀러레이터 보육: Techstars, 500 Global, SOSV, PNP, Startupbootcamp 등의 밀착 보육 · 글로벌 네트워킹: 국제기구와의 협업 등을 통한 글로벌 네트워크 강화

7 창업인프라

1. 창조경제혁신센터

'창조경제혁신센터'는 전국 19개 창조경제혁신센터를 통해 지역 인재의 창의적 아이디어 사업화 및 창업 등 지역창업생태계 조성 및 활성화를 지원하는 사업이다.

구분	내용
지원대상	· 예비창업자 및 창업 7년 미만 기업
지원조직	· 전국 19개 창조경제혁신센터
지원내용	· 창업지원: 지역 창업자 · 기업 간 네트워킹, 마케팅 · 판로개척, 글로벌 진출, 멘토링, 창업교육, 투자유치 IR, 창업경진대회, 창업세미나 등을 지원 · 원스톱 서비스 지원: 창업 관련 법률 · 특허 · 금융 · 경영 등 컨설팅 지원

2. 메이커스페이스

'메이커스페이스'는 혁신적 창작활동 지원을 위한 메이커스페이스를 전국적으로 확충하여 메이커 문화를 확산하고 제조 창업의 저변 확대를 지원하는 사업이다.

구분	내용			
지원대상	· 민간 · 공공 기관 및 단체 등			
지원조직	· 전국 227개소 위탁기관			
지원내용	· 창업 사업화에 소요되는 사업화 자금, 창업교육 및 멘토링 등			
	구분	전문랩	일반랩	특화랩
	지원유형	· 제조업 창업 촉진 전문 창작공간(시제품 제작 및 양산 등)	· 생활밀착형 창작활동 공간	· 특정 분야 제조창업 지원 공간
	지원내용	15억원 내외	1억원 내외	1억원 내외
	대응자금비율	· 총사업비의 40% 이상(현금은 총사업비의 15% 이상)		
	공간확보	1,000㎡ 이상		

3. 스타트업 파크

'스타트업 파크'는 창업자, 투자자, 기업, 대학 등 다양한 창업혁신 주체가 열린 공간에서 자유롭게 네트워킹하며 성장할 수 있도록 창업클러스터를 조성하기 위한 사업이다.

구분	내용
지원대상	· 민간(광역자치단체와 컨소시엄을 구성한 민간기관)
지원내용	· 공고를 통해 선정된 광역자치단체(시 · 도 단위)에 스타트업 파크 조성 지원 * 인천 스타트업 파크 조성완료, 대전 및 충남(천안) 스타트업 파크 조성 중

4. 창업존 운영

'창업존'은 新산업 분야 유망 (예비)창업기업을 발굴하여 그들이 초기에 안정적으로 사업을 시작할 수 있도록 입주 공간의 제공 및 보육, 글로벌 진출 프로그램을 제공함으로써 창업기업의 성장을 지원하기 위한 창업지원 프로그램이다.

구분	내용
지원대상	· 예비창업자 또는 창업 7년 이내 기업
지원내용	· 창업기업 입주 공간 및 회의실 등 공용공간 제공 · 교육, 전문가 멘토링, 투자유치, 네트워킹, 글로벌 진출 등 사업화 지원 · 통 · 번역센터, 3D제작 보육실, 글로벌 테스트베드 등 인프라 활용 지원 · 화상 회의실 및 스튜디오 등 지원

5. 1인 창조기업 지원사업

'1인 창조기업 지원사업'은 1인 창조기업이 사업 아이템을 안정적으로 사업화할 수 있도록 센터 운영을 통해 사무공간 제공 및 경영지원과 판로개척 등을 지원하는 창업지원 프로그램이다.

구분	내용
지원대상	· 「1인 창조기업 육성에 관한 법률」 제2조에 해당하는 1인 창조기업 또는 예비 1인 창조기업(예비창업자) * 1인 창조기업에 대한 정의 및 지원대상 등에 대한 자세한 사항은 K-스타트업 홈페이지를 참조
지원내용	· 사무공간: 사무(작업)공간 및 회의실, 상담실, 휴게실 등 지원센터 공간 지원 · 경영지원: 세무 · 회계 · 법률 · 마케팅 · 창업 등 전문가 상담, 교육, 정보제공 등 경영지원(무료) · 사업화지원: 1인 창조기업과 외부기관(기업) 간 프로젝트 연계 및 수행 기회 제공, 지식서비스 거래 및 사업화 지원 · 시설이용: 팩스, 프린터, PC 등 사무용 집기 이용 지원

6. 중장년 기술창업센터

'중장년기술창업센터'는 경력 · 네트워크 · 전문성을 보유한 중장년(만 40세 이상) (예비)창업자의 기술창업 활성화를 위한 창업교육 및 거점을 지원하는 사업이다.

구분	내용
지원대상	· 만 40세 이상의 중장년 (예비)창업자
지원내용	· 숙련된 경험과 네트워크를 보유한 역량 있는 중장년을 발굴하여 One-stop 형태의 창업지원 서비스 제공 · 발굴: 대기업 · 공공기관 등 (예비)퇴직자 대상을 찾아가는 창업교육 및 설명회 실시, 기술 · 경험 · 직무역량이 있는 중장년을 창업 생태계로 유도 · 창업 교육: 중장년 창업역량 도약을 위한 실전창업 교육과정을 각 센터별로 운영하여 창업 준비기 중 · 장년의 창업역량 강화 · 공간 지원: 입주 및 코워킹, 네트워킹 공간을 제공하여 다양한 교류를 통한 중장년 창업 분위기 조성 및 창업 생태계 활성화 지원 · 보육 지원: 중장년 (예비)창업자에게 네트워킹 행사, 멘토링, 경영 · 마케팅, 사업화 연계 지원 등을 통하여 창업 성장지원

7. 그린 스타트업 타운

'그린 스타트업 타운'은 그린·디지털 분야 창업·혁신기업 육성 인프라와 친환경 정주 여건(교통·주거·문화)이 결합된 스타트업 랜드마크를 조성하기 위한 창업 지원 프로그램이다.

구분	내용
지원대상	· 민간(광역자치단체와 컨소시엄을 구성한 민간기관)
지원내용	· 공고를 통해 선정된 광역자치단체(시·도 단위)에 복합허브센터 조성 지원

II 한국콘텐츠진흥원

1 기관 소개

한국콘텐츠진흥원은 문화산업의 진흥·발전을 효율적으로 지원하기 위하여 「문화산업진흥 기본법」 제31조(한국콘텐츠진흥원의 설립)에 근거해 2009년 5월 7일 설립된 문화체육관광부 산하 위탁집행형 준정부기관으로서 한국방송영상산업진흥원과 한국게임산업진흥원의 후신이다.

대한민국 콘텐츠산업 진흥 총괄 기관인 한국콘텐츠진흥원은 방송, 게임, 음악, 패션, 애니메이션, 캐릭터, 만화, 실감콘텐츠 등 장르별 콘텐츠의 제작지원과 기획·창제작, 유통·해외진출, 기업육성, 인재양성, 문화·저작권·스포츠·관광 연구개발, 정책금융지원과 정책연구를 수행하고 있다. 본사는 전라남도 나주시 교육길 35에 소재하고 있으며 전국에 16개 광역시도 지역 거점기관을 운영하고 있다.

2 주요 업무

【한국콘텐츠진흥원 주요 업무】

콘텐츠기업의 경쟁력 강화 사업			
기업 맞춤형 제작지원	K-콘텐츠 글로벌 진출지원	스타트업 단계별 성장지원	가치중심 정책금융 활성화
· 게임·방송·애니 등 장르별 제작지원 · 신기술 접목 콘텐츠 지원 강화 · 현장 수요 기반 지원체계 고도화	· 신규해외 거점 및 신흥시장 확대 · 관광 등 연관산업 한류마케팅강화 · 콘텐츠 기업 맞춤형 해외심층 정보 제공	· 예비·초기·성장·도약 단계별 지원 · 입주·보육지원을 통한 성장기반 제공 · 스타트업 맞춤형 글로벌 진출지원	· 콘텐츠가치평가 모형 서비스 고도화 · 민간자본 연계 투융자 활성화 · 금융재원 확보 등 정책금융 역량 강화
콘텐츠사업의 미래성장 기반 확충 사업			
기술기반 신산업분야 지원	융복합 미래인재 양성	지역 주도 산업 생태계 조성	콘텐츠산업 정책기능 강화
· 메타버스 등 신기술 융합콘텐츠지원 · 문화체육관광 R&D 거버넌스 구축 · 디지털·온라인 신사업 발굴 및 육성	· 신기술 기반 융복합 창의인재 양성 · 장르별 수요 기반 창의인재 양성 · 구직자 맞춤형 역량강화 지원	· 지역 특화 콘텐츠 제작 지원 · 지역거점을 통한 거버넌스 확립 · 지역별 콘텐츠 향유문화 확산	· 콘텐츠 정책정보·데이터 제공 확대 · 제도개선, 일자리 등 선제적 현안 대응 · 차세대 콘텐츠산업 중장기 계획 수립

1. 콘텐츠기업 경쟁력 강화

1.1. 기업 맞춤형 제작지원

국내 콘텐츠 산업의 경쟁력 강화와 콘텐츠 산업의 미래를 이끌 K-콘텐츠를 발굴 · 지원하기 위해 국내 콘텐츠 기업의 수요에 맞는 맞춤형 제작 환경을 지원한다.

세부 사업	주요 내용
게임	· 모바일, PC, 콘솔, 아케이드, 신기술/기능성게임 제작 지원 등
방송	· 다큐멘터리, 웹드라마 · 예능, 실감형, OTT특화, ESG, 방송포맷 제작 지원 등
애니	· 독립, 차세대, IP활용, 국산 애니메이션 제작지원 등
캐릭터	· 신규 캐릭터 IP, 콘텐츠 IP, 라이선싱 연계 콘텐츠 제작 지원 등
만화	· 우수 만화 IP 발굴, 국내외 비즈매칭 지원, 만화 · 스토리 IP 박람회 개최, 해외 플랫폼 구축 및 운영 지원 등
음악	· 신인 뮤지션 발굴(뮤즈온), 온라인 공연 및 영상콘텐츠 제작 지원, 공간기획형 공연개최 지원, ICT-음악 콘텐츠 제작 지원 등
패션	· 시제품 제작 지원, 지속가능패션 지원, 패션콘텐츠 제작 및 유통 지원, 해외 진출 지원 등
스토리	· 우수 스토리 IP 발굴, 국내외 비즈매칭 지원, 신진 스토리작가 육성, 스토리 공모대전, 이야기창작발전소 운영, 스토리움 우수 스토리 매칭 제작지원 등
실감콘텐츠	· 문화 · 체육 · 관광 분야 우수 실감콘텐츠 발굴 및 사업화 지원, 실감콘텐츠 인프라 구축, 글로벌 확산 등

1.2. K-콘텐츠 글로벌 진출지원

한국을 넘어 세계까지, K-콘텐츠의 가치를 높이고자 우리 콘텐츠 기업의 해외진출을 지원하기 위한 다양한 사업을 추진하고 있다.

세부 사업	주요 내용
해외비즈니스센터 운영	· 주요 거점별 해외비즈니스센터 운영 및 마케터 파견으로 해외 진출 지원 　- 비즈니스센터(8개소): 미국센터(LA), 중국 북경센터, 중국 심천센터, 일본센터(도쿄), 유럽센터(파리), 인도네시아센터(자카르타), 베트남센터(하노이), UAE 센터(두바이) 　- 마케터(2개소): 태국 마케터(방콕), 러시아 마케터(모스크바)
콘텐츠수출 마케팅플랫폼 웰콘 (WelCon) 운영	· WelCon.kocca.kr 　- 포스트 코로나 대응, 해외 진출 공백 최소화를 위한 비대면 수출상담 체계 마련 　- 온라인 마켓 기능을 강화해 전시, 비즈매칭, 투자유치, 콘퍼런스 등 상시 지원 　- 콘텐츠 장르별, 시장 권역별 조사 분석 제공

세부 사업	주요 내용
해외 온·오프라인 마켓 참가지원	· 장르별 해외 주요 마켓 한국 공동관 참가 지원 · 신흥·잠재 시장 발굴 및 마켓 참가 지원

1.3. 스타트업 단계별 성장지원

국내 콘텐츠 산업의 경쟁력을 강화하기 위한 콘텐츠 스타트업의 성장단계별 지원을 통한 자생력을 육성하는 다양한 사업을 진행하고 있다.

세부 사업	주요 내용
성장단계별 지원	· 아이디어 단계 − 창작소재 콘텐츠, 기획·창작 − 아이디어 사업화 지원 · 초기 (재)창업 단계 − 초기 스타트업 육성 − 창업 재도전지원 · 성장·도약 단계 − 중기 스타트업 창업도약 − 콘텐츠 액셀러레이팅 지원 − 콘텐츠 분야 선도기업 연계 스타트업 동반성장 지원(오픈이노베이션) · 성숙단계 − 권역별 스타트업 글로벌 액셀러레이팅 − 스타트업 글로벌 마켓 참가 지원
콘텐츠 창작, 작업공간 운영	· CKL기업지원센터 − 콘텐츠 스타트업을 위한 입주공간 및 제작 지원시설 운영 · CKL비즈센터 − 콘텐츠 스타트업을 위한 교육, 비즈니스 건설딩, 네드워킹 지원 · 콘텐츠일자리센터 − 콘텐츠 분야 일자리 창출을 위한 컨설팅, 역량 강화 교육, 구인·구직 매칭 지원

1.4. 가치 중심 정책금융 활성화

국내 콘텐츠 산업의 경쟁력을 강화하기 위해 콘텐츠 기반 사업을 영위하는 기업의 투·융자를 활성화함으로써 콘텐츠 산업 성장의 생태계를 조성하고 있다.

세부 사업	주요 내용
콘텐츠가치평가 기반 투·융자 확대	· 콘텐츠 가치평가센터 운영 – 민간자본 연계 투융자 활성화 – 콘텐츠가치평가 모형, 서비스 고도화 – 콘텐츠금융 생태계 구축
금융재원 확보 등 정책금 융역량 강화	· 콘텐츠특화보증 – 콘텐츠 기획·제작·사업화 단계 맞춤형 보증지원 · 문화산업완성보증 – 유통사와 유통계약을 체결한 콘텐츠 기업의 완성자금 지원 · 방송영상진흥재원 융자지원 – 방송 장르 대상 사업비 융자 지원 · 콘텐츠 이차보전 – 금융기관 대출상품 이자 지원
우수 콘텐츠 투자연계 지원	· 콘텐츠 피칭플랫폼(KNock) – 콘텐츠 기업 맞춤형 투자유치 역량 강화 지원 – 피칭행사 개최 및 투자 연계 추천

2. 콘텐츠산업 미래 성장기반 확충

2.1. 기술기반 신산업 분야 지원

실감 콘텐츠로 미래 먹거리 산업의 성장동력을 마련하기 위해 역사적 상징성이 깊은 광화문 일대를 실감 콘텐츠 문화체험 공간으로 조성하는 사업을 추진하고 있다.

세부 사업	주요 내용
5G 기반 실감콘텐츠 선도 프로젝트 '광화시대'	· 광화문 일대에 온 국민이 향유 가능한 5G 기반 실감 콘텐츠 문화 체험 공간 구축 – 5G 기반 실감 콘텐츠 제작 – 상설 전시체험 공간 운영 – 다국어 쌍방향 소통 안내 시스템 마련
실감콘텐츠 및 신기술 기반 콘텐츠 발굴·육성	· 실감콘텐츠: 혁신적 기술과 우수한 콘텐츠를 기반으로 하는 실감콘텐츠 제작 지원 · 메타버스 연계: 게임, 애니메이션, 음악 등 장르 기반 메타버스 콘텐츠 제작지원 · 콘텐츠 IP 활용: 장르 중심 IP를 활용한 복합 몰입형 실감 콘텐츠 전시 및 체험지원
실감콘텐츠 기업지원 인프라 운영	· 실감콘텐츠 스타트업을 위한 입주공간 및 인프라 제공 · 입주기업 역량강화 및 비즈니스 지원 프로그램 운영

2.2. 융복합 미래인재 양성

국내 콘텐츠 산업을 선도할 맞춤형 인재를 육성하여 창작역량을 증진하기 위한 융복합 미래인재 양성사업을 추진하고 있다.

세부 사업	주요 내용

현장 맞춤형
전문교육 운영
	· 청년/예비 인재
	  – 산 · 학 · 연 · 관 협력체계 기반 콘텐츠 원캠퍼스 운영
	  – 청년인재의 창작능력 개발을 위한 도제식 멘토링 지원
	  – 콘텐츠 수출 · 마케팅 미래인재 양성을 위한 전문교육 운영
	  – 애니메이션 실무인력 양성을 위한 교육, 인턴십 등 취업연계 지원
	· 현업인
	  – 콘텐츠산업계 현업인 역량 강화를 위한 전문교육 운영
	· 융복합 창작 인재
	  – 실감콘텐츠 창작자 양성
	  – 문화기술 전문인력 양성

콘텐츠 교육 · 시연
인프라 운영
	· 콘텐츠인재캠퍼스
	  – 융복합 인재 양성 및 교육을 위한 인프라 운영
	· 콘텐츠문화광장
	  – 융복합 콘텐츠 시연을 위한 인프라 대관 운영
	· 게임인재원
	  – 게임산업 전문인력 양성을 위한 현장중심형 교육 및 인프라 운영

2.3. 지역 주도 산업 생태계 조성

지역 기반의 콘텐츠 산업을 육성하기 차원에서 지역 주도의 콘텐츠 산업 성장 지원을 위한 16개 광역시도 지역 거점기관을 운영하고 있다.

세부 사업	주요 내용
지역 콘텐츠산업 인프라 운영	· 지역 콘텐츠기업 육성을 위한 콘텐츠기업육성센터와 창작 · 창업 활성화를 위한 콘텐츠 코리아 랩 운영
지역 기반 게임산업 육성	· 지역 게임기업 발굴을 위한 글로벌 게임센터 운영, 이스포츠 상설경기장 구축 및 운영
지역 특화콘텐츠 개발	· 지역 콘텐츠산업 균형발전 기반 구축을 위한 지역 특화 소재 활용 다양한 장르의 콘텐츠 개발 지원

2.4. 콘텐츠 산업 정책기능 강화

콘텐츠 산업의 발전을 위해 콘텐츠 산업의 변화에 빠르게 대응하는 다양한 정책과 미래를 이끌 효과적인 전략을 수립하여 추진하고 있다.

세부 사업	주요 내용
정책 현안대응 및 중장기 계획 수립	· 포스트 코로나, 노동시간 단축 도입 등 현안대응을 위한 심화 분석과 조사 · 연구 · 차세대 콘텐츠 산업 비전에 입각한 중장기 계획수립 및 후속 대응
정책 연구 및 실태조사	· 다큐멘터리, 웹드라마 · 예능, 실감형, OTT특화, ESG, 방송포맷 제작 지원 등
백서 · 간행물 발간	· 장르별 산업백서 발간 – 방송영상, 게임, 음악, 애니메이션, 캐릭터, 만화 · 콘텐츠 산업 최신 이슈와 트렌드를 반영한 간행물 발간
정책공감	· 콘텐츠 산업 주요 이슈와 정책 관련 세미나 및 포럼 개최 – 콘텐츠 산업 결산과 전망 세미나, 콘텐츠 산업 포럼 등

2.5. 문화체육관광 R&D 생태계 전 주기 지원

K-콘텐츠 산업육성을 위해 콘텐츠(문화) · 저작권 · 스포츠 · 관광 R&D 통합 지원을 통해 거버넌스를 확립하고 혁신성장 기반을 구축하기 위해 1부처 1R&D 전담 기관 매칭 방침을 추진 중이며, 콘텐츠(문화), 저작권, 스포츠, 관광 R&D를 통합하여, 콘텐츠진흥원의 부설기구로 문화체육관광기술진흥센터를 출범(2021년 11월)하여 운영하고 있다.

세부 사업	주요 내용
핵심기술 R&D (지정공모)	· 문화 · 체육 · 관광 · 저작권 분야의 중장기 기술개발 지원을 통한 경쟁력 강화 및 새로운 서비스 모델 창출
산업 현장 맞춤형 R&D (자유공모)	· 사회적가치 창출 기술개발, 우수 과제 후속 개발 지원 등 중소기업 중심의 기술 개발로 산업 활성화
지역혁신 R&D	· 지역 소재 공공 문화공간 및 콘텐츠 활성화 지원으로 지역 R&D 생태계 육성
R&D 인력양성	· 예술 · 과학 · 게임 분야 핵심 R&D 전문인력 및 현장 실무인력 양성

3 콘텐츠 기반 창업기업 주요 지원사업

1. 창업기업 육성사업

1.1. 아이디어융합팩토리

창작자의 아이디어를 기반으로 한 사업화와 예비창업을 지원하여 콘텐츠 창작 생태계를 조성하기 위해, 콘텐츠 기반 창작 아이디어에 대한 사업화 및 예비창업 계획을 가진 개인을 대상으로 '아이디어 사업화 랩', '예비창업 랩' 프로그램을 통해 창업을 지원한다.

【아이디어융합팩토리 프로그램】

구분		내용
사업목적		· 창작자의 아이디어를 기반으로 한 사업화와 예비창업 지원으로 콘텐츠 창작 생태계 조성
사업내용	지원대상	· 예비창업자
	지원내용	· 예비창업 랩 지원 – 아이디어 기반 시제품 개발을 위한 사업화 및 프로젝트 론칭, 예비창업을 위한 필요경비 지원(프로젝트당 500~1,000만원 내외) – 시제품 개발, 제작 과정을 위한 멘토링/컨설팅 지원 – 펀딩/유통/퍼블리싱 등 사업화 협업 플랫폼 활용 지원
	지원규모	· 개인 창작 프로젝트 총 60개 규모(랩 프로그램 참여)
	지원조건	· 신청일 현재 사업자등록 중인 사업이 없는 개인

1.2. 초기 창업육성 프로그램(콘텐츠 초기 스타트업 사업화 지원)

우수한 아이디어와 기술을 사업화하고자 하는 초기 창업 콘텐츠 스타트업들이 우수한 문화벤처 기업으로 성장할 수 있도록 지원하기 위한 프로그램이다. 주요 지원 대상은 창업 1년 이내의 초기 스타트업과 창업 1년 초과 3년 이내의 초기 스타트업 기업으로 구분하여 지원한다. 주로 사업화 자금지원과 콘텐츠 스타트업의 성장을 위한 맞춤형 프로그램으로 멘토링, 컨설팅, 마케팅 및 투자유치 등을 지원한다.

【초기 창업육성 프로그램】

구분		내용
사업목적		· 우수한 아이디어와 기술을 보유한 콘텐츠 스타트업이 쉽게 사업을 시작하고 문화벤처로 성장할 수 있도록 발굴 및 육성지원
사업내용	지원대상	· 창업 1년 이내의 초기 스타트업 · 창업 1년 초과 3년 이내의 초기 스타트업
	지원내용	· 사업화 자금 지원 – 콘텐츠 분야 초기 스타트업의 개별 사업화 자금 최대 1억원 지원 · 콘텐츠 스타트업의 성장을 위한 맞춤형 프로그램 지원 – 멘토링, 컨설팅, 마케팅, 투자유치 지원, 관련 전시회 참가지원 등
	지원규모	· 창업 1년 이내의 초기 스타트업: 12개사 내외 · 창업 1년 초과 3년 이내의 초기 스타트업: 20개사 내외
	지원조건	· 사업자 부담금 10% 이상 부담 필수(현금 인정, 현물 제외)

1.3. 창업 도약 프로그램

콘텐츠 분야에 창업 후 3년 초과 및 7년 이내의 중기 스타트업들이 데스밸리(Death Vally)를 극복할 수 있도록 사업화자금 및 안정적인 성장을 위한 멘토링, 컨설팅, 마케팅 및 투자유치 등을 지원하는 맞춤형 프로그램이다.

【창업 도약 프로그램】

구분		내용
사업목적		· 콘텐츠 창업기업의 죽음의 계곡 시기를 극복하고 위기를 혁신의 기회로 전환하여, 산업을 혁신할 중기기업의 新성장 동력 비즈니스 모델(BM) 발굴과 확대지원
사업내용	지원대상	· 콘텐츠 분야 창업 3년 초과~7년 이내의 중기 스타트업

	지원내용	· 사업화자금 지원
		  − 콘텐츠 분야 중기 스타트업의 개별 사업화자금 최대 1.5억원 지원
		· 콘텐츠 스타트업의 성장을 위한 맞춤형 프로그램 지원
		  − 멘토링, 컨설팅, 마케팅, 투자유치 지원, 관련 전시회 참가지원 등

	지원규모	· 중기 스타트업 총 20개사 내외
	지원조건	· 사업자 부담금 10% 이상 부담 필수(현금 인정, 현물 제외)

1.4. 콘텐츠 액셀러레이팅 지원

콘텐츠 분야의 민간 액셀러레이터들에게 액셀러레이팅 프로그램 운영비 지원 및 액셀러레이터 콘텐츠 스타트업 맞춤형 액셀러레이팅 프로그램 운영을 통해 콘텐츠 스타트업 생태계의 저변 확대 및 성공 가능성 향상을 목적으로 한다.

【민간 액셀러레이터 양성 프로그램】

구분		내용
사업목적		· 콘텐츠 분야 액셀러레이터 지원을 통한 콘텐츠 스타트업 생태계 저변 확대 및 성공 가능성 제고
사업내용	지원대상	· 콘텐츠 스타트업 발굴, 멘토링, 투자유치 등의 액셀러레이팅 업무를 수행할 국내 법인(또는 이에 준하는 자)

	지원내용	· 액셀러레이팅 프로그램 운영비 지원
		  − 기관별 최대 2.7억원 지원
		· 액셀러레이터의 콘텐츠 스타트업 맞춤형 액셀러레이팅 프로그램 운영
		  − 스타트업 액셀러레이터 주도의 스타트업 선발(지원사별 10개 팀, 총 30개)
		  − 단계별 맞춤형 프로그램(멘토링, 투자유치 IR 등) 운영
		  − 데모데이 개최 및 우수기업 자체 투자 진행

구분		내용
사업내용	지원규모	· 액셀러레이터 3개사
	지원조건	· 사업자 부담금 10% 이상 부담 필수(현금 인정, 현물 제외)

1.5. 콘텐츠 오픈이노베이션 지원

창업 7년 이내의 콘텐츠 스타트업과 시장 내 선도기업을 연계하기 위한 콘텐츠 오픈이노베이션 프로그램의 지원을 통해 콘텐츠 분야 스타트업 생태계의 신시장 발굴 및 동반성장을 지원한다.

【콘텐츠 오픈이노베이션 프로그램】

구분		내용
사업목적		· 선도기업과 유망 스타트업 연계를 통한 스타트업 생태계 내 신시장 발굴 및 동반 성장지원
사업내용	지원대상	· 창업 7년 이내의 콘텐츠 스타트업

	지원내용	· 사업협력 자금 지원
		  – 선도기업과의 사업협력(PoC) 자금 최대 50백만원 지원
		· 액셀러레이팅 프로그램 지원
		  – 선도기업과 스타트업 간 사업협력(PoC) 매칭, 워크숍, 멘토링, 컨설팅, 홍보마케팅, 투자유치 등 맞춤형 프로그램 운영, 데모데이 개최

	지원규모	· 콘텐츠 스타트업 12개사
	지원조건	· 사업자 부담금 10% 이상 부담 필수(현금 인정, 현물 제외) – 창업 3년 이하 기업의 경우 사업자 부담금 면제

1.6. 글로벌 액셀러레이팅 지원(론치패드)

글로벌 진출 역량을 갖춘 창업 7년 이내의 콘텐츠 스타트업을 대상으로 북미, 유럽, 아시아 등 해외 주요 권역의 현지 액셀러레이터와 연계 프로그램을 운영하고, 해외 전시 및 콘퍼런스 등의 참가 지원을 통해 해외 투자유치와 해외 진출을 지원하기 위한 프로그램이다.

【글로벌 액셀러레이팅 프로그램】

구분	내용
사업목적	· 콘텐츠 스타트업을 대상으로 북미, 유럽, 아시아 등 주요 권역의 현지 액셀러레이터 연계 액셀러레이팅 프로그램 운영 및 주요 해외 전시, 콘퍼런스 등 참가 지원을 통한 해외 투자유치 등 해외 진출 지원

구분		내용
사업내용	지원대상	· 글로벌 진출역량을 갖춘 창업 7년 이내 콘텐츠 스타트업 · MVP 보유기업 및 비즈니스 영어(또는 현지어) 소통 가능 기업
	지원내용	· [론치패드]글로벌 액셀러레이팅 프로그램 참가 　– 온라인 프로그램(기업진단, IR 컨설팅, 워크숍 등) 운영 　– 현지 프로그램(1:1 컨설팅, 비즈니스 미팅 주선, 데모데이 등) 운영 · 콘텐츠 스타트업 관련 해외 주요 전시 · 콘퍼런스 참가지원 　– 스타트업 전문 해외 마켓, 전시, 콘퍼런스 경쟁피칭 및 부스 참가 지원
	지원권역	· 북미(미국), 유럽(영국, 프랑스), 아시아(일본, 싱가포르), 중동(UAE)
	선정방식	· 론치패드: 권역별 파트너 액셀러레이터 서류, 발표평가 · 해외전시 · 콘퍼런스 　– 론치패드 우수기업에 대해 현지 액셀러레이터가 선정 　– 별도 공모에 따른 신청서 접수기업에 대해 국내 외부 심사위원이 선정

1.7. 스타트업콘 프로그램(Startup:CON)

글로벌 진출 역량을 갖춘 창업 7년 이내의 콘텐츠 스타트업을 대상으로 특화콘퍼런스, 배트필드 및 네트워킹 등의 프로그램을 통해 글로벌 교류 및 국내외 스타트업 투자유치를 지원한다.

【Startup:CON 프로그램】

구분		내용
사업목적		· 콘텐츠 스타트업 특화 콘퍼런스 및 비즈니스 쇼케이스를 통한 글로벌 교류 및 국내외 스타트업 투자유치 지원
사업내용	지원대상	· 글로벌 진출 역량을 갖춘 국내 법인 설립 7년 이내 콘텐츠 스타트업
	프로그램	· 콘퍼런스: 비즈니스 인사이트 제공을 위한 세미나/워크숍 · 배틀필드: 서바이벌 경쟁피칭(총 1억원 상금, 투자사 미팅지원) · 네트워킹: 국내외 주요 스타트업 관계자 네트워킹
	배틀필드 선정방식	· 경쟁피칭 참가기업 일반공모 및 국내외 투자자 참여 예선–본선–결선을 통한 우수 스타트업 선정
	추진절차	· 4~5월: 배틀필드 참가기업 모집공고 · 7~9월: 배틀필드 예선 및 IR 컨설팅 지원(2회 내외), 본선 · 10월: 배틀필드 결선 · 11~12월: 배틀필드 수상팀 후속지원(투자사 미팅지원 등)

1.8. 기업육성 사업 분야 공통 참고 사항

상기 다양한 기업육성 사업 중 콘텐츠 초기 스타트업 사업화 지원사업, 창업 도약프로그램, 콘텐츠 액셀러레이팅 지원, 콘텐츠 오픈이노베이션 지원사업의 경우 직접지원 사업 선정평가 추진 방법(서면평가, 발표평가, 종합심의)을 통해 선정하며, 총상금 규모 1억원 이상의 콘텐츠 스타트업 데모데이의 개최를 추진하고 있다.

구분		내용
선정방식	적용대상	· 콘텐츠 초기 스타트업 사업화 지원사업 · 창업 도약 프로그램 · 콘텐츠 액셀러레이팅 지원 · 콘텐츠 오픈이노베이션 지원
	선정방식	· 직접 지원사업 선정 평가추진 방법 　– (서면평가) 과제신청서 기준 서면평가 진행 　– (발표평가) 발표 및 질의응답 평가 　– (종합심의) 후순위 선정 등 　* 사업비 조정을 통해 최종 협약금액 결정
	지원조건	· 사업자 부담금 10% 이상 부담 필수(현금 인정, 현물 제외) 　* 오픈이노베이션의 경우 창업 3년 이하 기업은 사업자 부담금 면제
데모데이	추진방향	· 총상금 규모 1억원 이상의 콘텐츠 스타트업 데모데이 개최

2. 창업기업 지원 운영사업

CKL(Content Korea Lab Business Center)은 한국콘텐츠진흥원이 운영하는 대한민국 콘텐츠 스타트업 인큐베이터로 콘텐츠 분야 스타트업 및 벤처기업 간 협업지원, 입주 및 제작시설 지원, 투자, 유통 네트워크 능 콘텐츠 기획에서 사업화까시 콘텐츠기업에 대한 원스톱 시비스를 지원한다. CKL에서는 국내 콘텐츠 스타트업의 창작 및 제작 활성화에 기여할 목적의 인프라 공간을 구축하여 운영 중이다.

2.1. CKL 기업지원센터 인프라 운영

【CKL 기업지원센터 운영 프로그램】

구분	내용
사업목적	· 제작, 공연 시설 및 비즈니스 환경 제공으로 창작자의 콘텐츠 창 · 제작 활성화에 기여

구분		내용
사업내용	지원대상	· CKL 제작지원 시설: 콘텐츠 창 · 제작자 콘텐츠 제작 지원 · CKL 스테이지: 대중음악 아티스트(뮤지션), 뮤지컬 공연 등 제작자
	지원내용	· CKL 기업지원센터 개요(공간구성) 　– (지하 1층~지상 1층) 공연장, 인포데스크 　– (지상 9층, 11층) 제작지원 공간(영상편집실, 녹음실, 스튜디오 등) 　– (지상 12~14층) 입주 공간(36개실) 　– (지상 16~17층) 기업지원 공간, 네트워크 공간 · CKL 제작지원 시설: 멀티콘텐츠룸, 영상편집실, 녹음실, 스튜디오 등 　– (운영시간): 평일 10~18시 　– (예약방법): 홈페이지 예약(venture.ckl.or.kr) · CKL 스테이지 시설 및 대관 운영 　– (대관시설) 공연장(블랙박스씨어터), 수납식 객석 190석, 합주실 등 　– (시설운영) 장비(무대, 조명, 음향) 등 대관자를 위한 기술 서비스 제공
	지원조건	· CKL 제작지원 시설: 콘텐츠 분야 창 · 제작자 · CKL 스테이지: 대관규약, 안전 필수 이행사항 준수
	선정방식	· CKL 스테이지 대관: 서면 평가 · CKL 제작지원 시설: 시설 예약(홈페이지, 별도 평가 없음)

2.2. CKL 비즈센터 운영

【CKL 비즈센터 운영 프로그램】

구분		내용
사업목적		· 인프라, 입주, 비즈니스 지원 등을 통해 콘텐츠 기업의 창작 활성화와 성장 기대 · 콘텐츠 분야 구직자 취업역량 강화와 기업의 구인 매칭 등 지원
사업내용	지원대상	· CKL 기업 지원: 창업 7년 이내의 콘텐츠 스타트업 총 36개 기업 · 구인구직 지원: 콘텐츠 분야 구인을 원하는 기업 또는 구직을 원하는 구직자
	지원내용	· CKL 기업지원 　– (입주지원) 독립된 사무공간 임대료 전액 지원(관리비, 보증금 有) 　– (인프라지원) 제작지원 시설/장비, 공용 회의실, 콘퍼런스룸, 라운지 등 　– (비즈니스지원) 교육, 컨설팅, 투자유치, 사업화, 홍보, 웹 기반 클라우드 등 지원 · 콘텐츠 분야 구인 · 구직 지원 　– (구인구직 지원) 기업의 구인 · 구직 지원(일자리 박람회, 온라인 채용관 등) 　– (취업지원) 구직자의 취업역량 강화를 위한 취업지원 프로그램 운영
	지원조건	· CKL 기업 지원: 공고일 기준 설립일로부터 만 7년 이내 콘텐츠 스타트업(입주 1달 이내 사업자등록증 주소지 이전) · 구인구직 지원: 콘텐츠 분야 구인구직을 희망하는 신청자
	선정방식	· CKL 기업 지원: 서면평가(2~3배수 선정) 및 발표평가(고득점순) · 취업지원: 신청, 예약(별도 평가 없음)

2.3. 뉴콘텐츠기업지원센터 인프라 운영

【뉴콘텐츠기업지원센터 인프라 운영 프로그램】

<table>
<tr><th colspan="2">구분</th><th>내용</th></tr>
<tr><td colspan="2">사업목적</td><td>· 비즈니스를 위한 인프라, 수요자 중심의 비즈니스 지원을 통해 신기술 융합콘텐츠 스타트업의 성공적인 창업 및 도약기반 마련</td></tr>
<tr><td rowspan="5">사업내용</td><td>지원대상</td><td>· 창업 7년 이하 신기술융합 콘텐츠 스타트업 15개사</td></tr>
<tr><td>지원내용</td><td>· 뉴콘텐츠기업지원센터(공간구성)
– (지하 1~2층) 스튜디오 등 제작시설과 회의실 등 비즈니스 공간
– (지상 1~6층) 사무공간 및 휴게공간, 인포데스크
· 뉴콘텐츠기업지원센터 인프라 지원
– (입주지원) 독립 사무공간에 대해 임대료 전액 지원(관리비 有)
– (인프라지원) 제작지원시설/장비 및 세미나실, 회의실 등 지원
· 뉴콘텐츠기업지원센터 비즈니스 지원
– (지원규모) 입주기업 15개사, 신기술 융합콘텐츠 스타트업 25개사
– (프로그램) 1단계/기업진단 → 2단계/역량강화 → 3단계/비즈니스 지원 → 4단계/해외진출 지원
– (기타지원) 채용지원, 글로벌 액셀러레이팅 및 해외 진출 지원, 홍보 지원</td></tr>
<tr><td>지원조건</td><td>· 공고일 기준 설립일로부터 만 7년 이내 신기술 융합콘텐츠 스타트업(입주 1달 이내 사업자등록증 주소지 이전)</td></tr>
<tr><td>선정방식</td><td>· 서면평가(2~3배수 선정) 및 발표 평가(고득점순)</td></tr>
</table>

III 서민금융진흥원

1 기관 소개

서민금융진흥원은 서민의 원활한 금융생활을 지원하기 위하여 「서민의 금융생활 지원에 관한 법률」에 근거해 2016년 9월 23일 설립된 금융위원회 산하 위탁집행형 준정부기관으로서 휴면예금관리재단(미소금융중앙재단)의 후신이다.

서민금융진흥원은 휴면예금관리재단에서 단순히 명칭만 바꾼 것이 아니고 미소금융, 햇살론, 국민행복기금 등 제각각 운영되고 있던 서민금융업무를 일원화하여 관리하게 된 것이 특징이다. 본사는 서울특별시 중구 세종대로 14에 소재하고 있으며 전국에 47개의 센터를 두고 있다.

2 주요 업무

서민금융진흥원의 주요 업무는 아래 표와 같이 크게 금융지원사업과 비금융지원사업으로 나눌 수 있다. 금융지원사업은 미소금융, 대출보증지원, 저금리 전환 지원사업으로 구분할 수 있고, 비금융지원사업은 1397 서민금융콜센터, 종합상담, 맞춤대출, 자활지원, 금융교육으로 구분할 수 있다. 그중 미소금융사업, 자영업자에 대한 컨설팅업무 등이 창업기업과 영세사업자와 관련이 있는 사업이라 할 수 있다. 본 장에서는 서민금융진흥원의 주요 업무 중 창업기업 및 소상공인과 관련된 업무를 중심으로 소개하고자 한다.

서민금융 확대로 금융안전망 강화	맞춤형 금융 솔루션 지원 강화	디지털 서민금융 인프라 확충	윤리공정경영으로 투명성 제고
취약계층 금융생활 안정화	종합상담을 통한 원스톱 금융생활 지원	디지털 기반 유관기관 협업 확대	직무능력 중심의 조직문화 혁신
금융이용자 권익 보호 및 확충	취약계층의 경제적 자활재기지원 촉진	고객중심 데이터 관리 강화	고객과 소통을 통한 열린경영

【서민금융진흥원 주요 업무 추진방향】

【서민금융진흥원의 주요 업무】

주요 업무 분야	세부 사업	주요 내용
금융 지원사업	미소금융사업	· 사업수행기관에 사업재원 대여(간접대출) · 각 기관은 대여받은 자금으로 영세자영업자, 전통시장 상인 등을 위해 창업자금 및 운영자금을 무담보, 무보증으로 소액대출 · 대출한도: 창업자금 7천만원, 운영자금 2천만원, 시설개선자금 2천만원, 긴급생계자금 1천만원
	사업수행기관 지원사업	· 저소득층 창업지원, 사회적기업 지원, 금융채무불이행자에 대한 신용회복지원 · 전통시장 영세상인에 대한 소액대출: 점포당 1천만원 이내(무등록사업자 5백만원 이내)
	대출보증 지원	· 저소득, 저신용 근로자에게 보증지원을 통해 생계비 등 대출 지원
	저금리 전환지원	· 바꿔드림론, 안전망대출, 근로자 햇살론 대환대출
비금융 지원사업	서민금융콜센터	· 전화로 맞춤형 서민금융상품 안내
	종합상담	· 서민금융통합지원센터를 통해 금융 · 비금융서비스를 원스톱 맞춤형으로 제공
	맞춤대출	· 수요자에게 적합한 대출상품 안내
	자활지원	· 구직희망 서민에게 1:1 맞춤형 취업지원 상담
	금융교육	· 맞춤형, 생활밀착형 교육 제공

3 미소금융 창업 · 운영자금

1. 지원대상

- 개인신용평점이 하위 100분의 20 해당자

- 기초생활수급자 및 차상위계층 이하

- 근로장려금 신청 대상자

2. 지원내용

구분	자금 용도	대출한도	대출기간	금리
창업자금	· 사업장 임차보증금, 창업 초기 운영자금 및 시설자금, 생계형차량 (1톤 이하)구입	7천만원	6년 이내	4.5%
운영자금	· 제품, 반제품, 원재료 구입 자금	2천만원	5.5년 이내	
시설개선자금	· 창업 후 6개월 이상 운영 중인 자영업자의 사업장 시설개선자금	2천만원	5.5년 이내	
긴급생계자금	· 기존 미소금융 이용자 중 성실 상환자의 의료비 등 긴급생계자금	1천만원	5년 이내	

4 민간사업 수행기관 창업 · 운영자금

1. 개요

- 서민금융진흥원이 창업지원 민간사업수행기관에 자금을 무이자로 지원하면, 사업수행기관이 이용자에게 낮은 금리로 자금을 대출

2. 사업 수행기관

- 한국법무보호복지공단, 신나는 조합, 나눔과 기쁨, 서울가톨릭사회복지원, 더불어 사는 사람들, 한국여성경제인협회

3. 지원내용

지원대상	자금 용도	대출한도	대출금리	대출기간	상환방법
· 저신용 · 저소득 자영업자 · 수급권자 또는 차상위계층 · 북한이탈주민 등	창업 · 운영자금	최대 7천만원	최대 연 6.5%	최대 5년	원리금 균등분할 상환 등

IV 산업진흥원

1 기관 소개

산업진흥원은 지자체가 각각 자체적으로 조성한 재원을 바탕으로 창업기업을 포함해 중소기업을 지원할 목적으로 설립한 지자체 산하 공공기관이다.

서울산업진흥원, 경기산업진흥원, 부산산업진흥원 등을 비롯해 부천산업진흥원, 성남산업진흥원, 시흥산업진흥원, 안양산업진흥원, 용인시디지털산업진흥원, 제주지식산업진흥원, 진주바이오산업진흥원, 충남정보문화산업진흥원, 화성산업진흥원 등 명칭은 조금씩 다르지만 수많은 지자체가 산하 기관을 통해 창업지원사업을 활발하게 수행하고 있다.

2 주요 업무

1. 개요

산업진흥원은 중앙부처의 창업지원사업과 날리 자체적으로 조성한 새원을 바탕으로 관내 창업기업을 지원하기 위하여 설립된 기관이라 중앙부터의 창업지원 사업과는 별개로 독립적인 활동을 적극적으로 전개하고 있으며, 매우 방대한 영역에서 많은 사업을 운영하고 있다.

본 장에서는 각 지자체별로 추진하고 있는 산업진흥원의 다양한 창업지원사업 중에서 대표적인 사례로 서울산업진흥원(SBA)과 화성산업진흥원의 주요 창업지원사업을 소개하고자 한다.

2. 서울산업진흥원의 지원 업무

서울산업진흥원은 서울특별시에 소재하고 있는 중소기업에 대한 종합적이고 체계적인 지원사업을 통하여 중소기업의 경영 여건 개선과 경쟁력 강화에 기여함을 목적으로 「중소기업 진흥에 관한 법률 동법 시행령」 및 「서울산업진흥원 설립운영조례」에 따라 1998년도에 설립된 기관으로 서울시 곳곳에서 글로벌 창업기업 육성, 서울기업 매출 증대, 기업인재 양성 및 채용, 기업경쟁력 강화, 콘텐츠산업 활성화, 산업거점 활성화, 뷰티산업 진흥 등 다양한 중소기업 지원사업을 추진하고 있다.

특허 지원사업으로는 지식재산 애로 해결(지식재산권 창출지원, 지식재산권 기술보호 및 침해 대응 지원), 지식재산 경영 촉진(글로벌IP스타기업 육성, 수출(예정)기업 지식재산 종합 컨설팅, 소상공인 IP역량 강화, IP디딤돌 프로그램, IP나래 프로그램), 지식재산 저변 확산(지식재산 인식제고 교육, 지식재산 재능나눔) 사업이 있다.

R&D 지원사업으로는 기술상용화 지원사업(성장단계 스케일업 기술사업화 지원, 패션산업 융복합 기술사업화 지원, 서울혁신챌린지), 바이오, 의료 기술사업화 지원(캠퍼스타운 기술 매칭 지원사업, 핀테크, 블록체인 기술사업화 지원), 인공지능 기술사업화 지원사업(G밸리 ICT 융복합 기술사업화 지원, 비대면, 방역 기술사업화 지원, 테스트베드 서울 실증지원 사업)이 있다.

입주 및 보육사업으로는 서울창업허브(서울창업허브 성수, 1인 미디어 파트너스, G밸리 활성화, 서울창업허브 M+)와 DMC첨단산업센터(서울창업허브 창동, 서울게임콘텐츠센터, 에스플렉스센터, DMC(Digital Media City)), DMC산학협력연구센터(국제유통센터, 웹툰파트너스, 마곡산업거점 생태계 활성화, 지캠프(G CAMP) 메이커스페이스) 등이 있다.

3. 화성산업진흥원의 지원 업무

화성시는 미래반도체, 바이오헬스, 자율주행차 등 4차 산업혁명과 관련한 전후방 산업 기업 및 R&D 거점, 스타트업이 많이 분포하고 있는 특성이 있다. 이에 따라 화성시에서는 대 · 중 · 소 상생 프로그램, R&D 사업 등 중소기업을 맞춤형 육성 · 지원하고, 창업 공간 마련과 액셀러레이팅 사업 등을 운영하여 스타트업이 스타기업으로 성장할 수 있도록 화성산업진흥원을 통해 다양한 지원사업을 추진하고 있다. 다음 표는 화성산업진흥원의 주요 지원 업무이다.

【화성산업진흥원 주요 창업지원 업무】

사업명	내용
창업 인큐베이팅 공간 운영	· 인프라~멘토링~네트워킹~투자유치까지 창업에 필요한 모든 솔루션을 한 공간에서 접할 수 있는 창업지원 플랫폼을 운영하여 화성시 창업생태계의 중심 · 기반 역할 수행

스타트업
이륙작전(season3)
	· 성장단계에 있는 스타트업을 대상으로 맞춤형 액셀러레이션 운영, 비즈니스의 확장과 다음 단계로의 도약을 지원
	  – 지원규모: 관내 신산업 분야 유망 스타트업 15개사
	  – 지원내용: 액셀러레이팅 프로그램 및 사업화 자금 지원

시제품 제작지원사업	· WoW! 메이커스 시제품 제작지원사업: 메이커 스페이스를 활용한 예비창업자 대상 시제품제작 지원
	  – 지원규모: 예비창업자 10개 팀
	  – 지원내용: 창업 분야 멘토링, 장비활용, 시제품 제작

	· 딥테크(Deep tech) 시제품 제작지원사업: 특정 기술의 특허나 독보적 성과를 가진 스타트업의 사업화자금 지원
	  – 지원규모: 초기(3년 이내) 스타트업 15개사
	  – 지원내용: 시제품 제작, 소프트웨어 개발지원

화성시 소부장 기업
사업다각화 지원
	· 소부장 분야 제품경쟁력 강화를 위한 컨설팅, 사업화 지원
	  – 지원규모: 관내 소부장 산업 분야 중소기업 5개사
	  – 지원내용: 기술컨설팅 지원, 사업화 지원

화성시 R&D 지원사업	· 중소 · 중견기업의 신기술 개발 지원
	  – 지원규모: 관내 중소 · 중견기업 10개사
	  – 지원내용: 연구비 지원

외부자원(정부과제)유치
프로그램
	· 정부(지자체) 지원사업 참여를 위한 컨설팅 제공
	  – 지원규모: 관내 중소기업 20개사 내외
	  – 지원내용: 컨설팅, 서류지원, 실무교육

중소기업 혁신성장
기술지원 사업
	· 특허, 시험, 인증 분야의 기업이 원하는 지원사업을 기업이 선택하여 지원받음
	  – 지원규모: 관내 중소기업
	  – 지원내용: 지식재산권 출원, 규격인증, 제품시험, 혁신인증

마케팅 지원사업	· 기업이 필요한 분야에서 발생한 마케팅 소요금액 지원
	  – 지원규모: 관내 중소기업
	  – 지원내용: 홍보물 제작, 디자인 제작, 홈페이지 구축, 광고홍보, 키워드 검색, 소셜미디어 광고, 전시회 참가

에너지 진단 및
시설개선 지원사업
	· 에너지 과다사업장의 에너지 진단 및 노후 설비 교체 지원
	  – 지원규모: 관내 중소기업(관내 공장 소재 필수)
	  – 지원내용: 에너지 진단, 시설 개선

사업명	내용
화성시 스마트공장 스마트공장 구축지원사업	· 첨단 ICT기술을 적용한 스마트 공장 구축 및 고도화 지원 　– 지원규모: 관내 중소·중견기업(관내 공장 소재 필수) 15개사 　– 지원내용: 기초 지원, 고도화 지원
기업성장 One-STOP 해결사 창구	· 기업이 원하는 자문위원이 맞춤형 컨설팅을 제공하여 애로 사항을 신속히 해결 하는 기업지원의 소통창구 플랫폼 운영 　– 지원규모: 관내 중소기업 　– 지원내용: 창업, 기술, 인증, R&D, 판로개척 등 무료 컨설팅
온라인 홍보마케팅 교육	· 온라인 제품 홍보 및 입점 지원을 위한 기업, 예비 창업자 교육 　– 지원규모: 관내 기업, 시민, 대학생 　– 지원내용: 온라인 홍보마케팅 교육 및 실습
생활소비재 수출·구매 상담회 운영	· 관내 생활소비재 기업들의 국내외 판로개척 지원을 위한 상담회 개최 　– 지원규모: 관내 중소기업 50개사 　– 지원내용: 제품 품평회, 사전매칭 상담회, 유통 원스톱 창구 등
대중소 동반성장 프로그램	· 프로그램 요약내용 　– 지원규모: 300,000천원 / 기업당 최대 50,000천원 　– 지원내용: 동반성장 과제당 기술개발 및 시제품 제작에 필요한 사업화 자금 최 　대 50,000천원

V 중소기업기술정보진흥원

1 기관 소개

중소기업기술정보진흥원(TIPA)은 2001년 5월에 제정된 「중소기업기술혁신촉진법」에 따라 2002년에 중소기업정보화경영원이란 명칭으로 설립되었다가 2006년 현재의 명칭으로 개칭된 준정부기관으로, 중소벤처기업의 기술혁신(R&D) 및 정보화, 스마트공장 보급·고도화 지원을 통해, '4차 산업혁명 시대 중소벤처기업의 신산업 창출'에 기여하고 있다.

2021년 기준, TIPA가 전담하는 전체 예산은 약 1조 8,000억원 수준으로 R&D 예산 1조 3,600억원, 스마트공장 예산 4,400억원 규모이고, 본원은 세종시 집현중앙로 79에 소재하고 있다.

2 주요 지원사업

중소기업기술정보진흥원에서 운영 중인 사업은 크게 R&D지원사업, 스마트공장 지원사업, 정보화지원사업, i-CON사업으로 구분할 수 있고, 세부 지원사업은 아래 표와 같다.

【주요 지원사업】

지원사업	세부 지원사업
R&D지원사업	· 중소기업기술혁신개발사업, 상용화기술개발사업(구매연계형, 공동투자형), 창업성장기술개발사업(디딤돌), 중소기업 R&D역량 제고사업, 제조데이터 공동활용 플랫폼 기술개발사업, 소상공인·자영업자를 위한 생활혁신형 기술개발사업, Tech-Bridge 활용 상용화 기술개발사업, 해외인증/규격 적합제품 R&D, 해외원천기술 상용화 R&D, 연구기반활용플러스, 소재부품장비전략협력기술개발, 공정품질기술개발사업, 산학연 Collbo R&D, 중소기업연구인력지원, 지역특화산업육성+(R&D), 산업단지대개조지역산업 R&D, 스마트서비스 ICT솔루션 개발스마트 소상공인 육성 기술개발사업

지원사업	세부 지원사업
스마트공장지원사업	· 기초 및 고도화 지원사업, 대중소상생형 스마트공장 지원사업, 업종별 특화 스마트공장 구축 지원사업, 데이터 분석 기반 스마트공장 구축 지원사업, 스마트공장 수준확인제도, 권역별 스마트공장 테스트베드 구축 지원사업, 스마트화 역량강화 지원사업
정보화지원사업	· 사업개요: 중소기업의 경영·생산현장에 클라우드 기반의 저비용·고효율 정보시스템 구축을 지원하여 중소기업 정보화 경영 저변 확산 · 지원내용: 스마트공장 솔루션 과제, 공동활용솔루션 과제 · 신청자격: 중소기업을 회원사로 하는 협동조합(연합회), 업종별 협회 및 단체(개별 중소기업은 신청할 수 없고, 4개사 이상 참여 필수) · 지원조건: 총사업비의 70% 이내, 최대 1.4억원 이내

위의 지원사업 중 지원대상은 중소기업으로 되어 있어 창업한 지 7년 이내인 창업기업도 지원대상에 해당한다고 볼 수 있다. 그러나 세부 사업별로 매출액 20억원 이상이나 추가적인 요건이 충족되어야 지원할 수 있는 사업이 많아 현실적으로 모든 창업기업이 지원하는 데 한계가 있으므로 개별 사업별로 지원 요건을 살펴볼 필요가 있다.

위 사업 중에서 창업한 지 7년 이내인 창업기업만 신청 가능한 지원사업은 창업성장기술개발 지원사업이며, 그 밖에 중소기업 R&D역량제고 지원사업, 소상공인·자영업자를 위한 생활혁신형 기술개발 지원사업은 창업기업도 신청 가능한 지원사업이라 할 수 있다.

1. 창업성장기술개발 지원사업

1.1. 사업개요

- 성장잠재력을 보유한 창업기업의 기술개발 지원을 통해 기술창업활성화 및 창업기업의 성장 촉진

1.2. 지원대상

- 창업 후 7년 이내, 매출 20억원 미만의 창업기업 중 과제별 자격 기준을 충족하는 기업

1.3. 지원내용

① 디딤돌: 중기부의 R&D 첫 수행기업으로, 각 지역 창조경제혁신센터로부터 추천받은

창업기업 지원

② 전략형: 초격차 기술, 실험실 창업기업, 글로벌 스타트업 등 미래 신산업 기술보유 및 글로벌 경쟁력을 확보한 창업기업 기술개발 지원

- (일반) 디지털*, BIG3** 분야, 백신 원부자재 분야 등 고기술 · 유망기술 분야 창업기업의 기술개발 지원(366억원)

  * 블록체인, 컴퓨터비전, 고객데이터플랫폼(IoB), 사이버시큐리티, 디지털헬스, 모바일 엣지 컴퓨팅, 공간컴퓨팅, 휴먼컴퓨터 인터렉션, 디지털미디어, AIoT

  ** (시스템반도체) IP설계, 스마트센서, 반도체장비, (바이오헬스) 의약, 의료기기, 바이오소재, 디지털헬스케어, (미래자동차) 자율주행센서, 통합이모빌리티, V2X, 인포테인먼트, 친환경차

- (소부장) 고급기술 창업 확대를 위해 소재 · 부품 · 장비 분야의 혁신역량이 우수한 기술창업기업에 대한 전략적 기술개발 지원(49억원)

- (그린뉴딜) 지속 가능한 친환경 · 신재생 에너지 분야의 혁신역량이 우수한 창업 기업의 기술개발 지원(118억원)

  * 전략형 창업과제 지원대상은 세부사업 시행계획 공고 참조

③ TIPS: 액셀러레이터 등 TIPS 운영사가 발굴 · 투자한 기술창업기업에 보육 · 멘토링과 함께 기술개발 지원

1.4. 지원조건

세부사업	개발기간 및 지원한도	정부지원 연구개발비 지원한도	지원방식
디딤돌	최대 1년, 1.2억원		자유공모
전략형	최대 2년, 3억원	80% 이내	품목지정
TIPS (특화형 TIPS)	최대 2년, 5억원 (최대 3년, 15억원)		자유공모

2. 중소기업 R&D역량제고 지원사업

2.1. 사업개요

- R&D기획 역량이 부족한 중소기업의 기획지원 및 기술 애로 해결, Scale-up R&D지원을 통해 기획역량 강화 및 기술사업화 촉진

2.2. 지원대상

- (공통 사항) 과제별 자격 기준을 충족하는 중소기업

2.3. 지원내용

① R&D기획지원: 연구개발계획서 작성능력이 부족한 중소기업을 위해 R&D기획전문가를 매칭하여 중소기업이 개발하고자 하는 신기술 기획 지원

② R&D기획역량 강화교육: R&D 全단계(기획→기술개발→사업화)에 대한 교육을 통해 중소기업 재직자의 R&D기획역량 내재화와 자발적 R&D기획 촉진

③ 맞춤형기술파트너: 중소기업의 현장 기술 애로 지원을 위해 공학컨설팅센터의 기술전문가를 매칭하여 연구개발을 기반으로 지원

④ 위기지역 중소기업 R&D지원: 위기지역·위기업종 중소기업의 신제품 개발 및 제품 고도화를 위한 현장 맞춤형 진단과 R&D 지원

2.4. 지원조건 및 지원대상

구분		개발기간 및 지원한도	정부지원 연구개발비 지원한도	지원대상	지원방식
R&D기획지원	R&D기획 첫걸음지원	최대 3개월, 5백만원	75% 이내	정부 R&D 참여 이력이 없는 중소기업	자유공모
	R&D기획 역량강화교육	–	100%		–
맞춤형기술파트너		최대 9개월, 30백만원	75% 이내	중소기업	자유공모

구분		개발기간 및 지원한도	정부지원 연구개발비 지원한도	지원대상	지원방식
위기지역중소기업 Scale-up	Scale-up R&D지원	최대 1년, 100백만원	75% 이내	중소기업	
	현장수요형 R&D	최대 2개월, 4백만원	100%		

3. 소상공인 · 자영업자를 위한 생활혁신형 기술개발 지원사업

3.1. 사업개요

- 새로운 BM개발, 제품 · 서비스 개선 등을 통해 급변하는 경영환경(소비 · 유통 · 트렌드 변화 등)에서 소상공인이 원활히 대응할 수 있도록 기술개발 지원

3.2. 지원대상

① BM개발: 「중소기업기본법」 제2조에 따른 '중소기업'

 * 대학 · 연구소, 민간컨설팅기업 및 기술전문기업 등 컨소시엄 구성 가능

② 생활혁신개발: 「중소기업기본법」 제2조에 따른 '중소기업' 또는 「소상공인기본법」 제2조에 따른 '소상공인'

3.3. 지원내용

① BM개발: BM기획(3개월) + BM개발(2년)

- 다수 소상공인의 매출 확대 및 서비스 혁신 · 개선 등에 활용할 수 있는 비즈니스모델(BM) 기획 · 개발 지원

② 생활혁신개발: 진단 · 컨설팅(2개월) + 기술개발(6개월)

- 자체 기술개발 수행이 어려운 소상공인과 권역별 대학을 연계하여 소상공인 사업장에 즉시 적용 가능한 기술 · 제품 기획 · 컨설팅 · 기술개발 지원

3.4. 지원조건

구분		개발기간 및 지원한도	정부지원 연구개발비 지원한도	지원방식
BM개발	BM기획	3개월, 14.5백만원	80% 이내	자유공모
	BM개발	2년, 4억원		
생활혁신개발	진단기획	2개월, 5백만원		
	기술개발	6개월, 30백만원		

제5부

공공기관
창업지원제도(B)

1 기관 소개

중소벤처기업진흥공단(이하 중진공)은 중소기업의 경쟁력을 강화하고 중소기업의 경영기반을 확충하여 국민경제의 균형 있는 발전에 기여하기 위해 「중소기업 진흥에 관한 법률」 제68조에 근거해 설립된 기금관리형 준정부기관으로, 1979년 1월 설립 당시 기관명은 '중소기업진흥공단'이었으나 2019년 4월에 현재의 명칭인 '중소벤처기업진흥공단'으로 변경되었다.

중진공은 중소기업 창업 촉진, 산업 균형 발전 등에 필요한 재원을 확보하기 위해 설치된 '중소벤처기업 창업 및 진흥기금'을 운용·관리한다.

【중소벤처기업 창업 및 진흥기금】

중소벤처기업의 경쟁력 강화와 지속 성장을 통한 균형발전을 위하여 「중소기업진흥에 관한 법률」에 의해 1978년 설치 이후, 재정의 효율적 운용을 위해 지방중소기업육성자금 등 정부 부처 및 기관별로 산재된 중기지원 기금이 통합되어 탄생한 대표 공공기금

중진공은 '중소벤처기업 창업 및 진흥기금'을 기반으로 민간 금융권이 지원을 기피하는 창업기업, 소기업 중심으로 정책 융자를 공급하는 등 경제안전판 역할을 수행하고 있으며 중소기업 인력양성, 재기지원, 기술사업화, 청년CEO 육성 등 민간 참여가 어려운 고위험 영역을 집중 지원하여 중소벤처기업의 부가가치를 창출하는 역할을 수행하고 있다.

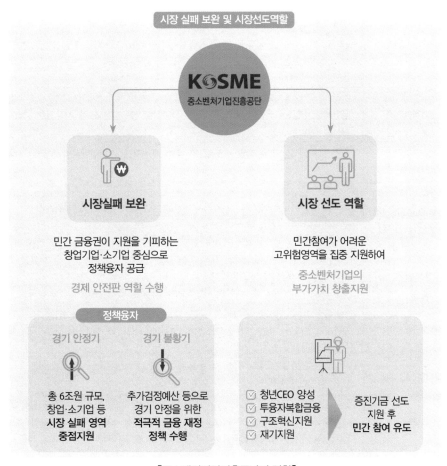

【중소벤처기업진흥공단의 역할】

중진공은 기관명에서도 알 수 있듯이 중소기업 진흥을 위한 각종 지원사업을 광범위하게 수행하고 있으며, 설립 초기에는 일본을 비롯한 해외에서 우수한 기술인력을 초빙하여 국내 중소기업에 전수하는 사업을 주로 했으나, 현재는 중소벤처기업부 소관 정책자금 집행, 중소기업 판로지원, 해외마케팅지원, 기술컨설팅 및 중소기업 인력연수 사업, 내일채움공제 운영 등 매우 다양한 사업을 운영하고 있다. 특히 2011년에 개교해 운영 중인 청년창업사관학교는 대표적인 청년창업 지원사업이라 할 수 있다.

【중소벤처기업진흥공단의 주요 지원사업】

구분	내용
정책자금 융자	· 지원규모: 5조 600억원 · 기업 성장단계별 특성과 정책 목적에 따라 6개 세부 자금(혁신창업사업화자금, 신성장기반자금, 투융자복합금융자금, 신시장진출지원자금, 재도약지원자금, 긴급경영안정자금)으로 구분하여 운영 · 융자방식: 직접대출, 대리대출
수출마케팅지원	· 소싱, 내수기업 수출기업화사업, 온라인수출지원사업, 사회적경제기업 우대사업, 수출바우처사업, 수출인큐베이터, 지역중소기업수출마케팅, 전자상거래수출 시장진출, 해외지사화사업
해외산업협력지원	· 해외 정부 및 중소기업 지원 유관기관과 협력네트워크를 구축하여 국내 중소벤처기업의 해외 진출 기반을 조성하는 사업 – 글로벌협력기반 구축, APEC 중소기업혁신센터 운영
수출인큐베이터/ 코리아스타트업센터	· 해외 주요 교역 거점에서 중소기업의 해외시장 개척 및 현지 조기 정착을 위해 사무공간, 마케팅, 법률, 회계 자문 등 지원 – 수출인큐베이터, 코리아스타트업센터, 글로벌 공유 오피스 등
인력양성	· 중소벤처기업의 구인난을 해결하기 위한 인력 채용부터 연수를 통한 전문인력 육성, 핵심인력의 장기 재직 유도 등을 종합지원 – 중소벤처기업연수사업, 청년창업사관학교, 내일채움공제사업 등
매출채권팩토링	· 기업활동 과정에서 재화나 서비스 제공을 통해 발생된 외상매출채권 대금을 거래처에서 지급하기 전에 외상매출채권을 중소벤처기업진흥공단에 양도하여 외상매출대금을 빠른 시일 내 현금화할 수 있는 서비스
중소기업진단사업	· 업종전문가가 진단을 통해 기업애로를 분석 후, 해결책을 제시하고, 애로 해결을 위한 정책사업을 연계지원
기타	· 사업전환지원사업, 무역조정지원사업, 제조중소기업 혁신바우처사업, 재기지원사업, 스마트공장 AS 지원사업, 중소기업기술사업화 역량강화사업, 레저장비산업개발지원, 중소기업탄소중립전환지원, 재창업자금 지원기업에 대한 이행보증 지원, 기업 간 교류 지원 등

본사는 경상남도 진주시 동진로 430에 소재하고 있고 전국에 33개 지역본·지부와 5개 연수원을 운영하고 있으며, 자회사로는 중소기업유통센터, 한국벤처투자, SBC인증원, 중진공파트너스 등이 있다.

2 정책자금 융자

1. 중소기업 정책자금 융자사업 개요

중소기업 정책자금 융자사업은 중소기업의 성장을 촉진하기 위하여 기술과 사업성이 우수한 중소기업에 장기·저리의 자금을 공급하는 사업을 말하며 중소벤처기업진흥공단의 가장 중요하고 핵심적인 지원사업이라 할 수 있다.

이러한 장기·저리의 자금은 (1) 고용 창출 중소기업, (2) 수출 중소기업, (3) 시설 투자 중소기업 및 (4) 혁신성장 분야 등 중점 지원 분야 영위기업에 대하여 우선적으로 지원한다.

【중점 지원 분야】

· 혁신성장 분야
· 비대면 분야
· 소재·부품·장비산업
· 지식서비스산업
· 물류산업

· 그린 분야
· 뿌리산업, 뿌리기술
· 지역특화(주력)산업
· 융복합 및 프랜차이즈산업
· 유망소비재산업

중소벤처기업부가 발표한 「2023년도 중소기업 정책자금 융자계획」에 따르면 중소벤처기업부가 중소벤처기업진흥공단을 통해서 집행하는 정책자금은 융자사업이 4조 1,769억 원, 이차보전사업이 7,970억원이고 혁신창업사업화, 신시장진출지원, 신성장기반, 재도약지원, 긴급경영안정사업으로 구분해 지원한다.

신청대상은 「중소기업기본법」 제2조에 따른 중소기업이며, 창업기반자금 등 세부지원대상은 '사업별 정책자금 융자계획'에서 별도로 정하고 있으므로 이를 잘 살펴보아야 하며, 휴폐업기업, 소상공인 등은 융자제한기업에 해당된다.

융자신청은 중소벤처기업진흥공단 온라인 홈페이지(www.kosmes.or.kr)를 통해 신청·접수하여야 하며, 중소벤처기업진흥공단은 신청기업 중 기술·사업성 평가를 통해 미래 성장 가능성이 높다고 판단되는 기업을 선정해 중소벤처기업진흥공단이 직접·신용 대출 위주로 지원하거나 시중은행을 통해 대리대출 방식으로 지원한다.

2. 공통 사항

2.1. 자금용도: 시설자금과 운전자금으로 구분하여 대출

- 시설자금

용도	세부 내용
설비 구입	· 생산, 정보화 촉진, 유통 · 물류, 생산환경 개선 등에 필요한 기계장비의 구입에 필요한 자금
사업장 건축	· 자가 사업장 확보를 위한 토지 구입비 및 건축 자금 　－ 범위: 사업장(공장) 內의 기숙사 등 복리후생 관련 복지시설 포함 　－ 토지 구입비는 건축허가가 확정된 사업용 부지 및 산업단지 등 계획 · 입지의 입주계약자 중 6개월 이내 건축 착공이 가능한 경우에 한함
사업장 매입	· 자가 사업장 확보를 위한 사업장 매입 자금(경 · 공매 포함) 　－ 자가 사업장 확보자금은 기업당 3년 이내 1회로 지원 한정

- 운전자금

용도	융자 범위
기업 경영활동	· 원부자재 구입, 제품의 생산, 시장개척, 기술개발, 인건비, 임차보증금 등 기업경영 활동에 소요되는 자금
약속어음 감축	· 약속어음 폐지 · 감축을 위해 대금지급 방식을 현금지급 방식으로 전환하는 데 필요한 비용

2.2. 융자한도 및 금리

- 최대 대출한도: 중진공 정책자금 대출잔액과 신규대출 예정액을 합산하여 기업당 60억원 이내

- 대출금리: 「정책자금 기준금리(분기별 변동)」에서 자금 종류, 신용위험등급, 담보 종류, 우대조건(별표 4)에 따라 가감

  * 시설자금 직접대출의 경우 각 사업별로 고정금리 적용 가능(단, 협동화 및 협업사업 승인기업 지원은 제외)

- 대출이자 환급: 정책자금 대출 후 고용 창출, 수출 확대 등의 성과를 달성한 기업은 대출이자를 일부 환급

2.3. 융자 절차

①온라인 상담예약	②상담	③정책우선도 평가(운전)	④온라인 융자신청
상담예약	대면 또는 비대면	신청 가능 여부	신청서 제출
→ 자가진단	정책자금 상담	결정	

⑤기업심사	⑥융자결정	⑦대출	⑧사후관리
현장방문 방식	지원 가능 여부 및	직접대출	자금사용 용도 점검,
또는 비대면 방식	지원금액 결정	대리대출	사업계획 멘토링 등

* 구조개선전용자금 등 일부 자금은 별도 융자 절차 운영(사업별 융자계획 참조)

- 온라인 상담예약: 신청 희망기업은 홈페이지(www.kosmes.or.kr)를 통해 상담 일자를 예약하고 신청대상 여부 등을 자가 진단
  ① 신청 희망기업은 사전에 온라인 상담예약을 완료해야 하며, 특별재난지역에 소재한 재해중소기업은 온라인 상담예약 생략 가능
  ② 자가 진단을 허위로 작성한 기업은 확인한 날로부터 1년간 정책자금 신청제한

- 상담: 온라인 상담예약을 완료한 기업은 해당 지역본(지)부와 융자신청 가능성 등을 상담
  * 대면상담은 중진공 지역본(지)부에 직접 방문하여 상담하며, 비대면 상담 대상기업은 유무선 통화로 상담

- 정책우선도 평가: 중진공은 상담을 완료한 기업에 대해 '정책우선도 평가'(운전자금)를 통해 자금 신청기회 부여 여부 결정 가능
  * 정책우선도 평가는 그린 분야, 혁신성장 분야, 지역주력산업, 고용창출, 성과공유, 수출 등을 고려하여 평가

- 온라인 융자신청: 정책자금 신청이 가능한 기업은 정해진 기한까지 중진공 홈페이지를 통해 정책자금 융자신청서 제출
  * 신용대출 또는 담보대출 조건으로 신청이 가능하며, 보증서는 취급 불가(단, '신용회복위원회 재창업지원' 자금 및 금융기관을 통해 융자하는 대리대출은 보증서 취급 가능)

- 기업심사: 중진공은 현장방문 또는 비대면 방식으로 정책자금 신청기업에 대해 기업평가(기업진단 포함)를 수행

【기업심사 주요 내용】

구분	내용
기업평가	· 기술성, 사업성, 미래성장성, 경영능력, 사업계획의 타당성 등을 종합평가하여 기업평가등급(Rating)을 산정('신용회복위원회 재창업지원', '청년전용창업자금' 등 필요시 별도 평가기준 운영)
기업진단	· 기업애로 분석 및 해법을 제시하고 자금 등을 연계하여 지원하는 프로그램으로 기업 상황 등 필요성을 고려하여 기업진단 수행 여부 결정

- 융자결정: 기업평가 결과 이후 일정 평가등급 또는 일정 기준 이상인 기업을 대상으로 융자 여부를 결정

  * 고용창출 및 수출실적 등을 기업평가 지표에 반영하여 우대

· 기술사업성 평가 등급을 기본등급으로 하고, 신용위험등급은 등급조정으로 활용하여 재무 등 신용위험 비중 반영을 최소화
· 업력 3년 미만 기업은 기술사업성평가로 기업평가등급 산정
· 재창업자금은 업력 1년 미만 기업은 역량평가와 심의위원회 평가를 합산하여 기업평가등급을 산정하고, 업력 1년 이상 기업은 기술사업성 평가로 산정
· 청년전용창업자금은 창업자 역량평가와 청년창업 심의위원회 평가를 합산하여 산정
· 재창업자금 중 '신용회복위원회 재창업지원' 대출은 별도 기준으로 운영
· 최근 3개년 동안 연속하여 고용이 증가한 일자리 창출기업, 소재 · 부품 · 장비 강소기업 100 · 스타트업 100 · 경쟁력위원회 추천기업의 경우, 별도 기준으로 평가 가능

- 대출: 중진공이 직접 기업에 대출하거나 기업이 지정한 금융기관을 통해 대출

  ① 직접대출: 중진공이 직접 기업에 융자하는 방식

  ② 대리대출: 금융기관을 통해 기업에 융자하는 방식

- 사후관리: 부당한 사용 여부 점검 또는 정책자금 부실예방을 위해 대출기업에 관련 자료를 요청하거나 현장방문 조사를 실시

  ① 대출자금의 용도 외 사용 시 자금 조기회수, 융자대상 제외 등 제재 조치

② 재창업자금 등 일부 자금 대출기업에 대해서는 대출 후 1년간 사업계획 진행 상황 등 점검

2.4. 융자제한기업

① 휴·폐업 중인 기업

② 세금을 체납 중인 기업

③ 한국신용정보원의 「일반신용정보관리규약」에 따라 연체, 대위변제·대지급, 부도, 관련인, 금융질서문란, 회생·파산 등의 정보가 등록되어 있는 기업

④ 정책자금 융자제외 대상 업종(별표 1)을 영위하는 기업

〈융자제외 업종 운용기준〉

· 사행산업 등 국민 정서상 지원이 부적절한 업종(도박·사치·향락, 건강 유해, 부동산 투기 등)
· 정부 등 공공 부문에서 직·간접적으로 운영·지원하는 업종(철도 등 운송, 도로 및 관련 시설 운영업 등)
· 고소득 및 자금조달이 상대적으로 용이한 업종(법무·세무·보건 등 전문서비스, 금융 및 보험업 등)

---

⑤ 「소상공인 보호 및 지원에 관한 법률」에 따른 소상공인

* 소상공인 기준: 광업·제조업·건설업·운수업은 상시근로자 수 10명 미만, 그 밖의 업종은 상시근로자 수 5명 미만

** 단, 제조업 또는 중점지원 분야를 영위하는 기업 등은 소상공인 지원 가능

⑥ 다음에 해당하는 사유로 정책자금 융자신청이 제한된 기업

· 최근 3년 이내 정책자금 제3자 부당 개입 등 허위·부정한 방법으로 융자신청
· 최근 3년 이내 사업장 임대 등 정책자금 지원시설의 목적 외 사용
· 최근 1년 이내 약속어음 감축특약 미이행

---

⑦ 최근 3년 이내 중소벤처기업부 소관 정부 연구개발비의 위법 또는 부당한 사용으로 지원금 환수 등 제재조치 된 기업

⑧ 임직원의 자금횡령 등 기업경영과 관련하여 사회적 물의를 일으킨 기업

⑨ 업종별 융자제한 부채비율(별표 5)을 초과하는 기업

〈적용 예외〉

· 업력 7년 미만 기업
· 「소득세법」 및 동법시행령에 의한 일정규모 미만의 간편장부 대상 사업자
· 「중소기업협동조합법」상의 협동조합
· 최근 결산연도 유형자산 증가율이 동업종 평균의 2배를 초과하는 중소기업의 시설투자금액, 매출액 대비 R&D 투자 비율이 1.5% 이상인 기업의 R&D 투자금액 등은 융자제한 부채비율 산정 시 제외

---

⑩ 중진공 지정 부실징후기업 또는 업력 5년 초과 기업 중 다음에 해당하는 한계기업

· 2년 연속 적자기업 중 자기자본 전액 잠식 기업
· 3년 연속 '이자보상배(비)율 1.0 미만'이고, 3년 연속 '영업활동 현금흐름이(-)'인 기업
  (단, 최근 결산연도 유형자산과 R&D투자금액이 모두 전년도 대비 2.5% 이상 증가한 기업은 예외)
· 중진공 신용위험등급 최하위 등급(재창업자금은 신청 가능)

---

⑪ 기업심사에서 탈락한 기업으로 6개월이 경과하지 아니한 기업

〈적용 예외〉

· 신청 연도가 다른 경우
· 실질 기업주 변경 등 기업 경영상 중대한 변동이 있는 경우(추가 1회에 한함)
· 다른 자금 평가탈락 후 재도약지원자금 또는 긴급 경영안정자금을 신청하는 경우
· 투융자심의위원회 및 스케일업 금융 선정심사에서 탈락 후 다른 자금을 신청하는 경우

---

⑫ 다음에 해당하는 우량기업

＊ 단, 소재·부품·장비 강소기업 100·스타트업 100·경쟁력위원회 추천기업은 예외적으로 지원가능

· 유가증권시장 상장기업, 코스닥시장 상장기업, 「자본시장법」에 의한 신용평가회사의 BB등급 이상 기업
  ＊ 단, 코스닥 기술특례상장기업은 상장 후 3년까지 예외
· 중진공 신용위험등급 최상위 등급(CR1)
  ＊ 단, 업력 3년 미만 기업, 최근 결산연도 자산총계 10억원 미만의 소자산기업, 「중소기업협동조합법」상의 협동조합은 예외
· 최근 재무제표 기준 자본총계 200억원 또는 자산총계 700억원 초과 기업
  ＊ 수출향상기업(최근 1년간 직수출실적 50만 불 이상이며 20% 이상 증가) 또는 최근 1년간 10인 이상 고용창출 기업은 예외

---

⑬ 정부, 지자체 등의 정책자금 융자, 보증, R&D 보조금 등 지원실적이 최근 5년간 100억원(누적)을 초과하는 기업(지원실적: 중소기업지원사업 통합관리시스템(http://sims.go.kr))

> **〈적용 예외〉**
>
> · (신규지원 및 과거 실적산정 예외) 신시장진출지원자금, 신성장기반자금, 투융자복합금융, 재도약지원자금, 긴급경영안정자금
> · (과거 실적산정 예외) 보증서부 정책자금 융자지원의 보증실적과 매출채권보험

* 소재 · 부품 · 장비 강소기업 100 · 스타트업 100 · 경쟁력위원회 추천기업은 지원 가능

⑭ 중진공 정책자금 누적지원 금액이 운전자금 기준으로 25억원을 초과하는 기업

* '18.1.2일 이후 신청 · 접수한 자금에 한하여 적용(단, 긴급경영안정자금, 투융자복합금융은 산정 예외)

⑮ 최근 5년 이내 정책자금을 3회 이상 지원받은 기업

> **〈적용 예외〉**
>
> · (신규지원 및 과거 실적산정 예외) 긴급경영안정자금, 투융자복합금융, 시설자금, 브랜드K 인증기업, 소재 · 부품 · 장비 강소기업 100 · 스타트업 100 · 경쟁력위원회 추천기업, BIG3 혁신성장 지원기업은 지원 가능

2.5. 정책자금 신청 · 접수 및 문의처

– 중소기업 통합콜센터(전국 어디서나 국번 없이 ☎ 1357) 또는 정책자금 안내 콜센터(☎ 1811-3655)

【중소벤처기업진흥공단 지역본(지)부 소재지】

지역본(지)부		주소	청년 창업센터	재도전종합 지원센터
수 도 권	서울지역본부	서울 금천구 가산디지털1로 181 가산W센터 413호	○	○
	서울동남부지부	서울 서초구 서초대로 45길 16 VR빌딩 1층	○	○
	서울북부지부	서울 중구 무교로 21 더익스체인지서울 빌딩 5층		

지역본(지)부		주소	청년 창업센터	재도전종합 지원센터
수도권	인천지역본부	인천 연수구 갯벌로 12 갯벌타워 14층	○	○
	인천서부지부	인천 서구 정서진로 410 환경산업연구단지 본부동 301호		
	경기지역본부	경기 수원시 영통구 광교로 107 경제과학진흥원 11층	○	○
	경기동부지부	경기 성남시 분당구 양현로 322 코리아디자인센터 2층		
	경기서부지부	경기 안산시 단원구 광덕대로 243, 신용보증기금 빌딩 1층		
	경기남부지부	경기 화성시 봉담읍 동화길 51 원희캐슬봉담 4층 431–434호		
	경기북부지부	경기 고양시 일산동구 일산로 138 일산테크노타운 관리동 102호	○	○
강원	강원지역본부	강원 춘천시 중앙로 54 우리은행빌딩 5층	○	○
	강원영동지부	강원 강릉시 강릉대로 33 강릉시청 15층		
충청	대전지역본부	대전 서구 청사로 136 대전무역회관 15층	○	○
	세종지역본부신설	대전 서구 청사로 136 대전무역회관 15층 (*추후 별도 공지)	○	○
	충남지역본부	충남 천안시 서북구 광장로 215 충남경제종합지원센터 4층	○	○
	충북지역본부	충북 청주시 흥덕구 풍산로 50 중소기업종합지원센터 4층	○	○
	충북북부지부	충북 충주시 번영대로 200 2층		
전라	전북지역본부	전북 전주시 완산구 홍산로 276 전주상공회의소 4층	○	○
	전북서부지부	전북 군산시 대학로 331 한화생명 4층		
	광주지역본부	광주 서구 상무중앙로84(차평동) 상무트윈스빌딩 6층	○	○
	전남지역본부	전남 무안군 삼향읍 오룡3길 2 중소기업종합지원센터 4층	○	○
	전남동부지부	전남 순천시 장명로 18, 순천상공회의소 3층		
경상	대구지역본부	대구 북구 엑스코로 10 대구전시컨벤션센터 4층	○	○
	경북지역본부	경북 구미시 이계북로 7 경북경제진흥원 5층	○	○
	경북동부지부	경북 포항시 남구 지곡로 394 포항테크노파크 1층		
	경북남부지부	경북 경산시 삼풍로 27 경북테크노파크 본부동 501호		
	부산지역본부	부산 사상구 학감대로 257 보생빌딩 에이동1층	○	○
	부산동부지부	부산 해운대구 센텀동로 99 벽산e–센텀클래스원 201~202호		
	울산지역본부	울산 남구 삼산로 274 W–Center 14층	○	○
	경남지역본부	경남 창원시 의창구 원이대로 362 창원컨벤션센터 3층	○	○
	경남동부지부	경남 김해시 주촌면 골든루트로 80–16 중소기업비즈니스센터 4층		
	경남서부지부	경남 진주시 영천강로 167 이노휴먼씨티 6층		
제주	제주지역본부	제주 제주시 연삼로 473 제주중소기업종합지원센터 3층	○	○

【중소벤처기업진흥공단 지역본(지)부의 관할구역】

지역본(지)부		관할구역
수도권	서울지역본부	양천구, 강서구, 관악구, 구로구, 금천구, 동작구, 영등포구
	서울동남부지부	서초구, 강남구, 강동구, 광진구, 성동구, 송파구
	서울북부지부	강북구, 노원구, 도봉구, 동대문구, 서대문구, 성북구, 은평구, 종로구, 중구, 중랑구, 마포구, 용산구, 성동구
	인천지역본부	연수구, 계양구, 남동구, 부평구, 부천시
	인천서부지부	서구, 동구, 미추홀구, 중구, 강화군, 옹진군, 김포시
	경기지역본부	수원시, 안성시, 용인시, 과천시, 안양시, 의왕시, 군포시
	경기동부지부	광주시, 구리시, 남양주시, 성남시, 이천시, 하남시, 가평군, 양평군, 여주시
	경기서부지부	시흥시, 광명시, 안산시, 화성시(송산면, 서신면, 마도면, 남양읍, 비봉면)
	경기남부지부	화성시, 평택시, 오산시
	경기북부지부	고양시, 동두천시, 양주시, 의정부시, 파주시, 포천시, 연천군, 김포시, 부천시
강원	강원지역본부	춘천시, 원주시, 양구군, 영월군, 인제군, 정선군, 철원군, 평창군, 홍천군, 화천군, 횡성군, 가평군
	강원영동지부	강릉시, 동해시, 삼척시, 속초시, 태백시, 고성군, 양양군, 평창군, 정선군
충청	대전지역본부	대전시, 계룡시, 논산시, 금산군, 옥천군, 영동군
	세종지역본부	세종시, 공주시, 청양군, 보령시, 부여군, 서천군
	충남지역본부	천안시, 서산시, 아산시, 당진시, 예산군, 태안군, 홍성군
	충청지역본부	청주시, 보은군, 영동군, 옥천군, 진천군, 증평군, 음성군
	충북북부지부	충주시, 제천시, 괴산군, 단양군, 음성군
전라	전북지역본부	전주시, 남원시, 무주군, 순창군, 완주군, 임실군, 장수군, 진안군, 정읍시, 익산시, 김제시
	전북서부지부	군산시, 고창군, 부안군, 서천군, 익산시
	광주지역본부	광주시, 나주시, 담양군, 영광군, 장성군, 함평군, 화순군
	전남지역본부	무안군, 목포시, 강진군, 신안군, 영암군, 완도군, 진도군, 해남군, 영광군, 함평군, 나주시, 장흥군
	전남동부지부	순천시, 광양시, 여수시, 고흥군, 곡성군, 구례군, 보성군, 장흥군
경상	대구지역본부	대구시, 고령군
	경북지역본부	구미시, 김천시, 문경시, 상주시, 안동시, 영주시, 고령군, 군위군, 봉화군, 성주군, 예천군, 의성군, 칠곡군
	경북동부지부	포항시, 경주시, 영덕군, 영양군, 울릉군, 울진군, 청송군
	경북남부지부	경산시, 영천시, 청도군
	부산지역본부	사상구, 강서구, 동구, 부산진구, 북구, 사하구, 서구, 영도구, 중구
	부산동부지부	해운대구, 금정구, 남구, 동래구, 수영구, 연제구, 기장군
	울산지역본부	울산시, 경주시(외동읍, 내남면, 산내면), 양산시

지역본(지)부		관할구역
경상	경남지역본부	창원시, 의령군, 함안군, 창녕군
	경남동부지부	김해시, 밀양시, 양산시
	경남서부지부	진주시, 거제시, 사천시, 통영시, 거창군, 고성군, 남해군, 산청군, 하동군, 함양군, 합천군
제주	제주지역본부	제주시, 서귀포시

3 사업별 정책자금 융자계획

구분	업력	지원사업(자금)	신청대상	대출금리 (기준금리±@)	대출기간 (거치기간)	대출한도 (억원)
시설	7년 미만	창업기반지원	전체 중소기업	△0.6%p	10년(4)	60
		일자리창출촉진	일자리창출, 인재육성기업 등	△0.7%p	10년(4)	60
		재창업	재창업(준비) 기업으로 성실 경영평가 통과기업	△0.3%p	10년(4)	60
	7년 이상	혁신성장지원	전체 중소기업	+0.2%p	10년(4)	60
	무관	개발기술사업화	특허, 정부 R&D 등 보유 기술사업화 추진기업	△0.3%p	10년(4)	30
		제조현장스마트화	스마트공장 도입 추진기업 등	△0.3%p	10년(4)	100
		Net-Zero유망기업	탄소중립 기술사업화 기업	+0.2%p	10년(4)	60
		수출기업글로벌화	수출유망기업 (수출10만 불 이상)	△0.3%p	10년(4)	20
		사업전환 (업력 3년 이상)	사업전환계획 승인 (5년 이내)기업	△0.3%p	10년(4)	100
		구조개선전용 (선제적 자율구조개선)	은행 추천, 정책금융기관 지정 경영애로 기업 등	2.5%(고정)	10년(4)	60
		성장공유형	기업공개(IPO) 가능성이 높은 중소기업	표면금리(0.5%) *업력(3년↓)기업: 0.25% 만기보장금리(3.0%)	5년(2) *업력(7년↓) 기업:7년(4)	60

구분	업력	지원사업(자금)	신청대상	대출금리 (기준금리±@)	대출기간 (거치기간)	대출한도 (억원)
운전	7년 미만	창업기반지원	전체 중소기업	△0.3%p	5년(2)	5
		일자리창출촉진	일자리창출, 인재육성기업 등	△0.4%p	5년(2)	5
		재창업	재창업(준비) 기업으로 성실 경영평가 통과기업	기준금리	6년(3)	5
	7년 이상	**혁신성장지원***	전체 중소기업	+0.5%p	5년(2)	5
	무관	개발기술사업화	특허, 정부 R&D 등 보유기술사업화 추진기업	기준금리	5년(2)	5
		제조현장스마트화*	스마트공장 도입 추진기업 등	기준금리	5년(2)	10
		Net−Zero유망기업*	탄소중립 기술사업화 기업	+0.5%p	5년(2)	5
		내수기업수출기업화	내수 · 수출초보기업 (수출10만 불 미만)	기준금리	5년(2)	5
		수출기업글로벌화	수출유망기업 (수출10만 불 이상)	기준금리	5년(2)	10
		긴급경영안정	일시적 경영애로 기업	+0.5%p	5년(2)	10
			자연재해, 사회재난 피해기업	1.9%(고정)		
		사업전환 (업력 3년 이상)	사업전환계획 승인 (5년 이내)기업	기준금리	6년(3)	5
		구조 개선 전용 / 일반	은행 추천, 정책금융기관지정 경영애로 기업 등	기준금리	5년(2)	10
		선제적 자율 구조개선		2.5%(고정)		
		성장공유형	기업공개(IPO) 가능성이 높은 중소기업	표면금리(0.5%) *업력(3년↓)기업: 0.25% 만기보장금리(3.0%)	5년(2) *업력(7년↓) 기업:7년(4)	60

* 운전자금 중 (*) 표기자금은 시설도입 초기 시설가동비(시운전자금)로, 순수 운전자금 용도로 대출 불가

1. 혁신창업사업화자금

혁신창업사업화자금 융자사업은 기술력과 사업성은 우수하나 자금이 부족한 중소 · 벤처기업의 창업을 활성화하고 고용창출을 도모하는 데 사업 목적이 있다.

1.1. 창업기반지원자금

- 지원대상: 업력 7년 미만인 중소기업 또는 중소기업을 창업하는 자

* 대표자가 대기업·중견기업·정부출연연구소 경력 보유자 및 기술사, 이공계 석·박사 학위를 보유한 중소기업 포함(시니어 기술창업)

* 비대면 분야를 영위하는 중소기업 포함

　① 「중소기업창업지원법」 제2조에 따른 창업자에 한함

　② 업력은 사업개시일로부터 정책자금 융자신청서 제출일까지의 기간으로 산정

　③ 창업기반 지원자금 內 다음 지원대상을 위한 자금 별도 운용

- 융자 조건

① 창업기반지원자금(일반)

구분	융자 조건
대출한도	· 연간 60억원 이내(운전자금은 연간 5억원 이내)
대출기간	· (시설자금) 10년 이내(거치기간: 담보 4년 이내, 신용 3년 이내) · (운전자금) 5년 이내(거치기간: 2년 이내)
대출금리	· 정책자금 기준금리(변동) − 0.3%p
대출방식	· 직접대출, 대리대출
기타	· 사업별 대출한도 우대기준을 충족하는 기업은 대출한도 우대 가능

② 창업기반지원자금(청년전용창업자금)

구분	융자 조건
대출한도	· 연간 1억원 이내 · (제조업 및 지역특화주력산업은 2억원 이내)
대출기간	· (시설자금) 10년 이내(거치기간: 담보 4년 이내, 신용 3년 이내) · (운전자금) 6년 이내(거치기간: 3년 이내)
대출금리	· 2.0%(고정)
대출방식	· 직접대출
기타	· 자금신청·접수와 함께 교육·멘토링 실시 및 사업계획서 등에 대한 평가를 통해 융자 결정 후 대출

* 청년: 대표자가 만 39세 이하로서, 업력 3년 미만인 중소기업 또는 중소기업을 창업하는 자

1.2. 개발기술사업화자금

- 지원대상

① 다음에 해당하는 기술을 사업화하고자 하는 중소기업

 * 단, 제품 양산 후 3년이 경과한 기술은 제외

> ① 중소벤처기업부, 산업통상자원부 등 정부 또는 지자체 출연 연구개발사업에 참여하여 기술개발에 성공(완료)한 기술
> ② 특허, 실용신안 또는 저작권 등록 기술
> ③ 정부 및 정부 공인기관이 인증한 기술
> * 신기술(NET), 전력신기술, 건설신기술, 녹색기술인증, 공공기관 통합기술마켓 인증 등
> ④ 국내외의 대학, 연구기관, 기업, 기술거래기관 등으로부터 이전 받은 기술
> ⑤ 「기술의 이전 및 사업화 촉진에 관한 법률」에 따른 기술평가기관으로부터 기술평가인증을 받은 기술
> ⑥ 공인 기업부설연구소 및 연구개발전담부서 보유 기업이 개발한 기술
> ⑦ 중소벤처기업부가 인가한 기관과 기술자료 임치계약을 체결한 기술
> ⑧ 특허청의 IP-R&D 전략지원 사업에 참여하여 개발을 완료한 기술
> ⑨ Inno-Biz, Main-Biz, 벤처기업, 지식재산경영인증 기업 보유기업의 자체 기술
> ⑩ 크라우드펀딩 투자 유치 기업(1억원 이상)의 자체 기술
> ⑪ 혁신제품 지정증서 보유기업이 개발한 기술
> ⑫ 대스타 해결사 플랫폼 최종 선정 창업기업 선정기술

- 융자 조건

구분	융자 조건
대출한도	· 연간 30억원 이내(운전자금 연간 5억원 이내)
대출기간	· (시설자금) 10년 이내(거치기간: 담보 4년 이내, 신용 3년 이내) · (운전자금) 5년 이내(거치기간: 2년 이내)
대출금리	· 정책자금 기준금리(변동)
대출방식	· 직접대출

2. 신시장진출지원자금

 신시장진출지원자금은 중소기업이 보유한 우수 기술·제품의 글로벌화 촉진 및 수출인프라 조성에 필요한 자금을 지원하여 수출 중소기업을 육성하는 데 사업 목적이 있다.

2.1. 내수기업수출기업화

- 지원대상: 다음 유형에 해당하는 수출실적 10만 불 미만(최근 1년) 중소기업

> · 수출 초보 기업: 1불~10만 불 미만의 수출실적이 있는 기업
> · 디지털수출기업화: 전자상거래를 활용한 생산품(용역 · 서비스 포함) 수출 실적보유(준비 중 포함) 또는
>   중기부 '전자상거래활용사업'에 참여 중인 중소기업
> · 브랜드K 인증기업: '브랜드K' 인증을 받은 기업(중기부 인증)
> · 수출지원사업 참여기업: 기타 정부 및 지자체 수출지원사업 참여기업(사업기간 또는 사업종료 후 1년 이
>   내) 및 수출 관련 지정제도 선정기업(유효기간 이내)
> · 기술수출 중소기업: 기술수출 실적*을 보유(협약 · 계약 포함**)한 중소기업
>
>   * 특허, 상표, 디자인, 노하우, 기술서비스, R&D 등 무형자산 판매 등
>   ** 기술수출 관련 협약 또는 계약을 체결한 경우

*「소상공인 보호 및 지원에 관한 법률」에 따른 소상공인도 지원대상에 포함

- 융자 조건

구분	융자 조건
대출한도	· 운전자금: 연간 5억원 이내
대출기간	· 운전자금: 5년 이내(거치기간 2년 이내)
대출금리	· 정책자금 기준금리(변동)
대출방식	· 직접대출
기타	· 해상운임 상승 등에 따른 물류비 지원 용도로 운전자금 지원 가능

2.2. 수출기업글로벌화

- 지원대상: 다음 유형에 해당하는 수출실적 10만 불 이상 중소기업

> · 수출 유망기업: 최근 1년간 10만 불 이상의 수출실적 보유기업
> · 신산업 영위기업: 백신 · 바이오, 반도체 등 혁신성장 분야 중소기업
>   * 혁신성장 분야 [참고 1]
> · 기술수출 중소기업: 기술수출 실적*을 보유(협약 · 계약 포함**)한 중소기업
>
>   * 특허, 상표, 디자인, 노하우, 기술서비스, R&D 등 무형자산 판매 등
>   ** 기술수출 관련 협약 또는 계약을 체결한 경우

*「소상공인 보호 및 지원에 관한 법률」에 따른 소상공인도 지원대상에 포함

- 융자 조건

구분	융자 조건
대출한도	· 연간 20억원 이내(운전자금은 연간 10억원 이내)
대출기간	· 시설자금: 10년 이내(거치기간: 담보 4년 이내, 신용 3년 이내) · 운전자금: 5년 이내(거치기간: 2년 이내)
대출금리	· 정책자금 기준금리(변동)
대출방식	· 직접대출
기타	· 브랜드K 인증기업의 시설자금 대출한도는 연간 30억원 이내 · 사업장 건축(토지구입, 건축), 사업장 매입 용도의 시설자금 지원 불가 · 해상운임 상승 등에 따른 물류비 지원 용도로 운전자금 지원 가능

3. 신성장기반자금

신성장기반자금은 사업성과 기술성이 우수한 성장유망 중소기업의 생산성 향상, 고부가가치화 등 경쟁력 강화에 필요한 자금을 지원하여 성장동력을 창출하는 데 사업 목적이 있다.

3.1. 혁신성장지원자금

- 지원대상

① 업력 7년 이상 중소기업(한중 FTA 관련 지원업종을 영위하는 중소기업 포함)

② 혁신성장지원자금 內 다음 지원대상을 위한 자금 별도 운용

- 융자 조건

① 혁신성장지원

구분	융자 조건
대출한도	· 연간 60억원 이내(운전자금은 연간 5억원 이내)
대출기간	· 시설자금: 10년 이내(거치기간: 담보 4년 이내, 신용 3년 이내) · 운전자금: 5년 이내(거치기간: 2년 이내)
대출금리	· 정책자금 기준금리(변동) + 0.5%p
대출방식	· 직접대출, 대리대출

구분	융자 조건
기타	· 운전자금은 동 자금의 시설자금을 대출받은 기업 중 시설 도입 후 소요되는 초기 가동비만 지원(시설자금의 50% 이내) · 사업별 대출한도 우대기준에 해당하는 기업은 대출한도 우대 가능 · 중소기업 ESG 인식확산을 위한 ESG 자가 진단 실시(기업 수행)

② 협동화

구분	융자 조건
대출한도	· 연간 100억원 이내 (운전자금은 연간 15억원 이내)
대출기간	· 시설자금: 10년 이내(거치기간: 5년 이내) · 운전자금: 5년 이내(거치기간: 2년 이내)
대출금리	· 정책자금 기준금리(변동)
대출방식	· 직접대출, 대리대출
기타	· 토지구입비 지원 시 건축허가 조건 예외 적용 · 부지 조성공사 용도의 시설자금 지원 가능

* 협동화: 3개 이상의 중소기업이 규합하여 협동화실천계획의 승인을 얻은 자 또는 2개 이상의 중소기업이 규합하여 협업사업계획의 승인을 얻은 자(업력 제한 없음)
 - '융자제외 대상업종' 中 산업단체(KSIC 94110)는 지원대상에 포함
 - 〈2.공통사항〉2.4.융자제한기업⑨항(부채비율 초과기업) 적용 제외

- 기타

① 법인전환 등으로 최초 창업한 기업의 사업개시일로부터 업력 7년 이상인 기업은 '혁신성장지원자금'으로 융자

② '혁신성장지원자금' 지원 시 아래에 해당하는 기업은 시설자금과 별도로 제품생산, 시장개척용도 등의 운전자금 지원 가능

---

① 지식서비스산업
② 사회적경제기업
③ 소재 · 부품 · 장비 강소기업 100 · 스타트업 100
④ 경쟁력위원회 추천기업
⑤ 국토교통부 인증 우수 물류기업
⑥ 사업전환 성공기업(판정일로부터 3년 이내)

---

* 혁신성장지원자금은 운전자금 별도 지원 불가

③ 국가핵심기술 보유 중소기업의 대출금리는 정책자금 기준금리(변동) 적용

3.2. 스케일업금융

- 지원대상: 혁신성장 잠재력 및 기반을 갖춘 기업으로 회사채 발행을 통해 자금을 조달하고자 하는 기업

【스케일업금융(P-CBO) 발행구조】

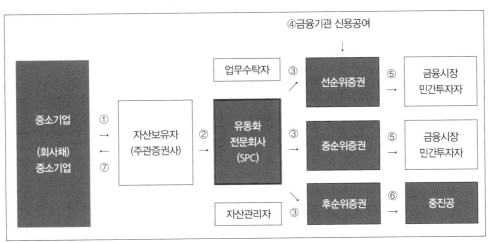

- 중소기업이 발행하는 회사채를 유동화전문회사(SPC)가 인수한 후, 이를 기초자산으로 유동화증권(선순위, 중순위, 후순위)을 발행

 * 스케일업금융 지원대상, 조건, 방식, 절차 등은 별도 공고 예정(3월)

3.3. Net-Zero 유망기업 지원

- 지원대상: 다음 요건에 해당하는 그린기술 사업화 및 저탄소 · 친환경 제조로 전환을 추진 중인 중소기업

> · 신재생에너지, 탄소저감 등 그린 분야(참고2) 영위기업 또는 기술 사업화 기업
> · 원부자재 등을 친환경 소재로 전환하는 기업
> · 오염물질 저감 설비, 저탄소 · 에너지 효율화 · 환경오염방지 설비 등 도입 기업
> · 중소기업 혁신바우처 사업의 탄소중립 경영혁신 컨설팅 선정기업
> · 탄소중립형 스마트공장 지원사업 협약기업

- 융자 조건

구분	융자 조건
대출한도	· 연간 60억원 이내(운전자금은 연간 5억원 이내)
대출기간	· 시설자금: 10년 이내(거치기간: 담보 4년 이내, 신용 3년 이내) · 운전자금: 5년 이내(거치기간: 2년 이내)
대출금리	· 정책자금 기준금리(변동) + 0.5%p
대출방식	· 직접대출, 대리대출
기타	· 별표 3(사업별 대출한도 우대기준)에 해당하는 기업은 대출한도 우대 가능 · 운전자금은 동 자금의 시설자금을 대출받은 기업 중 시설 도입 후 소요되는 초기 가동비만 지원(시설자금의 50% 이내) · 중소기업 ESG 인식확산을 위한 ESG 자가진단 실시(기업 수행) · 탄소중립 수준 진단 실시(진단요건에 해당할 경우 필수, 중진공 수행)

3.4. 제조현장스마트화

- 지원대상: 다음 요건에 해당하는 중소기업

> · 스마트공장 추진기업 중 '스마트공장 보급사업' 등 참여기업*
> (* 스마트공장 보급사업 및 생산현장디지털화 사업 등)
> · 4차 산업혁명 관련 신산업 · 신기술 영위기업
> · ICT기반 생산 효율화를 위한 자동화 시설 도입기업

* 국내 복귀기업은 〈2.공통사항〉라.융자제한기업⑨항(부채비율 초과기업) 적용 제외

- 융자 조건

구분	융자 조건
대출한도	· 연간 100억원 이내(운전자금은 연간 10억원 이내)
대출기간	· 시설자금: 10년 이내(거치기간: 담보 4년 이내, 신용 3년 이내) · 운전자금: 5년 이내(거치기간: 2년 이내)
대출금리	· 정책자금 기준금리(변동)
대출방식	· 직접대출, 대리대출
기타	· 운전자금은 동 자금의 시설자금을 대출받은 기업 중 시설 도입 후 소요되는 초기 가동비만 지원(시설자금의 50% 이내) · 중소기업 ESG 인식확산을 위한 ESG 자가 진단 실시(기업 수행)

4. 재도약지원자금

재도약지원자금은 사업전환, 구조조정, 재창업 지원을 통해 재도약과 경영 정상화를 위한 사회적 기반을 조성하는 데 사업 목적이 있다.

4.1. 사업전환자금

- 지원대상: 「중소기업 사업전환 촉진에 관한 특별법」에 의한 '사업전환계획'을 승인받은 중소기업으로, 사업전환계획 승인일로부터 5년 미만(신청일 기준)인 기업

【사업전환자금 주요 내용】

구분	내용
사업재편	· 「기업 활력 제고를 위한 특별법」에 의한 '사업재편계획'을 승인받은 중소기업으로 승인일로부터 5년 미만(신청·접수일 기준)인 기업 * 〈2.공통사항〉라.융자제한기업②항(세금체납기업), ⑨항(부채비율 초과기업), ⑫항(우량기업) 적용을 예외로 하며, 단 ②항(세금체납기업) 예외적용의 경우에도 압류·매각의 유예에 한함
무역조정	· 「자유무역협정체결에 따른 무역조정지원에 관한 법률」에 의한 '무역조정지원기업'으로 지정된 중소기업으로 지정일로부터 3년 미만(신청·접수일 기준)인 기업 * 〈2.공통사항〉2.4.융자제한기업⑨항(부채비율 초과 기업), ⑩항(한계기업), ⑫항(우량기업) 적용에서 제외
산업경쟁력강화	· 사업전환계획 승인기업의 한중FTA 지원업종 영위기업

- 융자 조건: 사업전환자금(사업재편, 산업경쟁력강화 포함)

구분	융자 조건
대출한도	· 연간 100억원 이내(운전자금은 연간 5억원 이내)
대출기간	· 시설자금: 10년 이내(거치기간: 담보 5년 이내, 신용 4년 이내) · 운전자금: 6년 이내(거치기간: 3년 이내)
대출금리	· 정책자금 기준금리(변동)
대출방식	· 직접대출, 대리대출
기타	· 〈별표 3〉(사업별 대출한도 우대기준)에 해당하는 기업은 대출한도 우대 가능

- 무역조정

구분	융자 조건
대출한도	· 연간 60억원 이내(운전자금은 연간 5억원 이내)
대출기간	· 시설자금: 10년 이내(거치기간: 담보 5년 이내, 신용 4년 이내) · 운전자금: 6년 이내(거치기간: 3년 이내)
대출금리	· 2.0%(고정)
대출방식	· 직접대출, 대리대출
기타	· 〈별표 3〉(사업별 대출한도 우대기준)에 해당하는 기업은 대출한도 우대가능

4.2. 구조개선전용자금

- 지원대상: 다음 ①~⑦ 유형에 해당하는 기업

* 〈2.공통사항〉2.4.융자제한기업②항(세금체납기업), ③항(신용정보관리대상기업), ⑨항(부채비율
  초과기업), ⑩항(한계기업) 적용예외로 하며, ②항(세금체납기업) 예외적용 경우에도 압류·
  매각의 유예에 한함. ③항(신용정보관리대상기업) 적용 예외의 경우에도 금융질서문란 기
  업은 융자제한

① 은행권 추천 경영애로 기업 중 아래 중 한 가지에 해당되는 기업

> · 은행의 기업신용위험평가 결과 경영정상화 가능 기업(A,B,C 등급)
> · 은행 자체 프로그램에 의한 워크아웃 추진기업으로 워크아웃계획 정상이행 중인 경우
> · 자산건전성 분류 기준 '요주의' 등급 이하
> · 3년 연속 영업현금흐름(-)
> · 3년 연속 이자보상배(비)율 1 미만

② 정책금융기관(중진공, 신보, 기보)이 지정한 부실징후기업

③ 채권은행협의회 운영협약 또는 기업구조조정 촉진법에 의한 워크아웃 추진기업으로
  워크아웃계획을 정상 이행 중인 경우

④ 「채무자 회생 및 파산에 관한 법률」에 따라 회생계획인가 및 회생절차종결 후 3년 이내
  기업으로 회생계획을 정상 이행 중인 경우(단, 회생인가 또는 종결 당시 법원에서 승인한 회생계획)

⑤ 진로 제시 컨설팅 결과 '구조개선' 대상으로 판정된 기업

⑥ 다음 세 가지 기업 중 하나에 해당되어 한국자산관리공사(캠코)에서 금융지원을 추천

　한 기업(패키지형 회생기업 금융지원 참여기업, Sales & LeaseBack 참여(선정)기업, 국세 물납 법인)

⑦ '선제적 자율구조개선프로그램'에서 지원을 결정한 기업

선제적 자율구조개선프로그램 개요
· 중진공 및 협력은행 대출금 잔액을 보유한 부실징후기업을 대상으로 신규대출, 만기연장, 금리인하 등 협력은행과 연계한 금융지원   * 상담 · 접수 → 진단 · 평가 → 경영개선계획 수립 → 지원방식 결정 → 금융지원

- 융자 조건

구분		융자 조건	
		일반 구조개선전용자금* (캠코 협업 금융지원)	선제적 자율구조개선프로그램
대출한도	시설	–	연간 60억원 이내
	운전	3년간 10억원 이내	
대출기간	시설	–	10년 이내 (거치기간: 담보 4년 이내, 신용 3년 이내)
	운전	5년 이내(거치기간: 2년 이내)	
대출금리		정책자금 기준금리(변동)	2.5%(고정)
대출방식		직접대출	

* 회생계획 인가 기업 중 무리한 회생인가 조건으로 어려움을 겪는 기업의 경우 회생채무 상환 용도의 운전자금 지원 가능

4.3. 재창업자금

- 지원대상: 사업실패로 저신용 상태 혹은 한국신용정보원의 '일반신용정보관리규약'에

　따라 공공정보*가 등록되어 있거나, 자금조달에 애로를 겪고 있는 기업인으로, 다음

　요건(①~③)을 모두 만족하는 자

* 공공정보는 파산면책결정, 회생인가, 신용회복확정, 채무조정확정에 한함 * 〈2.공통사항〉2.4.융자제한기업②항(세금체납기업), ③항(신용정보관리대상기업), ⑨항(부채비율초과기업) 적용예외로 하며, ②항(세금체납기업) 예외적용 경우에도 압류 · 매각의 유예에 한함. ③항(신용정보관리대상기업) 적용예외의 경우에도 개인기업의 파산면책결정, 회생인가, 신용회복확정, 채무조정확정에 한함 * 융자제외 대상업종 中 도매업 영위 소상공인 및 건설업을 지원대상에 포함

① 업력이 사업개시일로부터 7년 미만(신청·접수일 기준)인 중소기업 및 재창업을 준비 중인 자(설립 7년 미만 법인기업을 인수한 경우도 포함, 창업을 준비 중인 자의 경우, 재창업자금 지원결정 후 3개월 이내에 사업자등록이 가능할 것)

② 아래 재창업자 요건에 모두 해당하며 실패기업 폐업을 완료할 것

> · 현재 재창업기업의 대표(이사)로서, 과거 실패 개인기업의 대표이거나 실패 법인기업의 대표이사 또는 실질 기업주
> · 폐업한 실패기업의 업종이 '비영리업종, 사치향락업종, 음식숙박업, 상시 근로자 5인 미만 소매업, 금융 및 보험업, 부동산업, 공공행정, 국방 및 사회보장행정, 가구 내 고용 및 자가 소비·생산활동, 국제 및 외국기관'에 미해당
> · 폐업한 실패기업이 매출실적 보유(단, 재창업한 기업이 매출이 있거나 폐업기업 업력이 3년 이상인 경우는 예외)

③ 「중소기업창업지원법」에 따른 성실경영평가를 통과할 것(성실경영평가: 재창업지원자금 신청자가 재창업 전 기업을 분식회계, 고의 부도, 부당해고 등을 하지 않고 성실하게 경영했는지 등을 평가)

④ 재창업자금 內 다음 지원대상을 위한 자금 별도 운용

기술혁신형 재창업
· 중기부 재도전성공패키지사업 또는 TIPS-R 선정
· 정부의 R&D사업 선정
· 특허·실용신안을 보유하고 재창업 후 동 기술을 사업화 중이거나 사업화
· 재도전 Fund 투자유치
· 과기부 ICT 재창업 사업 선정
· 혁신선장 분야(참고 1) 영위
· 소재·부품·장비산업(참고 5) 영위

신용회복위원회 재창업지원
· 연체 등 정보가 등록된 신용 미회복자로 신용회복위원회의 신용회복과 재창업자금 동시 지원이 필요한 경우
* (지원방식) 신복위 접수 → 중진공·신보·기보 중 1기관이 평가 → 위원회심의 → 신보·기보 보증서발급 → 신용회복처리 후 중진공대출

- 융자 조건

구분	융자 조건
대출한도	· 연간 60억원 이내(운전자금은 연간 5억원 이내)
대출기간	· 시설자금: 10년 이내(거치기간: 4년 이내) · 운전자금: 6년 이내(거치기간: 3년 이내)

구분	융자 조건
대출금리	· 정책자금 기준금리(변동)
대출방식	· 직접대출, 대리대출
기타	· 업력 1년 미만 기업의 경우에는 역량평가와 초기재창업심의 위원회 평가를 합산한 결과로 융자 여부 결정 · 기술혁신형 재창업기업은 우선 접수하며 융자상환금조정형 대출로 신청 가능 · 융자상환금조정형은 대출한도 5억원 이내에서 직접대출로 운영 · 사업별 대출한도 우대기준에 해당하는 기업은 대출한도 우대 가능(융자상환금조정형 제외)

5. 긴급경영안정자금

긴급경영안정자금은 중소기업의 경영애로 해소 등 긴급한 자금소요를 지원하여 중소기업의 안정적인 경영기반을 조성하는 데 사업 목적이 있다.

5.1. 긴급경영안정자금(재해중소기업지원)

– 지원대상: 「재해 중소기업 지원지침(중소벤처기업부 고시)」에 따라 '자연재난' 및 '사회재난'으로 피해를 입은 중소기업

> * 시장·군수·구청장 또는 읍·면·동장이 발급한 「재해중소기업 확인증」 제출
> * 〈2.공통사항〉2.4.융자제한기업 ①항(휴·폐업기업), ②항(세금체납기업), ⑨항(부채비율초과기업) 적용 예외 (단, ①항(휴·폐업기업) 예외 적용의 경우 재해를 직접적인 원인으로 한 휴업, ②항(세금체납기업) 예외 적용의 경우 압류·매각의 유예에 한함)

– 융자 조건

구분	융자 조건
대출한도	· 운전자금: 피해금액 이내에서 최대 10억원(3년간 15억원 이내)
대출기간	· 운전자금: 5년 이내(거치기간: 2년 이내)
대출금리	· 1.9%(고정)
대출방식	· 직접대출
기타	· 운전자금의 용도는 직접 피해 복구에 소요되는 비용

5.2. 긴급경영안정자금(일시적 경영애로)

- 지원대상: 다음 '① 경영애로 사유'로 인해 일정 부분 이상 피해('② 경영애로 규모')를 입은 일시적 경영애로 기업 중 경영정상화 가능성이 큰 기업

① 경영애로 사유

> · 환율피해
> · 대형사고(화재 등)
> · 대기업 구조조정
> · 정부의 산업구조조정 대상업종(조선, 자동차, 해운, 철강, 석유화학) 관련 피해
> · 주요 거래처 도산 및 결제조건 악화
> · 기술유출 피해
> · 불공정거래행위, 기술침해, 외국기업 또는 대기업과의 특허분쟁에 따른 피해
> · 한 · 중 FTA 지원업종(피해)
> · 고용위기 또는 산업위기에 따른 애로
> · 화학안전 법령 이행
> · 코로나19 피해
> · 중소기업 특별지원지역 경영애로
> · 개성공단 입주 철수기업
> · 우크라이나 사태 피해기업
> · 원전 협력 중소기업
> · 기타 중소벤처기업부장관이 지원이 필요하다고 인정하는 사유

② 경영애로 규모: 매출액 또는 영업이익이 10% 이상 감소 기업, 대형사고(화재 등)로 피해규모가 1억원 이상인 기업

> **〈경영애로 규모 비교 시점〉**
> · 직전연도와 직전전연도
> · 직전반기와 직전전반기, 직전반기와 전년동반기
> · 직전분기와 직전전분기, 직전분기와 전년동분기
> · 신청전월과 전전월, 신청전월과 전년동월

> **〈단, 다음에 해당하는 기업의 경우 경영애로 규모 요건 적용 예외〉**
> · 고용위기 또는 산업위기지역 소재 중소기업
> · 조선업 관련 피해기업
> · 중소기업 특별지원지역 소재 중소기업
> · 우크라이나 사태 피해기업
> · 원전 협력 중소기업

③ 신청기한: 경영애로 피해 발생(피해 비교 가능 시점) 후 6개월 이내

 * 단, 정부의 산업구조조정대상 업종 관련 피해기업은 신청기한을 경영애로 피해 발생
   후 1년 이내로 우대

- 융자 조건

구분	융자 조건
대출한도	· 운전자금: 10억원 이내(3년간 15억원 이내)
대출기간	· 운전자금: 5년 이내(거치기간: 2년 이내)
대출금리	· 정책자금 기준금리(변동) + 0.5%p
대출방식	· 직접대출
기타	· 운전자금의 용도는 경영애로 해소 및 경영정상화에 소요되는 경비

〈별표1〉

중소기업 정책자금 융자제외 대상 업종

업종 분류	산업분류코드 (KSIC)	융자제외 업종
제조업	33402 中	불건전 영상게임기 제조업
	33409 中	도박게임장비 등 불건전 오락용품 제조업
건설업	41~42	건설업(단, 산업 생산시설 종합 건설업(41225), 환경설비 건설업(41224), 조경 건설업(41226), 배관 및 냉·난방 공사업(42201), 건물용 기계·장비 설치 공사업(42202), 방음, 방진 및 내화 공사업(42203), 소방시설 공사업(42204), 전기 및 통신공사업(423)은 지원가능 업종)
도매 및 소매업	46102 中	담배 중개업
	46331, 3	주류, 담배 도매업(단, 주류 중개업 면허보유 기업은 지원 가능)
	4722 中	주류, 담배 소매업
숙박 및 음식점업	5621	주점업
게임 소프트웨어 및 공급업	5821 中	불건전 게임소프트웨어 개발 및 공급업
정보서비스업	63999 中	블록체인 기반 암호화 자산매매 및 중개업(63999-1)
금융 및 보험업	64~66	금융 및 보험업(단, 정보통신기술을 활용한 핀테크 기업 중 그 외 기타 금융 지원 서비스업(66199)은 지원 가능)
부동산업	68	부동산업
전문서비스업	711~2	법무, 회계 및 세무 관련 서비스업
	7151	회사본부
수의업	731	수의업
공공행정, 국방 및 사회보장 행정	84	공공행정, 국방 및 사회보장 행정
교육서비스업	851~854	초·중·고등 교육기관 및 특수학교
	855~856 中	일반교과 및 입시 교육
보건업	86	보건업
예술, 스포츠 및 여가관련 서비스업	9124	갬블링 및 베팅업
협회 및 단체	94	협회 및 단체(단, 「중소기업 기본법」 제2조 중소기업자에 해당하는 경우 지원 가능)
가구 내 고용 및 자가소비 생산활동	97~98	가구 내 고용활동 및 별도로 분류되지 않는 자가소비 생산활동
국제 및 외국기관	99	국제 및 외국기관

* 「소상공인 보호 및 지원에 관한 법률」에 따른 소상공인은 융자 제외

□ **융자제외 업종 운용의 예외**

① 제조업 영위기업: 소상공인 지원 허용

② 중점지원 분야(참고 1~10) 영위기업: 소상공인 지원 허용

③ 사회적경제기업(사회적기업, 예비사회적기업, 협동조합, 마을기업, 자활기업)

> · 소상공인 지원 가능
> · 보건업(86) 영위기업도 정책자금 지원대상에 포함

④ 제주특별자치도 소재 기업: 다음 업종은 소상공인 지원 허용

> · 호텔업(55101) 중 관광숙박업, 기타 일반 및 생활 숙박시설 운영업(55109), 청소년 수련시설 운영업(85614), 자동차 임대업(76110), 유원지 및 테마파크 운영업(91210), 기타 오락장 운영업(91229), 수상오락 서비스업(9123), 산업용 세탁업(96911), 세탁물공급업(96913)

⑤ 다음의 6개 전문건설업종은 지원 허용('22.6월 限)

> · 파일공사 및 축조관련 기초 공사업(42123), 철골 및 관련 구조물 공사업(42131), 콘크리트 및 철근 공사업(42132), 비계 및 형틀 공사업(42137), 유리 및 창호 공사업(42420), 건물용 금속 공작물 설치 공사업(42492)

최대 대출한도(잔액) 우대기준

☐ **지방소재기업: 70억원**

☐ **사업별 우대: 100억원**

- · 협동화 · 협업사업 승인기업 지원자금   · 제조현장스마트화자금
- · 긴급경영안정자금   · 사업전환 및 사업재편 승인기업에 대한 사업전환자금

☐ **정부정책에 따른 우대 기업: 100억원**

- · 혁신성장지원자금 신청기업 중 소재 · 부품 · 장비 영위기업 및 혁신형 중소기업
- · 글로벌 백신 허브화 추진단에서 지정한 백신 · 원부자재 기업
- · 중기부 지역혁신 선도기업 선정기업
- · 대스타 해결사 플랫폼 최종 선정 창업기업
- · 납품단가 조정, 협력이익공유제 참여, 성과공유제 과제 확인서 발급기업, 상생결제 우수기업 최상위 등급 인증기업(우대기간 내) 등 상생협력 우수기업
- · 근로자 주거지원을 위한 기숙사 신축 또는 매입 기업(사업장 內 한함)
- · 고용창출 100대 기업 등 일자리창출 우수기업
- · 해외진출기업 국내복귀 지원법령에 의한 국내복귀기업
- · 지방중소기업특별지원지역 입주기업 및 지역특화발전특구 소재 중점지원 분야 영위기업
- · 소재 · 부품 · 장비 강소기업 100 · 스타트업 100 · 경쟁력위원회 추천기업
- · 최근 3년 이내 기술혁신대전 등 정부포상 수상기업
- · 공정거래위원회 선정 하도급 거래 모범업체(우대기간 내)

- · 공정위 소비자중심경영(CCM) 인증기업   · 글로벌 강소기업
- · 중기부 지정 인재육성형 중소기업   · 브랜드K 인증기업
- · 고용부인증 시간선택제 우수기업   · 국가핵심기술 보유 중소기업
- · 공동근로복지기금 참여기업   · 우수물류기업 인증기업
- · 안전보건경영 인증사업장   · 그린 분야(참고 2) 영위기업
- · 한류활용 수출전용 펀드 투자 유치기업   · 여성기업
- · BIG3 혁신성장 지원기업   · 사회적경제기업
- · 아기유니콘 200   · 국세청 선정 모범납세자(우대기간 내)

〈별표 3〉

사업별 대출한도(연간) 우대기준

□ **시설자금:** 기업별 '최대대출한도(잔액) 우대기준'과 동일

□ **운전자금: 10억원**

> · 수출향상기업(최근 1년간 직수출실적 50만 불 이상이며 20% 이상 증가)
> · 최근 1년간 10인 이상 고용창출 기업
> · 최근 1년간 10억원 이상 시설투자기업(금회 포함)
> · 약속어음 폐지 · 감축 기업
> · 여성기업
> · TIPS성공 졸업기업
> · 경영혁신마일리지와 관련하여 500마일리지 사용기업
> · BIG3 혁신성장 지원기업

<별표 4>

대출금리 우대 조건

☐ 대출금리 차감 및 우대

① 시설자금 대출기업: △0.3%p

② 정책우대, 포용금융, 성과창출 3개 분야로 구분하여 금리우대 목적에 최대 △0.4%p
금리인하 적용

정책우대 (최대△0.1%p)	포용금융 (최대△0.1%p)	성과창출 (최대△0.2%p)
· 소 · 부 · 장 강소기업 100 · 스타트업 100 · 경쟁력위원회 추천기업 · 일자리창출촉진자금	· 사회적경제기업 · 여성기업	· 고용증가 · 수출향상 · 탄소저감

* 성과창출 분야 성과측정 및 금리우대는 '23년부터 적용 예정

☐ 대출이자 환급(~'21년 대출기업 대상으로 적용)

① (고용성과 유형) 대출전월 대비, 대출 후 3개월 내 고용한 인원에 대해 1년 이상 고용을
유지할 시 1인당 최대 0.2%p 이자환급(단, 고용증가 인원 유지기간에 따라 이자환급률을 차등 적용
하며, 1년 유지 시 0.1%p, 2년 유지 시 0.1%p 추가 환급)

인원확인 기준월			환급금리
기존인원	고용창출	고용유지	
대출전월	대출월 포함 3개월	대출월 포함 1년	1인당 0.1%p 환급
		대출월 포함 2년	1인당 0.1%p 추가 환급

* 시설자금 지원기업은 3개월 내 추가고용이 없을 시, 6개월 내 고용실적 인정
** 고용창출 유형에 대한 추가환급은 旣환급기업 대상으로 진행(별도 신청 불필요)

② (수출성과 유형) 신시장진출지원자금 대출 후 수출성공 또는 수출향상 성과 발생 시,
0.3%p 이자환급

구분	대출 이전 12개월(대출월 제외)	대출 이후 12개월(대출월 포함)
수출성공	직수출실적 합계 10만 불 미만	직수출실적 합계 10만 불 이상
수출향상	–	직수출실적 합계 50만 불 이상이고, 대출 이전 12개월 대비 20% 이상 향상

〈별표 5〉

업종별 융자제한 부채비율

※ 업종별 산업분류코드 중 하위코드 항목이 있을 경우 우선적용

번호	업종(KSIC-10)	평균부채 비율(%)	제한부채 비율(%)	사업전환 융자
1	A01(농업)	169.2	500.0	1,000.0
2	A03(어업)	267.9	500.0	1,000.0
3	B(광업)	158.5	475.4	950.7
4	C(제조업)	122.9	368.6	737.2
5	C10(식료품)	150.3	450.8	901.6
6	C11(음료)	135.6	406.7	813.5
7	C13(섬유제품(의복 제외))	131.3	394.0	788.0
8	C14(의복, 의복액세서리 및 모피제품)	132.1	396.3	792.5
9	C15(가죽, 가방 및 신발)	129.5	388.5	777.1
10	C16(목재 및 나무제품(가구 제외))	164.1	492.4	984.8
11	C17(펄프, 종이 및 종이제품)	121.6	364.7	729.4
12	C18(인쇄 및 기록매체 복제업)	129.7	389.0	778.0
13	C19(코크스, 연탄 및 석유정제품)	132.2	396.5	793.0
14	C20(화학물질 및 화학제품(의약품 제외))	96.8	290.3	580.5
15	C21(의료용 물질 및 의약품)	67.9	200.0	400.0
16	C22(고무제품 및 플라스틱제품)	120.6	361.9	723.7
17	C23(비금속 광물제품)	99.1	297.4	594.8
18	C24(1차 금속)	135.6	406.7	813.4
19	C25(금속가공제품(기계 및 가구 제외))	140.8	422.5	845.0
20	C26(전자부품, 컴퓨터, 영상, 음향 및 통신장비)	104.2	312.7	625.4
21	C27(의료, 정밀, 광학기기 및 시계)	90.7	272.2	544.5
22	C28(전기장비)	109.5	328.4	656.8
23	C29(기타 기계 및 장비)	120.2	360.7	721.4
24	C30(자동차 및 트레일러)	162.5	487.6	975.3
25	C31(기타 운송장비)	305.8	500.0	1,000.0
26	C32(가구)	161.5	484.4	968.9

번호	업종(KSIC-10)	평균부채 비율(%)	제한부채 비율(%)	사업전환 융자
27	C33(기타 제품 제조업)	116.6	349.7	699.4
28	C34(산업용기계 및 장비수리업)	137.8	413.4	826.8
29	D35(전기, 가스, 증기 및 공기조절 공급업)	517.9	500.0	1,000.0
30	E(하수 · 폐기물 처리, 원료재생 및 환경복원업)	124.7	374.0	748.1
31	F(건설업)	105.8	317.3	634.6
32	G(도매 및 소매업)	136.7	410.2	820.3
33	H(운수 및 창고업)	173.7	500.0	1,000.0
34	I(숙박 및 음식점업)	351.2	500.0	1,000.0
35	J(정보통신업)	121.1	363.2	726.5
36	L(부동산업)	432.0	500.0	1,000.0
37	M(전문, 과학 및 기술 서비스업)	123.1	369.3	738.6
38	N(사업시설관리 및 사업지원 및 임대서비스업)	213.4	500.0	1,000.0
39	P(교육 서비스업)	170.1	500.0	1,000.0
40	R(예술, 스포츠 및 여가관련 서비스업)	246.5	500.0	1,000.0
41	기타산업	189.5	500.0	1,000.0

* 제한부채비율은 최소 200%, 최대 500% 이내(부채비율=부채총계/자본총계)
** 한국은행 기업경영분석('20년)에 의한 최근 3개년 가중평균 부채비율

4 수출마케팅 지원

구분	지원내용
소싱, 내수기업 수출기업화	· 사업개요: 수출유망내수기업 발굴부터 제품경쟁력 강화, 고객중심 서비스 3단계 맞춤 지원을 통하여 수출성공기업 확대 · 지원내용: (1) 지역 수출지원센터 13개소(서울, 제주 등)에 79명의 현장전문가를 파견, 한국무역협회 등 유관기관 협업 및 협의회 구성, 국내 오픈마켓과 공동판매를 기획하여 수출유망제품을 발굴 지원 (2) 수출지원기업 전담관리제 시행을 통한 연계지원(자금, 인력사업) 등 후속지원을 강화 (3) 온라인수출 애로해소센터와 수출바우처 민원안내센터 등 전문상담센터를 운영하여 중소벤처기업의 수출애로를 해소

온라인 수출지원사업	· 사업개요: 중소 · 벤처기업이 글로벌 전자상거래 시장에 진출할 수 있도록 인프라 구축에서부터 마케팅 연계지원, 거래성사 및 사후관리에 이르기까지 수출 전 과정을 지원
	· 주요 지원사업
	(1) 고비즈코리아 B2B 수출지원
	  - 온라인수출플랫폼 상품페이지 등록에서부터 Seller's Store 구축, 홍보 동영상 콘텐츠 제작, 인플루언서 SNS 홍보 활동까지 기업 특성에 따라 맞춤형 마케팅 서비스를 지원
	(2) 온라인 구매오퍼 사후관리
	  - 해외바이어의 구매오퍼에 원활하게 대응하고 수출계약으로 이어질 수 있도록 유효 인콰이어리 검증, 수출계약서 검토 · 작성 등의 무역 실무를 체계적으로 지원
	(3) 온라인 거래알선지원
	  - 바이어 발굴이 어려운 수출초보기업을 위해 특정상품을 원하는 해외 바이어를 발굴하여 중소기업에 매칭하고 수출계약으로 이어질 수 있도록 전반적인 무역 실무를 지원

사회적경제기업 우대사업	· 사업개요
	  - 중소벤처기업진흥공단은 사회적 경제 활성화를 위하여 사회적경제기업에 사업참여 기회확대 및 다양한 마케팅 제공으로 신규 판로개척 활동을 지원
	  - 사회적경제기업((예비)사회적기업, 마을기업, 자활기업 등)은 수출마케팅 사업선정 시 우대 선정되어, 전용관 운영을 통한 해외바이어 발굴 기회 획득과 마케팅 역량강화는 물론 온라인 시장진출, 수출BI에 입주기회가 제공
	  - 또한, 지자체 및 유관기관과 협력하여 수출상담회 개최 및 무역사절단 파견 지원하고, 홍보마케팅, 해외바이어매칭 및 수출품 생산비용을 위한 자금지원으로 지역 중소벤처기업의 수출을 체계적 관리

수출바우처사업	· 수출기업에 성장단계별로 바우처를 부여하고, 바우처를 부여받은 기업은 다양한 수출마케팅 서비스메뉴판에서 필요한 서비스 및 수행기관을 직접 자유롭게 선택하여 수출마케팅을 진행하는 통합형 수출지원사업
수출인큐베이터	· 지원대상: 해외시장 개척을 위해 현지법인 또는 지사를 설치하고자 하는 중소벤처기업 · 지원내용: 전문컨설팅, 사무공간 제공, 서비스 및 행정지원, 중소기업 수출사랑방 운영, 유관기관 연계지원
지역중소기업 수출마케팅	· 해외전시회 참가, 무역사절단 파견, 수출상담회 개최 등 지역별 · 품목별 특성에 맞는 다각적 해외마케팅 사업을 지자체와 공동으로 추진하여 중소기업 수출을 지원

구분	지원내용
전자상거래수출시장 진출사업	· 사업목적: 중소벤처기업의 글로벌 전자상거래시장 진출 지원 및 역량 강화 · 지원대상: 제조업, 지식서비스업 및 통신판매업 영위 중소벤처기업 · 지원내용: 글로벌 쇼핑몰 입점판매 사업, 자사몰 진출 사업, 미디어콘텐츠 마케팅 사업, 온라인전시회 사업, 온라인수출 공동물류 사업
해외지사화사업	· 사업내용: 해외에 지사를 설치할 여력이 부족한 중소 · 중견기업의 현지 지사 역할을 대행하여 수출 및 해외진출을 지원하는 사업 · 신청 및 선정: 기업이 자유롭게 희망 서비스, 진출지역, 수행기관을 선택하여 신청하면 신청기업의 수출역량, 해외시장성 평가를 통해 선정 · 지원대상: 해외진출을 희망하는 국내 중소 · 중견 기업 · 지원내용: 기초 마케팅지원(진입단계), 마케팅 및 수출지원(발전단계), 수출 및 현지화 지원(확장단계)

5 해외산업 협력 지원

해외산업 협력지원사업은 해외 정부 및 중소기업 지원 유관기관과 협력 네트워크를 구축하여 국내 중소벤처기업의 해외진출 기반을 조성하는 데 사업 목적이 있다.

구분	지원내용
글로벌협력기반 구축	· 해외 유관기관과의 네트워크를 구축하고 협력 기반을 조성함으로써 우리 중소기업의 해외진출 및 글로벌화 지원
APEC 중소기업혁신센터 운영	· APEC 역내 협력 네트워크를 구축하여 우리 중소기업의 혁신역량을 강화하고, APEC 역내 중소기업 간 비즈니스 협력을 통한 동반성장을 지원

6 수출인큐베이터/코리아스타트업센터

수출인큐베이터/코리아스타트업센터는 해외 정부 및 중소기업 지원 유관기관과 협력 네트워크를 구축하여 국내 중소벤처기업의 해외진출 기반을 조성하는 데 사업 목적이 있다.

구분	지원내용
수출인큐베이터	· 해외 주요 교역 거점에서 중소기업의 해외시장 개척 및 현지 조기 정착을 위해 사무공간, 마케팅 · 법률 · 회계 자문 등을 지원
코리아스타트업센터	· 세계적 혁신 거점에 개방형 공간을 설치하여 해외 진출 스타트업의 글로벌 혁신성장을 체계적으로 지원
글로벌 공유오피스	· 중 · 단기에 사용 가능한 개방형 사무공간으로 수출 BI 내 업무 공간과 편의 서비스를 제공

7 　인력양성 사업

　　인력양성 사업은 중소벤처기업의 구인난을 해결하기 위한 인력 채용부터 연수를 통한 전문인력 육성, 핵심인력의 장기재직 유도 등을 종합적으로 지원하여 기업의 인력애로를 해소하는 데 목적을 두고 있다.

　　특히 인력양성사업 중 청년창업사관학교는 청년창업가들이 가장 주목하는 성공적인 청년창업지원사업으로 알려져 있으므로 별도로 설명하고자 한다.

구분	세부 지원사업
인력양성	· 중소벤처기업 연수사업 · **창업성공패키지(청년창업사관학교)**
인력유입	· 기업인력애로센터 · 중소기업특성화고 인력양성사업 · 기술사관 육성사업 · 중소기업계약학과 · 산학맞춤 기술인력 양성사업
인력유지	· 내일채움공제사업

8 　청년창업사관학교

1. 추진 목적

· (목적) 청년창업자를 선발하여 창업계획 수립부터 사업화까지 창업의 전 과정을 일괄 지원하여 혁신적인 청년 CEO 양성, 전국 18개소 운영

· (대상) ▶만 39세 이하, ▶창업 후 3년 이내인 자
　* 고용 및 부가가치 창출이 높은 기술집약 제조업 및 지식서비스업

· ('23년 사업규모) (인원) 청년창업가 915명 양성, (예산) 845억원(총사업비의 70%, 연간 1억원 이내 지원)

경기북부 창사　서울 창사
인천 창사　강원 창사
창사 본교(안산)　충북 창사
세종 창사　충남 창사
대전 창사　대구 창사
전북 창사
광주 창사　경북 창사
전남 창사　울산 창사
　부산 창사
제주 창사　경남 창사

2. 사업개요

청년창업사관학교는 창업공간 및 교육, 기술지원 등의 종합 연계지원 방식으로 청년 기술창업 One-Stop(One-Roof) 지원 시스템을 운영하고 있다.

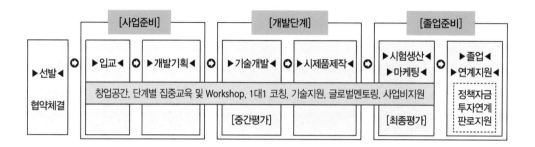

3. 주요 지원내용

① 창업공간: 청년창업사관학교에 창업준비 공간(개별, 공동)을 제공

② 창업교육: 기업가정신과 창업실무역량 등 체계적인 기술창업 교육 실시

③ 창업코칭: 전문인력을 1대1 배치하여 창업 전 과정 집중지원

④ 사업비지원: 기술개발 및 시제품제작비, 지재권 취득 및 인증비, 마케팅비 등 지원

⑤ 기술지원: 제품설계부터 시제품제작 등 제품개발 과정의 기술 및 장비 지원

⑥ 연계지원: 정책자금 연계, 투자 연계, 판로 및 입지 등 지원 가능

구분	세부 지원사업
인력양성	· 중소벤처기업 연수사업 · 창업성공패키지(청년창업사관학교)
인력유입	· 기업인력애로센터 · 중소기업특성화고 인력양성사업 · 기술사관 육성사업 · 중소기업계약학과 · 산학맞춤 기술인력 양성사업
인력유지	· 내일채움공제사업

9 중소기업 진단사업 외

1. 중소기업 진단사업

중진공의 중소기업 진단사업은 경영 및 기술전문가가 중소기업 현장을 방문하여 경영환경, 기업역량, 문제점을 분석하고 기업애로 해결을 위한 개선 로드맵 및 실천계획을 수립하여 해결책을 제시하고, 애로 해결에 필요한 정책사업(자금 융자, 마케팅, 수출/국제협력, 제조 중소기업 혁신바우처, 인력, 기술사업화 등)을 맞춤 연계 추천하여 정책자금 지원기업의 지속성장을 견인하고 있다.

2. 기타 사업

그 밖에도 중진공은 사업전환지원사업, 무역조정지원사업, 제조중소기업 혁신바우처사업, 재기지원사업, 스마트공장 AS 지원사업, 중소기업기술사업화 역량강화사업, 레저장비산업개발지원, 중소기업탄소중립전환지원, 재창업자금 지원기업에 대한 이행보증 지원, 기업 간 교류 등 다양한 지원사업을 운영하고 있다.

Ⅱ 소상공인시장진흥공단

1 기관 소개

소상공인시장진흥공단은 소상공인 육성과 전통시장·상점가 지원 및 상권활성화를 위해 「소상공인 보호 및 지원에 관한 법률」 제17조 1항에 근거해 설립된 준정부기관으로서 소상공인과 전통시장을 보다 체계적이고 효과적으로 지원하기 위해 '소상공인진흥원'과 '시장경영진흥원'을 통합하여 2014년 1월 1일 출범하였다.

공단 본부는 대전광역시 중구 보문로 246에 소재하고 있으며, 전국에 7개의 지역본부와 80개의 소상공인지원센터를 두고 있다.

2 주요 기능

【소상공인시장진흥공단 주요 기능】

우리나라 소상공인은 약 644만 개로 전체 기업 수 689만 개 중 93.4%를 차지하고 있고, 종사자 수는 약 922만 명으로 전체 종사자 수 2,108만 명 중 43.7%에 달할 정도로 중요한 비중을 차지하고 있다. 소상공인시장진흥공단은 이들 소상공인의 준비된 창업, 성장과 혁신, 원활한 재기지원을 위하여 중소벤처기업부의 소상공인 지원사업을 직접 수행하고 있다.

③ 사업 개요

2023년 소상공인시장진흥공단의 주요 사업은 크게 소상공인 사회안전망 구축, 디지털 전환 가속화, 창업·성장지원, 소공인 특화지원으로 구분되며, 총 21개 사업으로 구성되어 있다.

1. 소상공인 사회안전망 구축

1.1. 소상공인 정책자금(융자)

사업명	개요	예산 (억원)	지원대상
일반경영 안정자금	· 소상공인 경영애로 해소를 위해 필요한 운영자금 지원	5,000	소상공인
특별경영 안정자금	· 경기침체지역·재해피해 소상공인, 청년사업자 및 청년고용 소상공인 지원(청년고용특별자금 등)	13,000	소상공인
성장기반자금	· 성장 가능성이 높은 소상공인의 단계별 자금 지원(소공인 특화자금, 성장촉진자금)	12,000	소상공인

1.2. 소상공인 재기지원

사업명	개요	예산 (억원)	지원규모	지원대상
희망리턴패키지	· '경영개선 → 폐업 → 재취업·재창업'의 단계별 재기 프로그램 운영	1,464	4.4만 개사	폐업(예정) 소상공인
자영업자 고용보험료 지원	· 자영업자 고용보험에 가입한 소상공인에게 보험료 일부(20~50%) 지원	50	25,000명	소상공인

2. 소상공인 디지털 전환 가속화

사업명	개요	예산 (억원)	지원규모	지원대상
소상공인 온라인판로 지원	· 소상공인 온라인 역량강화, 기반마련, 진출지원 등 온라인판로지원	944	7만 개사 내외	소상공인
소상공인 스마트상점 기술보급	· 소상공인 점포에 경영 · 서비스 혁신에 적합한 스마 트기술 도입을 지원하고, 오프라인 쇼핑경험을 제공 할 수 있는 경험형 스마트마켓 구축 지원	313	스마트상 점 5,600개	소상공인
소공인 스마트공방 기술보급	· 소공인의 수작업 위주 공정에 IoT, AI 등 디지털 기 술 접목을 통해 소공인 작업장 스마트화 지원	735	1,500개사	소공인

3. 소상공인 창업 · 성장 지원

3.1. 소상공인 창업 지원

사업명	개요	예산 (억원)	지원규모	지원대상
신사업창업 사관학교	· 신사업 등 유망 아이디어와 아이템 등을 기반으로 창업하려는 예비창업자를 선발, 창업교육, 온 · 오프 라인 점포경영체험 및 멘토링, 사업화 자금 등 지원	200	500명	신사업 등 유망 분야 예비창업자

3.2. 소상공인 성장 지원

사업명	개요	예산 (억원)	지원규모	지원대상
강한 소상공인 성장지원	· 우수 소상공인과 혁신 역량을 보유한 창작지 · 스타 트업 등과의 융합을 통해 차별화된 제품 · 서비스를 창출하는 강한 소상공인 발굴 · 육성	100	350개 팀	소상공인
로컬크리에이터	· 지역의 특성과 자원을 소재로 사업적 가치를 창출 하는 로컬크리에이터의 사업 지원	54	200개 팀	창업기업
우리동네 크라우드 펀딩	· 투자 · 융자에 대한 리워딩(이자) 방식을 상품 쿠폰, 할인권 등으로 다양화하고, 펀딩에 필요한 비용(기 획 · 홍보 · 수수료 등)을 지원	30	1,000개사	소상공인
소상공인 언 · 컨택트 교육	· 예비창업자 및 소상공인이 경영/기술 환경 변화에 대처할 수 있도록 온 · 오프라인 교육 지원	96	20,000명 내외	소상공인 및 예비창업자
소상공인 컨설팅	· 소상공인 경영역량 강화를 위한 컨설팅 제공, 경영 애로 소상공인 경영환경개선 등 맞춤형 지원	112	6,000개 내외	소상공인 및 예비창업자

사업명	개요	예산 (억원)	지원규모	지원대상
상생협력 프랜차이즈 육성	·중소프랜차이즈 특성별 맞춤 지원 등을 통한 프랜차 이즈 성장 및 건전한 프랜차이즈 산업 생태계 구축	11	20개 내외	소상공인 및 중소가맹본부
소상공인 협업활성화	·소상공인 간 협업 및 공동사업 등 지원을 통해 소상 공인의 경쟁력을 제고	126	100개 내외	(예비)소상공 인협동조합
백년가게 및 백년소공인 육성	·오랜 경험과 노하우를 가진 우수 소상공인을 발굴 하여 백 년 이상 존속·성장할 수 있도록 지원 및 성공모델 확산	23	100개 내외	백년가게, 백년소공인

4. 소공인 특화 지원

사업명	사업개요	예산 (억원)	지원규모	지원대상
소공인 특화지원센터 설치운영	·소공인 집적지 내에 특화지원센터를 설치하여 교 육·상담, 특화프로그램 운영 등을 통해 소공인의 성장·발전 촉진	133	38곳 내외	법인 또는 단체
소공인 복합지원센터 구축· 운영	·소공인 집적지 내에 복합지원센터를 구축·운영하 여 기획·디자인, 제품개발, 전시·판매까지 원스톱 지원	30	2곳	소공인
소공인 클린제조환경 조성	·소공인 작업장 내 공정을 분석하고 에너지 효율 화·오염물질 저감 등 작업장 환경개선 지원	84	2,000개사	소공인
소공인 판로개척지원	·제품 품질력과 성장잠재력을 보유한 소공인을 대상 으로 국내외 판로개척 지원	77	220개사	소공인

4 사업별 세부 내용

1. 소상공인 정책자금 융자

소상공인 정책자금 융자는 직접대출과 대리대출로 구분해 시행하고 있으며, 직접대출은 소상공인시장진흥공단이 직접 대출을 취급하고 대리대출은 소상공인시장진흥공단으로부터 지원대상 확인을 받은 후 보증기관 및 금융기관이 평가해 융자하는 것을 말한다.

2023년 주요 변경 내용은 2022년보다 금융 사각지대 소상공인 지원을 강화하고 정책자금 구조를 간소화하였다는 점이다.

구분	내용
금융 사각지대 소상공인 지원 강화	· 소상공인 · 전통시장자금: 저신용 소상공인 대상 최대 3천만원 한도 자금지원
정책자금 구조 간소화	· 스마트자금을 성장기반자금으로 통합하여 4종 정책자금을 3종 정책자금으로 간소화 · 지원조건 및 지원대상이 유사한 세부 자금을 통 · 폐합하여 20개 세부자금 → 11개 세부 자금으로 간소화

1.1. 일반경영안정자금 융자사업

– 목적: 소상공인 경영애로 해소를 위해 필요한 운영자금 지원

– 지원대상: 「소상공인 보호 및 지원에 관한 법률」상 소상공인*

　* 소상공인: 상시근로자 5인 미만 사업자(제조 · 건설 · 운수 · 광업은 10인 미만)

– 지원조건

① 대출금리: 정책자금 기준금리* + 0.6%p

　* 공공자금 관리기금의 예수금리 기준(매 분기 변동금리)

② 대출한도: 업체당 7천만원

③ 대출기간: 5년 이내(2년 거치 3년 분할상환)

1.2. 특별경영안정자금 융자사업

– 목적: 경기침체지역, 재해피해, 금융 사각지대(저신용자, 재창업 · 채무조정자, 장애인), 재창업
　자, 청년사업자 등 취약계층 대상 고정금리 자금 지원

– 지원대상: 「소상공인 보호 및 지원에 관한 법률」상 소상공인

– 지원내용

세부 자금	지원 대상
위기지역지원자금	· 고용위기지역, 산업위기대응특별지역 · 조선사소재지역 등 지역경제 위기지역 소재 소상공인
긴급경영안정자금	· 자연 · 사회재해로 인해 직 · 간접적 피해를 입은 소상공인

세부 자금	지원 대상
소상공인 · 전통시장자금	· 신용등급 6등급 이하 저신용 소상공인
재도전특별자금	· 재창업을 준비 · 시작하거나 채무조정을 성실히 이행해 온 소상공인
장애인기업지원자금	· 장애인복지카드 또는 장애인기업확인서를 소지한 소상공인
청년고용특별자금	· 업력 3년 이내 청년대표 혹은 전체 직원의 50% 이상을 청년으로 고용한 소상공인

* 자금별 대출한도, 금리, 대출기간 등: 홈페이지 및 '23년 융자 개별공고 참고

1.3. 성장기반자금 융자사업

– 목적: 성장 가능성이 높은 소상공인을 위한 단계별 자금지원

– 지원대상

① 제조업을 영위하는 상시근로자 수 10인 미만의 소공인

② 사업자등록증 기준 업력 3년 이상 소상공인

③ 스마트설비 도입 소상공인

④ 강한 소상공인 선정기업, 신사업창업사관학교 수료생, 혁신형 소상공인, 로컬 크리에
  이터, 사회적경제기업, 백년가게 · 소공인 등 유망 소상공인

– 지원조건

① 대출금리: 정책자금 기준금리 + 0.2~0.6%p

② 대출한도: (운전자금) 업체당 1억원 한도 (시설자금) 업체당 2~5억원 한도

③ 대출기간: (운전자금) 5년, (시설자금) 8년

1.4. 세부 융자신청 요건

구분	세부 자금 종류	신청요건	융자 방식	
			직접	대리
성장기반자금	소공인특화자금	· 제조업을 영위하는 상시근로자 수 10인 미만의 소공인	○	
	성장촉진자금	· (직접대출) 자동화설비를 도입하여 운영 중이거나 도입 예정인 업력 3년 이상 소상인 · (대리대출) 업력 3년 이상 소상공인	○	○

구분	세부 자금 종류	신청요건	융자 방식	
			직접	대리
성장기반자금	스마트자금	· 스마트공장 보급 · 확산 참여기업, 스마트 기술 · 장비 활용기업, 온라인 통신판매 소상공인 · 백년소공인, 백년가게, '혁신형 소상공인 육성사업'에 의해 지정된 '혁신형 소상공인' 중 지정연도로부터 3년 이내에 대출 신청한 업체 · 기타 사회적경제기업, 수출소상공인, 로컬크리에이터, 강한소상공인, 신사업창업사관학교 수료생 등	○	
	민간투자매칭자금	· 소상공인진흥공단에 의해 선정된 전문 운영기관을 통해 투자금을 지원 받고 선투자 인증서를 발급받은 소상공인	○	
일반경영 안정자금	일반자금	· 업력 3년 미만의 소상공인		○
	신사업창업사관학교 연계자금	· 최근 1년 이내 신사업창업사관학교 수료 후 해당 아이템으로 창업한 소상공인	○	
특별경영 안정자금	청년고용 연계자금	· 업력 3년 미만의 청년 소상공인(만 39세 이하) · 상시근로자 중 과반수 청년 근로자(만 39세 이하)를 고용 중이거나 최근 1년 이내 청년 근로자 1인 이상 고용한 소상공인		○
	소상공인 · 전통시장자금	· 민간금융 이용이 어려운 저신용 소상공인(창업초기 · 전통시장 우대)	○	
	재도전특별자금	· 재창업 준비단계 또는 초기단계에 있는 소상공인 · 신용회복위원회 채무조정 또는 법원 개인회생 변제 계획 인가를 받아 6개월 이상 성실 상환 중이거나 최근 3년 이내에 상환을 완료한 소상공인	○	
	긴급경영안정자금	· "재해중소기업(소상공인)확인증"을 발급받은 소상공인		○
	장애인기업지원자금	· 장애인복지카드(국가유공자카드 또는 증서) 또는 장애인 기업확인서를 소지한 장애소상공인(또는 기업)		○
	위기지역지원자금	· 고용위기지역(고용부 지정), 산업위기대응특별지역(산업부 지정), 조선사 소재 지역 등 지역경제위기가 우려되는 지역 소재 소상공인		○

* 각 자금별 접수 순서대로 처리, 한도 소진 시 마감

1.5. 융자 조건

- 대출금리는 자금별로 상이하며 매 분기별로 변동됨

【2022년 4/4분기 정책자금 금리('22.10.10.부터 적용)】

구분	자금 구분	기준금리	가산금리	적용금리
직접대출	· 소공인특화자금, 신사업창업사관학교 연계자금	3.53%	+0.6%P	연 4.13%
	· 성장촉진자금	3.53%	+0.4%P	연 3.93%
	· 스마트자금, 민간투자매칭자금	3.53%	+0.6%P	연 3.73%
	· 소상공인 · 전통시장자금	고정금리		연 2.0%
	· 재도전특별자금	고정금리		연 3.0%
대리대출	· 일반자금	3.53%	+0.6%P	연 4.13%
	· 청년고용연계자금, 긴급경영안정자금, 장애인 기업지원자금, 위기지역지원자금	고정금리		연 2.0%

1.6. 융자 절차

① 직접대출

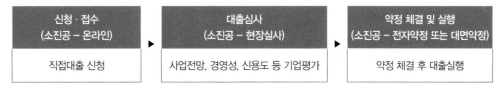

② 대리대출

- 보증서부 대출

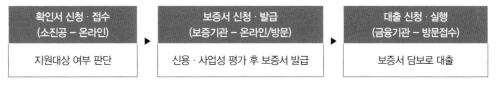

- 신용 · 담보부 대출

〈참고〉소상공인 정책자금 융자제외 대상

소상공인 정책자금 융자제외 대상 업종

표준산업분류	업종
33409 중	도박기계 및 사행성, 불건전 오락기구 제조업
46102 중	담배 중개업
46107 중	예술품, 골동품 및 귀금속 중개업
46209 중	잎담배 도매업
46331	주류 도매업 * 「전통주 등의 산업진흥에 관한 법률」에 따라 지정된 "전통주 등"의 매출액이 50% 이상인 경우에는 신청 가능 * 수제맥주 도매업은 신청 가능
46333	담배 도매업 * 담배대용물(전자담배 등) 포함
46416, 46417 중	모피제품 도매업 * 단, 인조모피제품 도매업 제외
46463 중	도박기계 및 사행성, 불건전 오락기구 도매업
47221 중	주류 소매업 * 「전통주 등의 산업진흥에 관한 법률」에 따라 지정된 "전통주 등"의 매출액이 50% 이상인 경우에는 신청 가능 * 수제맥주 소매업은 신청 가능
47640 중	도박기계 및 사행성, 불건전 오락기구 소매업
47811 중	약국
47859 중	성인용품 판매점
47911, 47912 중	도박기계 및 사행성, 불건전 오락기구, 성인용품 소매업 및 소매 중개업
47993 중	다단계 방문판매
52991 중	통관업(관세사, 관세법인, 통관취급법인 등)
55102	여관업
56211	일반유흥주점업
56212	무도유흥주점업
58122 중	경마, 경륜, 경정 관련 잡지 발행업
58211, 58212, 58219 중	도박 및 사행성, 불건전 게임 S/W 개발 및 공급업
63999 중	온라인게임 아이템 중개업, 게임 아바타 중개업
64	금융업

표준산업분류	업종
65	보험 및 연금업
66	금융 및 보험관련 서비스업 * 단, 손해사정업(66201), 보험대리 및 중개업(66202)은 신청 가능 　– 보험계약체결을 대리 또는 중개, 알선하는 산업활동. 이는 하나 이상의 보험사업자를 　　대리하는바 특정 회사에 포함된 보험모집인(인적용역제공자)은 지원 제외
68	부동산업 * 부동산의 임대, 구매, 판매에 관련되는 산업활동으로서, 직접 건설한 주거용 및 비주거용 　건물의 임대활동과 토지 및 기타 부동산의 개발 · 분양, 임대 활동이 포함 * 단, 부동산관리업(6821), 동일장소에서 6개월 이상 사업을 지속하는 부동산 자문 및 중개 　업(68221, 68222)은 신청 가능 　– 부동산관리업: 수수료 또는 계약에 의하여 타인의 부동산시설을 유지 및 관리하는 산업 　　활동(주거용 · 비주거용 부동산관리) 　– 부동산 자문 및 중개업: 수수료 또는 계약에 의해 건물, 토지 및 관련 구조물 등을 포함 　　한 모든 형태의 부동산을 구매 또는 판매하는 데 관련된 부동산 중개 또는 대리 서비스, 　　투자 자문서비스를 제공하는 산업활동
76390 중	도박기계 및 사행성, 불건전 오락기구 임대업
711, 712	법무, 회계 및 세무
64992	지주회사
71531 중	컨설팅 또는 자문서비스 중 부동산컨설팅 서비스 * (예시) 기획부동산 등
731	수의업
73904 중	감정평가업
75330	탐정 및 조사 서비스업(예: 탐정업, 흥신소 등)
75993	신용조사 및 추심대행업
75999 중	경품용 상품권 발행업, 경품용 상품권 판매업
86	보건업 * 단, 보건업(86) 중 유사의료업(86902)은 신청 가능 * 87에 해당하는 '보건업 및 사회복지서비스업'은 신청 가능 * 안마원(96122)은 서비스업에 해당되어 신청 가능(국세청은 보건업)
91113	경주장 및 동물 경기장 운영업
91121	골프장 운영업
9122 중	성인용 게임장, 성인오락실, 성인PC방, 전화방
91221 중	성인용 게임장 운영업
91241 중	복권 판매업
91249	기타 사행시설 관리 및 운영업
91291	무도장 운영업(예: 댄스홀, 콜라텍 등)

표준산업분류	업종
9612 중	증기탕 및 안마시술소 * 안마원 규모(300㎡ 이하)의 안마시술소는 장애인자금 신청 가능
96992	점술 및 유사서비스업(점집, 무당, 심령술집 등)
96999 중	휴게텔, 키스방, 대화방
기타	기타 위 업종을 변경하여 운영되는 도박, 향락 등 불건전 업종, 기타 국민보건, 건전문화에 반하거나 사치, 투기조장 등 우려가 있다고 중소벤처기업부장관이 지정한 업종

※ "재해중소기업 지원지침"에 따른 재해피해 소상공인의 경우 주류도매업(46331), 담배도매업(46333), 모피제품도매업(46416, 46417 중), 여관업(55102), 무도장운영업(91291), "관광진흥법"에 따른 관광특구 소재의 일반유흥주점업(56211) 및 무도유흥주점업(56212), "재난 및 안전관리 기본법"에 따른 특별재난지역 소재의 보건업(86), 수의업(731), 법무관련 서비스업(711), 회계 및 세무관련 서비스업(712), 통관업(52991 중), 감정평가업(68223, 73904 중), 약국(47811 중)에 한해 재해자금 융자 허용

※ 소상공인 정책자금 지원 가능/불가능 업종 관련 해석(예외) 및 예시

▶ **도소매업 중:** 전자담배 도매업, 성인용품소매(47859) 지원불가(산업파급효과가 적고 신용보증재단중앙회의 보증제외업종으로 정책자금 지원이 적절치 않음)

▶ **기타:** 골프연습장(91136), 스크린골프연습장(91136)은 지원 가능

2. 소상공인 재기지원

2.1. 희망리턴패키지

- 사업개요: 소상공인의 폐업 부담 완화 및 신속한 재기를 위해 경영개선(진단 및 자금 등), 폐업(점포철거, 법률자문 등), 재취업·재창업(취업교육·전직수당 등) 지원

- 지원규모: 4.4만 개사

- 지원대상: 경영위기 및 폐업(예정) 소상공인

- 지원내용

① (경영개선지원) 전문가 경영진단 및 후속사업(경영기본교육, 경영개선사업화, 최대 2천만원, 지원금만

큼 자부담) 연계

② (원스톱폐업지원) 사업정리컨설팅, 점포철거비(3.3㎡당 13만원, 최대 250만원), 법률자문, 채무
조정 지원 등을 통한 신속하고 안전한 폐업 지원

③ (재취업지원) 재취업 교육, 기업연계 취업 프로그램, 전직장려수당(최대 100만원) 지급

④ (재창업지원) 업종별 재창업 교육, 재창업 사업화 지원(최대 2천만원, 지원금만큼 자부담)

2.2. 자영업자 고용보험료 지원

- 사업개요: '자영업자 고용보험'에 가입한 소상공인에 대해 고용보험료 일부를 지원하
여 고용보험 가입 활성화 및 사회안전망 강화

- 지원대상: 「고용보험 및 산업재해보상보험의 보험료징수 등에 관한 법률」 제49조의2
에 따른 '자영업자 고용보험'에 가입한 소상공인

- 지원내용: 납부한 월 고용보험료의 20~50%를 최대 5년간 지원

- 신청방법(연중)

① (온라인) 자영업자 고용보험료 지원 홈페이지(go.sbiz.or.kr)에서 신청

② (필요서류) 소상공인 고용보험료 지원신청서, 개인정보 수집·활용 동의서, 사업자등록
증명, 부가가치세과세표준증명(부가가치세면세수입금액증명), 건강보험자격득실확인서, 본
인 명의 통장 사본

【월 보험료 및 실업급여】

(단위: 원)

구분	1등급	2등급	3등급	4등급	5등급	6등급	7등급
기준보수액	1,820,000	2,080,000	2,340,000	2,600,000	2,860,000	3,120,000	3,380,000
실업급여	1,092,000	1,248,000	1,404,000	1,560,000	1,716,000	1,872,000	2,028,000
월 보험료	40,950	46,800	52,650	58,500	64,350	70,200	76,050
지원비율	50%		30%		20%		
지원액	20,475	23,400	15,795	17,550	12,870	14,040	15,210

3. 소상공인 디지털 전환 가속화

3.1. 소상공인 온라인판로 지원

‑ 사업개요: 비대면·디지털화 등 경영환경 변화에 대응할 수 있도록 소상공인의 온라인 진출역량 등을 고려한 온라인 판로 확대 지원

【2023년 소상공인 온라인 판로 지원사업 현황】

사업명	사업예산(백만)	지원규모
1.1. 온라인 진출 역량강화		
① 온라인시장 진출 교육	4,200	15,000명
② 소상공인 인플루언서 교육	2,500	1,500명
③ 상품 개선 컨설팅 지원	7,500	2,000개사
④ 전담셀러 매칭지원	6,300	3,000개사
⑤ 우수제품 홍보·광고지원	1,950	300개사
⑥ 콘텐츠 제작지원	6,000	2,000개사
1.2. 온라인 채널 진출 지원		
① 온라인쇼핑몰 입점지원	18,000	8,000개사
② TV홈쇼핑 및 T‑커머스 입점지원	4,800	300개사
③ 미디어커머스 입점지원	6,000	1,000개사
④ 해외쇼핑몰 입점지원	1,800	400개사
⑤ O2O 플랫폼 활용 지원	7,200	14,400개사
⑥ 라이브커머스 제작·운영 지원	8,750	1,500개사
⑦ 소상공인 구독경제 지원	5,000	1,100개사
⑧ O2O 융합 판매·기획전	3,200	3,500개사
1.3. 온라인 진출 기반 조성 운영		
① 가치삽시다 플랫폼 운영	2,000	–
② 디지털 커머스 전문기관	5,600	5,600개사
③ 스마트 플래그십 스토어 구축·운영	3,600	3,000개사
1.4. 소상공인 진단 및 패키지 지원(시범사업)		100개사
계	94,400	46.2천 개사, 16.5천 명

‑ 지원대상: 소상공인. 다만, 타 지원사업을 통해 동일지원을 받은 소상공인과 소상공인

정책자금 융자제외 대상 업종, 휴폐업 및 부도, 세금 체납, 불공정행위 위반자, 제외품목(해외 수입제품, 대기업 제품)을 취급하는 경우는 지원 대상에서 제외

- 우대대상: ① 중소벤처기업부 지정 우수 소상공인, ② 온라인 진출 초기 소상공인, ③ 정부 지원사업 참여 소상공인, ④ 기타 중점지원 대상에 해당될 경우 사업 신청 시 최대 8점의 가점이 부여된다.

- 지원내용

① (역량강화) 소상공인의 역량을 고려하여 교육 및 상품성 개선 컨설팅을 실시하고, 전문가를 1:1 매칭하여 홍보 · 마케팅 등을 일괄 지원

② (진출지원) TV홈쇼핑 · T커머스, V-커머스, 온라인쇼핑몰 입점비용, O2O 플랫폼(배달 앱 등) 활용, 해외쇼핑몰 진출 지원, 라이브커머스 프로그램 제작 지원 등(소상공인이 안정적인 수입 창출 등을 위해 반찬 · 간식 등을 정기 배송하는 소상공인 구독경제화 지원)

③ (기반마련) 소상공인의 온라인 진출을 돕는 온 · 오프라인 인프라 구축 운영

3.2. 온라인 진출 역량강화

(1) 온라인시장 진출 교육

온라인 진출 교육은 소상공인의 원활한 온라인시장 진출을 위한 e-러닝 및 전문(대학)교육 등 체계적 교육과정 지원을 통한 온라인 진출역량을 제고하는 사업이다. 지원내용은 온라인 판로 진출 관련 e-러닝 및 전문(실습) 교육 지원사업으로 구분된다.

【온라인시장 진출 교육】

교육과정	지원 내용 및 교육 신청 방법(시기)
e-러닝	· (내용) 초급, 중급, 고급 과정을 나누어 통신판매업자 신고 절차에서부터, 점포 상품 마케팅 등 분야(업종)별 e-러닝 교육 지원(13,500명) · (신청) '소상공인 지식배움터(edu.sbiz.or.kr)' 또는 '가치삽시다 플랫폼(portal.valuebuy.kr)'을 통한 e-러닝 교육 신청(상시)
전문 (대학)	· (내용) 각 지역 대학을 통해 '소상공인 디지털 특성화 대학' 지정, 지역 소상공인 및 예비창업자 온라인시장 진출 전문가 양성 교육 지원(1,500명) · (신청) 소상공인시장진흥공단 및 협약 기관(대학교) 홈페이지를 통한 교육 신청(4~5월 중)

(2) 소상공인 인플루언서 교육

소상공인 인플루언서 교육은 소상공인의 디지털 전환을 위한 역량 강화 교육을 통해, 라이브커머스 및 미디어커머스 전문가를 배출하는 데 목적이 있다.

지원 대상은 라이브커머스 및 미디어커머스 콘텐츠 제작이 가능한 상품을 보유한 소상공인이며, 소상공인 1개 업체당 직원 5명까지 신청이 가능하다.

중점지원 대상 중 ① 소상공인시장진흥공단 '재기지원종합패키지' 참여 소상공인, ② e-러닝 교육 수료자, ③ 스마트스토어 운영 소상공인에 대해서는 선정평가 시 가점이 부여된다. 지원규모는 1,500명(라이브커머스 과정: 750명 / 미디어커머스 과정: 750명)이다.

(3) 상품 개선 컨설팅지원

상품 개선 컨설팅 지원사업은 온라인 진출을 희망하나, 상품성이 부족한 소상공인에게 온라인 판매에 적합한 상품이 될 수 있도록 개선을 지원하는 사업이다.

【상품개선 컨설팅 지원 항목】

구분		지원내용	기타
상품 디자인	상품박스, 포장지, 라벨, 스티커 등	· 상품을 효과적으로 어필할 수 있도록 상품 및 브랜드 디자인 개선 지원	상품 컨설팅 및 연계채널 입점 기본 지원
브랜드 디자인	BI, 캐릭터 등		
온라인 홍보 컨설팅	인스타, 유튜브, 블로그 등	· 온라인 홍보용 이미지 촬영, 개선 등	
밀키트 상품화	인허가, 메뉴분석, 개발 등	· 메뉴 및 조리환경 분석 및 밀키트 기획, 포장디자인 개선 등	
KC인증 지원	인증관련 교육, 컨설팅	· 어린이제품 등 KC인증 필수제품의 인증절차 등 방법 컨설팅	

(4) 전담셀러 매칭지원

전담셀러 매칭지원 사업은 소상공인과 온라인 유통전문가(전담셀러)를 1:1로 매칭하여, 온라인 진출 컨설팅부터 콘텐츠 제작, 온라인 쇼핑몰 입점 등 대행 지원하는 사업이다.

【전담셀러 사업 지원내용(예시)】

구분	내용
컨설팅 지원	· 시장현황, 판매가 설정, 패키지, 온라인시장 진출 관련 컨설팅
콘텐츠 제작	· 상품 이미지컷 촬영, 상세페이지 제작(보완)
온라인 판매대행	· 온라인쇼핑몰 입점 · 판매대행을 위한 全 과정* 지원 * 상품등록 → 판매대행 → 물류비(택배 등) → 정산 등
기획전 운영	· 판매 활성화를 위한 기획전 마케팅(배너홍보, 키워드광고, 할인쿠폰 등)

※ 전담셀러의 컨설팅(진단)에 따라 소상공인별 지원내용이 상이할 수 있음

(5) 우수제품 홍보 · 광고

우수제품 홍보 · 광고 사업은 소상공인 제품 홍보를 위한 영상 광고물 송출, 우수사례 콘텐츠 제작을 지원하는 사업이다.

구분	주요 내용
광고 콘텐츠	· 소상공인이 보유한 제품 홍보영상 활용 IPTV 광고 송출 지원
우수사례 콘텐츠	· 소상공인의 온라인 판로 진출 우수사례 콘텐츠 제작

(6) 콘텐츠 제작지원

콘텐츠 제작지원 사업은 소상공인 제품을 소개 · 홍보하는 다양한 형태의 콘텐츠를 제작 지원하는 사업이다.

구분	주요 내용
홍보영상 콘텐츠	· 제품의 특장점을 소비자가 직관적으로 이해할 수 있게 기획 및 제작(커머스 적합 영상 및 제품 홍보영상)
웹예능 콘텐츠	· 유명 방송인 등을 활용하여 소상공인 제품의 소구점을 홍보할 수 있는 웹예능 프로그램 제작

3.3. 온라인 채널 진출지원 및 라이브커머스 제작 지원사업

(1) 온라인쇼핑몰 판매지원 사업

온라인쇼핑몰 판매지원사업은 민간 쇼핑몰 내 소상공인 전용 온라인 기획전을 마련하고 소상공인의 온라인쇼핑몰 진출과 상품 판매를 촉진하는 사업이다.

기획전은 품목별(식품, 뷰티, 패션, 생활 등), 테마별 기획전(동행세일, 코리아세일 페스타, 크리스마스마

켓, 명절, 가정의 달, 여름 등)과 ESG상생 기획전 등으로 구분하여 개최한다. 지원 규모는 8,000개사(온라인쇼핑몰 입점 5,000개 / 상세페이지 제작 3,000개)이다.

(2) TV홈쇼핑 및 T-커머스 입점지원 사업

TV홈쇼핑 및 T-커머스 입점지원 사업은 소상공인의 TV홈쇼핑 및 T-커머스 채널 방송 판매 지원 및 방송준비 멘토링을 지원하는 사업이다.

구분	주요 내용
방송지원비	· 홈쇼핑 방송에 대한 방송 입점비, 영상제작비 등 지원(택1)
방송준비 멘토링	· 홈쇼핑 진출을 희망하는 소상공인 대상 역량강화 멘토링 지원

(3) 미디어커머스 입점지원

미디어커머스 입점지원 사업은 미디어커머스 채널 활용 소상공인 제품 영상(VOD) 제작 및 판매를 지원하는 사업이다.

구분	주요 내용
VOD 제작	· 제품 카테고리 및 타깃층에 맞춘 커머스 전문 영상 제작
VOD 활용 커머스	· 제작물 활용 온라인 기획전 지원 및 영상 홍보

(4) 해외쇼핑몰 입점지원 사업

해외쇼핑몰 입점지원 사업은 해외 온라인 쇼핑몰(아마존, 쇼피, 큐텐, 마쿠아케 등) 입점 교육, 해외 콘텐츠 제작, 입점, 판매 마케팅을 지원하여 소상공인의 매출액 증가 및 해외 판로 진출의 성장을 유도하는 사업이다. 지원 대상은 해외 쇼핑몰 입점(희망) 소상공인이다.

구분	주요 내용
입점 지원	· 해외쇼핑몰 MD의 쇼핑몰 입점 교육을 통한 소상공인 계정 입점지원
마케팅 지원	· 해외쇼핑몰 내 키워드 광고, 쿠폰 등 마케팅 지원을 통한 판매 촉진

(5) O2O 플랫폼 진출 지원사업

O2O 플랫폼 진출 지원사업은 O2O 플랫폼을 활용한 오프라인 점포의 온라인 확장으로 소상공인 판로 및 매출 확대를 제고하기 위하여 민간 O2O 플랫폼 내 광고 · 마케팅 등 서비스 이용수수료(소상공인 1개 업체당 50만원 상당)를 지원하는 사업이다.

(6) 라이브커머스 프로그램 제작 · 운영

라이브커머스 프로그램 제작 · 운영 사업은 소상공인 제품을 홍보 · 판매하는 라이브커머스 제작 · 운영을 지원하기 위하여 ① 소상공인 제품으로 라이브커머스 기획방송을 운영하고, ② 소상공인이 직접 라이브커머스를 할 수 있도록 스튜디오 및 촬영장비 대여, 전문가 컨설팅 등을 지원하는 사업이다.

지원명	지원 내용	지원규모
라이브커머스 '기획방송' 운영	· 민간플랫폼과 협업하여 소상공인 제품을 홍보 및 판매하는 라이브커머스 제작 · 송출 지원 * 민간플랫폼이 보유하고 있는 스튜디오, 쇼호스트 등 활용, 지역축제 및 지역 소상공인과 연계한 현장형 라이브커머스 등 프로그램 운영	1,000개사 (600회)
소상공인 '직접제작' 지원	· 소상공인이 직접 라이브커머스를 활용할 수 있도록 단계별 전문성을 강화하여 멘토링부터 방송, 사후컨설팅까지 원스톱 지원 * 소상공인의 직접제작 라이브커머스 자립을 위한 분야별(MD, 쇼호스트) 전문가 멘토링 및 방송 송출 지원	200개사 (400회)
'라이브스튜디오' 운영	· 라이브커머스에 필요한 장비와 스튜디오를 무료로 대여하고, 디지털 역량강화 교육 등 지원 프로그램 운영 * (위치) 목동 행복한백화점 4층, 소상공인 전용 라이브스튜디오 ** (이용예약) 가치삽시다 포털 내 스튜디오 안내 및 예약	300개사

지원신청은 판판대로, 랜딩페이지를 통한 온라인 신청 · 접수가 가능하며 라이브스튜디오 지원 프로그램은 오픈 카카오톡, QR코드 등을 통해 신청 페이지로 이동이 가능하다.

(7) 구독경제 지원사업

구독경제 지원사업은 소상공인의 지속 · 안정적인 판로 확보를 위하여 민간 · 지자체 온라인몰 입점 · 판매지원 및 자사몰 구독경제 운영(구독경제 시스템 구축, 홍보 · 마케팅 등)에 필요한 항목 비용을 지원하는 사업이다.

지원 대상은 정기배송 운영 역량이 있으며, 정기구독에 적합한 상품 판매가 가능한 소상공인이다.

구분	내용
플랫폼 입점지원(900개사)	· 정기배송 등 구독경제를 운영하고 있는 민간 및 지자체 온라인몰 구독경제관 입점지원
자사몰 운영 지원(200개사)	· 소상공인이 직접 구독경제 운영이 가능하도록 정기결제시스템 등 자사 쇼핑몰 구축 및 운영 지원

(8) O2O 융합 판매 · 기획전 사업

O2O 융합 판매 · 기획전 사업은 대국민 소비 진작 시너지를 창출하기 위하여 전 국민 소비주간을 겨냥한 중소 · 소상공인 우수 제품의 온 · 오프라인 판촉행사 및 소비 캠페인을 추진하는 사업으로 2023년 하반기에 시행된다.

구분	내용
온라인판매	· 민간 온라인쇼핑몰, 홈쇼핑 등과 연계한 특별 기획전 진행
오프라인 홍보관	· 온라인 국민선정, 소상공인 협 · 단체 추천 등 우수 소상공인 제품 전시 · 판매관 운영
소비캠페인	· 건전한 소비 · 문화 확산을 조성하기 위한 소비 · 유통 캠페인 추진으로 메시지 전달 및 전 국민의 자발적 참여 유도
상생 협업 강화	· 민간 유통사 및 플랫폼과 연계, 지역특판전, 나눔바자회 등 상생프로그램을 추진하여, 지역사회 사업 공헌 강화

3.4. 소상공인 온라인 진출기반 마련

(1) '가치삽시다' 플랫폼 운영사업

가치삽시다 플랫폼 운영 사업은 소상공인의 디지털 전환 및 역량 강화를 지원하기 위하여 소상공인의 온라인 진출을 돕는 공적 플랫폼을 운영하는 사업이다.

(2) 디지털 커머스 전문기관(소담스퀘어)

디지털 커머스 전문기관(소담스퀘어) 사업은 소상공인 디지털 전환을 위해 온라인 시장 진출에 필요한 제반 시설·장비 구축 및 지역·기관특화 프로그램 등을 '전액 무료'로 지원하는 사업이다. 인프라 구축 및 운영 기관은 민간기관(ex. 유통사 등), 지방자치단체, 공공기관(ex. 진흥원)이며 민간기관 단독 또는 민간·공공 컨소시엄 구성으로 참여가 가능하며, 공공기관이 단독으로 참여하는 것은 불가하다.

구체적으로는 스튜디오(2개), 1인 미디어실·녹음실(1개), 편집실(1개), 교육장(1개), 공유오피스(1개) 공간구현 및 소상공인 온라인진출 프로그램 운영을 지원한다.

지원 대상은 온라인 진출을 희망하는 모든 소상공인이며 디지털 역량교육 / 플랫폼 입점지원 / 라이브커머스 송출 지원, 로컬지역·기관 특화 프로그램 운영 등을 지원한다.

신청방법은 카카오톡 앱 내 '소담스퀘어 지역명' 친구 검색 → '소담스퀘어 지역명' 카카오톡 채널 친구추가 → 자가진단 → 지원사업 신청 → 첨부서류 등록 → 신청완료의 순서로 신청하면 된다.

【디지털 커머스 전문기관(소담스퀘어) 8곳】

구분	선정기관	개관	구축지 위치	문의처
수도권 (3)	위메프	'20년 12월	서울시 강남구 역삼로25길 32(역삼동)	1899-8301
	한국일보	'20년 12월	서울시 마포구 월드컵북로56길 19(상암동)	02-724-2630
	오픈놀	'22년 2월	서울시 영등포구 양평로 2(당산동)	070-4121-9179
비수도권 (5)	부산경제진흥원	'21년 10월	부산시 동구 자성공원로 23(범일동)	051-600-1779
	경북대학교	'21년 10월	대구시 북구 유통단지로13길 9(산격동)	053-381-0999
	전주JICA	'22년 2월	전주시 덕진구 서귀로 107(팔복동)	063-281-4143
	강원도경제진흥원	'22년 9월	강원도 춘천시 후석로420번길 7(후평동)	033-241-7735
	KBC 광주방송	'22년 9월	광주광역시 서구 무진대로 919(광천동)	062-369-9511

(3) 스마트 플래그십 스토어(소담상회)

스마트 플래그십 스토어(소담상회) 사업은 오프라인 쇼룸을 통해 제품 체험 및 전시 공간을 제공하고, 온라인 기획전과 연계하여 O2O 판매를 지원하는 사업이며 지원 대상은 입점 희망 플랫폼(아이디어스 또는 인터파크) 입점이 가능한 소상공인이다. 신청방법은 '가치삽시다 플랫폼' 접속 후 희망지점 입점 신청하면 된다(신청페이지: https://portal.valuebuy.kr/sodam).

구분	지원 내용	지원 규모
소담상회 with 아이디어스	· (오프라인 쇼룸지원) 인사동(쌈지길) · 서교동 매장 입점 지원 · (온라인기획전) 아이디어스 온라인 입점 및 기획전 지원 · (착한 수수료) 온오프라인 입점 수수료 지원 · 개인사무실 및 공유공방(전기가마 등) 시설 이용 지원	1,500개사
소담상회 with 인터파크	· (오프라인 쇼룸지원) 한남동(블루스퀘어) 매장 입점 지원 · (온라인기획전) 인터파크 온라인 입점 및 기획전 지원 · (착한 혜택) O2O연계 쿠폰 등 최대 40% 지원 · 라이브커머스 스튜디오 및 회의실 시설 이용 지원	1,500개사

※ 소담상회 운영현황

> ■ 소담상회 with 아이디어스 플레이스(인사, 서교)
>
> – 운영기관: 백패커(아이디어스)
> – 주소: (인사) 서울시 종로구 인사동길 44 쌈지길 1층, 4층, 별관
>   (서교) 서울시 마포구 홍익로5길 31 1층
> – 연락처: 카카오톡 플러스친구
>   아이디어스 스토어(인사): sfstore@backpac.kr(인사)
>   아이디어스 플레이스(서교): craftlab@backpac.kr(서교)
>
> ■ 소담상회 with 인터파크(한남)
>
> – 운영기관: 인터파크
> – 주소: 서울특별시 용산구 이태원로 294
> – 연락처: hope1215@interpark.com / shs25@interpark.com

3.5. 소상공인 진단 및 패키지 지원사업(시범사업)

소상공인 진단 및 패키지 지원사업은 온라인 초기 소상공인 등의 수준별 역량진단 및 필요한 사업을 패키지 형태로 지원하여, 맞춤형 성공모델 발굴 및 확산하는 데 목적이 있다. 지원대상은 온라인 초기 소상공인(통신판매업 신고 2년 미만) 또는 스마트스토어 개설 소상공인이다.

구분	내용
진단 및 로드맵 제시	· 선정기업 온라인시장진출 관련 기초현황 및 희망수요를 조사하고, 지원 분야별 적합도 및 온라인 진출 로드맵 제시

구분	내용
패키지 지원 * 한도: 소상공인별 1천만원 상당	· 역량강화(상품디자인개선, 홍보콘텐츠개선), 채널진출(온라인몰 입점지원, 라이브커머스 제작), 온라인홍보 · 광고 中 사전선택 부문 지원
추가 지원(온라인기획전)	· 「온라인쇼핑몰 입점지원」 사업과 협약된 민간채널에 지원상품이 입점되어 있는 경우, 소상공인 희망 시 해당 채널 기획전 입점 · 판매 추가지원

3.6. 소상공인 스마트상점 기술보급

- 사업개요: 소비 · 유통환경의 비대면 · 디지털화에 대응하기 위하여 소상공인 사업장에 스마트기술 도입을 지원

- 지원규모: 소상공인 5,600개사

- 지원대상: 스마트기술 도입을 희망하는 소상공인

- 지원내용:

① 경영환경의 지능화 및 품질 · 서비스 향상을 지원할 신기술* 지원

　* (예시) 키오스크, 무인판매기, VR · AR 적용 스마트미러, 서빙 · 조리로봇 등

② 상점당 최대 5백만원 지원 및 소상공인 자기 분담금 30% 필요

3.7. 소공인 스마트공방 기술보급

- 사업개요: 수작업 위주 작업공정 내 디지털 전환을 위한 자동화기기 도입, 데이터 수집 · 연계, 공용솔루션 등 스마트화 지원

- 지원대상: 상시근로자 수 10인 미만 제조업체(소공인)

- 지원내용: 스마트기술 도입, 제품 · 기술 개발비용 지원(49백만원, 70% 한도)

지원 항목	주요 내용
연구장비/재료비	· 스마트공정 구축을 위한 소프트웨어, 하드웨어 임차비 하드웨어 부품 등 재료비
위탁개발비	· KPI연계를 위한 소프트웨어, 공정개발 등 용역비

4. 신사업창업사관학교

- 사업개요: 신사업 등 유망 아이디어와 아이템 등을 기반으로 예비 창업자를 선발하여 창업 교육, 온 · 오프라인 점포경영체험 및 멘토링, 자금 등 지원
- 지원대상: 소상공인 예비창업자
- 지원내용

구분	지원내용	지원기간
창업이론교육	· 창업기초교육 및 업종별 전문 · 특화교육	4주
점포경영 체험교육	· 온 · 오프라인 창업 특성 등을 고려한 사업모델 고도화(브랜딩, 패키징, 상품화 전략 등), 시제품 검증 등을 위한 온 · 오프라인 점포 운영체험 등 지원	12주
멘토링	· 점포 체험 기간(약 12주) 동안 점포 운영에 필요한 전문가 멘토링 지원	12주
사업화 지원	· 교육 수료 후 브랜딩, 시제품 제작, 패키징, 매장 리모델링 비용 등 사업화 자금지원 · 수료생 대상 정책자금 연계(교육 수료 후 1년 이내)	150일

5. 소상공인 성장지원

5.1. 강한 소상공인 성장지원

- 사업개요: 새로운 소비 · 유통 환경변화에 능동적으로 대응하기 위해 다양한 분야와의 융합 · 연결을 지원하여 혁신하고 성장하는 강한 소상공인 발굴 및 육성
- 지원대상: 소상공인
- 지원내용: 성장 가능성이 있는 소상공인과 혁신 역량을 갖춘 창작자, 스타트업 간 협력 · 융합을 지원하고, 단계별 경쟁을 통해 가능성 · 성과 등에 따라 사업 고도화 자금 등을 집중 지원

  * (1단계) 아이디어 선발 → (2단계) BM고도화(최대 5천만원) → (3단계)스케일업(최대 5천만원 추가)

5.2. 로컬크리에이터

- 사업개요: 지역의 자연환경, 문화적 자산 등을 소재로 창의성과 혁신을 통해 사업적
가치를 창출하는 로컬크리에이터를 발굴 · 육성하는 사업

- 지원대상: 소상공인

- 지원내용

① 로컬크리에이터의 체계적인 로컬사업화(개인 → 협업 → 로컬브랜딩) 지원을 통한 로컬 육
성 및 지속적인 홍보 · 네트워킹을 통한 지원

② 개인: 로컬크리에이터 기창업자를 대상으로 BM 구체화, 마케팅 등을 위한 자금 지
원(최대 3천만원)

③ 협업: 로컬크리에이터 간 아이디어의 교류 · 융합을 통한 지역혁신을 위해 로컬크리
에이터 간 협업과제 지원(최대 7천만원)

④ 로컬브랜딩(신설): 지역 상권을 중심으로 협업을 통한 지역의 브랜드화를 추진하는
로컬 팀 지원(최대 2.5억원)

5.3. 우리동네 크라우드펀딩

- 사업개요: 투자 · 융자에 대한 리워딩(이자 등) 방식을 상품 쿠폰 · 할인권 등으로 다양
화하고, 펀딩 필요 비용(기획 · 홍보 · 수수료 등) 지원

- 지원대상: 예비창업자 및 소상공인

- 지원내용: 현장코칭, 컨설팅, 수수료 등 펀딩에 필요한 비용지원

- 신청 · 접수: 소상공인시장진흥공단 홈페이지(www.semas.or.kr)를 통한 온라인 신청

- 문의처:

① 중소벤처기업부 소상공인성장촉진과(www.mss.go.kr): 044-204-7283

② 소상공인시장진흥공단(www.semas.or.kr): 042-363-7726, 7727

③ 전화상담은 국번 없이 1357, 정책정보는 기업마당(www.bizinfo.go.kr)

【우리동네 크라우드펀딩】

구분		증권 · 후원형	융자형
현장 코칭	기본	(공통) 기업분석, 펀딩유형 및 전략 수립, 투자 전략 등 1:1 방문코칭	
	심화	증권형 구조 설계(형태, 조건, 시기, 투자포인트 등), IR 자료 자문, 투자 상담 등	후원형 상품 구성 및 마케팅콘텐츠 관련 상담, 사업자에 적합한 중개사 안내 등
		100만원 이내	100만원 이내
컨설팅 · 홍보 등		크라우드펀딩을 위한 법률 및 회계 자문, 기업 및 제품의 홍보 콘텐츠 제작 (랜딩 페이지에 게재되는 동영상, 사진, 상세페이지 디자인) 등의 비용지원	
		250만원 이내(vat 제외 100%)	100만원 이내(vat 제외 100%)
수수료		펀딩 성공 시 투자유치 금액에 근거하여 산출하는 금액으로 사업자가 중개사에 지급하는 광고 · 중개수수료*를 지원	
		200만원 이내(vat 제외 100%)	100만원 이내(vat 제외 100%)

5.4. 소상공인 언 · 컨택트 교육

- 사업개요: 소상공인들이 경영 · 기술 환경변화에 대처할 수 있도록 전문기술 · 디지털 역량강화 교육 · 실시간 온라인 교육 등 지원

- 지원대상: 소상공인 및 예비창업자

- 지원내용

① 전문기술교육: 예비창업자 및 소상공인을 대상으로 업종별 초 · 중 · 고급 기술교육 지원(수행: 민간교육기관)

  * 교육비 지원: 민간교육기관 교육비의 90%(최대 50만원 한두, 1인당 2회)

② 디지털 현장실습교육 · 전용교육장 교육: 디지털 취약 소상공인 역량 강화 교육, 스마트기술 및 O2O 플랫폼 활용 교육 등 지원(수행: 소상공인지원센터 및 전용교육장, 무료 교육)

③ 실시간 온라인 교육: 소상공인 온라인 교육 플랫폼(소상공인 지식배움터: http://edu.sbiz.or.kr)을 활용하여 매주 정기적으로 업종별 · 대상별 · 수준별 실시간 교육

5.5. 소상공인 컨설팅

- 사업개요: 소상공인의 경쟁력 제고를 위해 전문인력을 활용한 맞춤형 컨설팅 및 경영

지원 바우처 제공

- 지원대상: 소상공인, 예비창업자(임대차계약서 등 소지자)

- 지원내용: 소상공인의 경쟁력 제고를 위해 전문인력을 활용한 맞춤형 컨설팅 및 경영 지원 바우처(브랜딩·디자인, 세무, 특허 등) 제공

5.6. 상생협력 프랜차이즈 육성

- 사업개요: 중소프랜차이즈 특성별 맞춤 지원 등을 통한 프랜차이즈 성장지원 및 건전 한 프랜차이즈 산업 생태계 구축

- 지원대상: 프랜차이즈화 준비 중인 소상공인* 및 중소프랜차이즈** 가맹본부

 * 프랜차이즈화(정보공개서 등록)가 가능한 직영점 1년 이상 운영 경험 충족 필요

 * 자산총액 5천억원 이상 또는 매출액 400억원 이상 등 중견기업 이상 제외

- 지원내용: 프랜차이즈 체계 구축(BM, 정보공개서, 매뉴얼 등), 마케팅 지원, 지식재산권 등록·분쟁 지원 등

5.7. 소상공인 협업 활성화

- 사업개요: 공동마케팅, 브랜드개발, 네트워크 구축 등 공동사업 지원을 통해 소상공인 간 협업 촉진 및 자생력 제고

- 지원대상: 5인 이상의 소상공인으로 구성된 (예비)협동조합

 * 협동조합기본법 또는 중소기업협동조합법에 의해 설립·등기 완료된 수익사업을 하는 협동조합

- 지원내용: 성장단계별(준비, 초기, 성장, 도약) 마케팅, 브랜드 개발, 네트워크 구축 등 공동 사업, 온·오프라인 판로지원 및 아카데미(교육) 등을 지원

 * (단계별 지원한도) 초기 1억원, 성장 2억원, 도약 5억원(보조율: 공동장비 70%, 공동일반 80%)

5.8. 백년가게 및 백년소공인 육성

- 사업개요: 오랜 경험과 노하우를 가진 우수 소상공인을 발굴하여 백 년 이상 존속·성
  장할 수 있도록 지원 및 성공모델 확산

- 지원대상:

① (백년가게) 단일 제조업을 제외한 업력 30년 이상 소상인 및 소기업, 중기업

② (백년소공인) 제조업으로 업력 15년 이상의 숙련기술 기반의 소공인

- 지원내용:

① (발굴·선정) 백년가게 및 백년소공인 확인서 및 인증현판 제공

② (성장지원) 온라인 진출지원, 기획전 등 온라인 판로지원 및 시설개선 등 지속성장을
   위한 지원

③ (홍보) 이벤트 및 방송·신문·민간매체, O2O플랫폼 등 온·오프라인 홍보

6. 소상공인 특화지원

6.1. 소공인 특화지원센터 설치·운영

- 사업개요: 소공인 집적지 내에 특화지원센터를 설치하여 교육·상담, 특화프로그램
  운영 등을 통해 소공인의 성장·발전 촉진

- 지원규모: 38곳 내외, 133억원(센터당 3.5억원 내외)

- 지원대상: 「민법」 제32조에 따라 설립된 비영리 법인 중 소공인 관련 분야 업무를 수
  행하는 법인 또는 단체

- 지원내용: 「도시형 소공인 지원에 관한 특별법」 제18조에 따른 업무 수행 및 집적지
  특성 등을 고려한 특화사업 구성·운영(센터별 350백만원 내외)

지원항목	지원 내용
교육	·경영·기술 및 스마트 전문역량 배양 등을 위한 교육사업
컨설팅	·경영애로 해소 및 판매촉진을 위한 전문 컨설팅
자율사업	·공동전시회, 시제품개발 등 소공인의 매출·고용 발전을 위해 지역·업종에 특화된 자율사업

6.2. 소공인 복합지원센터 구축 · 운영

- 사업개요: 집적지구 내 기획, 디자인, 제품개발, 판매 등을 원스톱 지원하는 복합지원 센터 구축으로 소공인 협업클러스터 및 혁신기반조성
- 지원방식: 사업비 매칭지원(구축비 중 국비 50% 이하, 지방비 50% 이상)
- 지원대상: 「지방자치법」 제2조 1항에 따른 지방자치단체*

  * 특별시, 광역시, 특별자치시, 도, 특별자치도, 시, 군, 구

【행정구역별 기준】

행정구역	기준
특별 · 광역시의 읍 · 면 · 동	50인 이상(업체 수)
시(특별자치시 · 도 포함)의 읍 · 면 · 동	40인 이상(업체 수)
군의 읍 · 면	20인 이상(업체 수)

- 지원내용: 공동장비, 스마트장비, 공용장비실, 전시 · 판매장, 체험공간 등 구축 비용 지원

【복합지원센터 주요 기능(예시)】

· (공용장비) 기획부터 판매까지 기능 수행에 필요한 제작, R&D, 측정, 물류 장비 등
· (전시 · 판매장) 다양한 형태의 소공인 제품 전시·판매장 등
· (제조 · 교류 공간) 공동장비실, 회의실, 교육실, 네트워크 공간, 연구개발실 등

6.3. 소공인 클린제조환경조성

- 사업개요: 소공인 작업장 내 현장진단으로 산업재해 예방 및 탄소중립을 위한 에너지 효율화 등 환경개선 비용지원
- 지원대상: 상시근로자 수 10인 미만 제조업체(소공인)
- 지원내용: 국고보조금 420만원 한도 내 항목 자율선택

  * (지원항목) 인식개선교육, 저탄소작업장, 근로 · 안전 등

6.4. 소공인 판로개척지원

- 사업개요: 성장잠재력을 보유한 우수소공인의 온 · 오프라인몰 입점, 전시회 참가 등 국내 · 외 판로개척 지원
- 지원대상: 상시근로자 수 10인 미만 제조업체(소공인)
- 지원내용: 국고보조금 2,500만원 한도 내 항목 자율선택

  * (지원항목) 전시회 참가, 온라인마케팅, 오프라인매장입점, 미디어콘텐츠 제작 등
- 21년 주요 변경 내용

① 제품품평회 개최로 중점적으로 육성 · 관리할 예비스타 소공인을 선정하여 국내 · 외 판로지원제도를 마련, 전담 매니저 매칭 등 유통 全 단계 지원 및 관리 추진

② 新유통환경에 부합하는 바우처 지원항목 신설 및 추가 판로 연계지원 병행을 통해 국 · 내외 판로개척 지원 강화

7. 소상공인시장진흥공단 업무 문의처

■ 사업 총괄(중소벤처기업부) 및 위탁기관(소상공인시장진흥공단 등)

사업명	총괄 (중소벤처기업부)	위탁기관 (소상공인시장진흥공단 등)
· 소상공인정책자금	044-204-7523	042-363-7122, 7130
· 희망리턴패키지	044-204-7860, 7861	042-363-7701~7715
· 자영업자 고용보험료 지원	044-204-7860	042-363-7710~7712
· 소상공인 스마트상점 기술보급	044-204-7872, 7876	042-363-7804, 7808
· 소공인 스마트공방 기술보급	044-204-7883, 7884	042-363-7914, 7919
· 소상공인 온라인 판로 지원	044-204-7281~2, 7284	1899-4049(중소기업유통센터) 042-363-7832~4
· 신사업창업사관학교	044-204-7854, 7283	042-363-7726, 7727
· 로컬크리에이터	044-204-7854, 7283	044-410-1883, 1885, 1927
· 강한 소상공인 성장지원	044-204-7854, 7283	042-363-7726, 7727
· 우리동네 크라우드 펀딩	044-204-7854, 7283	042-363-7726, 7727
· 상생협력 프랜차이즈 육성	044-204-7830	042-363-7743, 7747
· 소상공인 협업 활성화	044-204-7885, 7887	042-363-7922, 7924, 7925~9

사업명	총괄 (중소벤처기업부)	위탁기관 (소상공인시장진흥공단 등)
· 백년가게 및 백년소공인 육성	044-204-7885, 7887	042-363-7822~6
· 소상공인 언 · 컨택트교육	044-204-7854, 7283	042-363-7727, 7737
· 소상공인 컨설팅	044-204-7854, 7283	042-363-7731, 7732
· 소공인 특화지원센터 설치 · 운영	044-204-7883, 7884	042-363-7906
· 소공인 판로개척지원	044-204-7883, 7884	042-363-7908, 7914
· 소공인 복합지원센터 구축 · 운영	044-204-7883, 7884	042-363-7918
· 소공인 클린제조환경조성	044-204-7883, 7884	042-363-7919

■ 소상공인시장진흥공단 지역본부(지역센터)

지역본부	전화	주소
서울강원	02-730-9361	서울시 마포구 독막로 320 태영데시앙루브 7층
부산울산경남	051-469-4680	부산시 중구 중앙대로63 부산우체국 12층
대구경북	053-629-4633	대구시 중구 국채보상로102길 2 우리은행 3층
광주호남	062-369-8754	광주시 서구 천변좌로 268 KDB생명빌딩 21층
경기인천	031-204-3014	경기도 수원시 영통구 반달로 87 경기지방중소벤처기업청 4층
대전충청	042-864-1609	대전시 중구 계룡로 800 동아생명빌딩 9층

※ 공고 관련 자세한 내용은 홈페이지에서 확인

· 중소벤처기업부 홈페이지: www.mss.go.kr
· 소상공인포털: www.sbiz.or.kr
· 소상공인시장진흥공단 홈페이지: www.semas.or.kr
· 소상공인정책자금 홈페이지: ols.sbiz.or.kr
· 희망리턴패키지 홈페이지: hope.sbiz.or.kr

III 창조경제혁신센터

1 기관 소개

창조경제혁신센터는 지역 창업을 활성화하고 기업가정신을 고취하며 관련 기관·프로그램을 연계해 예비창업자 및 창업기업의 역량 강화를 지원하기 위하여 2014년도부터 2015년 7월 사이에 19개 광역시/도별 주요 대기업과 1:1 전담지원체계를 구축하여 출범한 혁신창업허브로서 현재 19개 창조경제혁신센터가 설립되어 있다. 총 19개 창조경제혁신센터 중 빛가람, 포항을 제외한 17개 창조경제혁신센터는 「벤처투자 촉진에 관한 법률」상 액셀러레이터(창업기획자)로도 등록되어 있다.

2 주요 업무

19개 창조경제혁신센터는 공통적으로는 멘토링, 컨설팅, 사무공간 및 보육 프로그램 제공, 사업화 지원, 판로 지원, 투자유치, 글로벌 진출, 온·오프라인 상담 등의 업무를 공통적으로 수행하고 있으며, 그 밖에 각 센터별로 특화된 맞춤형 창업지원 프로그램을 운영하고 있다.

【주요 지원 업무】

지원업무	지원 내용
상담, 멘토링, 컨설팅	· 창업, 변리, 법률, 투자, 세무/회계, 인사/노무 분야 상담, 멘토링 및 컨설팅을 지원
사무공간 및 시설 제공	· 예비창업자 및 업력 7년 미만 창업자에게 창업공간 및 시제품 제작장비 등 지원
사업화 지원	· 제품 출시, 홍보, 마케팅, 시장진출 등 지원
투자유치	· 민간 투자기관과 연계해 후속투자 유치를 지원
특화 프로그램	· 각 센터별 특성에 맞는 특화 창업지원 프로그램 운영

〈참고〉 창조경제혁신센터 현황

창조경제 혁신센터	대표번호	주소	특화 분야
서울	02-723-9100	서울시 용산구 한강대로 69, 102동 5층 서울창조경제혁신센터	창업 전 분야
경기	031-8016-1102	경기 성남시 분당구 대왕판교로645번길 12, 경기창조경제혁신센터 1F, 5F	AI, 빅데이터, ICT, 5G, 지능형 로봇 등 ICT 분야
인천	032-458-5000	인천시 연수구 갯벌로 12 미추홀타워 7층(송도동)	기술기반 전 분야
부산	051-749-8900	부산시 해운대구 센텀중앙로 78 센텀그린타워 3~4F	기술창업 전 분야
울산	052-716-5164	울산시 남구 대학로 93 5호관 2층(무거동, 울산대학교)	기술기반 전 분야
경남	055-256-2700	경남 창원시 의창구 창원대로 18번길 46(경남창원과학기술진흥원, 2층)	기술기반 전 분야
대구	053-759-6380	대구시 북구 호암로 51, 대구창조경제혁신센터	전 분야
경북	054-470-2614	경북 구미시 구미대로 350-27 모바일융합센터 2층 경북창조경제혁신센터	하드웨어(제조/기술)
포항	054-270-4573	경북 포항시 남구 청암로 87 포항 체인지업 그라운드 4F	에너지 · 환경 · 소재 · 바이오 분야
광주	062-364-9132	광주광역시 서구 경열로17번길 12, 4층 광주창조경제혁신센터	친환경스마트모빌리티 및 AI
빛가람	061-345-7763	전남 나주시 그린로 370 에너지밸리기업개발원 2층	에너지산업 분야
전남	061-661-2002	전남 여수시 덕충 2길 32(덕충동) 전남창조경제혁신센터	농수산식품 분야, 바이오활성소재 분야
전북	063-220-8900	전북 전주시 덕진구 오공로 123(만성동 1255)(전북테크비즈센터 4층) 전북창조경제혁신센터	탄소산업, 농생명식품, 문화ICT 융복합기업
대전	042-385-0666	대전 유성구 대학로291 KAIST 나노종합기술원 9F	ICT, 반도체, 에너지 분야 등
세종	044-999-0003	세종특별자치시 조치원읍 군청로 93 SB플라자 3층	스마트시티 · 팜, 자율주행, 소셜벤처 기술 분야
충남	041-536-7888	충남 아산시 배방읍 희망로 100, 2층 (천안아산역사) 천안아산 KTX역사 창조경제혁신센터	4차산업 신기술, IT, IOT, ICT 등
충북	043-710-5900	충북 청주시 흥덕구 오송읍 오송생명1로 194-25 (청주SB플라자) 2층	Beauty, ICT, BIO
강원	033-248-7900	강원 춘천시 한림대학길 1, 한림대학교 도헌글로벌스쿨 1층	전 분야
제주	064-710-1900	제주시 중앙로 217 제주벤처마루 3~4층	기술기반 전 분야

IV 테크노파크

1 기관 소개

테크노파크는 1998년 제정된 「산업기술단지 지원에 관한 특례법」에 따라 산업기술단지를 조성·운영하기 위해 설립된 재단법인으로 서울테크노파크를 비롯해 전국에 19개의 테크노파크가 운영되고 있다.

테크노파크는 지역 산·학·연·관을 비롯한 지역혁신기관과의 유기적인 네트워크를 구축하여 지역 실정과 특성에 맞는 산업발전 전략 및 정책을 수립하여 지식기반 강소기술기업을 발굴·육성하는 거점기관으로서 초기에는 기업보육, 기술지원 등에 집중하였으나 지역정책 및 사업기획, 기업지원서비스 등으로 점차 기능을 확대하고 있다.

2 주요 업무

19개 테크노파크는 지역 특성에 맞게 창업지원, 입주공간 및 장비지원, 컨설팅 지원, 기술사업화 지원, 교육훈련 지원, 기술지원 사업을 펼치고 있다.

【주요 지원 업무】

지원업무	지원 내용
창업지원	· 청년·시니어층의 일자리 마련을 위한 전략적 창업지원
입주공간 및 장비지원	· 최적의 사무공간 및 첨단장비 지원
컨설팅 지원	· 분야별 전문가를 활용한 온·오프라인 컨설팅 지원
기술사업화 지원	· 창의적 비즈니스 아이디어의 사업화 및 기술이전 지원
교육훈련	· 지역 맞춤형 전문교육 프로그램 지원
기술지원	· ICT/IoT 기반 구축을 통한 기술 및 제품개발 지원

〈참고〉 테크노파크 현황

테크노파크	대표번호	주소	특화 분야
서울	02-944-6000, 6114	서울특별시 노원구 공릉로 232	NT, IT, 자동차, 의료기기
경기	031-500-3000	경기도 안산시 상록구 해안로 705	정보통신/전자, 자동차부품
경기대진	031-539-2302	경기도 포천시 자작로 155	가구, 유기농/전통식품, 신재생에너지
인천	032-260-0700	인천광역시 연수구 갯벌로12 (송도동)	항공, 첨단자동차, 바이오, 로봇뷰티
부산	1588-4739	부산광역시 강서구 과학산단1로60번길 31	바이오메디컬, 지능형기계부품, 지능정보서비스, 클린에너지
울산	1877-8972	울산광역시 중구 종가로 15(다운동)	친환경자동차부품, 조선해양, 첨단화학신소재, 친환경에너지
경남	055-259-3300	경상남도 창원시 의창구 창원대로18번길 22	항노화바이오, 지능형기계, 나노융합부품, 항공
대구	053-757-4114	대구광역시 동구 동대구로 475 대구벤처센터 9층	의료헬스케어, 첨단소재부품, 분산형에너지
경북	053-819-3000	경상북도 경산시 삼풍로 27 (삼풍동 300)	바이오뷰티, 기능성섬유, 지능형디지털기기, 하이테크성형가공
포항	054-223-2114	경상북도 포항시 남구 지곡로 394	철강신소재, 바이오의료소재, ICT융합
광주	062-602-7114	광주광역시 북구 첨단 과기로333	디지털생체의료, 스마트가전, 광융합, 복합금형
전남	061-729-2500	전라남도 순천시 해룡면 율촌산단 4로 13(선월리 908)	바이오헬스케어소재, 첨단운송기기
전북	063-219-2114	전라북도 전주시 덕진구 반룡로 110-5(팔복동2가 818)	농생명소재식품, 지능형기계부품, 해양설비기자재, 탄소복합소재
대전	042-930-2880	대전광역시 유성구 테크노9로 35	바이오기능성소재, 로봇지능화, 무선통신융합
세종	044-850-2100	세종특별자치시 조치원읍 군청로 93 세종SB플라자 4층, 5층	정밀의료, 첨단수송기기부품
충남	041-589-0602	충청남도 천안시 서북구 직산읍 직산로 136	바이오식품, 친환경자동차부품, 차세대디스플레이
충북	043-270-2000	충청북도 청주시 청원구 오창읍 연구단지로 40	바이오헬스, 스마트IT부품, 수송기계소재부품
강원	033-248-5600	강원도 춘천시 신북읍 신북로 61-10	웰니스식품, 세라믹복합신소재, 레저휴양지식서비스
제주	064-720-2300	제주특별자치도 제주시 중앙로 217 제주벤처마루 9층	청정헬스푸드, 스마트그리드, 지능형관광콘텐츠

V 한국발명진흥회

1 기관 소개

한국발명진흥회는 「발명진흥법」 제52조에 의거 설립된 특수법인으로서 발명진흥사업을 체계적·효율적으로 추진하고 발명가의 이익증진을 도모하며 국내 지식재산사업을 보호·육성하여 국가 경쟁력 강화에 이바지하고자 설립되었다. 1973년 10월 설립된 사단법인 '한국발명특허협회'의 후신으로 설립 당시 주요 대기업 회원이 주축이 되어 한국특허협회로 발족했으며, 1995년 발명진흥사업을 체계적으로 수행하기 위해 「발명진흥법」이 제정 및 시행됨에 따라 이에 근거해 1994년 12월에 특수법인화되었고, 2007년 4월에 기타공공기관으로 지정되어 지금까지 이르고 있다.

한국발명진흥회는 현재 서울특별시 강남구 역삼동 소재 한국지식재산센터 내에 있는 본점과 지방 소재 6개(부산, 광주, 강원, 전북, 세종, 대전) 지부를 운영하고 있다.

2 주요 업무

한국발명진흥회는 지식재산 유관기관 출범의 모체 역할을 수행하며 기술평가·거래전문기관, 창의인재 양성기관으로서 국내 지식재산 정책을 이끌어왔고, 현재도 지식재산 가치 극대화, 지식재산 핵심인재 양성, 지식재산 문화 확산, 경영혁신과 투명경영이라는 목표를 가지고 전 국민의 창의적인 아이디어와 상상력을 일깨워 국가경제의 활성화를 위한 중요한 역할을 하고 있다. 발명지원회의 주요 업무는 다음 표와 같다.

지원업무	지원 내용
지식재산 금융 · 사업화	· 사업화연계 지식재산평가지원, 우수발명품 우선구매추천사업, IP제품혁신 지원사업, IP 보증연계 지식재산평가지원, IP투자연계 지식재산평가지원, IP담보대출연계 지식재산 평가지원, IP사업화 통합 지원센터, 직무발명활성화 사업, 우수특허기반 혁신제품 지정 사업
특허기술거래평가	· 가지식재산거래소, 지식재산평가센터, 특허분석평가시스템, 시니어 퇴직인력의 특허기 반 기술창업 지원
지역 IP지원	· IP기반해외진출(글로벌IP스타기업), 중소기업 IP(지식재산), 바로지원소상공인 IP(지식재 산)역량강화, IP 나래, IP 디딤돌, IP 협력기반 강화, 지식재산경영인증
국내 발명 전시/행사	· 발명의날 기념식, 상표디자인권전, 대한민국 발명특허대전, 지식재산 스타트업 경진대 회, 아이디어 거래 플랫폼
국제발명 전시 · 국제협력	· 서울국제발명전시회, 태국 방콕 국제 지식재산 · 발명 · 혁신 · 기술 전시회, 스위스 제 네바 국제 발명품전시회, 말레이시아 국제 발명 · 혁신 · 기술 전시회, 대만 이노테크 엑 스포, 독일 국제아이디어 · 발명 · 신제품 전시회, 중국국제발명전시회, 국제 지식재산 나 눔사업,국제 지재권 콘텐츠 개발 및 확산사업, 지재권 국제개발컨설팅 및 지식공유사업
학생 교원 전시/행사	· 대한민국학생발명전시회(교원전), 대한민국학생창의력챔피언대회, 전국초중학생발 명글짓기만화공모전, 대한민국발명교육대상, 전국교원발명교육연구대회, IP Meister Program, 발명과학교실
미래형 발명인재 양성	· 발명(영재)교육의 문화 조성, YIP(청소년 발명가 프로그램), 지식재산 교육 선도대학, 캠 퍼스 특허 유니버시아드, 발명(영재)교육의 학문적 기반 확산 및 학술 네트워크 구축, 지식재산 디지털교육사업, IP−Campus+차세대영재기업인 육성사업, 직업계고 발명 · 특허교육지원, 초중고 발명교육 선도학교 운영 사업, 국가공인 지식재산능력시험(IPAT), 발명교사인증제, 발명교육센터 운영, 종합교육연수원, 지식재산학 학점은행제, 기업지 식재산 실무인력 양성사업, 찾아가는 발명체험교실, 지식재산교수 교육, 지식재산 융합 인재 양성사업

③ 주요 지원사업

1. 시니어 퇴직인력의 특허기반 기술창업 지원

수준 높은 기술 · 경험 · 네트워크를 보유한 시니어 퇴직인력이 창업에 적합한 특허권리 확보와 맞춤형 특허사업화 지원을 통해 성공적인 특허기반 기술창업을 실현할 수 있도록 IP권리확보, IP제품사업화전략, 제품검증 등 특허사업화 패키지 등을 제공하는 창업 프로 그램이다.

구분	지원내용	비고
IP권리확보 지원	· 창업팀의 IP 제품사업화 추진에 필요한 신규 IP확보 또는 외부기술 도입(통상 및 전용실시권 확보) 중 택일 후 지원(최대 15백만원 이내) * 신규IP확보는 사업수행기관을 통해 용역 제공, 외부기술 도입은 창업팀이 직접 추진	
IP제품사업화계획	· 창업아이템(제품 혹은 서비스)에 대한 시장분석, BM/투자전략 종합 제시 * 지원내용은 외부 사업수행기관의 전문 용역을 통해 종합보고서의 형태로 지원되며, 해당 보고서는 기존의 사업계획을 토대로 아래의 항목을 포함하여 제공 예정 ① 아이템 및 경쟁자 분석, ② 국내외 산업/시장/기술분석, ③ 규제사항/BM 분석, ④ BM 및 IP사업화 전략, ⑤ IR추진전략 및 IR피치덱 등	
IP제품검증	· 창업아이템의 실현 가능성 검증을 위해 IP제품검증(워킹목업 등) 지원 * 창업아이템 산업 분야에 따라 제품검증에 필요한 지원을 추진할 수 있음	
지원 사항	· 창업지원형(민간협업형, 10팀) 　– 은행권청년창업재단 투자검토(최대 3억원) 　– 협업기관 창업지원프로그램 지원 시 가점 혹은 우대지원 검토 · 재창업지원형(중기부협업형, 10팀) 　– 중소벤처기업부 '재도전성공패키지' 연계를 통한 사업화 자금 최대 60백만원 지원	공통 사항–특허사업화 패키지(최대 40백만원–특허청 지원)

2. 소상공인 IP(지식재산)역량강화

소상공인이 보유한 상표 · 레시피 등의 권리 확보를 지원하고 지식재산에 대한 인식 제고를 위한 교육 및 상담 프로그램을 운영하고 있다.

구분	지원내용	비고
사업개요	· 지원대상: 「소상공인 기본법」 제2조에 따른 소상공인(사업자등록증 보유) * (지원제외 대상) 소상공인 정책자금 지원제외 업종(2022년 중소벤처기업부 공고 참조), 그 외 사업 시행공고상 신청(지원) 제외 대상으로 규정한 경우 · 지원기간 및 지원한도: 소상공인당 연 2건 이내 · 기업분담금: 20%(현금 10%, 현물 10%) * 상표출원 지원사업의 경우 소상공인 IP(지식재산) 기초교육 수료 시 면제 가능	
지원내용	· 지식재산 기초교육 및 상담 　– 지원금: 무료 · 상표출원 지원 　– 지원금: 600천원 이내 　– 분담금: 현금 및 현물 20% · IP창출 종합패키지 　– 지원금: 15,000천원 이내 　– 분담금: 현금 및 현물 20%	

3. IP디딤돌

예비창업자의 아이디어를 지식재산 기반 창업 아이템으로 도출하여 창업까지 연계될 수 있도록 맞춤형 지원을 통한 혁신형 창업을 유도하는 프로그램이다.

구분	지원내용
신청대상	· 예비창업자(개인)
지원내용	· 아이디어 상담창구 운영을 통해 지식재산 창출 · 보호 · 활용 전반에 대해 애로를 겪고 있는 예비창업자 및 지역민을 대상으로 지식재산 애로 사항 해결 · 예비창업자의 아이디어를 창업 아이템으로 도출하기 위해, IP기반 창업교육, 아이디어 고도화 및 권리화, 아이디어 형상화(3D프린터 모형 설계 및 제작), 창업 컨설팅 및 외부 연계 컨설팅 지원

4. IP제품혁신 지원사업

IP제품혁신 지원사업은 지식재산(IP) 기반 중소기업의 경쟁력 강화 및 사업화 촉진을 위해 보유 IP의 제품화 관련 맞춤형 통합 솔루션을 지원하는 사업이다.

구분	지원내용

지원대상	· 등록된(전용실시권 포함) 특허, 실용신안, 디자인 중 1건 이상을 보유한 중소기업이며, 과제별 세부요건은 해당 공고문 참고
	  – 중소기업: 중소기업기본법(제2조), 중소기업기본법 시행령(제3조, 제8조)의 기준을 모두 만족할 것
	  – 중소기업 여부는 중소기업현황 정보시스템(http://sminfo.smba.go.kr)에서 확인
	  – 특허 · 실용신안 · 디자인의 등록원부에서 최종권리자가 신청한 법인기업 명의로 되어 있어야 신청 가능(단, 개인기업인 경우 개인기업 대표자 명의도 인정함)

지원내용	· 지원규모: 예산 범위 내에서 선별하여 지원 · 지원방식: 최대 8개월 이내의 심층 IP활용전략 컨설팅 지원 – 사업비는 수혜기업에 직접 지원되지 않으며, 사업수행사(컨설팅사)의 용역비 및 제반비용 등에 사용됨 · 지원한도 최대 1억 1천만원 이내(기업부담금 및 VAT 포함) · 기업부담금: 기업매출액 기준 과제별 지원금의 10~40% 내 현물 및 현금 매칭 (상세 내용은 해당 공고문 참고)

5. IP보증연계 지식재산평가지원

IP보증연계 지식재산평가지원은 기업이 보유한 지식재산(특허권)의 가치를 평가하고 그 결과를 사업자금의 보증 및 대출에 활용할 수 있도록 평가비용을 지원하는 사업이다.

구분	지원내용
지원대상	· 신청일 현재 등록된 특허권을 보유하고 사업화하고 있는 중소기업 및 초기 중견기업
지원내용	· 지원한도: 지식재산가치평가 1건당 평가비용 500만원 이내에서 일부 지원 · 지원내용: 발명의 평가기관이 수행하는 지식재산가치평가에 대하여 평가비용을 지원하고, 보증기관은 가치평가 결과금액 이내에서 보증 지원 * 2022년 현재 보증기관 – 신용보증기금, 기술보증기금

6. IP투자연계 지식재산평가지원

IP투자연계 지식재산평가지원은 우수 지식재산권(IP)을 보유한 중소·중견기업에 대한 투자심의 시, 투자기관이 공인된 평가기관의 지식재산 평가보고서를 활용할 수 있도록 평가비용을 지원하는 사업이다.

구분	지원내용
지원대상	· 신청일 현재 등록된 특허권을 보유 및 사업화하는 중소기업 및 초기 중견기업을 대상으로 투자를 검토하는 투자기관 * 투자기관은 중소기업 창업지원법상의 중소기업창업투자회사 외에, 국내 중소기업 및 초기 중견기업에 투자를 수행하는 금융기관, 기업, 엔젤클럽 등을 포함
지원내용	· 기본지원율(80%): 지식재산평가 1건당 평가비용 이내에서 80% 지원 – 가치평가형: 평가비용 1,500만원(국고지원액은 평가비용의 80%인 1,200만원 이내에서 지원) – 등급형: 평가비용 750만원(국고지원액은 평가비용의 80%인 600만원 이내에서 지원)

제6부

민간기관
창업지원제도

I 크라우드펀딩

1 개요

크라우드펀딩(Crowd funding)은 대중(Crowd)으로부터 자금조달(funding)을 받는다는 의미이다. 즉 자금이 부족하거나 없는 사람들이 프로젝트를 인터넷 등에 공개하고 후원, 기부, 대출, 투자 등을 목적으로 다수의 개인으로부터 자금을 모으는 형태의 펀딩이다. 2000년대 초반부터 이와 유사한 형태의 자금 조달 방법이 출현하기 시작하였다. 최근에는 자금이 필요한 개인, 단체, 기업 등이 웹이나 모바일 네트워크 등 소셜 네트워크 서비스(SNS)를 활용하고 있어 소셜펀딩, 소셜금융이라고도 불린다.

크라우드펀딩의 대표적인 기업은 후원형 펀딩사이트로 잘 알려진 미국에 있는 킥스타터(Kicstarter)와 인디고고(Indiegogo), 영국의 공익기부형 비영리 펀딩사이트인 저스트 기빙(Just Giving) 등이 있다. 국내의 경우 크라우드펀딩의 시초는 국회의원 선거에서 정치인 펀드로 처음 소개된 이후 18대 대통령 선거에서 대통령 후보들이 지지 유권자로부터 크라우드펀딩 형태로 선거자금 모금활동을 하면서 대중들에게 널리 알려지게 되었다.

현재 국내에서 영업 중인 대표적인 크라우드펀딩 기업은 와디즈(wadiz)로 중개 금액과 프로젝트 건수 등의 측면에서 국내 최대 규모의 크라우드펀딩 서비스를 제공하고 있다.

2 크라우드펀딩의 유형

크라우드펀딩의 유형을 살펴보면 자금 모집의 목적에 따라 증권형, 후원기부형, 대출형으로 분류할 수 있다. 먼저 증권형 크라우드펀딩은 가장 일반적인 펀딩형태로 투자형 크라우드펀딩이라고도 불린다. 벤처기업 등이 자신의 사업 목표와 비전 등을 대중들에게 공개하고 비상장 공모주를 파는 것이다. 즉 다수의 개인들이 스타트업, 벤처기업 등에 투자하고 지분을 획득하는 형태의 크라우드펀딩이다. 2016년 1월 자본시장과 금융투자에 관한 법률이 개정 및 시행되면서 '온라인소액투자중개업자'의 자격, 투자자의 1인당 투자한도 등을 정해 두고 있다. 증권형(투자형) 방법을 국내에서 진행하는 기업은 오픈트레이드, 와디즈, 크라우디 등이 있다.

두 번째 유형인 후원기부형 크라우드펀딩은 리워드형이라고도 한다. 신제품을 개발한 중소기업, 창업아이템을 구체화한 스타트업, 공연 프로젝트를 기획하는 문화예술인 등이 주된 참여자이다. 새로 개발한 제품이나 프로젝트, 공연 등 양산 및 진행에 필요한 자금을 펀딩 항목으로 등록한 후에 불특정 다수의 대중들로부터 후원을 받고, 펀딩에 성공하여 제품개발 및 프로젝트가 완성되면 펀딩 참여자들에게 해당 제품이나 프로젝트 참여권(공연티켓 등) 등으로 보상받는 형태의 크라우드펀딩과, 공익 목적의 순수 기부 형태의 크라우드펀딩 형태로 다시 구분할 수 있다.

마지막으로, 대출형 크라우드펀딩은 개인과 개인 사이의 P2P 대출, P2P 금융이라고 할 수 있다. 여러 개인들이 돈을 모아 한 사람에게 돈을 빌려준다는 개념으로 과거에 개인들 간에 일종의 계모임과 유사한 형태이다. 대부업자로 등록하지 않은 개인들은 이자소득에 대해 기타 소득으로 과세가 됨에 따라 27.5%까지의 이자율을 적용받을 수 있다. 이러한 개인 간 대출의 경우 대출심사 없이 자금이 필요한 사람 누구나 이용할 수 있어 대출 후 원금 회수율이 낮은 편이다. 따라서 기존 은행이나 1·2금융권에서 대출을 받을 수 없어 대부업체를 이용할 수밖에 없던 이들이 10~15% 수준의 중금리로 대출을 받을 수 있고, 투자자의 경우도 예적금 같은 금리가 낮은 초저위험 상품과 수익은 높지만 리스크가 큰 주식과 같은 고위험 투자보다는 다소 안전한 투자가 가능하다.

【크라우드펀딩의 유형】

구분	증권형(투자형)	후원기부형	대출형
개념	· 스타트업, 소자본기업들이 온라인 홍보(피칭)를 통해 투자금 모집	· 개인과 개인 사이에 이루어지는 P2P 대출 투자	· 기업의 아이디어 상품, 문화예술 활동 프로젝트 등에 투자

구분	증권형(투자형)	후원기부형	대출형
자금조달	· 주식, 채권 등 발행	· 대출금 지급	· 목표금액 안에서 개인 투자자가 후원금 납부
보상방법	· 주식, 채권 소유, 지분배당금	· 대출금리(이자)	· 상품/제품 증정, 공연티켓 등 비금전적인 보상
대표 플랫폼	· 크라우드큐브(영국), 씨더스(영국)	· 렌딩클럽(미국), 조파(영국)	· 킥스타터(미국), 인디고고(미국)

* 자료: 영국 크라우드펀딩 협회(UK Crowd Funding Association, UKCFA)

II 엔젤투자자

1 개요

1. 엔젤투자자의 개념

엔젤투자자란 창업 또는 창업 초기단계에 있는 스타트업에 필요한 자금을 공급해 주고 경영에 대한 자문을 수행하는 개인 투자가들을 통칭하는 용어이다. 즉 엔젤투자자라 함은 기술력은 있으나 자금이 부족한 창업 초기 벤처기업에 자금 지원과 경영 지도를 해 주는 개인투자자를 말한다.

1920년대 미국의 브로드웨이에서 무산 위기에 처한 오페라 공연에 후원자들이 자금을 지원해 줌으로써 공연을 성공리에 마치게 되자 이들을 천사라고 칭송한 것에서 유래되었다. 창업 초기 스타트업이나 자금이 시급한 벤처기업에 갑작스럽게 나타나 돈을 출자해 주기 때문에 '천사(Angel)'라는 이름이 붙었으나 엔젤투자자의 본질은 투자수익을 목적으로 투자하는 개인투자자라고 할 수 있다.

우리나라는 「벤처투자 촉진에 관한 법률」에 개인투자자, 전문개인투자자, 개인투자조합에 관한 규정을 두고 개인투자자의 벤처투자 활성화를 도모하고 있으며 (사)한국엔젤투자협회에서 엔젤투자 활성화와 적격 엔젤투자자 양성교육을 수행하고 있다.

2. 엔젤투자 자격 및 방식

개인투자자는 특정 창업기업에 직접 투자하는 것도 가능하나 개인투자조합(펀드)에 참여하여 투자하는 것이 일반적이다. 이러한 개인투자조합은 개인이 모여서 결성할 수도 있고 액셀러레이터나 창업투자회사와 같은 법인이 결성할 수도 있다.

국내에서는 엔젤투자의 활성화를 위해 전문엔젤투자 제도를 2014년 7월부터 시행하였다. 여기에는 전문엔젤 투자자가 투자한 기업은 벤처기업 인증 시 혜택을 주고, 엔젤투자자가 투자한 기업에 대한 2배수 매칭펀드 신청자격을 부여하는 등 엔젤투자의 확대를 위한 다양한 혜택을 주고 있다.

【엔젤투자 자격기준】

투자형태	자격기준	연간 매칭 한도	최소 투자금액
엔젤클럽	· 엔젤클럽에 가입한 시점으로부터 180일 이상 경과한 후 투자했거나 (사)한국엔젤투자협회가 실시하는 적격엔젤양성과정을 이수한 자(단, 2인 이상 공동투자 시 1인당 최소 1천만원 이상, 합계 3천만원 이상 투자) · 엔젤클럽 요건 – 회장, 총무 등 조직을 갖추고 최소 5인 이상의 회원을 확보 – 적격 엔젤투자자 1인 이상 또는 투자교육(전문엔젤 또는 적격엔젤) 이수자 중 (사)한국엔젤투자협회가 추천하는 자 2인 이상을 회원으로 확보 – 분기별 1회 이상 클럽활동 보고(등록 후 3개월간 적용 배제) – 연 1회 이상 투자실적 5천만원 이상 유지(등록 후 1년간 적용 배제)	20억원	3천만원 이상
개인 투자조합	·「벤처기업육성에 관한 특별조치법」제13조에 따라 결성되어 중소벤처기업부에 등록한 조합 (엔젤투자지원센터 등록 필요)		

개별 엔젤투자자	· 엔젤투자지원센터에 등록된 회원으로서 다음 항목 중 하나 이상 충족
	 – 최근 2년간 2천만원 이상 신주 투자실적 보유자(적격엔젤투자자)
	 – 엔젤투자 전문성과 멘토 가능성을 보유한 것으로 인정되는 기업가(다음 각 목에 모두 해당)
	  가) 벤처천억클럽 해당기업 또는 상장사 대표이사 경력 보유자
	  나) (사)벤처기업협회, (사)한국여성벤처협회, (사)중소기업기술 혁신협회(이노비즈협회)가 추천한 자
	  다) 엔젤투자지원센터의 적격성 심의를 통과한 자
	 – (사)한국엔젤투자협회가 실시하는 교육을 이수한 자(단, 2인 이상 공동투자 시 1인당 최소 1천만원 이상, 합계 3천만원 이상 투자)
	 – (사)한국엔젤투자협회가 상기 요건을 갖추었다고 인정하는 국외엔젤투자자
		2억원	

전문 엔젤투자자	· 중소벤처기업부장관으로부터 전문엔젤투자자 확인서(유효기간 이내)를 발급받은 자 * 확인서 발급대상(다음 요건 모두 충족, 벤특법 시행령 제2조의3제3항) – 투자실적: 최근 3년간 창업자 또는 벤처기업에 1억원 이상(개인투자조합 업무집행조합원인 경우 해당 조합 투자금액 중 출자지분에 해당하는 금액 포함) 지분투자 후 6개월 이상 보유 – 경력: 창투사 등 투자기관에서 투자심사업무를 2년 이상 한 자 또는 (사)한국엔젤투자협회의 교육과정을 이수한 자 또는 박사학위 소지자 또는 변호사, 공인회계사, 세무사, 변리사, 경영지도사, 기술지도사, 감정평가사 등	10억원	
법인형 엔젤투자자	· 한국벤처투자와 협약 또는 타 기관(지자체, (사)한국엔젤투자협회, (사)한국청년기업가정신재단, 지역관리기관 등)의 추천을 받아 선정된 기관	20억원	

개인투자조합은 벤처기업과 창업자에 투자할 목적으로 개인이나 조합이 출자하여 결성하는 조합으로 법률에 정해진 바에 따라 다음과 같은 일정한 요건을 준수하여 조성하여야 하며 이 경우 각종 세제 혜택을 부여해 개인투자자의 투자를 촉진하고 있다.

법률에 정해진 개인투자조합 세제 혜택의 요건	· 출자총액 1억원 이상
	· 1좌 100만원 이상
	· 조합원 수 49인 이하
	· 업무집행조합원(GP) 출자지분 5% 이상
	· 조합 존속기간 5년 이상

따라서 창업기업은 이러한 개인투자조합으로부터 투자를 유치하기 위하여 개인투자조합을 운용하는 업무집행조합원(General Partner, GP)과 접촉해 적극적인 투자유치 노력을 기울일 필요가 있다.

2 엔젤투자매칭펀드

엔젤투자매칭펀드란 엔젤투자자 및 엔젤클럽 육성을 통한 창업활성화 기반 구축 및 창업 및 초기기업의 Equity Gap을 보완하여 엔젤투자자 양성을 통한 건전한 벤처생태계 선순환 환경을 조성하기 위해 정부에서 전문엔젤투자제도 도입과 함께 운용하고 있는 제도이다.

엔젤투자 매칭펀드는 투자실적, 교육이수, 개인투자조합 등 일정한 조건을 갖춘 엔젤투자자가 창업 초기기업에 먼저 지분 투자를 한 후 매칭투자를 신청하면, 엔젤투자자와 해당

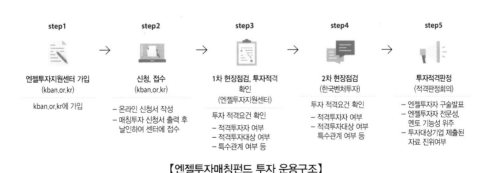

【엔젤투자매칭펀드 투자 운용구조】

기업에 대한 평가 및 특이 사항 검토를 통해 매칭하여 투자하는 펀드이다.

상기 그림과 같이 엔젤투자매칭펀드 매칭투자 운용구조로 엔젤투자지원센터에 가입 후 엔젤투자자가 매칭투자를 신청하면 엔젤투자지원센터에서 1차 현장점검을 통해 투자 적격요건을 확인 후 한국벤처투자에서 2차 현장점검 후 적격판정회의를 통해 투자 적격 판정을 받으면 매칭투자가 이루어진다.

2011년부터 결성되어 왔던 '엔젤투자매칭펀드' 사업은 최근 투자 재원이 소진되어 2022.2월 신청을 마지막으로 사업을 종료하였다. 다만 투자 예산이 남아 있는 충남, 광주, 전남, 울산의 경우 본점 소재지가 해당 지역인 피투자기업에 대한 매칭펀드는 기존과 동일하게 정상 운영 중이다.

【엔젤투자매칭펀드 승인 실적】

(단위: 개사, 건, 억원)

구분	클럽	개인	기관	조합	전문엔젤	계
기업 수	245	103	30	35	83	496
건수	299	125	32	43	103	602
투자액	399	143	34	28	108	712

* 자료: 한국엔젤투자협회(2022년 2월 기준)

【엔젤투자매칭펀드 투자대상 기업 자격기준】

구분	자격기준	최소 투자금액
기본요건	· 다음의 항목을 모두 충족하는 창업초기기업 　– 창업에서 제외되는 업종을 영위하지 아니하는 기업 　　(중소기업창업지원법 시행령 제3조) 　– 기업가치가 70억원 이하인 기업 　　(Post-Money Valuation: 주당 발행가 x 매칭펀드 투자 후 총 발행 주식 수)	· 총 3억원 (단, 엔젤투자매칭펀드 및 엔젤모펀드 출자 개인투자조합 투자 합계액은 총 5억원을 초과할 수 없음) · 총 3억원 (단, 엔젤투자매칭펀드 및 엔젤모펀드 출자 개인투자조합 투자 합계액은 총 5억원을 초과할 수 없음)
창업초기 기업요건	· 중소기업창업지원법상 창업 후 3년 이내의 중소기업 · 다음 항목의 어느 하나에 해당하는 중소기업(최근 3년간 연매출액 20억원 미만) 　– 중소기업창업지원법 제2조 제2호에 의한 창업자 　– 벤처기업육성에관한특별조치법에 따른 벤처기업 　– 중소기업기술혁신촉진법에 따른 기술혁신형, 경영혁신형 중소기업 · 해외의 한국인 창업 초기기업 　– 한국인이 회사 지분의 30% 이상 보유(한국인 우호 지분 포함) 　– 이사회 위원 50% 이상이 한국인 경우 　– 지분 10% 이상 보유한 대표이사가 한국인인 경우	

* 자료: 한국벤처투자

III 액셀러레이터(창업기획자)

1 개요

1. 의의

액셀러레이터의 시초는 2005년 미국 매사추세츠주 케임브리지에서 Paul Graham이 설립한 Y Combinator로 보고 있다. 비교적 짧은 역사와 해당 기관들의 활동지역, 운영 형태, 설립 목적의 다양성으로 인하여 아직까지도 통일되어 있지는 않으나, 일반적으로 액셀러레이터는 창업보육기관의 새로운 모델로 기존에 장소 제공 및 보육에 초점을 맞춘 창업보육센터나 투자를 통한 자금 지원에 초점을 맞춘 엔젤투자자나 벤처캐피탈과는 달리 창업자 보육에 필요한 여러 서비스를 종합적으로 제공하는 창업보육기관이라고 할 수 있다.

즉, 성장 가능성이 큰 창업지원자들을 경쟁을 통해 심사하여 코호트별로 선발하고, 사전에 정해진 단기간 동안 같은 장소에서 작업하게 하고, 이들에게 투자자, 사업개발자 또는 성공한 창업자들에게 멘토링과 교육을 받을 수 있도록 주선하며, 투자자들에게 사업모델을 발표할 수 있는 '데모데이'라는 행사를 거쳐 시장으로 내보내는('졸업') 보육모델이다.

액셀러레이터는 창업 및 초기기업이 생존하고 성장하는 데 필요한 요소들을 지원하는 데 그치는 것이 아니라, 창업자 간 그리고 창업자와 투자자, 구매자 등 외부 이해관계자들 간 네트워크 형성과 생태계 조성까지도 고려하는 보육모델이라고 할 수 있다.

기존 연구에 따르면 액셀러레이팅을 받은 창업기업의 경우 그렇지 않은 창업기업에 비해 약 10~15% 정도 생존율이 높아지며, 액셀러레이터의 투자 회수금액도 VC투자 회수금액보다 더 클 뿐만 아니라 VC보다 자금 회수도 더 빠른 것으로 알려지고 있다.

2. 국내 액셀러레이터 제도 및 현황

우리나라는 2017년 창업기획자(이하 '액셀러레이터'라 칭함) 등록제도를 도입하고 「벤처투자 촉진에 관한 법률」에서 액셀러레이터를 '초기창업자에 대한 전문보육 및 투자를 주된 업무로 하는 법인 또는 비영리법인'으로 정의하고 창업기획자의 등록요건, 전문보육 사항, 투자 의무, 공시의무 등을 정립했다. 이후 중소벤처기업부에 등록한 액셀러레이터에 대해서는 양도세와 배당소득에 대한 세제 감면 혜택 등을 제공하며 액셀러레이터를 비롯한 국내 창업 생태계 육성을 도모했다.

2020년에는 벤처투자법을 정비하며 일정 자격을 갖춘 액셀러레이터에 벤처투자조합 결성권 부여, 팁스(TIPS) 운영사 배타적 참여권 부여 등을 제공하면서 민간과 벤처캐피탈의 액셀러레이터 등록을 촉진했다(2021년 12월 창업지원법 전면 개정을 통해 팁스 운영사는 액셀러레이터 외에 벤처캐피탈, 대기업 등도 참여할 수 있게 확대됨). 2021년에는 상호출자 제한 기업집단에 속하는 액셀러레이터에게도 개인투자조합 결성을 허용하고, 벤처투자조합 최소결성금액은 20억원에서 10억원으로 완화하는 등 액셀러레이터를 통한 초기 창업가 육성을 위한 환경을 지속적으로 개선하려는 노력을 하고 있다.

「벤처투자 촉진 및 육성에 관한 법률」에 따라 중소벤처기업부에 등록된 국내 액셀러레이터는 2022년 5월 30일 기준 총 375개이고, 이 중 대부분이 주식회사이거나 기존 중소벤처기업부에 창업투자사로 등록된 회사 등 민간기관이나 대학을 중심으로 한 기술지주회사(17개)와 창조경제혁신센터(17개), 산학협력단(6개)도 액셀러레이터 등록기관이라는 걸 확인할 수 있다. 한편 등록되지 않은 액셀러레이터를 포함하면 그보다 훨씬 더 많은 액셀러레이터가 활동 중인 것으로 추정된다.

【유형별 액셀러레이터 등록 현황(2022.5.30. 기준)】

(단위: 개, %)

구분	「상법」상 회사						「민법」상 비영리법인			합계
	주식회사	창투사	기술지주	신기술사업 금융회사	신기술창업 전문회사	LLC	비영리법인	창조경제 혁신센터	산학협력단	
개수	270	13	17	1	5	18	28	17	6	375
비율	72.0	3.5	4.5	0.3	1.3	4.8	7.5	4.5	1.6	100
	86.4						13.6			100

구분	「상법」상 회사						「민법」상 비영리법인			합계
	주식회사	창투사	기술지주	신기술사업금융회사	신기술창업전문회사	LLC	비영리법인	창조경제혁신센터	산학협력단	
팁스운영사	24	11	7	–	4	1	1	1	–	49

*자료: (사)한국액셀러레이터협회

【지역별 액셀러레이터 등록현황(2022.5.30. 기준)】

(단위: 개, %)

구분	서울	경기	인천	부산	대구	대전	광주	세종	전북	전남	충북	충남	경북	경남	울산	강원	제주	합계
기업	200	40	13	22	7	24	9	3	9	3	6	11	7	6	5	7	3	375
비율	53.3	10.7	3.5	5.9	1.9	6.4	2.4	0.8	2.4	0.8	1.6	2.9	1.9	1.6	1.3	1.9	0.8	100
	67.5			32.5														100

*자료: (사)한국액셀러레이터협회

2 주요 업무

일반적으로 액셀러레이터는 자체 자본금, 개인투자조합과 벤처투자조합 결성을 통해 얻어진 자체 재원을 바탕으로 기획한 배치(batch) 형태 프로그램을 운영하는 방식을 통해 초기 창업가를 육성·발굴, 이들에 대한 투자를 집행하고 있다. 그러나 국내 스타트업 생태계에서 액셀러레이터가 수행하는 역할은 「벤처투자 촉진에 관한 법률」에서 액셀러레이터를 창업기획자로 정의하고 각종 혜택과 의무를 규정하고 있어서 정부가 주도하는 측면이 강하고, 이로 인해 외국에 비해 좀 더 복잡한 구조를 가지고 있다고 볼 수 있다.

액셀러레이터는 정부 재원으로 정부가 지원하는 창업 지원사업 용역을 수주해 주관사와 운영사 역할을 수행하기도 하며, 대기업·중견기업의 전략적 투자나 향후 협력을 염두에 둔 스타트업 육성을 위해 오픈이노베이션 일환으로 진행되는 스타트업 발굴육성 프로그램을 위탁 운영하기도 한다. 이로 인해 액셀러레이터가 본연의 활동이 되어야 할 초기 창업자에 대한 보육이나 투자를 소홀히 한다는 비판이 있기도 했다. 또한 모든 창업기획자가 위에서 언급된 모든 역할을 충실하게 수행하는 것은 아니며, 다수의 등록 액셀러레이터가 투자 실적이나 보육 시설이 전무한 것으로 밝혀지기도 했다.

이처럼 각각의 창업기획자가 추구하는 방식과 보유하고 있는 핵심 역량이 다르므로 액셀러레이터를 통한 보육과 육성을 희망하는 창업자는 창업기획자 전자공시(diaa.kised.or.kr) 사이트, 최신 기사 등을 참고하는 것이 필요하다. 액셀러레이터별 현황과 실적에 대해 이해하는 것이 중요하며, 각각의 창업기획자의 특성과 역량, 추구하는 가치 등과 창업기업이 지향하는 목표가 잘 부합되는지 면밀하게 비교할 필요가 있다.

창업기획자 전자공시(Disclosure Information of Accelerator Analysis, DIAA) 사이트(http://diaa.kised.or.kr/)에는 액셀러레이터에 관한 각종 정보가 공시되고 있으므로 창업기획자의 자본금, 개인투자조합 펀드 조성 및 운영 현황, 투자규모 및 투자회수 실적, 멘토 구성 현황, 멘토링 및 교육프로그램 내용, 데모데이 개최현황, 입주공간 및 시설지원 내용, 초기자금 투자조건, 후속투자 연계 실적, 액셀러레이터의 미션 및 목표 등 액셀러레이터에 관한 세부정보를 파악하고 비교할 수 있다.

「벤처투자 촉진에 관한 법률」에서 규정하고 있는 창업기획자(액셀러레이터)의 주요 업무는 다음과 같다.

---

① 초기창업자의 선발 및 전문보육(법 제25조)
  – 초기창업자의 성공 가능성을 높이기 위한 사업 모델 개발, 기술 및 제품개발, 시설 및 장소의 확보 등
  – 초기사업비 제공, 컨설팅 및 전문가 상담, 판로지원, 사업 인·허가 절차 진행 및 관련 법률 정보의 제공 등
② 초기창업자에 대한 투자 등(법 제26조)
③ 개인투자조합의 결성 및 업무의 집행(법 제12조)
④ 벤처투자조합의 결성 및 업무의 십행(법 제50조)
⑤ 민관공동창업자 발굴·육성사업 참여(중소기업창업법 제19조의8)

또한 「동법 시행규칙」 제12조에는 ① 초기사업비 제공을 위한 투자, ② 컨설팅 및 전문가 상담 지원, ③ 마케팅 및 제품판로 지원, ④ 사업 인허가 및 관련 법률 정보의 제공, ⑤ 다른 창업자 등과의 연계 지원, ⑥ 내·외부 교육프로그램 연계 지원업무를 창업기획자(액셀러레이터)의 업무로 규정하고 있다.

이를 통해 알 수 있듯이 창업기획자는 크게 ① 창업보육 기능과 ② 초기자금 투자기능을 함께 수행한다고 볼 수 있다. 즉, 창업기획자는 사업 아이템이 우수하고 사업화 가능성이

높은 창업 초기기업을 선발해 창업교육, 멘토링, 사업모델 개발 지원, 기술 및 제품 개발 지원, 시설 및 장소 지원, 마케팅 및 제품판로 개척, 다른 창업자 등과 연계해 지원한다는 점에서 창업보육센터(BI)의 역할과 유사하다. 또한 창업기획자는 선발한 창업기업에 대하여 사업화에 필요한 초기자금 투자를 한다는 점에서 엔젤투자자와 유사한 역할도 수행한다.

3 지원방법 및 선정기준

「벤처투자 촉진에 관한 법률」에 따라 중소벤처기업부에 등록된 액셀러레이터가 375개 (2022년 5월 말 기준)이나 등록되지 않고 활동 중인 액셀러레이터를 포함하면 훨씬 더 많은 액셀러레이터가 활동 중이다.

일반적으로 중소벤처기업부에 등록된 액셀러레이터는 대부분 민간 회사이고 창조경제혁신센터나 대학교, 공공기관 등 일부 비영리 회사도 포함되어 있으나 이들 기관의 대부분은 자체적으로 조성한 재원을 바탕으로 자체적인 지원 프로그램을 운영하기보다는 정부지원사업이나 공공기관의 액셀러레이팅 사업을 위탁받아 수행하는 경우가 많다. 또한 「벤처투자 촉진에 관한 법률」에서 정한 지원업무를 수행해야 하는 의무가 부여되어 있어 액셀러레이터마다 지원업무의 범위와 내용이 유사한 경우도 많다.

그러나 실제 현장에서 액셀러레이터가 수행하는 지원업무의 범위와 수준, 핵심 역량은 액셀러레이터마다 다르고 특히나 중소벤처기업부에 등록되지 않은 액셀러레이터의 경우는 지원업무의 내용과 수준, 범위가 등록된 액셀러레이터와 차별화된 점이 더욱더 많으므로 창업기업이 액셀러레이팅을 받고자 할 때 창업기업이 추구하는 방향과 니즈를 충족시킬 수 있는 액셀러레이터를 선택하는 것은 매우 중요하다. 여기서는 각각의 액셀러레이터마다 차별화된 액셀러레이팅 프로그램보다는 공통적인 액셀러레이팅 프로그램을 중심으로 지원절차와 선정기준을 소개하고자 한다.

1. 지원방법

각 액셀러레이터는 일반적으로 정부 지원사업 및 공공기관의 액셀러레이팅 프로그램 운영사로 선정된 경우 해당 정부기관, 공공기관에서 공모한 창업기업을 배정받아 액셀러레이팅을 수행하게 되고, 자체 프로그램으로 모집하는 경우에도 기수별로 공모하는 경우와 수시모집 하는 경우가 있으므로 해당 액셀러레이터에 직접 신청하거나 수시로 해당 액셀러레이터 사이트나 (사)한국액셀러레이터협회의 공고 내용을 확인할 필요가 있다.

각 액셀러레이터의 액셀러레이팅 기업 모집공고 내용은 (사)한국액셀러레이터협회(https://www.k-ac.or.kr/)에 게시되는 액셀러레이터별 공고문을 통해 확인하여야 하며 액셀러레이터 중 협회에 가입되지 않은 액셀러레이터의 모집공고는 협회 사이트에 게시되지 않으므로 각각의 액셀러레이터 사이트에서 확인하여야 한다.

2. 선정기준

액셀러레이터마다 추구하는 가치와 분야가 다르므로 일률적으로 선정기준을 말할 수는 없다. 다만 창업가의 가치관 및 철학, 사업 아이템의 혁신성 및 창의성, 사업 아이템의 사업화 가능성 및 글로벌 진출 가능성, 팀 구성 등을 종합적으로 판단해 액셀러레이팅 기업을 선정하는 것은 공통적인 사항이라고 할 수 있다.

벤처캐피탈의 경우는 보육보다는 실질적인 투자수익률에 초점이 맞추어져 있어서 사업성과 시장성, 성장성을 실제 매출로 증명하는 것이 중요한 반면, 초기창업기업에 대한 보육과 초기자금 투자를 주된 사업으로 하는 액셀러레이터의 경우는 사업 아이템의 혁신성과 독창성 및 팀역량과 팀워크에 대한 관심이 높다. 따라서 창업기업은 사업 아이템에 대한 확신과 팀역량과 팀워크에 대한 적극적인 어필이 필요하다.

3. 액셀러레이터 선택 시 고려 사항

현실적으로는 액셀러레이터가 공급자 관점에서 성장 유망한 창업기업을 발굴하고 선정하는 것이 일반적이지만 최근에는 성장 유망한 창업기업이 수요자 관점에서 액셀러레이터를 선택하는 경우도 늘어나고 있다.

우리나라 액셀러레이터 제도가 2017년도에 법제화되어 그리 오래되지 않은 탓에 대형 액셀러레이터 몇 군데를 제외하고는 아직은 자본금 규모가 영세한 곳이 많고, 보육 기능과 초기자금 투자 기능, 네트워크 형성 및 후속투자 연계기능이 미흡한 곳이 적지 않은 것이 현실이다. 초기자금 투자에 대한 관심이 높은 창업기업의 경우 해당 액셀러레이터가 개인 투자조합을 수월하게 결성할 수 있는 역량을 보유한 곳인지 후속투자 연계 역량, 펀드 조성 규모와 투자실적, 회수실적 등을 면밀히 살펴볼 필요가 있다. 보육에 대한 관심이 높은 창업기업의 경우 해당 액셀러레이터가 창업교육과 멘토링, 네트워크 형성 역량이 충분한 곳인지 살펴볼 필요가 있을 것이다. 따라서 창업기업은 자신의 기업이 처한 상황과 필요한 서비스, 중점적으로 관심을 갖고 있는 부분을 충족시켜 줄 수 있는 액셀러레이터를 선택할 필요가 있는 것이다.

IV 벤처캐피탈

1 개요

벤처캐피탈(Venture Capital)은 기술경쟁력은 있으나 자본과 경영능력이 부족한 초기기업에 자본참여를 통해 기업과 리스크를 함께 부담하면서 기업을 육성한 후 높은 자본이득(Capital Gain)을 목적으로 하는 금융기관을 의미한다. 신기술금융사 또는 창업투자회사라고도 하며, 경쟁력 있는 벤처기업을 발굴해 투자하는 사업을 영위하는 사모펀드사를 일컫는다.

벤처캐피탈의 경우 상장기업의 지분이나 채권에 투자하는 것이 아니고, 연기금이나 대기업 위주로 출자자를 모집하는 사모투자의 형태를 취한다. 반면에 사모투자(Private Equity, PE)는 VC와 별개로 차입(leverage)을 통해 기업인수를 하는 LBO를 위주로 사업하는 경우가 많으며, 통상적으로 이들을 PE사라고 한다. 최근에는 초기 스타트업에 대한 투자와 지원을 병행하는 액셀러레이터(AC)도 벤처캐피탈의 한 부분을 차지하고 있다.

2 벤처캐피딜 투자 구조

벤처캐피탈은 자기자본 투자보다는 출자자의 자금을 받아 펀드의 책임투자자가 되는 경우가 대부분이다. 그리고 벤처캐피탈이 투자자를 대신해 투자한 뒤 수익을 내 수익금을 다시 돌려주는 구조이다. 벤처캐피탈 투자 구조에서 각 주체들에 대한 개념을 살펴보면, 먼저 GP(무한책임파트너, General Partner)는 투자조합을 구성하는 출자자 중 조합의 채무에 대하여 무한책임을 지는 조합원을 의미한다. 즉, GP는 펀드를 운용하는 팀이나 업무집행조합원으로 이들은 벤처펀드에 투자할 출자자(LP)들에게 제안해 자금을 출자받아 펀드를 조성하고 모집된 펀드를 운용하는데, 이러한 펀드의 운용사나 투자조합의 출자자 중 무한책임을 가

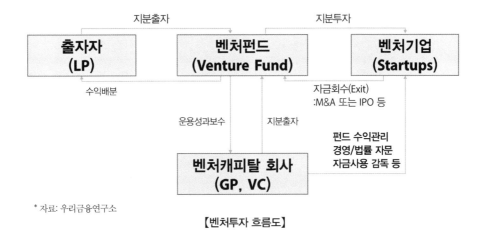

지분출자　　　　　지분투자

출자자
(LP)

벤처펀드
(Venture Fund)

벤처기업
(Startups)

수익배분

자금회수(Exit)
:M&A 또는 IPO 등

운용성과보수　　지분출자

펀드 수익관리
경영/법률 자문
자금사용 감독 등

벤처캐피탈 회사
(GP, VC)

* 자료: 우리금융연구소

【벤처투자 흐름도】

진 조합원을 일반적으로 GP라고 일컫는다.

　　다음으로 LP(유한책임 파트너, Limited Partner)는 투자조합을 구성하는 출자자 중 출자액을 한도까지 유한책임을 지는 투자자가 여기에 해당한다. GP인 벤처캐피탈은 벤처 펀드의 수익률에 대해 무한책임을 지는 반면, LP의 경우 본인들이 출자한 금액 범위 내에서만 책임을 진다는 점에서 GP와 구분된다. 국내 주요 LP에는 국민연금공단, 문화체육관광부, 한국벤처투자, 군인공제회, 한국교직원공제회, 기타 연기금 및 금융기관 등이 있다. 벤처기업협회 자료에 의하면 국내 창업투자회사는 2022년 기준 총 229개가 운영 중이고, 신규 결성된 278개 조합의 총 약정금액은 7조 517억원이며, 현재 운영 중인 투자 조합은 총 1,651개로, 전체 약정금액은 47조 9,083억원이다.

3　국내 벤처캐피탈 유형과 현황

　　국내 벤처캐피탈은 설립의 근거가 되는 법률에 따라 ① 중소기업 창업투자회사(창투사), ② 유한(책임)회사(LLC형 창투자), ③ 신기술사업금융회사(신기사)로 구분된다. 먼저 중소기업 창업투자회사(창투사)는 벤처투자 촉진에 관한 법률(이하 벤처투자법)에 의거해 설립된 회사로 주요 업무가 벤처투자이다. 따라서 다른 유형의 VC와 다르게 등록 후 3년 이내에 운용자금의 40% 이상을 의무적으로 창업자 및 벤처기업에 투자하도록 법률에 규정되어 있다.

두 번째로 유한(책임)회사(LLC형 창투자)도 벤처투자법에 근거해 설립되나, 상법상 유한회사 또는 유한책임회사 형태로 설립되는 회사이다. 해외에서 설립하는 LLC(Limited Liability Company) 형태의 투자회사와 유사한 측면이 있어 LLC형 창투사 또는 LLC라고도 한다. 벤처캐피탈 협회 자료에 의하면 국내에는 2022년 기준 총 42개의 LLC형 창투사가 운영 중이다.

마지막으로 신기술사업금융전문회사(신기사)는 여신전문금융업법에 따라 설립된 주식회사로 신기술을 개발하거나 이를 응용하여 사업화하는 중소기업에 투자 또는 융자를 해 주는 금융회사이다. 창투사나 LLC가 투자만 가능한 것과 다르게 융자업무도 가능하고 투자 운용 기구도 벤처투자 조합 외에 신기술사업투자조합도 결성할 수 있어, 창투사나 LLC보다 다양한 형태의 투자가 가능, 상당수 신기사는 스타트업에 투자하는 벤처캐피탈의 역할보다 다른 분야에 주로 투자하는 일반 금융기관에 가깝다고 할 수 있다.

마이크로 VC(Micro VC)는 일반적인 VC에 비해 소규모 펀드를 운영하며, 초기 스타트업에 건당 3~5억원을 투자한다. LLC형 창투사의 경우 5억원 이하의 스타트업에 대한 투자를 하고, 액셀러레이터나 전문 엔젤투자자가 결성하는 개인투자조합(최대 3억원까지 투자)이 일반적으로 '마이크로 VC(Micro VC)' 역할을 하고 있다. 따라서 초기창업자나 스타트업의 경우 일반 벤처캐피탈을 통해서 투자를 받기가 사실상 쉽지 않은 점을 감안하면 마이크로 VC를 통해 투자를 유치하는 방법을 검토할 필요가 있다.

4 스타트업 투자 라운드

투자 라운드는 스타트업에서 필요로 하는 투자를 기업 성장 단계, 투자 회차 및 규모에 따라 구분해 놓은 것을 일컫는다. 일반적으로 ① 시드단계, ② 시리즈 A, ③ 시리즈 B, ④ 시리즈 C 단계로 구분한다. 각 단계별 세부내용은 아래 그림과 같다.

투자 라운드를 이처럼 구분한 것은 미국 실리콘밸리의 투자 관행을 국내에서도 사용하는 것으로 각 시리즈를 구분하는 기준은 명확하지는 않으나, 일반적으로 투자를 유치한 회차 또는 투자 유치 규모에 따라 다음과 같이 투자 시리즈를 구분한다.

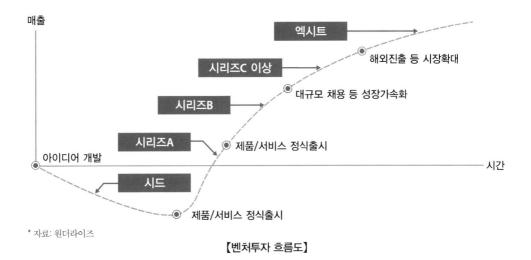

【벤처투자 흐름도】

【시리즈 단계별 투자 형태】

투자단계	투자금액	기업가치	주요 투자자
시드 단계	5억원 이하	30억원 이하	엔젤투자자, 액셀러레이터, 마이크로 VC, 초기 전문 VC, 정책투자기관
시리즈 A	5~50억원	30~200억원	엔젤투자자, VC, 정책투자기관
시리즈 B	50~200억원	100억원~수백억원	VC
시리즈 C	수백억원~수천억원	수백억원~수천억원	VC, 해지펀드, 투자은행, 사모펀드

스타트업 기업의 투자라운드 구분에서 시드 단계는 아이디어 개발에서 시제품 제작까지 일반적인 창업 스타트업들이 거쳐야 하는 고난의 단계이다. 창업 초기 본인의 자본금과 지인들을 통한 엔젤투자를 받아 창업을 하지만 제품 양산까지 넘어야 할 장애가 산적해 있고, 특히 이 단계에서 자금 조달이나 시장진입에서 많은 어려움을 겪게 된다. 투자 업계에서는 이러한 단계를 '데스밸리(Death Valley)'에 빠졌다고 표현한다. 통계적으로 약 60% 이상의 기업이 '데스밸리'에서 살아남지 못하는 것으로 알려져 있다.

창업 초기 스타트업 대표들은 이러한 위기를 극복하기 위해 정부의 다양한 창업지원 사업을 적극 활용할 필요가 있다. 중소벤처기업부가 발표한 '창업지원기업 이력 · 성과 조사'에 따르면, 창업 초기에 정부로부터 지원을 받은 기업의 5년 차 생존율은 53.1%로 지원을 받지 않은 기업(28.5%)에 비해 2배 이상 높았다. 따라서 창업초기 시드단계에서 민간 AC투자와 함께 신용보증기금, 기술보증기금 등 정책금융기관에서 지원하는 보증연계 투자 상품도 적극적으로 활용하면서 본격적인 제품 양산단계인 시리즈 A 단계에서 민간 VC 투자 유치를 통한 기업성장 전략을 설계할 필요가 있다.

Ⅴ 디캠프

1 기관 소개

디캠프는 청년세대 창업지원을 통한 일자리 창출에 기여하고자 은행연합회 사원기관 19개 금융기관(설립 당시 20개 기관)이 2012년 5월 설립한 국내 최대 규모의 창업재단인 은행권청년창업재단에서 운영하는 창업지원 기관이다.

현재 은행권 19개 금융기관이 공동 출연한 누적 출연금은 8,450억원, 매월 개최되는 데모데이 신청 기업 수가 7,000팀 이상, 스타트업 성장을 돕는 프로그램을 1,700회 이상, 창업 생태계 조성을 위한 펀드 출자 규모가 14조원을 넘고 있다.

2 주요 업무

디캠프는 선릉센터, 프런트원(서울 마포구 공덕동), 부산라운지 등 3개소의 창업지원공간을 마련하여 입주공간 제공, 직접투자 및 간접투자, 멘토링, 교육, 네트워킹 프로그램 등을 운영하고 있다.

【디캠프의 주요 업무】

주요 업무	업무 내용
입주공간 제공	· 지원대상: 입주 후 1년 이내 투자유치계획이 있는 기업 · 지원공간: 선릉센터, 프런트원(공덕) · 입주기간: 6개월(중간 심사 후 6개월 연장 가능)
투자	· 직접투자(지분투자): 디캠프 데모데이, 디데이 출전기업을 대상으로 지분 5% 이내, 3억원 이내에서 직접투자 · 간접투자(펀드투자): 한국성장금융에서 운용하는 모펀드(성장사다리펀드, 은행권일자리펀드, 핀테크혁신펀드 등), 은행권 스타트업 동행펀드, 프런트원 펀드에 간접투자
네트워크	· 매월 데모데이(D.DAY) 개최 · 선배창업자, 디캠프 패밀리사의 지식과 경험 공유
멘토링, 교육, 세미나 등	· 투자, 홍보, 법률, 기술, 인사, 글로벌 진출 등 각 분야 최고의 멘토를 통한 멘토링 및 교육 프로그램 운영

Ⅵ 창업보육센터

1 개요

창업보육센터는 기술과 사업성은 있으나 자금, 사업장, 시설 확보에 어려움이 있는 (예비) 창업자에게 기술개발에 필요한 범용기기 및 작업장 제공, 기술 및 경영지도, 자금조달 등의 지원을 통해 창업에 따른 위험부담을 줄이고, 원활한 성장을 유도함으로써 창업을 촉진하고 성공률을 높이는 것을 주목적으로 하는 사업수행 기관이다.

> **「중소기업창업 지원법」 제2조**
> 창업보육센터는 창업의 성공 가능성을 높이기 위하여 창업자에게 시설·장소를 제공하고, 경영·기술 분야에 대하여 지원하는 것을 주된 목적으로 하는 사업장을 말한다.

국내 창업보육사업은 1990년 12월 제10회 창업지원심의회에서 처음으로 「창업기업보육센터 설립 운영지원 계획」이 의결되고, 1991년 11월 「창업기업보육센터의 설립 및 업무 운용 준칙」의 고시로 법적 근거가 마련되었고, 1996년 중소기업청 개청과 함께 1997년 외환위기를 겪은 이후부터 본격적인 창업보육사업이 시작되었다.

2000년부터는 각 부처에 산재되어 있는 창업보육사업이 중소기업청으로 일원화되어 체계적인 관리체계를 구축함으로써 창업보육센터는 양적·질적으로 급속하게 확대되어, 2021년 말 기준 전국 263개 창업보육센터가 지정되어 6,227개의 스타트업을 보육하고 있다.

정부가 지정한 전체 창업보육센터의 대부분인 193개(73.4%)는 대학교에서 운영하고 있으며, 그 밖에 협회 23개(8.7%), 연구소 13개(4.9%), 공공기관 11개(4.2%), 민간기관 10개(3.8%), 지방자치단체 7개(2.7%), 정부기관 6개(2.3%)가 창업보육센터 운영 주체로 지정되어 있다

(2021년 말 기준).

2 주요 지원 프로그램

창업보육센터의 주요 지원 프로그램은 크게 기술지원, 경영지원, 행정지원, 자금지원 프로그램의 4가지 유형으로 구분할 수 있으며, 성장단계별로 맞춤형 지원 프로그램을 운영하고 있다. 창업보육센터의 지원 프로그램은 아래 표와 같다.

【창업보육센터의 주요 지원 프로그램】

지원 프로그램	지원 내용
기술 부문	· 보육닥터제, 시제품제작 지원, 전문장비 지원 · 제품디자인 개발, 애로기술지원, 기술이전, 평가 지원 · 생산공정관리 등 지원
경영 부문	· 사업계획서 작성, 비즈니스모델, 경영진단, 사업타당성 진행도 검토 및 평가, 법률특허 지원 · 제품디자인 개발, 애로기술 지원서비스, 기술이전, 평가 지원 · 시장조사, 판매 및 마케팅 지원, 국제무역 지원, 법인 및 공장설립 지원, 경영혁신 컨설팅
행정 부문	· 입주 및 졸업기업 간 네트워크 지원, 업무공간 지원, 공단입주 등 지자체 연계 지원, 사무장비 지원, 부대시설 제공, 주차 및 보안 서비스 지원, 전산시스템 지원 · 창고 및 보관시설 지원, 사업 관련 유료 DB 지원 서비스
자금 부문	· 유관기관 정책자금 정보 제공 · 자금지원기관 연계 서비스, 투자(IR) 설명회, 엔젤클럽 등 벤처펀드 연계 지원

3 지역별 대표 지원 프로그램

지역	센터명	지원 프로그램	프로세스
서울	서강대학교 창업 보육센터	S-LINE 〈Leaders forum〉	전문가 섭외(경영, 마케팅, 투자, 해외진출, 기획 전문가) → 분야별 전문교육/그룹 멘토링 리더역량 강화, 기업문제 해결, 전문성 강화, 네트워크 구축
		S-LINE 〈Investor Relations (투자유치브릿지)〉	투자기관 섭외 → 참여기업 모집 → 투자관련 교육 → 사전진단(예비 IR) → IR 피칭교육 → IR 클리닉(IR 피칭역량강화) → 전문가 1:1 멘토링 → 실전 IR
		S-LINE 〈Mentoring_Se7en-up〉	참여기업 모집 → 기업별 맞춤 멘토링 매칭 → 기업분석 → 사업화지원(시제품제작, 홍보/마케팅, 인증/지재권 등)

지역	센터명	지원 프로그램	프로세스
서울	연세대학교 창업보육센터	Global BI 온라인 수출상담회	기업모집 → 기업진단 및 멘토링 → 해외바이어 발굴 → 통역 선발(교육) → 해외마케팅 자료제작 → 온라인수출상담회
		시크릿 IR	VC 섭외 → 프로그램 홍보/참여자 모집 → 시크릿 IR 개최 → 투자유치 등 후속지원
		투자유치 브릿지	투자기관 섭외 → 참여기업 모집 → 투자관련 교육 → 사전진단(예비 IR) → IR 피칭교육 → IR 클리닉(피칭역량강화) → 전문가 1:1 멘토링 → 실전 IR
	숭실대학교 창업보육센터	스타트업 in 동작	참여기업 모집 → 맞춤형 멘토링 → 기업 방향성 및 마케팅 확보 → 마케팅 지원
		Quantum-X IR	홍보/접수 → 투자관련 기본교육 → IR 제작지원 → 데모데이 → 투자유치 및 후속지원
인천	한국폴리텍2대학 창업보육센터	성장단계별 4S전략	Pre Start-Up(사업계획서작성) → Start-Up(시제품제작) → Scale-UP(자금조달, 투자유치) → Stand-Up(마케팅, 수출)
경기	단국대학교 창업보육센터	든든한 산학협력	수요조사 → 모집설명회(학교,기업,산단) → 자발적산학활동(교수,기업) → 성과공유회 → 후속연계(센터)
		학생&기업 산합협력	프로젝트발굴 → 프로젝트설계컨설팅 → 비교과과정등록 → 사업설명회 → 매칭/활동 → 성과발표회
		유니콘 비즈니스모델 UP	유니콘 BM 사례연구 → BM도식화 → BM피봇
		기술 UP	기술정책 트렌드 교육 → 기술로드맵 수립 및 과제발굴 멘토링 → 사업계획서 작성 교육 → 1:1 컨설팅
		투자 UP	투자기초교육 → 스토리텔링형 IR 피치덱 작성 → 1:1 투자컨설팅 → 투자 IR 개최 → 사후관리
	한양대학교 (에리카) 창업보육센터	Tech 스케일업 토탈 솔루션	기업모집 → 기술상담 및 멘토링 → 교내/외 기술협력 연계 → 후속지원
		KaKao 투자 솔루션	기업모집 → 기업선발 및 사전진단 → IR 교육/멘토링 → 투자 IR 개최
		In Out 마케팅 솔루션	기업모집 → 사전교육 및 멘토링 → 판로개척 프로그램 → 후속지원
강원	강릉원주대학교 창업보육센터	Give a chance 라이브커머스	수요조사 및 기업모집 → 제품 및 패키징 개선 → 작가 미팅 시나리오 작성 → 라이브커머스
	강원대학교 창업보육센터	투자 scale-up 맞춤형	수요조사 → 교육/멘토링 컨설팅투자역량강화 → 모의 IR → 가상 IR플랫폼/GTI 국제무역투자박람회 → 타 사업 연계 지원
		IR 전략수립 및 BM모델 고도화	기업모집 → 바우처 활용계획 및 협약 → 사업화 진행 및 최종보고 → 최종보고 검토
대전	한밭대학교 창업보육센터	Acting day	기업모집 → 기업가정신, 경영전략, 투자연계 → 액셀러레이팅 성공
세종	홍익대학교 창업보육센터	맞춤형 멘토링	사전 수요 조사 실시 → 심층인터뷰 및 상태진단 → 멘토링 계획 수립 → 멘토링 실시

지역	센터명	지원 프로그램	프로세스
충남	한서대학교 창업보육센터	보육기업진단	기업진단도구 전문가 자문 → 인력풀 구성 → 기업진단 진행 → 프로그램별 대상기업 선정
		SET–UP(린스타트업)	참가기업 모집 → BM Set–up → Rapid Prototype → Pivot
		START–UP	참가기업 모집 → 지원기업 선정 → BMC Attack Targeting → 기업별 지원프로그램 실행 → 결과보고
		STEP–UP	지원기업 선정 → 기업진단 → 지원영역 설정 → 지원프로그램 실행 → 결과보고서 제출
	선문대학교 창업보육센터	온라인 수출상담회	해외 홍보자료 번역 → 홍보자료 제작 → 현지 시장조사 → 온라인 수출상담회
		Start–UP 라이브커머스	신청서 접수 → 전문가매칭 → 사전홍보 → 실시간 라이브커머스 진행 → 전문가 피드백 → 결과보고
		컨슈머 리서치	기업선정 → 타깃 고객층 조사 및 전문가 분석 → 기술 · 제품 경쟁자 분석 → 전문가 피봇 등 스케일업 지원
		스타트업 투자유치 빌드업	실전 IR 스피치 코칭 → IR자료 디자인 → 투자기관 초청 투자 IR → 후속지원
충북	충북대학교 창업보육센터	IP 디딤돌	IP교육 → 멘토링(IP방향성 설정, 선행기술조사 등) → 지식재산 권취득운영 → 권리 획득
		BI제품 시장검증	대상기업 → 확인 및 분류 → 고객문제 정의 및 솔루션 정의 → 진단분석 → 소비자 반응조사 → 마케팅 전략수립 → 멘토링 및 피드백
		액셀러레이터	기업발굴 → 투자교육 및 전문가컨설팅 → IR 피칭덱 제작 → 엔젤투자연계 → 국내외VC연계 → TIPS연계
광주	전남대학교 창업보육센터	CBI 강소기업 육성	기업 진단 및 수요조사 → 역량강화 교육 → 맞춤형 멘토링 → 시제품제작 특허, 인증 → 투자IR 홍보 → 강소기업 육성
		선도벤처기업 네트워킹 데이	사전 수요조사 → 참여기업 확정(입주, 선도기업 대표 및 전문가 섭외) → 발표자 선정 → 네트워킹
	동강대학교 창업보육센터	모의 IR–Day	입주기업 선발 → 교육 및 멘토링 → 사업화 및 컨설팅 지원 → 모의 IR–Day 개최 → IR–Day 개최 및 투자연계
		노마드데이 (제품품평회)	기업분류 → 프로그램 운영 → 마케팅 활동 → 제품 품평회 진행 → 완료보고
전남	목포대학교 창업보육센터	멘토링&자문 제품 고도화	협약체결 → 전문가매칭 → 멘토링 → 과제실행
전북	전북대학교 창업보육센터	Boot IR Round (투자연계)	프로그램 계획 → 전문투자자 네트워크 구축 → 투자IR 교육/멘토링 → 모의 IR 피드백 → IR 심사/투자 연계
		Hidden IP TLO (기술특허 지원)	기술이전 수요조사 → 미활용 기술확인 → 기술이전 → 기술지도 → 사업화 지원
		Nice Supermarket (마케팅 지원)	수요발굴 → 유통채널 확보를 위한 프로그램 구성 → SNS마케팅 홍보채널 확보지원 → 판매 기획전 → 실시간 랜선마켓 → 해외 판로구축을 위한 언택트 바이어 매칭

지역	센터명	지원 프로그램	프로세스
제주	제주관광대학 창업보육센터	온라인 안테나 프로그램	기업 및 제품 영상 제작 → 쇼핑몰 온라인 마케팅 → 온라인 상세페이지 제작
대구	대구대학교 창업보육센터	One-Stop 플랫폼	액셀러레이터 활용 전담멘토링 → 기술개발 R&D → 시장분석 차별화 전략 → 홍보 제품 마케팅 강화
경북	경북도립대학교 창업보육센터	온라인 유통플랫폼 지원	제품선정 → 상세페이지 제작 → 유통채널 입점 → 광고 및 홍보
		글로벌 강소기업 육성	전문기관 연계 → 셀링교육(해외온라인플랫폼 활용 교육) → 제품 품평회(수출가능기업) → 글로벌 판로개척
경남	세라믹스 창업보육센터	신사업창출 패러다임-Shift	기업모집 → 분야별 전문가 매칭 → 프로그램 운영 → 성과물 점검/평가/피드백/보완/확정 → 지원금 지급
		Skill UP IR 피칭데이	기업모집 → 투자IR계획서 검토 → 투자자 섭외 → IR피칭 → 투자컨설팅 → 후속IR 연계
부산	부산가톨릭대학교 창업보육센터	CUP-투자마켓	기업 선발 및 투자단 모집 → 투자관련 상담 및 사업계획서 보완 → Pre IR 개최 → 집중컨설팅 → 투자마켓 개최
	동서대학교 창업보육센터	동업종 창업기업 협의체	유관기관 및 기업 홍보 → 참여기업 모집 → 협의체 구성 및 발대식 → 업종별 협의체 지원(교육, 컨설팅, 네트워킹) → 성과공유 및 피드백
울산	울산대학교 창업보육센터	네트워크 기술교류회	입주기업 간 협약 → 창업지원기관 연계 네트워크 → 사업활성화

＊ 자료: 2022년도 창업보육센터 홍보자료집(한국창업보육협회)

4 창업보육센터 입주 정보

1. 입주 대상

- 혁신형 기술과 아이디어를 보유한 예비창업자(입주 후 6개월 이내 창업이 가능한 자)

- 혁신형 기술과 아이디어를 보유한 스타트업 기업

- 대학과의 산학협력을 통한 성장 가능성이 높은 기업

※ 신청 제외 대상: 소음 · 진동 · 폐수 등 공해 유발 업체, 금융기관으로부터 불량 거래 자로 규제 중인 자

2. 입주 절차

구분		내용	비고
입주기업 모집계획 수립	▶	일정, 지원자격 선발방법, 입주조건, 제출서류 등	창업보육센터
입주기업 모집공고	▶	정기, 수시 공고	창업보육센터
입주신청서 접수	▶	입주신청 사업계획서 및 구비서류, 센터 소개 및 지원 사항 등 제시	입주신청자, 창업보육센터
서류심사	▶	지원자격, 제출구비서류 확인	창업보육센터
발표심사 일정 통보	▶	발표심사 및 발표자료 제출일정	창업보육센터
발표심사	▶	입주신청에 따른 창업사업내용 심사	입주심사위원회
입주기업 선정	▶	입주자 심사확정 및 내부기안 작성 후 결과 통보	입주신청자, 창업보육센터
입주계약 체결	▶	계약내용 확인 후 계약서 작성	입주신청자, 창업보육센터
입주	▶	입주일 확정	입주신청자

* 자료: 창업보육센터네트워크시스템(https://www.smes.go.kr/binet)

3. 입주 기간

- 입주개시일로부터 6개월 이상 3년 이내

- 다만, 장기보육이 필요한 입주자에 대해서는 보육센터별 심사위원회를 거쳐 최대 2년

간 입주 기간을 연장

- 심사일 기준 보육실 면적의 20% 이내에서 보육센터별 심사위원회를 거쳐 입주자가 창업한 때로부터 12년을 초과하지 않는 범위 내에서 최대 3년간 추가적으로 입주 기간을 연장하여 보육할 수 있음

5 창업보육센터와 액셀러레이터

액셀러레이터 제도가 도입되면서 창업보육센터와 액셀러레이터 간 경계가 많이 허물어 지고 있기는 하나 아직도 양자 간에는 많은 차이가 존재한다.

창업보육센터는 보육기간이 비교적 장기간이라는 점(최장 3년까지 연장 가능)과 보육공간을 제공한다는 장점이 있는 반면, 직접투자를 하지 않는다는 단점이 있다. 한편 액셀러레이터 는 초기투자를 한다는 장점이 있는 반면, 액셀러레이팅 기간이 짧고 대부분 보육공간이 제 공되지 않는다는 단점이 있다.

따라서 예비창업자 또는 초기창업기업은 초기투자 유치가 중요한지 장기간 보육공간을 제공받는 것이 중요한지, 전문적인 보육 프로그램이 중요한지 등을 종합적으로 고려해 자 신에게 적합한 창업보육센터 또는 액셀러레이터의 지원 프로그램을 찾아서 신청할 필요가 있다.

【창업보육센터와 액셀러레이터의 비교】

구분	창업보육센터	액셀러레이터
선발과정	비경쟁적	경쟁적
보육기간	장기(6개월~3년)	단기(3~6개월)
초기투자금	없음	소액 지분 투자
주요 프로그램	경영지원 서비스 중심	전문적 프로그램(창업교육, 멘토링)
지원 단위	개별 지원	기술별 집단 지원(Batch 프로그램)

제7부

신용관리와
사업계획서

I 신용관리

1 신용이란?

신용이란 특정한 개별 경제행위의 주체가 다른 경제행위 주체에 대하여 갖는 믿음과 확신을 의미하는 것으로, 일반적으로 장래의 어느 시점에 그 대가를 지급할 것을 약속하고 현재의 경제적 가치를 획득할 수 있는 능력이라고 정의할 수 있다. 이러한 신용을 바탕으로 한 신용거래의 확대는 통화의 증발 없이 재화와 용역의 거래를 증가시켜 자본의 재생산이 가능하게 한다. 또한 신용카드와 같이 신용을 금융의 수단으로 일상생활에 적용하면 당장 현금을 지급하지 않아도 필요한 재화와 서비스를 구매할 수 있는 편리한 결제 도구로 활용할 수 있어 소비자들의 삶의 질 향상에도 도움이 된다.

기업의 신용상태를 판단하기 위해 그 성립 요소를 살펴보면, 기본적으로는 '4C'라고 하여 인격(Character), 지급능력(Capacity), 자본(Capital) 그리고 경제상황(Condition)이 있으며, 여기에 담보(Collateral)를 추가하여 '5C'라고도 한다.

1. 인격(Character)

인격은 경영자의 인격을 뜻하는 것으로 차입금 상환의지를 갖고 있느냐의 여부를 말한다. 모든 신용거래는 지급 약속을 전제로 하는 것이므로 그 약속의 이행 여부는 매우 중요한 것이다. 차입금 상환의지는 불경기, 영업실적의 악화, 현금부족 및 신용의 결여 등에 의하여 측정되기도 하며, 경영자들의 과거 사업영위 또는 업무수행의 기록들이 그들 인격에 대한 정보가 된다.

2. 지급능력(Capacity)

거래처의 경제적 힘이 지급능력이다. 이러한 지급능력을 판단하기 위해서는 그 기업의 과거 기록을 분석하는 한편, 제품공장, 경영내용 등 현재 상황에 대해서도 분석해 보아야 한다. 다시 말해서 채무상환에 충당할 만한 수입의 원천조달 가능성을 조사·분석하여 그 기업의 종합적인 지급능력을 측정한다. 신용분석 시 이 부분에 대한 측정은 주로 과거뿐만 아니라 추정 경영 자료에 의한 현금흐름을 중심으로 하여 분석하고 있다.

3. 자본(Capital)

기업이 효율적으로 운영되려면 적정한 자금량을 확보해야 하며, 이러한 자금은 건전한 자금으로 조달해야 한다. 자본의 조달상태와 조달자본의 운용상태를 표시해 주고 있는 것이 재무상태표 등과 같은 재무제표이므로 재무분석을 통하여 기업의 자본에 관한 많은 판단정보를 얻을 수 있다.

4. 경제상황(Condition)

경제상황은 기업의 재무건전성에 영향을 미치는 경제적 상황과 여건을 말한다. 일반적인 경제 동향이나 정부의 경제정책 등은 기업경영에 항상 영향을 미친다. 특히 오늘날과 같이 기업환경의 변화가 심한 상황에서는 경제상황이 기업경영에 미치는 영향 정도가 더 크다고 하겠다.

5. 담보(Collateral)

일반적으로 신용 공여에 있어 경영자의 능력이 미지수이거나 자본이 불충분할 때 그리고 산업의 현 경제상태가 특이하여 신용위험이 크다고 판단될 때 이를 보완하기 위한 수단으로서 부수적으로 담보를 신용의 한 요소로 간주하고 있다. 이는 기업이 극단적인 상황에 처했을 경우에 신용을 확보하기 위한 방안을 검토하기 위한 것이므로 항상 보수적으로 냉정히 살펴봐야 한다.

2 신용등급의 개념

1. 신용등급의 개념

일반적으로 경제 주체들의 경제활동에서 가장 기본은 서로 간의 신용이고, 이러한 신용을 수치화한 지표가 신용등급이다. 다시 말해 신용등급은 개인, 기업이나 정부 등과 같은 채무를 발행하고자 하는 주체의 신용 가치를 평가한 등급이다.

이는 채무불이행 가능성이 있는 채무 발행자에 대해 객관성과 전문성을 갖춘 신용평가기관이 평가한 것이다. 이러한 신용등급은 개인, 기업 또는 정부의 신용과 관련한 다양한 정보(질적·양적)를 기반으로 하는 것으로, 여기에는 단순한 수학 공식만을 기반으로 하지 않고 신용평가기관의 조사 담당자들이 수집한 비공식적인 정보와 신용평가기관 자체에서 보유한 다양한 판단과 노하우도 활용된다. 신용등급이 좋지 않다는 것은 장기간의 경제적 전망의 분석 등에 근거하여, 개인, 기업이나 정부가 채무불이행의 가능성이 높다는 신용평가기관들의 의견을 의미한다.

이들 신용평가기관은 경영관리 위험, 계열 위험, 산업 위험, 사업 위험, 재무 위험 등을 분석하여, 시장에 정보를 전달할 뿐만 아니라 정보를 생산하여 외부 투자자들이 기업의 신용을 알 수 있도록 하는 중요한 역할을 한다. 따라서 신용평가기관이 평가한 신용등급을 통해 개인, 기업 등 경제 주체들의 부채 조달 능력과 재무상태의 제약 정도를 확인할 수 있다. 또한 신용평가기관은 부채 시장에서 정보를 생산하고 전달함으로써 정보의 비대칭 문제를 완화할 뿐만 아니라 경영자들을 감시(monitoring)하는 역할도 한다. 그리고 신용등급은 기업의 투자의사 결정에 중요한 영향을 미칠 수도 있다.

2. 개인 신용평점

기존의 개인 신용평점은 신용평가회사(Credit Bureau, CB사)가 18세 이상 신용거래 내역이 있는 모든 개인을 대상으로 신용정보를 수집한 후 이를 통계적 처리 및 분석하여, 향후 1년 내 90일 이상 장기연체 등 신용위험이 발생할 가능성을 수치화(점수/등급화)하여 제공하는 지표로 일반적으로 10개 신용등급으로 구분하였다.

【개인신용 등급 분류】

개인신용등급	마이크레딧(NICE)	올크레딧(KCB)
1등급	900~1000	942~1000
2등급	870~899	891~941
3등급	840~869	832~890
4등급	805~839	768~831
5등급	750~804	698~767
6등급	665~749	630~697
7등급	600~664	530~629
8등급	515~599	454~529
9등급	445~514	335~453
10등급	0~444	0~334

* 토스, 카카오뱅크, 카카오페이, 뱅크샐러드, 페이커 등(올크레딧(KCB) 활용), 네이버페이(마이크레딧(NICE) 활용)

그런데 2021.1월부터 신용정보법 개정에 따라 개인신용등급제(1~10등급)가 점수제 (0~1,000점)로 변경되었다. 금융회사 등이 개인의 신용을 바탕으로 의사결정이 필요한 경우 (대출 여부, 대출한도 및 금리수준 등 신용거래를 설정하거나 유지하고자 할 때) 참고지표로 활용한다.

2.1. 개인 CB 회사

금융거래 및 상거래 등에서 발생하는 개인에 대한 CB연체정보, 신용조회정보, 거래정보 등 다양한 신용정보를 수집 · 가공하여, 금융기관 등과 같은 이용기관에 제공하는 신용정보업 자로 국내에서는 NICE평가정보, 코리아크레딧뷰로, SCI평가정보 등 3개사가 영업 중이다.

2.2. 주요 개인 CB 정보의 종류 및 특징

- 개인신용평점(CB SCORE) [신용정보법 개정에 따라 개인신용등급제가 점수제로 변경('20.12.29.)]: CB 사별로 보유 중인 단기연체정보, 신용조회정보 등의 신용정보를 바탕으로 개인의 부 실 위험을 예측하여 점수화
- CB 연체정보(금융권): 한국신용정보원 신용관리정보 대비 단기 · 소액의 금융권 연체정

보(한국신용정보원의 신용관리정보 등록기준 3개월 이상 & 5만원 이상) 대비 단기인 금융권의 연체

정보(5일 이상 & 5만원 이상)로 CB컨소시엄 참여 업체 간 공유

- CB 연체정보(비금융권 정보): 백화점, 도소매업체 등 비금융업권의 연체정보(CB사가 자체적

  으로 수집하는 정보로 현재 한국기업데이터㈜에서 제공 받고 있는 '비금융권 연체정보'와 유사한 정보(10만원

  이상 & 3개월 이상 연체 정보 등))

- CB 조회처 정보: 타 금융기관 또는 거래처 이용 시 CB 정보를 조회한 사실에 관한 이

  력 정보(CB 조회처 정보는 개인이 금융기관 등과 거래를 위하여 CB 정보조회를 이용한 이력 정보로 신용평점

  에 활용하지는 않음. 단, 무등급자의 경우 고객의 금융거래 활성화 정도를 파악하기 위해 활용할 수 있음)

2.3. 기업 신용등급(기업CB 정보)

기업에 대한 정확한 신용판단을 위해 한국신용정보원의 정보 외에 다양한 기업정보의
활용의 필요성이 제기됨에 따라 한국평가데이터(KoDATA)의 기업CB가 구축되어 금융권의
10일 이상 단기연체정보를 2008년 7월부터 공유하기 시작하였다.

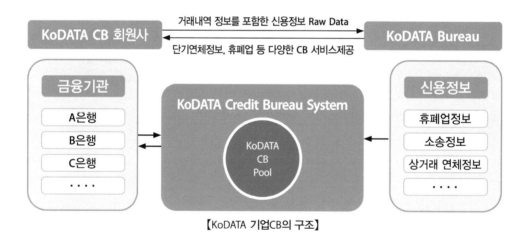

【KoDATA 기업CB의 구조】

- 기업CB 회사: 기업CB 컨소시엄에 참여한 기관이 자신이 보유한 정보를 CB社에 제공

  하여 정보 Pool을 구성한 후, CB社가 이를 가공 처리하여 참여기관이 공동으로 이용

  하는 시스템으로, 2021년 9월 기준 시중은행 11개, 지방은행 6개, 보증 · 보험사 8개,

카드 · 캐피탈사 16개의 단기연체 정보에 집중되고 있다.

【기업CB 참여기관】

구분	기관명
시중은행(11)	· 국민은행, 기업은행, 농협은행, 산업은행, 수협은행, 신한은행, 우리은행, 한국수출입은행, 씨티은행, KEB하나은행, SC제일은행
지방은행(6)	· 광주은행, 경남은행, 대구은행, 부산은행, 전북은행, 제주은행
보증/보험사(8)	· 기술보증기금, 농협생명보험, 한국무역보험공사, 신용보증재단중앙회, 신용보증기금, 자본재공제조합, 주택도시보증공사, SGI서울보증
카드/캐피탈(16)	· 농협중앙회, 롯데캐피탈, 삼성카드, 신한카드, 에큐온캐피탈, 우리카드, 하나카드, 하나캐피탈, 한국캐피탈, 현대카드, 현대캐피탈, 현대커머셜, BNK캐피탈, JB우리캐피탈, KB국민카드, DGB캐피탈

- 기업CB 정보의 종류 및 내용: 기업의 신용평가를 위해 활용되는 CB 참여기관이 제공하는 단기연체정보의 대상과 항목, 보존기간과 제공주기 등과 관련한 세부 내용은 다음 표를 참조한다.

【기업CB 정보의 세부 내용】

구분	내용
대상정보	· 원금 또는 이자 금액에 관계없이 기업여신의 10일 이상 연체 정보(단, 연체정보는 소급하여 제공되지 않고 기관별 시스템 개시일의 10일 이상 연체 정보부터 제공)
대상항목	· 계좌번호(가상의 계좌번호), 등록기관, 대출과목, 등록사유, 등록사유발생일, 거래형태(분할상환, 일시상환, 한도대출, 기타), 연체구분(원금연체, 이자연체, 원금 및 이자연체), 만기 후 연체 여부(Y,N), 연체일수, 연체기산일, 기한이익상실일, 대출잔액, 연체금액, 연체해제일, 연체해제 사유
보존기간	· 해당 연체 발생 건의 연체 해제 후 2년간 제공
제공주기	· D−1일의 정보를 D일에 제공(1일간의 시차 발생)

- 기업CB 부가정보는 KoDATA가 자체 수집한 부가정보로 다음 표의 내용을 참조한다.

【기업CB 부가정보】

정보 종류	내용
법인등기정보	· 최근 법인등기사항전부증명서의 주요 등기 사항 – 기업명, 대표자, 본점 주소, 변경 여부 – 기업상태, 지점 수, 경영진 수

정보 종류	내용
휴폐업정보	· 국세청에서 서비스하는 사업자등록의 휴폐업상태 　- 기업상태: 휴업, 폐업, 정상(부가가치세 일반과세자/간이과세자/면세사업자, 비영리법 　　인/단체/국기기관, 기타) 　- 폐업인 경우는 발생일자 기준 표시, 휴업인 경우는 조사일자 기준으로 휴업을 의미
소송정보	· 기업이 원고 또는 피고로 계류된 소송 관련 정보 　- 심급, 접수일, 법원명, 사건번호, 재판부, 사건명, 종국결과, 원고, 피고, 원고소가, 피고 　　소가, 수리구분, 병합구분, 판결송달일, 상소인, 상소일, 상소각하일
비금융권 연체정보	· 상거래 대금 등의 연체정보 　- 등록사유발생일, 연체금액, 상환/해제일(전액상환일)

- 단기연체 정보 집중 및 이용 프로세스

일자	업무처리 흐름
D−1일	· 금융기관이 영업시간 완료 후 D−1일 기준 단기연체정보 추출
D−day 오전 12시까지	· 금융기관이 D−1일 기준 단기연체정보를 KoDATA에 집중
D−day 오후 2시 이후	· 집중된 D−1일 단기연체정보를 KoDATA에서 처리 후 개별금융기관에 제공

③ 효율적인 신용관리 방법

　신용관리란 금융거래 등 상거래상의 신용판단에 대하여 과학적인 계획수립, 신용거래 관련 행동의 통제 등과 같은 입체적인 활동을 의미한다.

1. 개인의 신용관리

　개인의 경우 아래의 방법을 활용한다면 단기간에 신용점수를 높일 수 있을 뿐만 아니라 효율적인 신용관리가 가능하다.

1.1. 신용거래 관리

　개인이 신용카드를 사용할 경우 할부보다는 가급적 일시불로 결제하고, 사용하지 않는

카드는 말소 신청하여 사용하는 신용카드의 개수도 2~3개로 줄인다. 또한 카드의 한도를 너무 소액으로 하지 않고 적절한 수준으로 늘려 매달 카드 한도의 50% 이상 사용하지 않도록 한다. 그리고 체크카드로 매달 30만원을 초과한 금액을 6개월 이상 쓰면 신용점수를 올릴 수 있다.

1.2. 상환이력 관리

상환이력이란 연체 유무에 대한 기록을 의미한다. 카드를 사용하거나 대출을 받았는데 원금을 갚지 못하거나 이자 미납 등 연체 기록이 없도록 관리할 필요가 있다. 또한 영업일 기준 5일 이상 연체를 하면 단기연체가 되고, 연체의 액수와 관계없이 60일 이상을 연체할 경우 장기연체로 기록되는데, 장기연체의 경우 신용에 많은 불이익이 따르게 되므로 연체관리에 많은 주의를 기울일 필요가 있다.

1.3. 대출금 관리

여유자금이 있을 때 저축을 하는 것보다 대출을 갚는 것이 좋고, 소액대출 여러 건과 조금 큰 금액의 대출 한 건이 있을 때 소액 여러 개의 대출을 먼저 갚는 것이 좋다. 그리고 대출도 여러 건의 소액대출을 받는 것보다는 큰 대출을 한 건 받는 것이 신용점수를 높이는 데 보다 유리하다.

제1금융권 대출보다 제2~3금융권 대출을 먼저 갚고, 대출을 받을 때는 반대로 제1금융권 먼저 받고 제2~3금융권으로 가는 것이 좋고, 오래된 대출과 새로운 대출이 있을 때 오래된 대출을 먼저 갚는 것이 개인 신용등급 향상에 유리하다. 그리고 금융기관과 거래는 가급적 너무 많은 기관보다는 몇 개의 금융기관과 오랜 기간을 거래하는 것이 신용관리에 좋다.

2. 기업의 신용관리

기업에 대한 신용평가 모형은 신용평가기관, 금융기관별로 상이하고, 신용등급체계도 기관에 따라 상이하나, 일반적으로 기업신용등급은 아래 모형과 같은 구조로 기업을 평가하여 신용등급을 산출한다.

창업 3년 이내 초기창업기업은 재무등급의 산출이 어려움에 따라 비재무등급 위주로 산출을 하게 되고, 이로 인해 대표자 개인의 개인 신용등급이 신용평가에서 차지하는 비중이 상대적으로 높은 편이다. 기업에서 신용등급을 효과적으로 관리하고 일정 수준까지 올리기 위해서는 관심을 기울여야 할 사항은 다음과 같다.

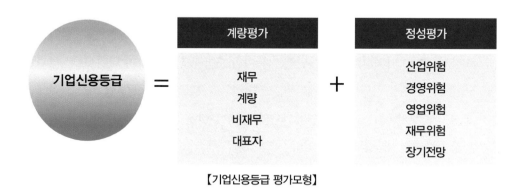

【기업신용등급 평가모형】

2.1. 재무 및 경영관리의 투명성을 확보

기업에서 재무제표를 작성 시 경영실적을 부풀리거나 과도한 절세를 목적으로 분식회계를 실시하는 경우가 있다. 예를 들어 현금 유동성을 과장하기 위해 현금성 자산을 과대계상, 차기에 계상될 매출을 당기에 미리 계상, 관계회사와 자전 거래를 통한 매출 과다계상, 장기미회수 매출채권 미상각, 매입채무 및 차입금 누락 등은 일반적인 분식회계 방법인 점을 감안해 신용평가 시에 집중적으로 확인함에 따라 재무 및 경영투명성 유지를 위해 노력해야 한다.

2.2. 꾸준한 매출 및 수익성 관리 전략

기업의 매출실적의 등락이 지나치게 심하거나, 감소하는 경우 좋은 신용평가 등급을 받기 어렵다. 신용등급이 우량한 기업은 안정적으로 완만하거나 계단식으로 우상향 성장하는 경우가 많다. 특히 매출이 성장하더라도 영업이익이나 당기순이익이 상대적으로 크지 않은 경우도 좋은 신용등급 평가를 받기 어려운 점을 감안해 매출 향상 외에도 영업이익과 같은 수익성 향상에도 관심을 가질 필요가 있다.

2.3. 안정적인 영업을 위한 전략 확보

기업이 매출이 크게 성장하더라도 거래처의 부도나 지급불능으로 인해 연쇄 부실로 이어지는 경우가 빈번하다. 따라서 KoDATA에서 제공하는 크레탑(Cretop)과 같은 외부 정보 제공 기관을 통해 거래처의 신용도를 정기적으로 확인할 필요가 있다. 그리고 거래처의 신용도가 낮게 판단될 경우 현금 결제 위주로 거래하고 외상기간을 단축시킬 필요가 있다. 그리고 신용보증기금이나 서울보증보험에서 운용하고 있는 매출채권보험이나, 매출채권 할인 등 팩토링 금융을 활용해 매출채권을 조기 회수하여 리스크를 최대한 줄이기 위한 노력이 필요하다.

2.4. 기업과 대표자 모두의 철저한 신용관리

기업의 연체정보와 같은 신용관리 정보는 일반 은행권의 정보 외에도 비금융권의 연체(통신요금, 세금체납 등) 정보도 금융기관과 신용정보 기관으로 공유된다. 그리고 소송의 발생으로 인한 사업장에 대한 가압류, 가처분 등과 같은 권리침해 정보도 신용등급에 영향을 주는 점을 고려해, 소송 진행 상황이 발생 시 사업과 관련 사항 및 본인 귀책 여부 등을 적극적으로 신용평가 기관에 소명하고, 권리침해 사실 발생 시 해방공탁 등의 방법을 통해 조기에 해제하는 방법도 검토할 필요가 있다. 그리고 중소기업의 신용평가 시 대표자의 신용상태도 함께 검토되는 점을 고려하여 대표자도 평소 본인의 신용관리를 위해 꾸준한 노력을 기울여야 한다.

기업에서 효과적으로 신용관리를 하기 위해서는 자금흐름의 전체 과정을 통제하거나, 매출채권의 관리 등 판매실적과 연계된 과다한 신용공여를 차단해야 한다. 또한, 기업의 경영활동 전반에 걸친 효과적인 신용판단을 뒷받침할 수 있는 내부적인 시스템을 구축하여 전사적으로 신용관리 기능을 조정하는 CEO와 신용관리 담당책임자가 리더십을 발휘할 수 있도록 해야 한다. 그리고 비효율적인 경영 관행을 타파하고 무한 경쟁의 경영환경을 극복하는 혁신적인 경영전략을 수립해야 한다. 결론적으로 기업의 지속 가능한 생존을 위해서는 전사적인 신용관리(Total Credit Management) 체제를 구축할 필요가 있으며, 경영진은 신용관리의 중요성을 재인식하고 이를 기업의 핵심 경영전략으로 추진할 필요가 있다.

II 사업계획서

1 사업계획서 개요

사업계획서(Business Plan)는 기업에서 기존에 진행 중인 사업 이외에 신규 사업 아이템 기획, 신규 시장 진출, 창업을 준비하고자 할 때 향후 진행될 사업의 내용 및 세부 일정 계획을 구체적으로 기록, 정리 검토하기 위해 작성하는 문서를 의미한다. 사업계획서는 단지 사업을 기획하는 사업가뿐만 아니라 투자자, 금융기관, 정부기관 등이 새로운 사업에 대한 진출과 투자, 대출, 정부 보조금 지급 등의 의사결정에 많은 영향을 주는 자료이다.

1. 사업계획서의 필요성

- 체계적인 사업수행을 위한 안내: 단순한 아이디어 또는 경험에 의한 주관적인 사업계획을 방지하고, 인사 · 구매 · 생산 · 마케팅 · 재무 등의 기업 경영활동 전반에 대해 사전에 검토할 수 있다.
- 계획사업을 위한 시뮬레이션 도구: 사업수행을 연습함으로써 시행착오를 예방하고 사업기간과 비용을 절약할 수 있으며, 사전 점검을 통한 실패확률의 감소로 사업자에게 사업성공의 가능성을 높여준다.
- 이해관계가 있는 제3자에 대한 설득: 이해관계자(투자자, 금융기관 등)의 관심 유도와 설득 자료로서, 사업자의 신뢰도를 증진시켜 자금조달이나 각종 정책지원을 받는 데 활용된다.
- 영업, 입찰, 인허가, 모집 등을 위한 소개: 기업 간의 사업제휴, 납품 또는 입점 계약, 대리점 또는 가맹점 모집, 공공기관 입찰서류 제출, 인허가 신청, 기술 및 품질 인증 등을 진행할 때 회사를 소개하는 데 유용하다.

2. 사업계획서의 종류

사업계획서는 작성 유형에 따라 요약사업계획서, 본 사업계획서(서술형 사업계획서, 프레젠테이션용 사업계획서), IR용 사업계획서, 운영 사업계획서 등으로 분류할 수 있다. 그리고 사업계획서는 사용 용도에 따라 내부운영용, 자금조달용, 인 · 허가용, 기술평가용, 대외업무용, 기타로 구분할 수 있다.

【유형별 사업계획서의 종류】

종류		내용	페이지 분량
요약 사업계획서		· 사업에 대한 간단한 소개 목적으로 작성 · 사업 전반의 핵심내용을 집약하여 간략히 설명	10페이지 내외
본 사업계획서	서술형 사업계획서	· 일반적으로 공공기관 및 기관투자용 제출 시 작성 · 사업내용에 대해 정형화된 서식에 맞춰 상세하게 설명	자유 분량
	프레젠테이션용 사업계획서	· 일반적으로 사업내용의 제출 또는 발표 목적으로 작성 · 계획사업을 구조화, 도식화, 도표화시켜 설명, 서술형 사업계획의 보완자료로 활용	20~40페이지
IR용 사업계획서		· 투자자 유치를 위한 제안용 또는 사업실적 보고용으로 작성 · 사업내용 및 재무실적 등을 중심으로 구체적으로 설명	30~40페이지
운영 사업계획서		· 회사 운영 또는 신규 투자 등 내부적인 목적으로 작성 · 기존 기업의 연도 사업계획서로 활용	40~100페이지

【용도별 사업계획서의 종류】

용도	내용	사업계획서 형태
내부운영용	· 사업운영용 · 투자검토용	비정형 사업계획서
자금조달용	· 투자유치용(벤처캐피탈, 엔젤투자자, 주식공모, IR) · 금융기관 대출 신청용	비정형 사업계획서
	· 정책자금(융자, 출연) 신청용 · 신용보증 신청용 · 은행자금 신청(신용조사)용	정형 사업계획서
인 · 허가용	· 창업사업계획 승인용 · 각종 인허가용	정형 사업계획서
기술평가용	· 기술담보가치 평가용 · 벤처기술 평가/이노비즈기업 평가 · 코스닥 예비심사를 위한 기술평가 등	정형 사업계획서

용도	내용	사업계획서 형태
대외업무용	· 사업 제안, 전략적 제휴, M&A용 · 협력회사 등록 또는 백화점(할인점) 입점용 · 공공기관 입찰 또는 등록 · 대리점 또는 가맹점 모집용	비정형 사업계획서
기타	· 창업보육센터 입주신청용 · 창업경진대회 참가용 등	정형 사업계획서

3. 사업계획서의 일반적인 구성

사업계획서는 그 작성 유형 및 사용 용도와 목적에 따라 다양한 종류가 있다. 그리고 어떤 사업을 하느냐에 따라 작성방법과 내용이 달라진다. 하지만 사업계획서에 담아야 할 필수 내용은 회사와 사업에 대한 소개, 사업 아이템에 대한 분석(시장 및 기술분석), 사업을 수행하기 위한 구체적인 계획, 마지막으로 사업 수행을 통한 결과이다. 대부분의 사업계획서는 이러한 4가지 핵심 내용을 중심으로 구성되어 있으며, 사업계획서를 효율적으로 작성하기 위해서는 4가지 핵심 내용에 대한 명확한 이해가 선행되어야 한다.

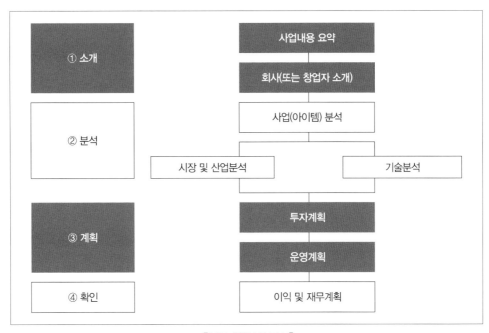

【사업계획서의 구성】

4. 사업계획서 작성 원칙

사업계획서를 작성할 때 지켜야 할 원칙이 있다. 이는 명확성, 객관성, 단순성, 일관성, 이해의 용이성 이상 5가지 원칙이다. 사업계획서 작성의 목적에 맞게 이러한 5가지 원칙을 준수한다면 보다 효과적으로 사업계획서를 작성할 수 있다.

4.1. 명확성

사업계획서를 작성할 때 현재 시장의 문제점 및 기타 환경 분석 측면에 많은 비중을 두고 본인의 사업 아이템과 사업계획 등의 핵심내용을 제대로 전달하지 못하는 경우가 있다. 특히 투자 유치를 위한 IR과 같이 외부인을 대상으로 설명을 할 때 지나치게 시장분석이나 외부 상황에 대한 설명에 포커스를 둠으로 인해 사업계획서에서 전달하고자 하는 내용을 명확히 전달하지 못하는 경우가 발행할 수 있다. 따라서 사업계획서는 전달하고자 하는 핵심 사업내용과 기술을 명확하게 전달할 수 있도록 포커스를 맞추어야 한다.

4.2. 객관성

사업계획서는 객관적인 근거를 바탕으로 타당한 내용으로 작성되어야 한다. 신뢰성이 높은 사업계획서를 작성하기 위해서는 모든 사람이 객관적으로 인정할 수 있는 외부의 참고자료나 학회에 발표된 논문 등 공신력 있는 근거를 제시하고, 사업과 관련한 성장률, 수익성 등 각종 통계 데이터나 수치 등도 정확하게 계산하여 산출할 필요가 있다. 특히 계획서 내에 포함되는 외부 인용자료는 분명한 출처를 밝혀 놓아야 한다. 그리고 필요한 자금의 규모와 조달방법, 향후 추정매출액과 매출원가 등을 제시할 때도 상대방이 합리적으로 타당하다고 인정할 수 있는 명백한 근거를 기반으로 함으로써 최대한 객관적으로 작성을 하여야 한다. 나에게 아무리 좋은 유리하고 좋은 자료라고 하더라도 상대방에게 신뢰성과 객관성을 제시하지 못하는 자료는 무용지물이다.

4.3. 단순성

분량이 많다고 잘 작성된 사업계획서는 아니다. 불필요한 요소가 너무 많이 나열되어 있는 문서보다 간결하고 이해하기 쉽게 작성된 문서가 보다 강력한 위력을 발휘할 수 있다는 사실을 염두에 두고, 제3자를 설득시키기 위해서는 가능한 한 단순하고 간결하게 계획서를 작성하여야 한다.

4.4. 일관성

사업계획서의 작성 목적을 좀 더 명확하게 인식하고 작성 기업의 사업 내용이 제출하고자 하는 사업 목적과 일치할 수 있도록 일관성을 유지하는 데 많은 주의를 기울일 필요가 있다. 그리고 사업계획서 양식이 결정되면 파트별 작성 내용을 취합하여 최종본을 완성할 때 앞뒤 내용이 논리적으로 일관된 지 확인해야 한다. 기업 및 사업소개 내용과 맞지 않는 다소 동떨어진 시장환경 및 기술 분석 내용이 반영되어 있다면 사업계획서의 신뢰성이 떨어질 수 있다.

4.5. 이해의 용이성

사업계획서 작성자는 본인의 입장에서 작성하는 내용이 잘 이해될 수 있겠지만 관련 내용을 처음 접하는 제3자의 경우 다소 이해하기 어려운 내용이 포함될 수 있다. 따라서 상대방을 효과적으로 설득시키고 이해시키기 위해서는 사업계획서의 내용을 가급적 쉽고 구체적으로 작성하여야 한다. 특히 새로운 사업모델과 기술의 경우 일반인들에게 생소한 전문용어나 영문 약자 등에 대한 자세한 설명 없이 사용하거나, 사업계획서를 처음 보는 상대방이 이해할 수 없는 내용으로 사업계획서를 작성한다면 이는 실패한 사업계획서라고 할 수 있다.

5. 사업계획서 작성 절차

사업계획서를 작성할 때 목차 구성 및 자료 점검, 자료조사, 사업의 계량분석 실시, 내용

작성 및 편집의 순으로 작성을 하며, 각 단계별 세부 내용은 아래 표와 같다.

【사업계획서 작성 절차】

단계	내용
목차 구성 및 자료 점검	· 사업 내용에 맞는 전체적인 목차를 구성하여 나열 · 제품 그림, 서비스 흐름, 사업모델 등에 관한 자료 점검
자료조사	· 제품 및 서비스와 관련된 시장 및 기술에 관련된 조사 실시 · 조사된 내용을 분석하여 사업계획의 방향을 수립
사업의 계량분석 실시	· 투자계획, 매출계획, 비용계획, 손익분석, 현금흐름 등 금액과 관련된 분석 실시 · 문제 발생 시 실행계획을 수정하면서 목표로 하는 수치가 나올 때까지 반복하여 분석 실시
내용작성 및 편집	· 내용이 확정되면 목차 구성의 순서에 구애받지 말고 쉽고 자신 있는 항목부터 내용을 입력 · 필요시 유사 업종/아이템의 사업계획서를 참고로 하여 내용을 구성, 사업 개요 및 요약을 최종적으로 작성

6. 사업계획서 작성 시 체크포인트

사업계획서를 작성할 때 주의 깊게 신경을 써야 할 부분이 다양하지만, 보다 효율적으로 사업 목적에 맞는 사업계획서를 작성하기 위해 특히 관심을 갖고 체크해야 할 포인트는 다음과 같이 7가지로 정리할 수 있다.

6.1. 사업의 내용을 정확하고, 알기 쉽게 작성한다.

- 평가자(검토자)의 입장에서 작성한다.
- 가능하면 전달하고자 하는 사항은 요약 형태로 초반부에 명확히 전달하도록 한다.
- 약어 및 전문용어에 대해서는 용어 설명을 통해 최대한 검토자의 이해를 돕도록 한다.

6.2. 가급적 내부 인력을 통해 작성하는 것이 최상이다.

- 대부분의 검토자는 외부전문가에게 맡겨 사업계획서를 작성하는 것에 대해 보수적인 시각을 가지고 있기 때문에 사업계획서는 기업의 사정을 가장 잘 알고 있는 기업 내부

의 인력을 통해 작성하는 것이 좋다.

6.3. 사실을 명확히 기술한다.

- Due-Diligence(소정의 절차에 따른 조사행위) 과정에서 대부분 증빙서류를 요구한다. 특히,
  자본금 증자, 기업 구성 인력의 역량 및 기술 사항에 관해서는 증빙 가능한 자료에 기
  반해 좀 더 상세히 기술하도록 한다.

6.4. 국내외 시장상황을 정확히 기술한다.

- 객관적인 자료에 근거하여, 시장상황 및 추정치를 정확하게 제시할 수 있어야 한다.
- 추정 시장점유율에 대한 근거를 명확하게 제시할 수 있어야 한다.

6.5. 매출 추정에 대한 객관적인 자료를 제시한다.

- 단가별 · 원가별 · 수익별 · 고객별로 정확하고 객관적인 자료를 제시하여야 한다.

6.6. 현금흐름에 대한 분석자료를 제시한다.

- 현금유입 VS 현금유출 항목에 따른 자금흐름을 분석하고 제시할 수 있어야 한다.
- 사업 성공을 위한 총 투자 금액을 산정할 수 있어야 한다.

6.7. 리스크 요인에 대한 해결방안을 제시한다.

- SWOT 분석을 활용해 약점(Weakness), 위협(Threat) 부분에 대한 대안을 제시할 수 있어
  야 한다.
- 리스크 요인을 해결할 대안은 현실적이고 실현 가능하게 작성해야 한다.

7. 사업계획서 제출 용도에 따른 핵심 체크 사항

7.1. 벤처캐피탈 및 엔젤 투자 유치용

- 투자의도 및 자금 사용계획 명확히 파악

- 투자자금 회수(큰 수익 기대)에 대한 명확한 전략(Exit 계획) 제시 필요

- 시장의 장래성, 사업의 발전성과 수익성, 경영팀의 신뢰성과 능력 등

※ 주요 검토 사항

- 제품시장의 경쟁력은?
- 잠재시장의 규모는?
- 매출 목표를 달성하기 위한 영업방법은?
- 주주구성은?
- 경영팀의 역량과 신뢰성은?
- 예상수익률은?

7.2. 은행/정책자금용

- 안정성이 중시되고, 기본적으로 담보를 요구

- 담보 미비 시 보증기관의 보증이 필요(신보/기보/지역보증재단 등)

- 신용과 자금흐름이 중요

※ 주요 검토 사항

- 과거의 실적은?
- 어느 정도의 자금이 필요하며, 구체적인 조달방안이 합리적인가?
- 담보 자산은 있는가?
- 특허권 등 산업재산권의 명의는?
- 기업 또는 경영자의 신용도는?
- 향후 자금흐름을 통하여 이자/원금상환의 가능성은?

7.3. 사업계획서 작성 및 발표 시 발생하는 빈번한 실수

- "우리 기술이 최고다." / "우리가 세계 최초다."

- "우리와 똑같은 것을 만드는 경쟁사는 없다."

- "시장은 매우 크다고 판단된다."(근거 제시 없이 주장)

- 시장에 대한 정의 및 세분화가 명확하지 않음

- 발표자료, 회사자료 등에 오탈자 등이 나타남

- 투자가들에게 언제, 어느 정도의 수익을 올릴 수 있을지 윤곽을 주지 못함

- 투자 회수전략(Exit Strategy)이 명확하지 않음

- 고려할 수 있는 제반 위험요인에 대한 언급이나 대응방안 모색이 미흡함

7.4. 사업계획서 심사 시 핵심 체크리스트

기업에서 작성한 사업계획서는 다양한 목적으로 제출되고 있다. 사업계획서를 제출하는 기관이나 목적에 따라 형식이나 내용이 다양할 수 있으나 일반적으로 사업계획서 심사할 때 사업 목적에 따라 상이하게 판단하는 내용도 있으므로 일반적으로 적용하는 핵심 체크리스트는 유사한 측면이 있다. 따라서 사업계획서 심사자의 관점에서 검토하는 주요 핵심 체크리스트를 이해하고 사업계획서를 작성한다며 좀 더 효과적으로 작성이 가능하고 제출후 보다 나은 결과를 얻을 수 있다. 아래 14가지 핵심 체크리스트는 사업계획서 심사 시 심사위원들이 일반적으로 검토하는 내용인 점을 감안해 계획서 작성 시 관련 내용을 충실하게 반영할 필요가 있다.

- 제품의 특성 및 핵심기술은 잘 설명되었는가?

- 소비자에게 제공하려는 제품 및 서비스는 명확한가?

- 제품 및 서비스에 대한 경쟁력과 차별성은 있는가?

- 원자재 수급계획이 객관적으로 기술되었는가?

- 국내외 시장규모에 대한 자료가 제대로 제시되었는가?

- 주요 수요처는 명확히 전개되었는가(누가 고객인가)?

- 국내외 경쟁상황에 대한 자료가 제시되었는가?

- 국내외 제품과의 기술, 품질, 가격비교 등이 잘 제시되었는가?

- 손익분기점 매출 달성시점은 명확한가?

- 개발 완료 및 제품화 시기, 설비도입 및 양산착수 등의 계획은 잘 전개되었는가?

- 판매가격과 판매방법은 고객중심으로 결정되었는가?

- 가격이 적정수준의 이익을 보장하고 있는가?

- 사업추진 계획이 효율적으로 잘 작성되었는가?

- 소요자금의 확보방안은 수립되었는가?

2 사업계획서 작성 방법·사례

매년 정부의 다양한 기관에서 사업공고가 나오게 되면 정부지원 사업에 선정되길 희망하는 기업은 사업계획서의 기본적인 사항을 사전에 준비해 놓았다가 해당 사업에 맞추어 수정하는 방법으로 사업계획서를 작성하는 것이 효과적이다. 하지만 창업 초기 기업이나 아직까지 사업계획서를 작성해 본 경험이 없는 기업은 사업공고가 나더라도 어떻게 사업계획서를 작성해야 할지 고민이 될 수밖에 없을 것이다.

여기에서 제시하는 사업계획서 작성 방법을 적용한다면 본인들의 사업계획을 명확하게 상대방에게 이해시킬 수 있고, 정부 과제 또는 사업공고에 대한 과제 선정의 가능성도 좀 더 높이는 사업계획서의 작성이 가능할 것이다.

일반적으로 사업계획서의 핵심 프로세스는 다음 그림과 같다. 먼저 제목과 주소, 연락처 등을 표기한 표지/목차, 사업계획서의 요약, 회사개요, 외부환경분석, 사업전략, 재무계획, 위기/대응, 실행일정, 첨부자료 단계 순으로 구성된다.

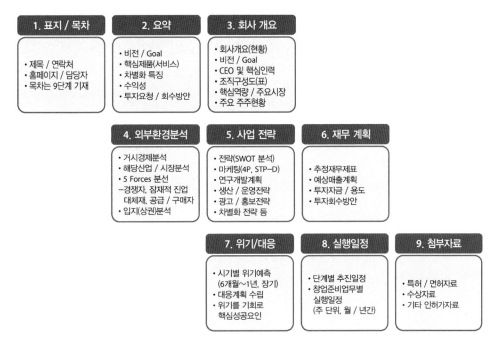

자료: 중소벤처기업진흥공단

【사업계획서 작성 주요 프로세스 9단계】

1. 요약

1.1. 사업개요

사업개요는 사업의 특성, 경쟁상황, 경쟁우위 요소, 시장 추이 및 전망, 추정수익률 등과 관련해 아래 표에 있는 내용을 중심으로 사업의 핵심내용을 최대한 부각할 수 있도록 작성한다.

- 제품 및 서비스에 대한 설명: 고객니즈 및 고객니즈 창출 측면 고려/고객에게 제공하고자 하는 제품 및 서비스의 구체화
- 향후 개발계획: 기술/제품/서비스별로 명시
- 경쟁우위 요소: 경쟁사 대비 우위성 및 자체 경영우위 요소가 고객 입장에서 차별화 필요

【사업개요 주요 내용】

구분	주요 내용
사업의 특성	· 사업의 특성과 가치를 중심으로 기술
경쟁상황	· 국내외 시장경쟁 상황에 대해 기술
경쟁우위 요소	· 차별화 전략을 통해 사업의 유망성을 강조
시장 추이 및 전망	· 시장규모 및 시장전망을 통해 사업의 발전성을 기술
추정 수익률	· 자본을 투자해서 얻을 수 있는 투자수익률(ROI)에 대해 기술

* 사업개요 관련 주요 질문 사항

1) 고객(Customer) 관련 사항

- 고객들이 이 제품/서비스를 좋은 아이디어라고 생각할 것인가?

- 특정 그룹에 초점을 맞출 것인가?

- 구매할 '진짜(Real)' 고객은 누구인가?(구매 시의 전제조건, 필요설비 등)

- 고객들이 이 제품에 대해 얼마까지 지불할 수 있을까?

2) 마케팅 전략(Marketing Strategy) 관련 사항

- 귀사의 전략 목표와 마케팅 목표는 무엇인가?

- 제품을 어떻게 판매할 것인가?

- 누가 수요를 창출할 것인가?

- 구체적인 마케팅 계획은 어떠한가?

1.2. 시장성

- 시장규모 및 성장성(5개년간)

- 제품/시장별/지역별 세분화가 가능할 경우 세분화하여야 함

1.3. 마케팅

- 지역별 목표고객 및 목표시장, 고객 및 시장의 특성

- 제품/서비스별/지역별/on-offline별 판촉 및 영업 전략 구체화

1.4. 수익성

- 제품/서비스별 매출계획/시장점유율(5개년)

- 추정 재무제표(5개년), 손익분기점, 성장성/수익성/안정성 등

- 추정 재무제표 산출근거를 위한 Back Data: 재무제표 중 큰 항목에 대한 세부내용

1.5. 자본금 및 주주현황

- 설립 이후 현재까지의 자본금 변동현황

- 차입금(현재)

- 주주현황(현재)/사외 투자자로부터 자금조달 하였을 경우에는 투자액/지분율 표시

1.6. 투자요청 규모 및 투자회수 방안

- 투자요청 내역 및 자금규모(5개년)

- 코스닥 등록 예정 시기

1.7. 회사개요

- 연혁/CEO 및 경영층 약력(최종학력 및 경력 중심으로)

1.8. 요약 작성 시 피해야 할 일반적 실수

- 집중의 결여

- 만연체의 문장, 요점이 없음

- 모든 내용을 다 포함시키려고 함

- 특별한 or 놓칠 수 없는 투자기회임을 입증하지 못함

- 투자조건에 관한 사항을 분명히 설명하지 못함

- 요약을 읽는 사람에게 (4~5분 이내에) 강한 인상을 주지 못함

1.9. 올바른 요약 작성 사례

- 명확한 사업개념

- 능력 있는 Management Team & 기술개발인력

- 분명한 목표시장과 시장규모 및 성장성

- 자사의 중요한 경쟁우위 요소

- 타당성 있는 재무계획 및 수익성

- 투자규모 및 내역과 투자자들의 투자회수를 위한 계획

1.10. 기타 요약 작성 시 유의 사항

- 요약문은 본문 작성 후 제일 뒤에 작성하며, 도표나 그래프를 함께 활용

- 문장은 명확하고 간결하게 Key-word 중심으로, 한 문장은 최대 3줄까지만 작성

- 3~5쪽 내외로 작성

2. 회사개요(현황)

회사개요(현황)는 기업의 일반적인 현재 상황에 대하여 기술하는 항목이다. 하지만 기업 현황을 작성할 때 평가자(검토자)들이 신청하는 회사에 보다 많은 관심을 가질 수 있도록 본인 기업의 차별점을 부각시킬 수 있는 방법을 고민할 필요가 있다.

【회사개요(현황) 주요 내용】

구분	주요 내용
회사개요	· 회사명, 설립일, 대표이사, 주소, 연혁 등의 일반적인 내용
대표자 인적 사항	· 주민등록번호, 최종학력, 주요 경력, 개발실적 등을 중심으로 기술
재무 사항	· 자산, 자본금, 부채 현황 등을 기술
경영진 및 기술인력	· 경영진, 주요 기술인력, 주주 구성 등에 대해 기술
지적재산권 현황	· 지적재산권 보유현황 등을 기술

예를 들어 회사개요, 대표자 인적 사항이나 경영진 및 기술인력을 작성할 때 공고된 사업의 내용과 관련이 있는 부분을 최대한 적극적으로 어필하고, 비록 사소한 부분이라도 간과하지 말고 기업현황에 반영될 수 있도록 신경을 써야 한다. 재무 사항을 작성할 경우 부채현황의 차입금은 운전자금과 시설자금 차입금을 구분하고 자본금도 외부 투자를 유치한 경우 관련 내용을 반영할 필요가 있다.

2.1. 회사 연혁 작성방법

- 회사성장에 있어서 중요한 사건들을 중심으로 서술하되, 지나치게 많지 않도록 함

2.2. 회사 연혁 작성 예시

· 설립 및 대표이사 · 등기변경 사항(상호/자본금/대표이사 등 변경) · 홈페이지 오픈 및 서비스 개시 · 수상실적 · 벤처등록 · 병역특례업체 지정 · 기술연구소 설립	· 회사 성장의 평가와 관련된 사항 기록 · 중요한 재무목표 달성 · 신시장 개척(관련 법인 설립) · 신상품/서비스 출시 · 영업용 홈페이지 오픈 및 서비스 개시 · 지적재산권/신기술 등 · 중요한 전략적 제휴

3. 비전/경영 이념

- 조직의 방향을 설정하는 3가지 요소: 비전, 미션, 목적

- 조직 비전: 조직이 나아가야 할 목표 및 방향(조직이 창출하고자 하는 것/가치는 무엇인가?)

- 조직 사명 or 미션: 조직이 존재하는 이유로 Vision statement라고도 함(회사의 핵심 가치, 제품/서비스, 시장, 기술, 철학/이념, 회사 이미지 등)

- 조직 목적: 조직이 달성하고자 하는 특정 목표(targets)(관리자의 의사결정, 조직의 효율성 및 성과 제고를 위한 가이드라인 역할을 함, 단기-중기-장기 목표로 구분)

4. 조직 및 인원구성

사업계획서 작성 시 조직도는 사업 추진에 필요한 조직 구조가 갖추어져 있어야 하며, 특히 각 부서별 소요 인력을 적절하게 배치해야 한다. 그리고 필요에 따라서 연봉, 인센티브 및 상여금 등 직원 복지에 대한 내용도 기술하여야 한다. 특히 사업 수행을 위해 향후 소요인력에 대한 인력수급 계획도 제시하여야 하며, 기업의 경영진과 핵심인력은 중소기업의 성장과 경쟁력의 핵심인 점을 감안해 해당 내용을 작성할 때는 보다 많은 주의를 기울여야 한다.

【인력 및 조직 주요 내용】

구분	주요 내용
조직도	· 사업의 추진 계획에 맞는 회사의 조직도를 작성
부서별 소요인력	· 사업추진에 필요한 해당 부서별 소요인력에 대해 작성
급여 및 보상정책	· 연봉, 인센티브, 상여금, 휴가 및 여가제도 등에 대해 기술
인력수급 계획	· 향후 사업수행에 필요한 소요인력에 대해 작성
경영진 및 핵심인력	· 경영진 및 핵심인력의 역량에 대해 작성

- CEO의 경력/학력 및 능력이 본 사업을 훌륭하게 수행할 수 있음을 이해시킬 정도이어야 함
- 경영층 및 핵심인력의 경력/학력 및 능력이 현재는 물론 미래의 회사가치 창출에 중요한 역할을 수행할 사람들로 구성되어 있음을 보여 주어야 함
- 추진하고자 하는 사업이 생산/제조, 연구개발, 마케팅 등 어느 분야에 특화되어 있는가를 인적자원 구성에서 명확하게 알 수 있도록 함이 좋을 것임
- 사내의 전문인력이 부족할 경우, 사외 전문인력을 경영에 간접적으로 참여시킴으로써 회사의 대외적 신뢰도/인지도를 제고할 수 있도록 고려하여야 함
- 경우에 따라서는 조직도 및 핵심인력 프로파일만을 작성하여도 됨

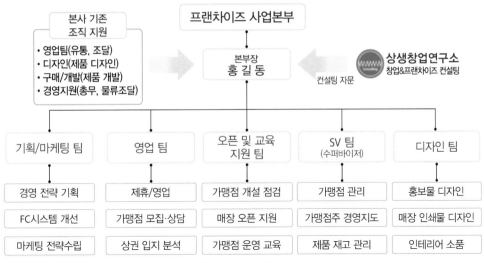

【조직도 작성 예시】

5. 제품 및 서비스

제품 및 서비스 현황을 요약해 제시하여야 한다. 특히 신청기업 제품의 특성 핵심기술에 대해 기술하고, 경쟁기업 대비 우수한 점을 제시하여 경쟁제품과의 차별성을 제시해야 한다. 그리고 제품 및 서비스가 고객에게 주는 가치와 만족도가 무엇이며, 제품개발과 관련한 현재의 상황과 향후 제품 및 서비스의 개발 계획을 제시하여야 한다. 그리고 향후 시장의 상황에 따른 자사 제품 및 서비스의 개발 기본방향과 시장출시 우선순위, 시장성 등에 대하여 적극 강조함으로써 투자자의 이해도를 제고할 수 있어야 한다.

【제품 및 서비스 주요 내용】

구분	주요 내용
제품의 특성	· 제품의 특성 및 핵심기술에 대해 기술
경쟁 제품과의 차별성	· 경쟁제품 대비 우수한 점에 대해 기술
제품 및 서비스의 고객가치	· 제품 및 서비스가 고객에게 주는 가치 및 만족도에 대해 기술
제품개발 현황	· 제품개발 현황 및 향후 개발계획에 대해 기술
제품 및 서비스 방향	· 향후 트렌드에 따른 제품 및 서비스 방향에 대해 기술

e-Learning 창업 강좌	● 인터넷을 통한 창업적성 및 환경 분석, 유료 창업상담 비즈니스 ● 창업 리더십 등의 단과 강좌로부터 창업 e-MBA 과정 체계적 구축 ● 과목별 유료 강좌부터 전 과정 서비스를 받는 골드 멤버십 유료서비스
벤처기업/점포 창업컨설팅	● 벤처기업/소상공인 초기단계 창업 컨설팅 (Mentoring Program 체제) ● 창업자금/인력, 신규개발 제품 Launching 및 마케팅, 광고/홍보 컨설팅 ● 중소기업 창업지원법 제19조에 규정된 중소기업 상담회사의 주요 업무분야 　(사업타당성검토/창업절차대행/경영기술지도/자금 및 사업알선업무 등)
오프라인 창업강좌 위탁교육	● 대학 및 정부, 지자체, 창업 관련 단체의 위탁 창업교육 실시 ● 체인본사 직원 양성교육 및 보수교육, 가맹점 성공전략 등 기업 위탁교육
창업체험 인턴십 서비스	● 기업체 제휴와 전문가 네트워크를 통해 업종별 인턴십 가능 업체 선정 ● 장, 단기별 창업기업 체험 교육 실시

【제품 및 서비스 작성 예시】

* 제품 및 서비스 관련 주요 질문 사항

- 왜 사람들이 이 제품을 사야 하는가?

- 이 제품이 경쟁사 제품과는 어떻게 다른가?

- 제품 출하 전 시험사용 등 시뮬레이션이 필요한가?

- 제품명은 무엇인가?

- 경쟁사가 누구이고, 그들이 무엇을 하고 있나?

- 경쟁사가 제시하는 제품/서비스의 주된 가치는 무엇인가?

- 경생사들의 핵심역량/경생원천은 무엇인가?

6. 자본금 현황 및 주주 구성

6.1. 자본금 현황 작성 방법

- 자본금 변동현황이 중요한 경우에만 작성토록 함

- 기타의 경우에는 회사 연혁에 포함시키면 됨

일자	원인	증가(감소)한 주식의 내용				증(감)자 후 자본금	신주 배정방법	비고
		종류	수량	주당 액면가액	주당 발행가액			
2001.02.02	유상증자	보통주	10,000	5,000	5,000	50,000,000		설립 자본금
2001.06.06	유상증자	보통주	5,000	5,000	10,000	75,000,000	구주주	
2001.12.12	공모증자	보통주	10,000	5,000	10,000	125,000,000	일반공모	

6.2. 주주의 구성 작성 방법

- 최대주주 3~5명, 나머지는 기타로 표시

- 기관투자자(창투사/금융기관)나 타사로부터 투자를 받은 경우 등이 있을 경우 표시

- 종업원 소유지분 표시(필요시)

- 투자유치 목적 사업계획서 작성 시 CEO 지분율은 1차시 50%, 2차시 30% 이상이 되도록 함이 일반적 요청이라고 함

- 투자유치 목적일 경우에는 투자유치 전후의 주주구성 변화(지분율) 도표를 비교하여 작성

【주주의 구성 작성 예시】

구분	성명	주식 수(주)	지분율	대표이사와 관계
대표이사	이병헌	5,000	45.5%	본인
이사	전지현	2,243	20.5%	타인
이사	원빈	1,099	10.0%	타인
이사	김태리	1,099	10.0%	타인
	기 타	1,548	14.0%	타인

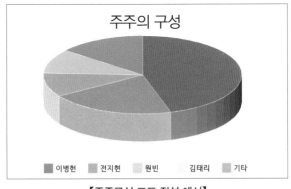

주주의 구성

■ 이병헌　■ 전지현　■ 원빈　　 김태리　■ 기타

【주주구성 도표 작성 예시】

7. 시장성 분석

시장 분석을 위해 시장의 규모와 전망에 대해 객관적으로 확인할 수 있는 자료를 기반으로 작성해야 한다. 그리고 해당 사업을 진행하기 위한 산업이 현재 산업성숙도상 어떤 시기인지 파악하고, SWOT 분석을 활용해 기업의 강ㆍ약점과 기회와 위기를 파악해 핵심 성공요인을 도출해 제시할 필요가 있다.

【시장성 분석 주요 내용】

구분	주요 내용
시장규모 및 전망	· 시장규모 및 전망에 대해 온–오프라인 측면에서 기술
산업성숙도 파악	· 도입기, 성장기, 성숙기, 쇠퇴기인지에 대해 파악
SWOT 분석	· 강점, 약점, 기회, 위협 등에 관해 분석
핵심성공요인 도출	· 산업분석을 통해 산업의 Key Success Factor를 도출

* 시장 분석 관련 주요 질문 사항

- 주변 사람들과 미디어에서는 이 사업에 대해 어떻게 생각하는가?

- 인터뷰를 통해 나타난 전문가들의 의견은 어떤가? (필요시 컨설턴트 활용)

- 시장조사 결과로 나타난 숫자를 어떻게 해석해야 하나? (자료원천의 신뢰도 중요)

7.1. 시장세분화 작성 방법

- 하나의 시장을 구매자의 니즈ㆍ특성ㆍ행동양식 등에 기초하여 특성 있는 구매자 그룹으로 나누는 것

- 세분화된 시장에서 어떠한 마케팅 기본전략을 구사할 것인가

  ex) 코스트 리더십, 차별화, 집중화 전략 등

  自社의 개발상품이 ① 일반 소비자를 대상으로 한 것인가, 아니면 ② 기업이나 일정 사업군을 대상으로 한 제품인가에 따라 변수를 선택함

- 이 경우 ①, ② 모두에서 교차적으로 관련 변수를 선택하여도 됨

- 세분화된 시장은 ① 측정 가능성, ② 접근 가능성, ③ 충분한 수익창출 가능성, ④ 차별성을 갖고 있어야 하며, ⑤ 행동으로 옮길 만큼 매력이 있어야 함

7.2. 소비자 시장(Consumer market)을 대상으로 한 시장세분화 변수

- 지리적: 세계적, 국내, 도시 규모, 인구 밀집 정도, 기후
- 인구 통계학적: 연령, 성별/결혼, 가족 수, 세대구성, 라이프 스타일, 수입, 직업, 교육, 종교, 인종, 국적
- 심리학적: 소비자의 성격, 사회적 신분, 라이프 스타일
- 행동학적: 상황조건(규칙적, 특별한 경우), 혜택(품질/서비스/경제성/편리성/속도 등), 사용자 유형, 사용률, 충성 정도, 준비단계, 제품에 대한 태도

7.3. 비즈니스 시장(Business market)을 대상으로 한 시장 세분화 변수

- 인구 통계학적: 산업, 회사규모, 지역
- 운영: 기술, 사용자/비사용자, 고객능력(고객에게 제공해야 할 서비스의 양과 질에 따른 분류)
- 구매접근: 구매기능조직, 권력구조, 기존관계의 성격, 일반적 구매정책(리스/서비스 계약/시스템구매/경매, 구매기준(QCD/서비스))
- 상황요인: 긴급성(신속한 배송 or 서비스), 적용의 특별성, 주문 규모
- 개별적 특성: 구매자-판매자 유사성(구매자 측의 인적구성/가치가 당사와 유사한가), 리스크에 대한 태도(수용/회피), 충성도(공급자에 대한 충성도 정도)

7.4. 시장 세분화 방법

【Four generic dimensions에 의한 분류】

Segmentation category	Description
Products	· 크기, 가격 수준, 제품 외형 특성 /패키징, 성능 특성, 기술 /디자인, 투입물, 원가구조 등
Customer	· 인구통계학, 구매행위, 경제적 특성 등

Segmentation category	Description
Geography	· 지역, 국내, 해외 등
Distribution channels	· 도소매, 국내외 체인, 특별 판매점, 우편주문, 전자상거래 등

【시장 세분화 사례】

Characteristic	Segment 1	Segment 2	Segment 3	Segment 4
인구통계적 Demographics	· 40–55 · 부모	· 18–25	· 55–70 · 조부모	· 25–40 · 대가족 · 젊은 자녀들
지역적 Geography	· 도시 · 교외	· 교외 · 시골	· 도시 거주	· 도시 · 교외
구매행위 Behavior	· 건강 의식 · 포장하지 않은 상품에 대한 불신	· 건강 의식하지 않음	· 맛과 스타일	· 맛과 스타일 · 유행
교육배경 Educational background	· 대부분 대학교육	· 다양성	· 다양함	· 대부분 대학교육

8. 외부환경 분석

8.1. 동종업계 현황 및 경쟁사 분석

- 시장에서 동종업계의 동향을 파악하고, 경쟁사의 사업현황 등을 기술

- 전문 연구소의 연구동향 자료 or 언론 보도 자료 등을 스크랩하여, 업계의 긍정적인 부분을 어필

- 경쟁사의 서비스를 도표를 통해 비교 분석(특히, 매장창업 사업계획서의 경우, 타사의 주요 메뉴와 상품, 서비스 경쟁력 등을 조사하여 비교 분석)

9. 사업전략 분석

9.1. SWOT 분석

- 강점(strength), 약점(weakness), 기회(opportunity), 위기(threat)의 첫 글자를 따서 SWOT 분석이라 하며 기업의 강점과 약점, 환경적 기회와 위기를 열거하여 효과적인 기업 경영전략을 수립하기 위한 분석방법임

- SWOT 분석을 통해 보완할 요소와 집중할 요소를 면밀하게 검토하여 효율적인 경영 전략을 도출하는 전략적 접근방법 적용

9.2. STP 전략

- 시장세분화(Market Segmentation)

① 하나의 시장을 구매자의 니즈, 특성, 행동양식 등에 기초하여 특성 있는 구매자 그룹으로 나누는 것

② 시장분석 자료를 통해, 소비자의 구매능력, 구매욕구, 구매동기 등 다양한 소비자들의 특성을 고려하여 시장을 세분화하고 표적시장을 선정하여 고객에게 어떤 위치로 포지셔닝 시킬 것인가를 도식 등을 통해 기술

- 표적시장(Market Targeting)

① 목표시장 선정

② 유사성을 갖는 각각의 구매자 그룹의 매력도를 평가하여, 주어진 시장에 진입하기 위하여 구매자 그룹을 선택하는 과정

- 포지셔닝(Market Positioning)

① 목표 고객들의 마음에 경쟁제품과 비교하여 명백하고 독특하며 바람직한 지위를 갖도록 자사 제품을 배열하는 것

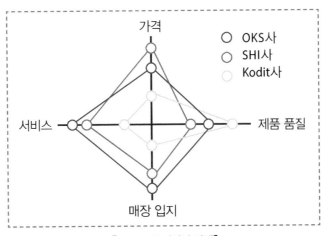

【Market 포지셔닝 사례】

9.3. 가격 · 유통 및 판촉 관리 전략

- 가격(Price) 전략: 제품(서비스)의 원가, 고객 가치, 가격 민감성과 투명성 등을 고려하여
  시장 진입을 위한 적정한 가격(Price) 정책을 수립
- 유통(Place) 전략: 차별화된 유통경로(Place) 구축을 위한 계획 및 방안 등을 기술
- 판촉(Promotion) 전략: 제품(서비스)을 효과적으로 알리고 구입까지 연결시키기 위한 다양
  한 광고, 홍보 계획 및 예산, 실제 액션플랜을 기술

9.4. 운영계획

- 사업 단계별로 아래와 같이 세부적인 추진 계획을 수립

【단계별 사업추진 계획 사례】

단계	추진 내용	일정
1단계	1. 사업추진 인력 구성 2. 세부 사업계획 및 사업 방향제고	2023년 2월 중
2단계	1. 법인설립 및 사업 목표 확정 2. 인력 Pool 구성 – 취약계층 디자이너 구인 및 프리랜서 인력 Pool 구축	2023년 3월~
3단계	1. 사회적기업 인증 2. 대기업 위주의 고객사 확보	2023년 5월~
4단계	1. 취약계층 디자인 교육 사업추진 2. 참여 고객사 확대	2023년 10월~
5난계	1. 해외 고객사 유치 　– 글로벌 사회적기업으로 도약	2024년 l월~

- 조직 및 인력 채용 계획: 회사소개서상의 조직 구성도와 별개로 본 사업 프로젝트에
  필요한 핵심 조직 구성안을 별도로 작성하고, 충원 인력 세팅 계획 등을 기술

10. 총사업비와 재무계획

사업비 구성은 기술개발 내용과 목표달성을 수행하기 위한 실질적인 연구비의 조달 및
사용계획을 작성해야 하고, 전체 사업비의 합계가 일치해야 한다. 그리고 관련 사업비의 회

계 기준에 적정하게 작성하여야 한다. 특히 재무계획의 경우 매출 및 손익, BEP 달성 기간, 소요자금 및 운영계획 등을 구체적으로 작성하여야 한다.

* 자금조달 관련 주요 질문 사항
- 당신은 귀사에 얼마나 투자할 것인가?
- 잠재적인 투자가들에게 어떻게 말할 것인가?
- 당신은 벤처기업 투자자들을 설득시킬 자신이 있는가?
- 당신을 도와줄 수 있는 친구는 누구인가?

11. 재무계획

11.1. 추정 재무계획 및 기업가치 평가 작성방법

- 향후 5개년간의 계량적 목표를 도표와 그래프로 작성
① 회사의 추정 재무제표 및 손익계산서에 수익성, 성장성, 안정성 제시
② 주요 재무제표 및 재무비율 분석
③ 손익분기점 분석 등 제시
④ 재무분석 시 산업 평균 또는 주요 경쟁사의 재무자료와 비교 분석자료를 제시할 경우 객관성과 타당성 확보 가능
⑤ IRR, NPV, 회수기간법 등을 활용하여 사업 타당성 적극 검토 및 제시
- 가치평가
① 유가증권의 발행 및 공시 등에 관한 규정 시행세칙에 의한 주당 본질가치 산정
② 기타 DCF 및 실물 옵션 비교법 등 다양한 방법을 통한 기업가치 평가 자료 제시

【재무제표의 주요 구성내용】

구분	주요 내용
손익계산서	· 소득을 보여 주는 지표(매출과 수익, 총매출, 이자수익과 배당금, 기타 소득, 비용, 매출원가, 판매비와 관리비, 감가상각비, 이자비용, 세금 등으로 구성)

구분	주요 내용
대차대조표	· 사업의 가치를 보여 주는 지표(부채 + 자기자본 = 자산)
현금흐름표	· 일정 영업기간 동안 현금의 흐름을 보여 주는 지표(현금매출액, 이자수입, 투자유입액, 매출원가, 판매관리비, 이자지급, 세금, 설비투자비, 차입금상환, 배당금, 현금의 순증감 등 제시)

【추정 손익계산서 작성 사례】

(단위: 천원)

계정명		금액	구성비
매출	일평균 매출	1,500	
	월매출(30일 영업기준)	45,000	100%
원가	주 항목	20,250	45.00%
	기타 항목(커피 등)	4,500	10.00%
매출원가 합계		24,750	55.00%
매출이익		20,250	45%
판관비	임차료(관리비 포함)	3,500	7.78%
	인건비	4,500	10.00%
	*기타 비용	1,000	2.22%
	카드수수료	972	2.16%
판매관리비 합계		9,972	22.16%
영업이익		10,278	22.84%

【추정 요약 대차대조표 작성 사례】

(단위: 천원)

구분	2019년	2020년	2021년	2022년	2023년
유동자산	11,291	16,099	17,439	19,391	24,834
고정자산	9,942	11,794	13,133	15,650	17,910
자산총계	21,233	27,893	30,572	35,041	42,744
유동부채	5,091	6,138	6,263	6,150	6,770
고정부채	1,057	1,372	1,480	1,550	1,700
부채총계	6,148	7,510	7,743	7,700	8,470
자 본 금	2,500	4,000	4,000	4,000	4,000
자본잉여금	5,579	8,363	8,363	8,363	8,363

구분	2019년	2020년	2021년	2022년	2023년
이익잉여금	7,006	8,020	10,466	14,978	21,911
자본총계	15,085	20,383	22,829	27,341	34,274
부채와 자본 계	21,233	27,893	30,572	35,041	42,744

- 매출계획 작성방법

① 시장점유율을 알 수 있다면 관련 그래프를 3~5년간 추정치로 작성

② 투자자를 합리적으로 이해시킬 수 있는 매출계획이 중요

【매출계획 작성 사례】

(단위: 천원)

구분		2020	2021	2022	비고
전자상거래		9,500	15,600	18,600	전자상거래 비중 매출액의
	문구류 /사무용품	5,000	7,500	9,500	2002년 매출액의 10%
	PC/OA 용품	1,500	3,000	4,000	2003년 매출액의 15%
비즈니스 서비스		30	180	320	
	e–Solution/ASP	30	120	220	EC 사업지원 ASP
	오피스 손해보험		60	100	대리점 / 오피스의 손해보험업무 대행
디자인 벤처		310	1,560	1,800	
	캐릭터 /팬시	300	1,200	1,400	라이센싱 포함
	IT 콘텐츠	10	120	400	성공 캐릭터 등을 Imode 등에 유료화
기타		100	2,600	4,000	
	문구券	100	200	1,000	
	오피스시스템		600	1,000	오피스 IT 시스템 설계 / 구축 등
	물류		600	1,000	물류 시스템 구축에 의한 매출발생
	교육 /영상물		600	1,000	성공 캐릭터 응용 교육 / 영상물
매출 합계		16,880	33,940	44,340	

11.2. 소요자금 및 자금조달 계획 작성방법

- 조달 목적 및 조달 규모

① 투자목적이 분명하여야 하고 단순히 현상 유지를 위한 자금조달은 적절하지 않음

② 투자 및 운영자금의 규모와 자금 유출입을 고려하여 그 규모와 시기를 결정함

③ 투자자금: 부지 및 공장건설, 설비/기계, 장비, S/W, 리스, 개발비 등

④ 운영자금: 판관비 및 기타 운전자금 등

- 조달 시기: 재무제표 및 타인자본 조달 등을 고려하여 단기-중기-장기적 측면에서 자금조달의 시기를 결정

- 조달방법

① 자본금 증자 통한 방법: 유상증자, 무상증자 등, 공모 증자, 사모 증자 등

② 타인자본을 통한 조달: 차입금, 채권발행 등

【자금조달 방법 작성 사례】

(단위: 천원)

조달 방법		비고
자기자금	70,000	창업자 7명×10,000
금융차입	70,000	창업자 7명×10,000
정부지원자금	3,000	
소상공인지원센터	12,000	
합계	155,000	

【소요자금(투자자금) 작성 사례】

(단위: 천원)

구분	한목	금액(만원)	비고
매장 임대	권리금	50,000	XX 상권 시세 적용
	보증금	20,000	
주방 시설	설비	5,000	냉장고 포함
	기구/비품	5,000	테이블, 의자
	식기	500	그릇, 접시, 컵, 소도구류
	가스 설비	500	잘못된 계산식 LNG 배관
인테리어	내외장 공사	50,000	화장실, 주방 포함 전면, 플래카드
홍보 관련	광고, 판촉, 로고, 제작	1,000	전단, 현수막, 이벤트, 할인권 등
전산통신	전산 장비	1,500	매장 관리용 최신 컴퓨터
	홈페이지	5,000	카페 커뮤니티용

구분	항목	금액(만원)	비고
소모품	냅킨/Bill	500	소품 포함
초도 상품비	커피, 식재료 등	1,000	
합계		140,000	

12. 사업 위협요소와 위기 대응

- 초기 자금조달 문제, 경쟁자 진출, 입지 불리, 사회적 불안 요인 등 위협요소와 이에 대한 위기 대응 방법을 기술
- 현재 대두되고 있는 위기를 기회로 전환할 수 있는 핵심 성공 요인을 제시

13. 사업계획서 기타 작성 자료

13.1. 사업추진 일정표 작성

사업계획의 추진 일정은 제품개발, 양산준비, 마케팅, 인력 및 조직 부분 등 세부 항목별로 진행계획을 보기 쉽게 작성하고, 월별 진행 상황도 표시해야 한다.

【사업추진 일정표 작성 사례】

일련번호	사업화 추진 내용	추진 일정(월)											
		1	2	3	4	5	6	7	8	9	10	11	12
1	기존 제품 조사, 분석												
2	경쟁제품별 DB 확보												
3	신규 소재 개발												
4	신제품 기술개발												
5	신제품 요소기술 개발												
6	신제품 양산기술 개발												
7	제품별 신뢰성 확보												
8	개발 기술을 활용한 시제작품 제작												
9	신규 판로 확보 및 마케팅 전략 수립												

13.2. 생산 및 설비

생산 및 설비와 관련해 기업의 공장용지 및 설비 현황에 대하여 어느 정도의 생산능력을 확보하고 있으며, 현재까지의 생산실적 및 가동률과 함께 생산에 필요한 원부자재 조달 상황 및 계획을 기술하여야 한다. 더불어 철저한 품질 및 생산관리를 통한 생산성 향상 계획 및 향후 매출 증가에 따른 생산시설 확장을 위한 설비투자 계획도 포함하여 회사의 성장 가능성에 대한 인식을 심어 줄 필요가 있다.

【생산 및 설비 주요 내용】

구분	주요 내용
생산시설 현황	· 공장용지 및 설비 현황에 대해 기술
생산능력 및 실적현황	· 생산능력, 실적, 가동률 등에 대해 기술
원자재 수급계획	· 원부자재 조달상황, 계획, 전망에 대해 기술
생산성 향상계획	· 품질관리나 생산관리 등, 생산성 향상계획에 대해 기술
생산시설 투자계획	· 설비투자를 위한 생산시설 투자계획에 대해 기술

13.3. 사업계획서 작성 시 제시할 기타 추가자료

사업계획서 작성 시 필요에 따라서는 아래 근거자료를 추가로 제시함으로써 사업계획서의 목적에 맞게 자료의 객관성과 이해도를 높일 필요가 있다.

- 주요 임직원의 이력서

- 특허 · 상표권 등 지식재산권

- 각종 대외 수상 자료 및 언론 홍보자료

- 각종 인허가, 면허 및 보유 인력의 자격증 자료

3 창업사업화 표준사업계획서 작성 사례

정부의 창업사업화 지원사업을 신청하는 창업자들이 다양한 사업별로 매번 다른 양식의 사업계획서를 작성해야 하는 불편을 해소하기 위해 창업진흥원에서는 2018년에 '창업사업화 표준사업계획서 양식'을 공시하였다. 현재 중소벤처기업부에서 진행하는 TIPS, 창업선도대학, 창업도약패키지, 재도전 성공패키지 등의 사업 신청 시 이 양식을 사용해 작성하도록 하고 있다.

창업사업화 지원사업 사업계획서 작성 목차

항목	세부항목
□ **일반 현황**	- 대표자, 아이템명 등 일반현황 및 제품(서비스) 개요
□ **창업아이템 개요(요약)**	- 창업아이템 소개, 차별성, 개발경과, 국내외 목표시장, 창업아이템 이미지 등을 요약하여 기재

항목	세부항목
1. 문제인식 (Problem)	**1-1. 창업아이템의 개발동기** - 창업아이템의 부재로 불편한 점, 국내·외 시장(사회·경제·기술)의 문제점을 혁신적으로 해결하기 위한 방안 등을 기재 **1-2 창업아이템의 목적(필요성)** - 창업아이템의 구현하고자 하는 목적, 국내·외 시장(사회·경제·기술)의 문제점을 혁신적으로 해결하기 위한 방안 등을 기재
2. 실현가능성 (Solution)	**2-1. 창업아이템의 사업화 전략** - 비즈니스 모델(BM), 제품(서비스) 구현정도, 제작 소요기간 및 제작방법(자체, 외주), 추진일정 등을 기재 **2-2. 창업아이템의 시장분석 및 경쟁력 확보방안** - 기능·효용·성분·디자인·스타일 등의 측면에서 현재 시장에서의 대체재(경쟁사) 대비 우위요소, 차별화 전략 등을 기재
3. 성장전략 (Scale-up)	**3-1. 자금소요 및 조달계획** - 자금의 필요성, 금액의 적정성 여부를 판단할 수 있도록 사업비 (정부지원금+대응자금(현금))의 사용계획 등을 기재 **3-2. 시장진입 및 성과창출 전략** - 내수시장 : 주 소비자층, 시장진출 전략, 그간 실적 등 - 해외시장 : 글로벌 진출 실적, 역량, 수출망 확보계획 등 **3-3 출구(EXIT) 목표 및 전략** - 투자유치 : 엔젤투자, VC(벤처캐피탈), 크라우드 펀딩 등의 투자처, 향후 투자유치 추진전략 및 방법 등 - 인수·합병(M&A) : M&A를 통한 사업확장 또는 출구전략에 대한 중·장기 전략 - 기업공개(IPO) : 기업의 경쟁력 강화, 투자자금 회수 등을 위한 IPO 중·장기 전략 - 정부지원금 : R&D, 정책자금 등 정부지원금을 통한 자금 확보 전략
4. 팀 구성 (Team)	**4-1. 대표자 및 팀원의 보유역량** - 대표자 및 팀원(업무파트너 포함) 보유하고 있는 경험, 기술력, 노하우 등 기재 **4-2. 사회적 가치 실천계획** - 양질의 일자리 창출을 위한 중소기업 성과공유제, 비정규직의 정규직화, 근로시간 단축 등 사회적 가치 실천계획을 기재

창업사업화 지원사업 사업계획서

※ 본문 10page 내외로 작성(증빙서류 등은 제한 없음), '파란색 안내 문구'는 삭제하고 검정색 글씨로 작성하여 제출, 양식의 목차, 표는 변경 또는 삭제 불가(행추가는 가능, 해당사항이 없는 경우 공란으로 유지)하며, 필요시 사진(이미지) 또는 표 추가 가능

☐ 일반현황 (* 사업별 특성에 따라 일반현황 작성항목은 변경 가능)

※ 개인사업자는 '개업연월일', 법인사업자는 '회사성립연월일'을 기재 (최초 설립한 사업자 기준)

창업아이템명						
신청자 성명			생년월일	1900.00.00	성별	남 / 여
직업	교수 / 연구원 / 일반인 / 대학생...		창업유무	예비창업자 / 기창업자(○년차)		
기업명	○○○○		사업장 소재지	○○도 ○○시		
개업연월일 (회사성립연월일)	2000. 00. 00		사업자 구분	예비창업자 / 예비창업팀 / 개인사업자 / 법인사업자 / 공동대표(개인, 법인)		
기술분야	정보·통신, 기계·소재 (* 온라인 신청서와 동일하게 작성)					
사업비 구성계획 (백만원)	정부지원금		00백만원	주요성과 ('21년 기준)	고용(명)	0명 (대표자 제외) ※ 신청일 기준 현재 고용인원
	대응 자금	현금	00백만원		매출 (백만원)	00백만원 ※ '21년 총 매출
		현물	00백만원		수출 (백만원)	00백만원 ※ '21년 총 수출 (수출실적 발생 당월 기준환율 기준)
	합계		00백만원		투자 (백만원)	00백만원 ※ '21년 총 투자유치

팀 구성 (신청자 제외)

순번	직급	성명	담당업무	주요경력	비고
1	공동대표	○○○	S/W 개발 총괄	컴퓨터공학과 교수	공동대표
2	대리	○○○	해외 영업	미국 ○○대 경영학 전공	팀원
...					
...					
...					
...					

☐ 창업아이템 개요(요약)

창업아이템 소개	. ※ 핵심기능, 소비자층, 사용처 등 주요 내용을 중심으로 간략히 기재	
창업아이템의 차별성	. ※ 창업아이템의 현재 개발단계를 기재 예) 아이디어, 시제품 제작 중, 프로토타입 개발 완료 등	
국내외 목표시장	. ※ 국내 외 목표시장, 판매 전략 등을 간략히 기재	
이미지	※ 아이템의 특징을 나타낼 수 있는 참고 사진(이미지) 또는 설계도 삽입 < 사진(이미지) 또는 설계도 제목 >	※ 아이템의 특징을 나타낼 수 있는 참고 사진(이미지) 또는 설계도 삽입 < 사진(이미지) 또는 설계도 제목 >
	※ 아이템의 특징을 나타낼 수 있는 참고 사진(이미지) 또는 설계도 삽입 < 사진(이미지) 또는 설계도 제목 >	※ 아이템의 특징을 나타낼 수 있는 참고 사진(이미지) 또는 설계도 삽입 < 사진(이미지) 또는 설계도 제목 >

1. 문제인식 (Problem)

1-1. 창업아이템의 개발동기

※ 국내·외 시장(사회·경제·기술)의 문제점을 혁신적으로 해결하기 위한 방안 등을 기재

    ○

      -

      -

    ○

      -

      -

1-2 창업아이템의 목적(필요성)

※ 창업아이템의 구현하고자 하는 목적, 국내·외 시장(사회·경제·기술)의 문제점을 혁신적으로 해결하기 위한 방안 등을 기재

    ○

      -

      -

    ○

      -

      -

2. 실현가능성 (Solution)

2-1. 창업아이템의 사업화 전략

○

　－

○

　－

< 사업 추진일정 >

추진내용	추진기간	세부내용
제품보완, 신제품 출시	2016.0.0. ~ 2016.0.0.	OO 기능 보완, 신제품 출시
홈페이지 제작	2016.0.0. ~ 2016.0.0.	홍보용 홈페이지 제작
글로벌 진출	2016.0.0. ~ 2016.0.0.	베트남 OO업체 계약체결
투자유치 등	2016.0.0. ~ 2016.0.0.	VC, AC 등
...		

2-2. 창업아이템의 시장분석 및 경쟁력 확보방안

○

　－

　－

○

　－

3. 성장전략 (Scale-up)

3-1. 자금소요 및 조달계획

> ※ 자금의 필요성, 금액의 적정성 여부를 판단할 수 있도록 사업비(정부지원금+대응자금(현금)+현물)의
> 사용계획 등을 기재(신청사업의 운영지침 및 사업비관리기준에 근거하여 작성)

○

   -

   -

○

   -

   -

< 정부지원금 집행계획(정부예산+대응자금(현금)) >

비 목	산출근거	금액(원)	
		정부지원금	대응자금(현금)
재료비	• DMD소켓 구입(00개×0000원)	3,448,000	
	• 전원IC류 구입(00개×000원)	7,652,000	
외주용역비	• 시금형제작 외주용역(OOO제품 .... 플라스틱금형제작)		7,000,000
지급수수료	• 국내 OOO전시회 참가비(부스임차, 집기류 임차 등 포함)		
...			
...			
...			
...			
합 계			

3-2. 시장진입 및 성과창출 전략

3-2-1. 내수시장 확보 방안 (경쟁 및 판매가능성)

> ※ 내수시장을 중심으로 주 소비자층, 주 타겟시장, 진출시기, 시장진출 및 판매 전략, 그간 성과 등을
> 구체적으로 기재

○

 -

○ **내수시장 진출 실적** ※ 관련실적이 없는 경우 '해당사항 없음'으로 기재

유통채널명	진출시기	판매 아이템	판매금액
롯데마트	2014.2.14. ~ 2014.2.22.		○○○백만원
…			
…			

○ **내수시장 매출 예상**

유통채널명	진출시기	판매 아이템	판매금액
롯데마트	2018.2.14. ~ 2018.2.22.		○○○백만원
…			
…			

3-2-2. 해외시장 진출 방안 (경쟁 및 판매가능성)

> ※ 해외시장을 중심으로 주 소비자층, 주 타겟시장, 진출시기, 시장진출 및 판매 전략, 그간 성과 등을
> 구체적으로 기재

○

 -

○

○ **글로벌 진출 실적** ※ 관련실적이 없는 경우 '해당사항 없음'으로 기재

수출국가수	수출액	수출품목수	수출품목명
○개국	○○○백만원	○○개	○○○, ○○○, ○○○
…			
…			

○ **글로벌 진출 역량** ※ 관련실적이 없는 경우 '해당사항 없음'으로 기재

해외특허 건수 (출원 제외)	국제인증 건수	국제협약체결 건수 (외국 현지기업과 MOU, NDA 등)
○건	○○건	○○건
…		
…		

○ **수출분야 핵심인력 현황** : 00명

※ 수출인력이 없는 경우 '해당사항 없음'으로 기재
※ 수출분야 핵심인력 예시
  - 임직원 중 수출 또는 무역관련 회사 경력자, 임직원 중 1년 이상 해외 근무 경험자, 임직원 중 해외학위(학사 이상) 보유자 등

성 명	직 급	주요 담당업무	경력 및 학력
○○○	과장	영어권 수출	00무역회사 경력 3년
…			베트남 현지 무역업체 2년 근무
…			
…			

○ **해외시장 매출 예상**

유통채널명	진출시기	판매 아이템	판매금액
아마존	2019.2.14. ~ 2019.2.22.		○○○백만원
…			
…			

3-3. 출구(EXIT) 목표 및 전략

3-3-1. 투자유치

※ 엔젤투자, VC(벤처캐피탈), 크라우드 펀딩 등의 투자처, 향후 투자유치 추진전략 및 방법 등 기재

○

-

○

-

3-3-2. 인수·합병 (M&A)

※ M&A를 통한 사업확장 또는 출구전략에 대한 중·장기 전략을 기재

○

-

○

3-3-3. 기업공개 (IPO)

※ 기업의 경쟁력 강화, 투자자금 회수 등을 위한 IPO 중·장기 전략을 기재

○

-

3-3-4. 정부지원금

※ R&D, 정책자금 등 정부지원금을 통한 자금 확보

○

-

4. 팀 구성 (Team)

4-1. 대표자 및 팀원의 보유역량

○ 대표자 현황 및 역량

※ 창업아이템과 관련하여 대표자가 보유하고 있는 이력, 역량 등을 기재

-

○ 현재 재직인원 및 고용계획

※ 사업 추진에 따른 현재 재직인원 및 향후 고용계획을 기재

-

현재 재직인원 (대표자 제외)	명	추가 고용계획 (협약기간내)	명

○ 팀원현황 및 역량

※ 사업 추진에 따른 현재 고용인원 및 향후 고용계획을 기재
  * 일자리 안정자금이란? : 최저임금 인상에 따른 소상공인 및 영세중소기업의 경영부담을 완화하고,
    노동자의 고용불안을 해소하기 위하여 정부에서 근로자 보수를 지원(고용노동부, 근로복지공단)

순번	직급	성명	주요 담당업무	경력 및 학력 등	채용 연월	일자리 안정자금 수혜여부
1	과장	○○○	S/W 개발	컴퓨터공학과 교수	'16. 8	O / X
2	...		해외 영업 (베트남, 인도네시아)	○○기업 해외영업 경력 8년	채용 예정	
3	...		R&D	○○연구원 경력 10년		

○ 추가 인력 고용계획

순번	주요 담당업무	요구되는 경력 및 학력 등	채용시기
1	S/W 개발	IT분야 전공 학사 이상	'16. 8
2	해외 영업 (베트남, 인도네시아)	글로벌 업무를 위해 영어회화가 능통한 자	
3	R&D	기계분야 전공 석사 이상	

○ 업무파트너(협력기업 등) 현황 및 역량

※ 창업아이템 개발에 필요한 협력사의 주요역량 및 협력사항 등을 기재

순번	파트너명	주요역량	주요 협력사항	비고
1	○○전자		테스트 장비 지원	~'18.12
2	...			협력 예정
3	...			

4-2. 사회적 가치 실천계획

※ 양질의 일자리 창출을 위한 중소기업 성과공유제, 비정규직의 정규직화, 근로시간 단축 등 사회적 가치 실천계획을 기재

　* **중소기업 성과공유제 개요** : 중소기업 근로자의 임금 또는 복지 수준 향상을 위해 사업주가 근로자간에 성과를 공유하는 제도 (중소기업 인력지원 특별법 제27조의 2)

구분		내용
현금	경영성과급	기업 차원에서 이익 또는 이윤 등의 경영성과가 발생했을 때 해당 성과를 회사 종업원들과 공유하는 경영활동
	직무발명보상	종업원, 법인의 임원 또는 공무원이 개발한 직무발명을 기업이 승계 소유하도록 하고, 종업원 등에서 직무발명의 대가에 상응하는 정당한 보상을 해주는 제도
주식	우리사주	'우리 회사 주식 소유제도'의 줄임말로, 근로자가 자신이 근무하는 회사의 주식을 취득 보유할 수 있도록 하는 제도
	주식매수선택권 (스톡옵션)	회사가 정관으로 정하는 바에 따라 임직원 등에게 미리 정해진 가격으로 신주를 인수하거나 회사의 주식을 매수할 수 있는 권리를 부여하는 것
공제 및 기금	내일채움공제	5년 이상 장기재직한 핵심인력에게 중소기업과 핵심인력의 공동적립금과 복리이자를 성과보상금 형태로 지급하는 제도
	과학기술인공제회	과학기술인에 대한 생활안정과 복리를 도모하기 위해서 설립된 공제기구
	사내근로복지기금	근로자의 복지를 위해 기업이 이익금을 출연해 조성한 기금

　* 출처 : 중소기업 성과공유제 활성화 방안, 중소기업연구원, 2016
　* 대중소기업 상생협력 촉진에 관한법률 제8조(상생혁력 성과의 공평한 배분)의 성과공유제와는 다른 제도임

○

-

< 중소기업 성과공유제 도입현황 및 계획 >

제도명	도입 여부	주요내용	실적*
내일채움공제	완료('16.10)	정관 취업규칙 등 내부 규정과 주요내용을 발췌하여 기재	근로자 2인 적용
스톡옵션	완료('17.06)	'17.6월 제도도입 이후 기업 주주총회를 통해 스톡옵션 부여	총 0명, 000주 (0000원) 행사
사내근로복지기금	예정('17.06)	기금조성 및 기금법인 설립, 운용규정 마련	00백만원
...			

부록

〈부록 1〉 사업계획서 양식

① 신용보증기금 사업계획서(예비창업자용)

사업계획서

(예비창업자 창업보증용)

보증신청 금액	백만원
보증서 발급 희망일	년 월 일

▣ 윤리경영 실천을 위한 협조 확약

본인은 신용보증 신청과 관련하여 신용보증기금(이하 '신보')의 윤리경영 실천에 적극 협조하기 위하여 아래와 같이 서약합니다.

- 보증거래 등과 관련하여 신보의 임직원은 물론 어떤 자에 대하여도 일체의 금품, 향응, 편의 등을 제공하지 않으며, 제3자에게도 보증청탁을 하지 않는다.
- 신보의 임직원과 일체의 금전거래를 하지 않는다. 이에 불구하고 금전거래에 따른 피해가 발생할 경우 그 책임은 본인에게 귀속된다.
- 신보의 임직원 등이 금전거래, 금품, 선물, 향응, 편의 제공 등을 요구한 경우에는 즉시 신보의 윤리경영팀 또는 홈페이지 감사제보센터에 신고한다.
- 신보의 임직원 등에게 금품, 선물, 향응, 편의 등을 제공한 사실이 있거나, 제공 요구를 받고도 그 사실을 신고하지 않은 경우 또는 신보의 임직원과 금전거래를 하거나, 금전거래를 요구받고도 그 사실을 신고하지 않는 경우에는 신규보증 중단, 기보증의 해지, 최고보증료율 적용 등의 불이익을 받게 되어도 이의를 제기하지 않는다.

「신보 윤리경영팀」 전화번호 : 1588-6565 (관련법률과 신보의 내규에 따라 신고자의 신분은 철저하게 보호됩니다)

▣ 허위자료 제출 시 제재사항

이 「사업계획서」는 귀사가 신용조사 및 신용보증을 받는데 중요한 자료로 활용되므로, 사실과 다르거나 **허위의 자료를 제출한 경우**에는 저희 신보 내규에서 정하는 바에 따라 앞으로 신용보증을 받을 수 없음은 물론, 고소·고발 조치될 수 있습니다.

▣ 자금사용내역서 제출

신보로 부터 지원받은 자금에 대하여 신보에서 사후관리를 실시할 경우 '자금사용내역서'를 통장사본 등 근거자료와 함께 제출할 것을 확약합니다.

▣ 신용정보 제공·활용 동의

이 자료는 기업을 널리 홍보하고 신용정보를 보급하기 위하여 저희 신보가 필요한 경우 활용할 수 있으며 이에 동의합니다.

작 성 일 : 20 년 월 일	기업체명 :
작 성 자 :	대 표 자 : (인)

1. 기업체 현황

업 체 명*				대 표 자 명	
설립(개업)일자*				업종(품목)*	
소 재 지	주 소*			전 화 번 호*	팩 스*
본 사					
사 업 장					
E - mail		Homepage*		상시근로자*	
기업형태*	개인기업(□) 법인기업(주식회사□, 유한회사□, 합자회사□, 합명회사□, 기타□)				
<사업 관련 전문자격증 및 지식재산권 보유, 대외기관 인증 및 수상, 창업연수 참여 실적>					
년 월	내 용				

* 사업자 등록을 하지 않은 예비창업자는 예정(계획) 기준으로 작성

2. 대표자 및 경영진 현황

성 명				주민등록번호		
현주소지				전 화	유선	
					무선	
최종학력	년 월		(고등, 대)학교	과	(졸업, 수료, 중퇴, 재학)	
경 력	근무기간(년월)	근 무 처		업종(품목)	최종직위(담당업무)	
	. . ~ . .					
	. . ~ . .					
	. . ~ . .					
거주주택				소유자(관계)	(본인,친척,타인)	
				임차관계	전세 백만원, 월세 천원	
기타소유부동산						

경 영 진*				주 주 상 황*		
직 위	성 명	실제경영자와 의관계	담당업무 및 주요경력	주 주 명	실제경영자 와의 관계	지분율
						%
						%
						%

* 사업자 등록을 하지 않은 예비창업자는 예정(계획) 기준으로 작성

3. 사업장 및 주요시설

사 업 장*					
소재지			소유자(관계)		(본인,친척,타인)
임차관계	전세	백만원, 월세 천원	가동상황	월평균 일, 1일평균 시간	
생산방식	자사제조 %, 외주가공 %		주문생산 %, 시장생산 %		
주 요 시 설*					
시 설 명	구입년도	수량	단위	용 도	소요자금	제작사
	. .				백만원	

* 사업자 등록을 하지 않은 예비창업자는 예정(계획) 기준으로 작성

4. 영업현황
(단위 : 백만원)

주 요 거 래 처*												
구 매 처						판 매 처						
상 호	사업자번호	전화번호	월평균매입액	거래조건		상 호	사업자번호	전화번호	월평균매입액	거래조건		
				거래비율	결제기간					거래비율	결제기간	
최근 판매실적(. . ~ . .) : ( )						수주상황(. . 현재) 국내계약액 ( )						

* 사업자 등록을 하지 않은 예비창업자는 예정(계획) 기준으로 작성
주1) 거래조건의 "비율"란에 현금·외상비율 기재, "기간"란에 외상거래의 결제기간 기재(예 : 90일 어음, 30일 신용 등)
주2) ( )내에는 수출실적(단위 : 천불) 및 L/C보유액을 기재

5. 매출액 추정
(단위 : 백만원)

매 출 액 추 정		
구 분	보증신청년도 (20 . . ~ 20 . . .)	보증신청 다음년도 (20 . . ~ 20 . . .)
예상매출액		
추 정 근 기		

6. 금융기관 거래상황
(단위 : 백만원)

차 입 금(년 월 일 현재)							
기관명	운 전				시 설		계
	일반운전	무역금융	할인어음	지급보증 등	시 설	시설대여	

담 보 물 명 세(년 월 일 현재)					
소 재 지	종 류	수 량	소유자(관계)	설정액	설정권자

* 사업자등록을 하지 않은 예비창업자는 개인대출을 기준으로 작성

7. 자금소요 및 조달계획

(단위 : 백만원)

총 소요자금				자금조달계획		
구 분		금 액		구 분	금 액	조달방법
운 전				자기자금		
	소 계(①)			금융차입		
시 설				(보증신청)		
	소 계(②)			기 타		
합 계(①+②)				합 계		

주1) 자금소요 및 조달계획 작성은 창업일로부터 6개월 시점까지를 대상으로 기재
　　(자금조달 계획 작성 시에는 이번 보증신청으로 차입할 금액을 포함하여 기재)
주2) 창업일은 법인기업은 법인등기사항전부증명서상의 설립일, 개인기업은 사업자등록증상의 개업일을 의미
주3) 자금소요 및 조달계획 작성 시 창업일 전에 창업준비 단계에서 이미 지출된 금액도 포함하여 총소요자금 및
　　자금조달계획 작성
주4) 운전, 시설자금 '구분' 란에는 구체적인 항목 기재(예 : 기계설비 구입, 원자재 구입, 인건비 지급, 임차보증금 등)

8. 사업 추진계획 (자유롭게 기재하되, 해당내용을 구체적으로 작성)

제품(서비스)의 주요내용	(제품의 특성 및 핵심기술, 기술개발 내용 및 과정, 생산 공정도 등)
시 장 분 석	(시장규모, 주요 수요처, 동업종 경쟁상황, 경쟁업체 현황 등)
기술 및 품질경쟁력	(국내외 경쟁사 제품과의 기술, 품질, 가격 비교 등)
생산(판매) 추진계획	(개발완료 및 제품화 시기, 설비도입 및 양산착수, 판매 등의 계획)

9.보증료(또는 가수금) 환급 시 입금계좌 (법인기업: 법인명의 계좌, 개인기업 등: 대표자 명의 사업용 계좌)

금융회사명		계좌번호		예금주		입금동의	동의함 (서명)

- 보증기한 전에 대출금이 상환되어 보증이 해지된 경우에는 상환일 다음날 이후의 보증료 수납분을 환급해 드립니다.
- 보증료(또는 가수금) 환급은 제출하신 환급계좌로 송금받으실 수 있으며, 환급계좌 미제출, 변경 등으로 보증료를 환급받지 못한 경우에는 신용 보증기금 홈페이지에서 확인 및 환급 신청이 가능합니다.

(추가) 2. 대표자 및 경영진 현황 중 대표자(공동대표자, 실제경영자 등)

성 명		주민등록번호		-	
자택전화번호		휴대폰 번호			
취임일자		사업관련 자격증			
경영형태	창업자( ), 승계( ), 인수( ), 동업( ), 전문경영인( ), 기타( )				
주 요 경 력	기간(년/월)	근 무 처		근무처 업종	최종직위(담당업무)
현 거주주택			소유관계	자가(소유자 관계) 전세( )백만원 월세( )천원	
기타소유자산					

성 명		주민등록번호		-	
자택전화번호		휴대폰 번호			
취임일자		사업관련 자격증			
경영형태	창업자( ), 승계( ), 인수( ), 동업( ), 전문경영인( ), 기타( )				
주 요 경 력	기간(년/월)	근 무 처		근무처 업종	최종직위(담당업무)
현 거주주택			소유관계	자가(소유자 관계) 전세( )백만원 월세( )천원	
기타소유자산					

성 명		주민등록번호		-	
자택전화번호		휴대폰 번호			
취임일자		사업관련 자격증			
경영형태	창업자( ), 승계( ), 인수( ), 동업( ), 전문경영인( ), 기타( )				
주 요 경 력	기간(년/월)	근 무 처		근무처 업종	최종직위(담당업무)
현 거주주택			소유관계	자가(소유자 관계) 전세( )백만원 월세( )천원	
기타소유자산					

② 신용보증기금 사업계획서(지식재산보증 RND용)

R&D 및 기술이전 사업계획서

(개발자금, 이전자금 및 사업화자금용)

업 체 명	
대 표 자	

■ 윤리경영 실천을 위한 협조 확약

본인은 신용보증 신청과 관련하여 신용보증기금(이하 '신보')의 윤리경영 실천에 적극 협조하기 위하여
아래와 같이 서약합니다.

- 보증거래 등과 관련하여 신보의 임직원은 물론 어떤 자에 대하여도 일체의 금품, 향응, 편의 등을
  제공하지 않으며, 제3자에게도 보증청탁을 하지 않는다.
- 신보의 임직원과 일체의 금전거래를 하지 않는다. 이에 불구하고 금전거래에 따른 피해가 발생할
  경우 그 책임은 본인에게 귀속된다.
- 신보의 임직원 등이 금전거래, 금품, 선물, 향응, 편의 제공 등을 요구한 경우에는 즉시 신보의 윤리
  경영팀 또는 홈페이지 감사제보센터에 신고한다.
- 신보의 임직원 등에게 금품, 선물, 향응, 편의 등을 제공한 사실이 있거나, 제공 요구를 받고도 그
  사실을 신고하지 않은 경우 또는 신보의 임직원과 금전거래를 하거나, 금전거래를 요구받고도 그
  사실을 신고하지 않는 경우에는 신규보증 중단, 기보증의 해지, 최고보증료율 적용 등의 불이익을
  받게 되어도 이의를 제기하지 않는다.

「신보 윤리경영팀」 전화번호 : 1588-6565(관련 법률과 신보의 내규에 따라 신고자의 신분은 철저하게 보호됩니다)

■ 허위자료 제출 시 제재사항

이 「R&D 및 기술이전 사업계획서」는 귀사가 신용조사 및 신용보증을 받는데 중요한 자료로 활용
되므로, 사실과 다르거나 **허위의 자료를 제출한 경우**에는 신보 내규에서 정하는 바에 따라 앞으로
신용보증을 받을 수 없음은 물론, 고소·고발 조치될 수 있습니다.

작 성 일 : 20 년 월 일 작 성 자 :	업 체 명 : 대 표 자 :　　　　　　(인)

신용보증기금 귀중

1. 기업 R&D 개요

① R&D 전담조직 및 인력

전 담 조 직
한국산업기술진흥협회 인정 기업부설연구소( ) (인정일 :   년   월) 한국산업기술진흥협회 인정 연구개발전담부서( ) (인정일 :   년   월) 기업자체 연구소( )

전 담 인 력						
직위	성명	최종학력 및 전공	입사년도	보유자격증	주요경력	담당업무

② 최근 3년 이내 R&D 및 기술 상용화 실적

(단위 : 백만원)

개 발 과 제	개발기간	개발비용	제품생산여부	연간 매출액	산업재산권/규격,인증등

③ R&D 기자재 보유 현황

(단위 : 백만원)

시 설 명	수 량	도입연도	장부가격	용 도	비 고

2. 지식재산 보증 신청과제 (개발자금(R&D) 및 사업화자금 보증을 신청하는 경우에만 작성)

① R&D 과제 사업화 개요

과 제 명				
과제종류	신제품개발( ), 기존제품개선( ), 신공정개발( ), 기존공정개선( ), 기타( )			
사업기간	년 월 ~ 년 월 (총 년 개월) *(아래의 ② R&D 단계별 총 소요기간과 일치하도록 작성)*			
소요자금	자기자금	기타 조달자금	본건 보증부대출	계
산업재산권 등	특허권( ), 실용신안권( ), 디자인권( ), 상표권( ) 저작권( ), 기타 ( )			
권 리 자 (발 명 자)	성명		주민등록번호	—
	주소		기업과의 관계	

② R&D 단계별 소요기간

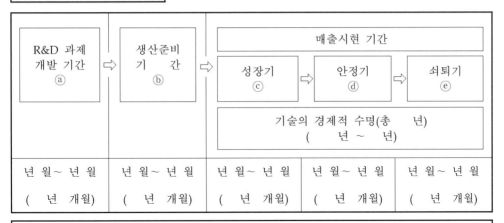

<단계별 기간 정의>

ⓐ R&D 과제 개발기간 : R&D 과제 계획, 개발, 시제품 제작완료까지 소요되는 기간

ⓑ 생산준비기간 : R&D 과제 개발완료 후 매출시현 전까지 생산준비에 소요되는 기간

ⓒ 성장기 : R&D 과제의 사업화성공으로 인한 시장선점 효과 등으로 인해 동업종 평균을
상회하는 성장을 보여 매출액, 순현금흐름 등이 증가하는 기간

ⓓ 안정기 : 유사기술의 출현 등으로 인한 시장의 경쟁 심화로 동업종 평균과 비슷한 성장을
보여 매출액, 순현금흐름 등이 안정적인 패턴을 보이는 기간

ⓔ 쇠퇴기 : 기술의 진부화 등으로 인해 매출액, 순현금흐름 등이 감소하는 기간

2-1. 이전자금 보증 신청과제 (이전자금 보증을 신청하는 경우에만 작성)

① 지식재산 이전 과제 개요

대상기술명				
권리형태 (해당란 체크)	특허권( ), 실용신안권( ), 디자인권( ), 상표권( ), 저작권( ), 기타( )		권리등록번호	제 - 호
계약방법 (해당란 체크)	매매( )			
	전용실시권 : 분할지급( ), 일괄지급( )			
계약금액	매매방식	매매대금(백만원)		
	전용실시권 허락방식	총 기술료(백만원) = 착수금 또는 일시금(백만원) + 기술료(백만원 또는 매출액의 %)		

매매대금 조달방법	자기자금	기타 조달자금	금차 보증부대출	계
	백만원	백만원	백만원	백만원

지식재산보유자 (기술이전기업)	성명		법인(주민)등록번호		－
	주소		기업과의 관계		

② 이전 과제 단계별 소요기간

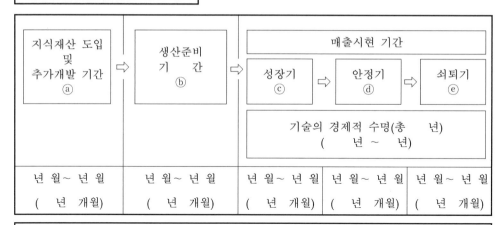

년 월~ 년 월 (년 개월)	년 월~ 년 월 (년 개월)	년 월~ 년 월 (년 개월)	년 월~ 년 월 (년 개월)	년 월~ 년 월 (년 개월)

<단계별 기간 정의>

ⓐ 지식재산 도입 및 추가개발 기간 : 지식재산 도입부터 추가 개발(필요시)까지 소요되는 기간

ⓑ 생산준비기간 : 지식재산 도입 및 추가 개발 후 매출시현 전까지 생산준비에 소요되는 기간

ⓒ 성장기 : 기술이전 과제의 사업화 성공으로 인한 시장선점 효과 등으로 인해 동업종 평균을 상회하는 성장을 보여 매출액, 순현금흐름 등이 증가하는 기간

ⓓ 안정기 : 유사기술의 출현 등으로 인한 시장의 경쟁 심화로 동업종 평균과 비슷한 성장을 보여 매출액, 순현금흐름 등이 안정적인 패턴을 보이는 기간

ⓔ 쇠퇴기 : 기술의 진부화 등으로 인해 매출액, 순현금흐름 등이 감소하는 기간

3. 지식재산 보증 신청과제의 특성

① 기술성 관련 사항 ☞ R&D과제 또는 지식재산 이전과제의 기술개요, 기술환경, 기술성 등을 작성

R&D 또는 기술이전과제 기술개요	- 기술개요 및 특징, 기술용도 및 적용 가능제품(서비스) 등 전반적인 내용 정리
기술환경	- 현재 유사기술 연구개발 및 사업화 현황(기업체명, 기술명) - 관련 기술 동향 및 전망, 국내외 기술개발 동향 및 개발추세, 국내외 업체 현황 등
기술성 및 확장가능성	- 대상기술의 차별성, 독창성, 첨단성, 비교우위성 등 - 대상기술의 타제품, 타기술, 타산업으로의 확장 적용 가능성 등

② 시장성·사업성 관련 사항 ☞ 제품 생산이후 시장수요 및 경쟁관계 등을 작성

제품 시장수요	- 사업화(제품생산) 이후 제품, 서비스에 대한 예상 수요규모와 그 근거 - 주요거래처 확보 또는 계획(업체명, 예상 매출금액)
경쟁력 및 사업성	- 대상기술 제품의 가격 경쟁력, 품질 경쟁력 등 - 사업화 이후 예상되는 경쟁업체수 및 경쟁강도 수준 - 신제품에 대한 결제조건, 수익성, 수요 증가 가능성 등
사업화 기반	- 사업화주체의 기술개발 역량, 관련 제품 생산역량 - 기존 사업아이템과 당해 R&D 과제의 연관정도 - 기존 생산시설 활용정도 또는 생산시설 신규 도입, 교체 등 계획

4. 인력확보 계획 및 단계별 소요자금

① 인력 충원계획 ☞ 당해 R&D과제 또는 지식재산 이전과제의 개발 및 사업화 단계 기간 동안 소요되는 인력확보 계획 작성

(단위 : 명)

구 분	현재인원 (신청일 현재)	추가 소요인원			비 고
		1차년도(금년) (년)	2차년도 (년)	3차년도 (년)	
연구개발인력					
생산인력					
사무영업인력					
계					

② 개발단계 소요자금 ☞ 당해 R&D과제의 개발단계 또는 지식재산 이전과제의 추가 개발단계 기간 동안 소요되는 자금

(단위 : 백만원)

구 분	개발기간(기간 : 년)		
	1차년도(금년) (년)	2차년도 (년)	3차년도 (년)
자체연구개발비			
인건비			
연구기자재비			
재료비			
기타			
위탁연구개발비			
시제품 제작비			
시설자금(시험시설 등)			
기술이전비(매매대금 등)			
계			

* 개발자금 보증, 이전자금 보증 및 프로젝트자금 보증인 경우에 한하여 소요자금 검토

개발단계 소요자금 작성근거 (작성양식 부족시 별지로 작성)	
자체연구개발비	
위탁연구개발비	
시제품 제작비	
시설자금(시험시설 등)	
기술이전비 (매매대금, 착수금)	

③ 사업화단계 소요자금   ☞ 당해 R&D 성공과제 또는 기술이전 과제에 대해 생산준비 단계부터 최초 또는 본격적인 매출시현일로부터 향후 6개월까지 소요되는 자금

(단위 : 백만원)

구 분		사업화 기간(년~ 년)		
		1차년도(금년) (년)	2차년도 (년)	3차년도 (년)
생산 비용	인건비			
	원자재구입			
	생산시설건설비			
	기타			
마케팅 비용	인건비			
	광고비			
	기타			
계				

* 사업화자금 보증 및 프로젝트자금 보증인 경우에 한하여 소요자금 검토

사업화단계 소요자금 작성근거	
생산비용	- 별도 양식으로 작성 가능
마케팅 비용	- 별도 양식으로 작성 가능

5. 5개년 추정 영업이익 (당해 R&D 과제 또는 기술이전 과제 기준)

(단위 : 백만원)

구 분	1차년도(금년) (년)	2차년도 (년)	3차년도 (년)	4차년도 (년)	5차년도 (년)
매 출 액(a)					
매출원가(b)					
(감가상각비)	( )	( )	( )	( )	( )
매출총이익 (c=a-b)					
판매및관리비(d)					
(감가상각비)	( )	( )	( )	( )	( )
영업이익(c-d)					

* 당해 R&D과제 또는 지식재산 이전과제의 사업화를 통한 추정 영업이익(기업의 전체 매출기준 아님)
** 1차년도 기준 : 개발단계 소요자금의 경우에는 개발단계 1차년도가, 사업화단계 소요자금의 경우에는
　　사업화단계 1차년도가 각각 해당

추정 영업이익 작성근거	
매 출 액	- 매출액 추정근거를 구체적으로 작성하고, 수출이 예상되는 경우에는 구분 작성
매출원가 (감가상각비)	- 매출원가 중 감가상각비를 별도 표시하고, 감가상각비는 무형자산상각비를 포함하여 작성
판매및관리비 (감가상각비)	- 판매및관리비 중 감가상각비를 별도 표시하고, 감가상각비는 무형자산상각비를 포함하여 작성

지식재산 보유 현황 및 판매계획

(지식재산 가치평가 및 우대 보증용)

☐ 지식재산(특허권, 실용신안권, 디자인권) 보유 현황

지식재산 종류	권리자	권리 등록번호	존속기간 만료일	기술의 명칭

☐ 판매계획

(단위 : 백만원)

제품명	판매계획 (년 월 ~ 년 월)	추정근거
계		

판매계획
작성방법
	○ 판매계획 추정기간 : 보증신청 접수일 익월부터 향후 1년간 판매계획
	○ 판매계획 추정대상
	  ▪ 지식재산 가치평가 보증신청 시 : 당해 지식재산을 활용하여 생산(판매)하는 제품에 대한 판매계획 기준
	  ▪ 지식재산 우대 보증신청 시 : 보증신청 기업의 전체 판매계획 기준

20 년 월 일

업 체 명 :

대 표 자 :　　　　　(인)

③ 기술보증기금 사업계획서

[별지 4호] 기술사업계획서(보증용)

접수번호		접수일	20 년 월 일

	팀 원	팀 장

기 술 사 업 계 획 서(보증용)

※ 총보증금액 2억원 초과 신청기업용

◆ 기술평가 신청기술(제품)

기술사업(제품)명	

◆ 평가종류

평 가 종 류	신 청 내 용
□ 자금지원용평가	□ 운전 : ( ) 백만원 □ 시설 : ( ) 백만원
□ 우수기술기업인증평가	□ 벤처기업확인평가 □ 이노비즈기업선정평가

상기와 같이 기술평가(보증)를 신청합니다.

년 월 일

기 업 체 명 :
대 표 자 : (인)

기술보증기금 ( )지점(소)장 귀하

작성자성명		직위		연락처	HP)	TEL)	E-mail)

< 안내 말씀 >

◆ 윤리경영 실천을 위한 협조 확약

▶ 우리 기금은 보증 또는 기술평가와 관련하여 어떠한 경우에도 일체의 사례를 받지 않습니다.

▶ 제3자(컨설팅회사, 알선업자, 브로커 등)가 부당하게 개입하여 서류작성, 보증알선 등 업무추진을 위해 기금에 사례를 해야 한다는 명목으로 **금품을 요구하는 경우** 즉시 우리 기금에 신고 바랍니다

▶ 만일 제3자에 대해 로비나 사례 명목의 금품을 제공하고 보증을 받은 사실이 발견될 경우 **보증지원철회 등의 불이익**을 받을 수 있으니 각별히 유념하시기 바랍니다.

◆ 허위자료 제출시 제재사항

▶ 보증 신청시 허위의 자료를 제출할 경우에는 우리 기금 내규에 따라 **향후 기술보증을 받을 수 없을 뿐만 아니라,** 「신용관리정보대상자」로 등록되어 타 기관과의 금융거래에서 불이익을 초래하며 민·형사상의 모든 책임을 질 수도 있습니다.

◆ 디지털지점(http://www.kibo.or.kr/) 가입

▶ 각종자가진단, 보증진행상황 및 거래내역조회 등 서비스를 편리하게 이용 하실 수 있습니다.

기 업 체 개 요

① 개 요

<table>
<tr><td colspan="2">기업체명
(영 문)</td><td></td><td>대표자
(영문)</td><td></td><td colspan="2">E-mail(대표자)</td><td></td></tr>
<tr><td colspan="2"></td><td></td><td></td><td></td><td colspan="2">Homepage</td><td></td></tr>
<tr><td></td><td>본사
여부</td><td>우편물
수령</td><td colspan="2">주 소</td><td>전화번호
(팩스번호)</td><td>사업자등록번호</td><td>소유자(관계)</td><td>임차보증금(월세)</td></tr>
<tr><td rowspan="6">사
업
장</td><td>☐</td><td>☐</td><td colspan="2">1)</td><td>( )</td><td>- -</td><td>( )</td><td>백만원(천원)</td></tr>
<tr><td>☐</td><td>☐</td><td colspan="2">2)</td><td>( )</td><td>- -</td><td>( )</td><td>백만원(천원)</td></tr>
<tr><td>☐</td><td>☐</td><td colspan="2">3)</td><td></td><td>- -</td><td>( )</td><td>백만원(천원)</td></tr>
<tr><td></td><td></td><td colspan="2">외 개</td><td>( )</td><td></td><td></td><td></td></tr>
<tr><td colspan="9"></td></tr>
<tr><td colspan="9"></td></tr>
<tr><td colspan="2">실무자</td><td>직 위</td><td colspan="2">성 명</td><td colspan="2">세무.회계사명</td><td></td></tr>
<tr><td colspan="2">연락처</td><td>핸드폰</td><td colspan="2">E-mail</td><td colspan="2">전화번호</td><td></td></tr>
<tr><td colspan="3">상시근로자</td><td colspan="6">전년도 평균 : 명 (사무직 : 명, 기술직 : 명, 기능직 : 명, 기타 : 명)
최근 월말 : 명</td></tr>
<tr><td colspan="3">생산방식</td><td colspan="2">자사제조 %/외주가공 %</td><td>가동상황</td><td colspan="3">월 평균 일</td></tr>
<tr><td colspan="3">주요제품
(상품, 용역)</td><td colspan="2"></td><td>용도 및 특성</td><td colspan="3"></td></tr>
<tr><td colspan="3">기업형태</td><td colspan="6">거래소( ) 코스닥( ) 제3시장( ) 등록( ) 벤처기업( ) 외감( ) 외국인투자( ) 전문경영인( )</td></tr>
<tr><td colspan="3">관계기업</td><td colspan="6">회사명 : , 대표자 : , 관계내용 :</td></tr>
<tr><td colspan="3">주거래
여신기관</td><td colspan="2"></td><td>당좌거래은행</td><td colspan="3"></td></tr>
<tr><td colspan="3">보증료
환급계좌</td><td colspan="6">※ 법인기업: 법인명의 계좌, 개인기업 등 : 대표자명의 사업용 계좌
은행명) 계좌번호) 예금주)</td></tr>
<tr><td colspan="3">디지털지점
가입사항</td><td colspan="2">가입여부</td><td>☐ 여, ☐ 부</td><td>가입대행(기금)</td><td colspan="2">☐ 여, ☐ 부</td></tr>
</table>

② 연혁

<table>
<tr><td>연도</td><td>월</td><td>연 혁 (설립,증자,대표자·상호·업종 변경, 공장신축, 이전 등)</td></tr>
<tr><td></td><td></td><td>※ 회사 내부자료가 있을 경우 그 자료로 제출이 가능합니다.</td></tr>
<tr><td></td><td></td><td></td></tr>
<tr><td></td><td></td><td></td></tr>
<tr><td></td><td></td><td></td></tr>
</table>

③ 주요시설

(단위:백만원)

<table>
<tr><td>종 별</td><td>수 량</td><td>장부가격</td><td>종 별</td><td>수 량</td><td>장부가격</td><td>비고(최근 도입시설 등)</td></tr>
<tr><td></td><td></td><td></td><td></td><td></td><td></td><td></td></tr>
<tr><td></td><td></td><td></td><td></td><td></td><td></td><td></td></tr>
<tr><td></td><td></td><td></td><td>합 계</td><td></td><td></td><td></td></tr>
</table>

대표자 등 및 경영진 현황

① 대표자 등 (1.대표자(   ),2.공동대표자(   ),3.실제경영자 등(   ))

성　명			생년월일			자택전화	
현 주 소						휴대전화	
동업계 종사기간	년　개월		5년이내 상훈 (기업, 대표자)		회	자 격 증	
경영형태	창업( )　　2세승계( )　　인수( )　　전문경영인( )						
최종학력	년도　월		학교(대학원)		학과 (졸업, 수료, 중퇴)		
주요경력	기　　　간		근 무 처		근무처업종	담당업무	최종직위
	년　월 － 현 재						
	년　월 － 년　월						
	년　월 － 년　월						
	년　월 － 년　월						
거주주택	주소지				소유자(관계)		(　　　)
	임차보증금(백만원)		※ 임차인 경우				

※ 공동 대표자, 실제 경영자 등이 추가로 있는 경우에는 위 표를 복사하여 추가로 작성

② 경 영 진

직　위	성　명	담당업무	생년월일	실제경영자 또는 대표자와의 관계	근속 년수	최 종 학 교	주 요 경 력
			－				
			－				
			－				
			－				
			－				
			－				

③ 주주현황 (※ 회사 내부자료가 있을 경우 그 자료로 제출이 가능합니다.) 　　　　(단위:백만원)

주 주 명	실제경영자 또는 대표자와의 관계	소유주식 금　액	점유비(%)	주 주 명	실제경영자 또는 대표자와의 관계	소유주식 금　액	점유비(%)
				계			

매출현황 및 영업현황

① 매출 현황 및 계획

(단위:백만원)

제품, 상품 \ 기 간	전전년도 (실적) 년 월 ~ 년 월	전년도 (실적) 년 월 ~ 년 월	금년도 (예상) 년 월 ~ 년 월
※ 제품, 상품별 구분			
계(수출실적)	(천불)	(천불)	(천불)
반기별실적 상반기	(천불)	(천불)	(천불)
반기별실적 하반기	(천불)	(천불)	(천불)

② 최근 영업현황

(단위:백만원)

매출 (수출) 실적	(. . 일 현재):	(수출 : 천불)
수주 (L/C) 액	(. . 일 현재):	(L/C : 천불)
부실채권 보유액	(. . 일 현재):	
가격동향	제품(상품,용역)	상승, 보합, 하락	원 재 료	상승, 보합, 하락
매출조건	현금 % / 외상 % 결제기간 (일 - 일)	매입조건	현금 % / 외상 % 결제기간 (일 - 일)

③ 주요 거래처

(단위:백만원)

구분	상 호	사업자등록번호	연간거래액	거래기간	구분	상 호	사업자등록번호	연간거래액	거래기간
매출처		- -		년	매입처		- -		년
		- -		년			- -		년
		- -		년			- -		년
		- -		년			- -		년
		- -		년			- -		년
계		약 개 업체			계		약 개 업체	

④ 소요자금 및 조달계획

(단위:백만원)

운 전 자 금		※ 시설자금인 경우 시 설 자 금			조 달 계 획			
용 도	금 액	계 획 사 업 명			조달방법	기조달액	추가조달 확정액	추가조달 예정액
운영/ 생산자금 (재료비 등)		건설(설치)기간			자기자금			
기술개발비		주요시설명	수량	금액	금융차입			
창업비 (창업기업인경우)					(보증신청)		(	)
기 타					기 타			
합 계		합 계			합 계			

기 술 사 업 계 획

1 기술사업 개요

기술(사업)명		개발 방법	☐단독 ☐공동
개발(예정)기간	년 월 ~ 년 월	개발소요자금	백만원	제품화여부	☐여 ☐부

권 리 구 분	☐특허권 ☐실용신안권 ☐디자인 ☐프로그램저작권 ☐기타 ( )	사업화 단 계	☐ 양산(시장판매·사업화포함)단계 ☐ 양산(시장판매·사업화포함)준비단계 ☐ 제품화(상품화·제작포함)완료단계 ☐ 시제품(연구·개발·기획)단계
권 리 상 태	☐출원중 ☐등록		
등록(출원)번호			
권 리 자	성명	법인등록번호(생년월일)	관계
발 명 자	성명	법인등록번호(생년월일)	관계

2 기술(제품)의 내용

주요 기술내용	(제품의 특성 및 핵심기술, 기술개발내용 및 과정 등) ※ 간략하게 작성하시기 바랍니다. ※ 기술의 내용에 대한 귀사의 내부자료를 주시면 유용하게 활용하도록 하겠습니다.
기술(품질) 및 기술경쟁력	(국내 경쟁사 제품 및 국외 경쟁사 제품과의 품질, 기술, 가격 비교 등)
생산추진계획	(개발완료 및 제품화시기, 설비도입, 양산착수, 판매 등의 계획)

3 도입 또는 개발 희망기술

도입 또는 개발 기술명		기술 개요
개 발 목 적	☐신제품개발 ☐원가절감 ☐ 품질향상 ☐기타 ( )	
개 발 방 법	☐직접개발 ☐용역의뢰 ☐기술이전(매수) ☐기업인수합병 ☐기타 ( )	

④ 연구개발 책임자

성 명	(영문 :)			생년월일	

	부 터	까 지	학 교 명	전 공 분 야	
학력					

	부 터	까 지	근 무 처	최 종 직 책	
주요					
경력					

보유 자격증 및 수상경력 등	

⑤ 기술추진 현황

기술개발 환경	□ 공인된 기업부설연구소 ( ) □ 연구개발전담부서 보유 ( ) □ 기술인력만 확보 ( ) □ 연구설비 및 기술인력 없음 ( )				
기술인력 현황	직위	성 명	생년월일	최종학력(전공)	주요 경력(동업종 경력)
기술개발 및 관련실적 (3년 이내)	□ 기술상용화 실적 ( )건 □ 수상실적 ( )건		□ 기술개발실적 ( )건 □ 인증실적 ( )건		

개발과제 및 내용	개발기간	개발비용	매출규모	취득권리/인증	비 고 (개발자 등)

지식재산권 현황	특허	실용신안
	□ 등록 ( )건 □ 출원 ( )건	□ 등록 ( )건 □ 출원 ( )건
	□ 디자인등록 ( )건 □ 상표권등록 ( )건	□ 프로그램등록 ( )건 □ 기타( ) ( )건

기술 혁신	□ 기술인력 대상 인센티브시스템(직무발명보상관리, 우리사주, 스톡옵션 등)이 있다.(Y / N) □ 최근 1년이내 기술담당임원, 핵심기술인력의 퇴직사실이 없다.(Y / N) □ 최근 3년간 정부 R&D과제를 수행하여 성공판정을 받았다.(Y / N)
시장 친화	□ 목표시장의 규모 및 수요예측자료를 확보하고 있다. (Y / N) □ 경쟁업체 분석자료를 확보하고 있다. (Y / N) □ 마케팅 전담팀 및 전담인력을 확보하고 있다. (Y / N)
기 타	□ 기술사업내용을 설명하기 위해 IR자료를 제작·보유하고 있다. (Y / N) □ 개발기술의 제품화를 위해 인력의 충원 또는 시설의 보강이 필요하다. (Y / N)

※ 사업장 약도 : 사업장 약도가 있을 경우 별지에 추가하여 주시기 바랍니다.

[별지] 건설업용 매출현황 및 영업현황

매출현황 및 영업현황(건설업)

① 면허 및 시공능력 현황 (건설면허 1.종합, 2.전문)
(단위:백만원)

| 면 허 종 류 | 년도 | | 년도 | | 년도 | | 비 고 |
	순 위	시공능력	순 위	시공능력	순 위	시공능력	(취득일자등)
	/		/		/		
	/		/		/		

② 공사수입현황
(단위:백만원)

공 사 구 분	/ /	/ /	/ /	최 근 영 업 상 황 (현재)		
국 내 공 사				(천불)		
일반수주공사						
관 납 공 사				판매조건	현금 %,외상 %	
분 양 공 사					결제기간(일 - 일)	
해 외 공 사	( )	( )	( )	구매조건	현금 %,외상 %	
기 타 매 출					결제기간(일 - 일)	
계						

③ 당기말현재 진행공사 및 당기말이후 신규계약공사(. . 현재)
(단위:백만원)

| 주 요 공 사 명 | 발 주 처 | 당기말현재 진행공사 | | | 당기말 이후 신규수주금액 | 공사예정기간 |
		수주금액	당기말현재총기성고	이월공사액		
						–
						–
						–
						–
						–
계						–

④ 주요거래처
(단위:백만원)

구분	상 호	사업자등록번호	연간거래액	거래기간	구분	상 호	사업자등록번호	연간거래액	거래기간
구 매 처		– –			하 도 급		– –		
		– –					– –		
		– –					– –		
		– –					– –		
계			약 개 업체		계			약 개 업체	

④ 벤처기업 기술사업계획서(기술보증기금)

(별첨) 기술사업계획서(투자심사용)

접수번호		접수일	20 년 월 일

		팀 원	지점장/팀장

기 술 사 업 계 획 서

◆ 기술평가 신청기술(제품)

기술·사업명칭	

◆ 평가종류

평 가 종 류	세 부 신 청 내 용
□ 자금지원용평가	□운전 : ( )백만원 □시설 : ( )백만원
□ 기술가치평가	□현물출자용 □담보가치산정용 □투자용 □기술이전·거래용 □기타( )
□ 우수기술기업인증평가	□벤처기업확인평가 □이노비즈기업선정평가
□ 기술평가인증	□여신심사용 □기술이전·거래용 □투자용 □기타( )
■ 기 타	(보증연계투자심사용 기술평가)

상기와 같이 기술평가를 신청합니다.

20 년 월 일

기 업 체 명 : (인)

기 술 보 유 자 : (인)

기술보증기금 ( )기술평가센터지점(소)장 귀하

작성자성명		직위		연락처	H.P)	TEL)	E-mail	

공지사항	– 본 기술사업계획서는 **기술평가의 기초자료**가 되므로 **정확하게 작성**하여 주시기 바랍니다. – 보증을 신청함에 있어 사실과 다르거나 **허위의 자료를 제출**할 경우에는 우리 기금 내규에 따라 **향후 기술보증을 받을 수 없을뿐만 아니라** 전국은행연합회의 "신용정보 관리규약"에서 정하는 바에 따라 **신용관리정보대상자로 등록되어 타 기관과의 금융거래에서 불이익을 초래**하며 민·형사상의 모든 책임을 질 수도 있습니다. – 우리 기금은 보증 또는 기술평가와 관련하여 **어떠한 경우에도 일체의 사례를 받지 않습니다.** 제3자(컨설팅회사, 알선업자, 브로커 등)가 부당하게 개입하여 서류작성, 보증알선 등 업무추진을 위해 기금에 사례를 해야 한다는 명목으로 **금품을 요구하는 경우** 즉시 우리 기금에 **신고**하시기 바라며 만일 제3자에 대해 로비나 사례 명목의 금품을 제공하고 보증을 받은 사실이 발견될 경우 **보증지원철회 등의 불이익**을 받을 수 있으니 각별히 유념하시기 바랍니다. – 기술평가 관련서류 작성에 애로가 있는 경우 **가까운 기술평가센터에 문의**하시면 친절한 도움을 받으실 수 있습니다.

Ⅰ. 기 술 개 발 현 황

1. 기술개발 책임자

성 명		주민등록번호		입사년월		H·P	
주 소						T E L	

학력 및 주요 경력	부 터	까 지	학교명 / 근무처	전공분야 / 최종직책	
	보유 자격증 및 수상경력 등				
작성요령	▶ 대표자, 공동대표자, 실제경영자가 개발책임자인 경우 해당인의 성명만 기재				

2. 기술개발 전담조직 및 인력현황

전담조직	□기업부설연구소(산업기술진흥협회등록)		□기술개발전담부서(산업기술진흥협회등록)		□기술개발연구실(기업자체운용)		
담당분야	직 위	성 명	연령	최종학교 및 전공	입사년월	보유자격증	해당 기술분야 근무년수
작성요령	▶ 담당분야 : 참여연구원의 연구개발내용 중심으로 표시(예: 책임자, 설계요원, 가공요원 등)						

KIBO

3. 기술개발 실적(최근3년이내)

개발과제 및 내용	개발기간	개발수준	개발비용	매출규모	수상/취득권리/인증	비고(개발자등)

회사보유 기술권리	지식재산권		기술제휴	
	품질(규격)표시		각종인허가	

작성 요령	▶ 개발수준 : 시제품제작 단계 또는 제품양산 여부에 따라 "시제품" 또는 "양산"으로 기재 ▶ 수상/취득권리/인증 : IR52장영실상, 지식경제부 10대신기술상, NET/NEP, 정부 R&D개발성공판정 여부 등 기재 ▶ 회사보유기술권리 : 현재 생산중이거나 향후 생산계획이 있는 제품과 관련된 지식재산권(특허, 실용신안권, 디자인, 상표권), 규격표시허가(KS등), 기술제휴 등의 건수 및 내용 기재(출원중인 경우 구분 표시) ▶ 각종인허가:영업을 위해 획득한 각종 인가, 허가, 면허증의 종류 및 허가번호 등을 기재

4. 기술개발용 연구기자재 및 생산시설 보유현황

용도(개발/생산)	시 설 명	수 량	장부가액	비고
	합 계			

작성 요령	▶ 최근월말 현재(부득이한 경우 당기말 현재) 보유중인 주요 기계장치, 구축물, 공기구 등(건설업의 경우 주요건설장비 등)을 관련장부와 일치토록 금액·규모 등을 기준으로 주요 순으로 기재

Ⅱ. 기 술 사 업 계 획(기술평가 신청관련 생산 또는 개발중인 기술)

1.기술사업 개요

기술(사업)명					개발 방법	□단독 □공동
개발(예정)기간	년 월 ~ 년 월	개발소요자금		백만원	제품화여부	□여 □부
권 리 구 분	□특허권 □실용신안권 □디자인 □프로그램저작권 □기타 ( )		제품화 단계	□양산(시장판매·사업화포함)단계 □양산(시장판매·사업화포함)준비단계 □제품화(상품화·제작포함)완료단계 □시제품(연구개발·기획)단계		
권리상태	□출원중 □등록					
등록(출원)번호						
권 리 자	성명		주민(법인)등록번호		관계	
발 명 자	성명		주민(법인)등록번호		관계	
작성 요령	▶ 계획 기술(사업)이 2가지 이상일 경우 별지로 추가 작성 ▶ 개발소요자금 : 개발기간중 기투입된 자금과 향후 투입될 자금을 포함한 총개발자금을 기재 ▶ 발명자 : 특허의 권리자와 동일할 경우 기재 생략					

2. 기술(제품)의 내용(작성할 내용이 많을 경우 별지로 추가 작성 가능)

주요기술내용	(제품의 특성 및 핵심기술, 기술개발내용 및 과정 등)

도입 또는 개발희망기술명	*(제품명이 아닌 구체적인 기술명을 기재)*

기 술 개 요 요 약 (5줄 내외)	개발목적	개 발 방 법	수요예정 시기
	□원가절감 □품질향상 □신제품개발	□자체개발 □공동개발(타기업 □, 대학 □, 연구소 □) □기술이전(매수) □기업인수합병	□즉시 □6개월이내 □1년 이내 □1년 이후

작성 요령	▶ 주요기술내용 : 제품특성·핵심기술내용, 기술개발과정 및 대체·경쟁제품(상품 및 서비스)과의 차별성 기재 ▶ 도입 또는 개발희망기술 : 향후 품질향상, 제품개발 등의 필요에 따라 개발이 필요한 기술에 대한 내용 기재 ※ 향후 정부의 기술개발 정책수립·기술개발 연구과제도출 등에 활용될 예정이니 성심껏 작성바랍니다.

시장상황		(경쟁상황, 시장안정성, 주요수요처, 유사 제품 및 경쟁업체 현황 등)			
연도별		전전년도	전년도	신청년도(예상)	유사한 사업을 영위하는 상장기업명
시장 규모	국내	백만원	백만원	백만원	
	해외	백만원	백만원	백만원	

※관련 근거 또는 출처 :

기술(품질) 및 기술경쟁력	(국내 경쟁사 제품 및 국외 경쟁사 제품과의 품질, 기술, 가격 비교 등)

생산추진계획	(개발완료 및 제품화시기, 설비도입, 양산착수, 판매 등의 계획)

작성 요령	▶ (계획)제품 및 기술이 2가지 이상일 경우 별지로 추가 작성 ▶ 기금 보증금액(본 신청건포함) 2억원 이하인 경우 "기술(품질) 및 기술경쟁력"란 기재 생략하고 "주요기술내용(전페이지)"에 "기술경쟁력"을 포함하여 작성 가능

3. 사업장 및 설비 투자계획

• 인력확보계획

구 분	현재인원 (신청일현재)	추가 소요인원		확보방안
		년도	년도	
연구개발직				
사무·영업직				
생산·일용직				
계				

• 사업장 확보 계획

(단위:백만원)

소 재 지	규모(m²)	자가, 임차	소요자금	자금조달방법	비 고

※ 본건이 건축자금 신청인 경우에는 건축허가서, 건축견적서 등을 토대로 기재 및 관련자료 첨부

• 설비 도입계획

(단위:백만원)

시 설 명	규 격	수 량	용 도	소요자금	제작처

작성요령	▶ 계획시설의 모델명, 규격 등의 항목은 구체적으로 기재(예: 한얼프레스 HWP20 등) ▶ 견적서 또는 설비도입계약서 등 관련자료를 첨부하실 것.

4. 판매계획 및 전략

(단위:백만원)

판매계획		제품명 (상품명)	전년도 실 적	년도		년도		년도	
				내 수	수 출	내 수	수 출	내 수	수 출
	당해기술 사업관련								
	기 타								
	계								
판매전략	(판매 및 사업화 계획)								
마케팅	전담팀(조직)보유여부		전담팀(조직)명			전담인력수			

작성 요령	▶ 판매계획 : 향후 3개년간의 당해 기술사업 관련 매출과 그외 기타 매출을 상품(제품)별로 나누어 기재 및 판매년도별로 내수 및 수출로 구분 표시함. ▶ 판매전략 : 판매계획달성을 위한 판매처 확보방법, 제품명, 수량, 가격 등을 기재하여 판매계획과 일치하도록 근기를 기재(구체적인 수주계약이 있는 경우에는 계약서 내용을 기초로 작성)

KIBO

5. 추정요약손익계산서

(단위:백만원)

구 분	직전년도 (2019년)	1차년도 (2020년)	2차년도 (2021년)	3차년도 (2022년)	4차년도 (2023년)	5차년도 (2024년)
매출액						
매출원가 (감가상각비)	( )	( )	( )	( )	( )	( )
매출총이익						
판매및관리비 (감가상각비)	( )	( )	( )	( )	( )	( )
영업이익						
영업외수익						
영업외비용						
법인세차감전순이익						
법인세 등						
당기순이익						
<추정근기>	(각 항목별 추정근기를 구체적으로 기술)					

KIBO

6. 제출서류 점검

자 료 명	협 조 사 항
☐ 국세청 홈텍스 발급번호 발급번호 [　　　　　]	▸ 사업자등록증명원·(국세)납세증명서·부가가치세과세표준증명(전년도, 금년도)·표준재무제표증명(최근3년) 제출을 위해 국세청 홈텍스 서비스를 통해 (www.hometax.go.kr) 상기서류 발급 신청
☐ 주주명부	▸ 법인인 경우 기금에 Fax 송부 또는 직원이 현장조사할 때 준비
☐ 임차계약서사본	▸ 사업장 및 거주주택이 임차인 경우 준비
☐ 행정정보이용사전동의서	▸ 기금 홈페이지에서 양식 다운로드받아 기술사업계획서와 함께 제출
☐ 세무회계자료	▸ 재무제표(최근3년)·부가세자료는 기금홈페이지 내 "재무데이터제출센터"를 통해 파일송부 또는 "사이버영업점"에서 직접 입력가능

※ 정확한 보증심사를 위하여 업무진행과정에서 추가적인 서류제출을 요청할 수도 있습니다.

7. 본사 및 사업장 약도

Ⅲ. 기 업 경 영 현 황

1. 개 요

기업체명 (영 문)			대표자 (영문)			E-mail(대표자)		
						Homepage		

사 업 장	본사 여부	우편물수령 희망지	주소		사업자번호	소유/임차	소 유 여 부	연 락 처	전화번호(Fax)
	☐	☐	1)						
	☐	☐	2)						
		☐	3)		외 개				

상시근로자	당기 평균 :　　　명 (사무직 :　　명, 기술직 :　　명, 기능직 :　　명, 기타 :　　명) 최근 월말 :　　　명
업종분류	(분류기호:　　　　　　　)

주 요 제 품 (상품,용역)		용 도 및 특 성	
주요원재료			

상장구분	거래소( ) 코스닥( ) 제3시장( )	기업형태	등록( ) 벤처기업( ) 외감( ) 외국인투자( ) 전문경영인( )
주거래여신기관		당좌거래은행(지점)	

작성 요령	▶사업장 : 규모순으로 사업자등록증상 사업장을 기재(3개 초과시 마지막주소 말미에 "외 ○개" 기재) ▶ 본사 : 법인기업은 법인등기부등본상의 본점소재지, 개인기업은 사업자등록증상의 사업장소재지 기재 　　※공부상 소재지가 실제와 상이한 경우 함께 기재:[예시) 공부:사하구 장림동 469-3, 실제:사하 신평 474] ▶ 상시근로자 : 당해기업에 계속하여 고용되어 있는 근로자(대표자 · 이사, 감사 및 3개월이내 기간을 정하여 　　　　　고용되어 있는 근로자, 일용근로자, 기업부설연구소 연구전담요원 제외) 　∘ 당기평균 : 전년도의 매월말일 현재(급여대장 등 인원)의 근로자를 합하여 월로 나눈 인원 　∘ 최근월말 : 최근월말현재 상시근로자를 기재함(년도중 창업한 기업은 최근월말 인원만 기재) ▶ 주요제품 : 기존 생산(판매)제품 · 상품(서비스)이 있는 경우 품목기재(창업후 기술개발중인 경우 예정품목 기재) ▶ 주거래여신기관 : 거래여신(대출)기관 중 아래를 순차적으로 적용하여 해당되는 여신기관 　　①주채무계열기업의 여신을 관리하는 주채권은행　②보증신청일 현재 여신잔액이 가장 많은 여신기관 ▶ 당좌거래은행 : 당좌거래가 있는 은행(지점)을 기재함(개인기업의 경우 가계당좌거래은행 포함)

2. 연혁

연 월	연　　　　　　혁　(설립,증자,대표자·상호·업종 변경, 공장신축, 이전 등)

작성 요령	▶법인기업은 법인 설립후의 자본, 대표자 등 변동상황을 기재 ▶법인등기부등본상 증자등기 이후에 이루어진 증자분(유,무상증자)이 있을 경우도 포함하여 기재

3. 사업장 현황

(단위:백만원)

<table>
<tr><td rowspan="4">사
업
장</td><td>생산방식</td><td colspan="3">자사제조　　　%　/　외주가공　　　%　주문생산　　　%　/　시장생산　　　%</td></tr>
<tr><td>가동상황</td><td colspan="3">월평균　　　　일　　　　/　　1 일평균　　　　시간</td></tr>
<tr><td>복리후생</td><td colspan="3">1.상여금(　%) 2.단체퇴직보험 (　) 3.학자보조금(　) 4.식당(　) 5.기숙사 (　) 6.주택(자금)대여(　)</td></tr>
<tr><td>근무형태</td><td>(　)교대　노동조합</td><td>노사분규</td><td>임금체불</td></tr>
</table>

작성요령	▶생산방식:자사 직접제조와 외주가공 비율 및 주문생산과 시장생산 비율을 각각 기재

4.관계회사

(단위:백만원)

	기 업 체 명			
	대 표 자(설립일자)	(　　　　)	(　　　　)	(　　　　)
	법인(주민)등록번호			
	사 업 자 등 록 번 호			
	소　　재　　지			
	업　　종(주제품)	(　　　　)	(　　　　)	(　　　　)
	관　계　내　용			
기 금 작 성	총 자 산(자기자본)	(　　　　)	(　　　　)	(　　　　)
	매출액(당기순이익)	(　　　　)	(　　　　)	(　　　　)
	보 증 잔 액(신보)	(　　　　)	(　　　　)	(　　　　)

작성 요령	▶관계회사 : 독점규제 및 공정거래에 관한 법률 제2조 제2호 및 동법시행령 제3조에 의한 기업집단에 해당하는 관계에 있는 기업(관계회사는 개인기업도 포함됨) ○ 동일인(8촌이내 혈족 등 관련자지분 합산)이 최다 출자자로서 당해 회사의 발행주식(의결권없는 주식 제외)의 30/100 이상을 소유하는 회사 또는 당해 회사경영에 대해 상당한 영향력을 행사하고 있다고 인정되는 회사 ▶관계내용 예시 1) 대표자가 동일인임, 2) 대표이사 ○○○ 25% 주식소유, 3) 모기업격인 ○○○(주) 25% 주식소유 ▶총자산(자기자본), 매출액(당기순이익) 및 보증잔액(신보)란은 작성생략(기금에서 직접 기재) ⇨ 해당 관계기업의 재무제표 또는 공인회계사 감사보고서 제출

KIBO

5. 대표자 등(1.대표자(   ),2.공동대표자(   ),3.실제경영자등(   ))

(단위:백만원)

성 명		주민등록번호			전화번호		휴대전화	
현 주 소				소유자(관계)		( )	임차보증금	
실거주지				소유자(관계)		( )	임차보증금	
동업계 종사기간	년 개월	5년이내 상훈 (기업, 대표자)			회	가족상황		
건강상태	양호( ) 보통( ) 불량( )	취 미				종 교		
경영형태	창업( ) 2세승계( ) 인수( ) 전문경영인( )					자격증		
최종학력	년도 월 학교 과 졸업							

주요경력	기 간		근 무 처	업 종	담당업무	최종직위
	년 월 - 현 재					
	년 월 - 년 월					
	년 월 - 년 월					
	년 월 - 년 월					

기타소유재산 및 특기사항	

작성
요령
	▶공동대표자, 실제경영자 등이 있을 경우 해당내역에 "○"표시하고 서식복사하여 별지로 추가작성
	  ○실제경영자 : 형식상의 직위, 직책, 주식지분 등에 불구하고 임원에 업무지시 등 사실상의 경영권을 가진 자
	▶현주소 : 현주소는 주민등록상 주소기재 (임차일 경우 임차계약서 제출)
	▶실거주지 : 주민등록상 주소지와는 관계없이 실제 거주주택을 기재 (임차일 경우 임차계약서 제출)
	▶동업계종사기간:동사포함 표준산업분류상 중분류범위내 동일업종 실제 근무년수(대표자로서가 아닌 경우 포함)
	▶5년이내 상훈 : 국가지자체, 공공단체로부터 5년 이내 기업 및 대표자의 상훈법에 의한 훈포장의 서훈사실
	▶가족상황 : 함께 거주하는 직계 존비속을 기재함 (예: 부, 모, 처, 1남1녀)
	▶학력 : 특수대학원 등 교육과학기술부 인정 정규학력 이외 과정은 입력제외
	▶주요경력 : 최근경력부터 순차적으로 기재(장기간 경력 공백시 "기타 소유재산 및 특기사항"란에 기재)
	  ○ 업종은 구체적으로 표시[(예시) S/W개발업,유압프레스제조업, 전선제조업, 아동복제조업 등]
	▶기타소유재산 및 특기사항
	  ○ 거주주택 이외 부동산(골프회원권, 콘도미니엄)의 소재지, 종별, 규모, 설정관계 등을 간단하게 기재
	  [(예시) 서울 중구 수송동 5가 1(대 220㎡, 건 100㎡, ○○은행 1억설정), 통도사 골프회원권 ○○○]
	  ○ 대표자 동업계 경력중 "협회, 단체장, 임원역임, 회원"인 경우 동 내용을 기재(기업이 회원인 경우 포함)

6. 경영진 및 주주현황

- 경영진현황

직 위	성 명	담당업무	주민등록번호	경영실권자 또는 대표자와의 관계	근속 년수	최 종 학 교	주 요 경 력

• 주주현황

(단위:백만원)

주 주 명	경영실권자 또는 대표자와의 관계	소유주식 금 액	점유비(%)	주 주 명	경영실권자 또는 대표자와의 관계	소유주식 금 액	점유비(%)
				계			
				주가(현재) 시가 : 원 / 액면가: 원			

작성요령	▶법인기업 : 최근 법인등기부등본에 의해 대표이사(수인인 경우 전부기재), 이사, 감사의 순으로 기재 실제경영자가 있을 경우 실제경영자와의 관계만을 기재(예시 : 처, 형, 제, 처남 등) ◦ 등기된 임원이 아니더라도 관리, 기획, 재무, 마케팅 분야 담당 핵심인력을 포함하여 기재 ◦ 회사에 근무하지 않는 단순주주의 경우 직위·담당업무는 기재생략 및 주요경력 란에 "비상근" 기재 ▶개인기업 : 대표자(수인인 경우 전부 기재), 실제경영자에 대하여 직위등을 확인 기재 ◦ 근속연수는 동사에서 근무한 연수를 기재 ◦ 관리, 기획, 재무, 마케팅 분야 담당 핵심인력을 포함하여 기재 ▶소유주식금액(법인기업만 작성) : 기술사업계획서 작성일 현재 주주명부상의 주주(단, 거래소, 코스닥, 제3시장 상장기업은 당기말 기준) 및 점유비를 기재(주주수가 난을 초과할 때는 "기타 ○명"으로 기재) ◦ 시가액면가 : 상장기업(거래소, 코스닥, 제3시장)의 경우 기준일 현재 종가와 액면가를 기재

※ Ⅳ. 영업상황은 일반업종용(건설업만 제외)과 건설업종으로 구분되어 있으며 해당되는 업종용을 작성하시면 됩니다.

Ⅳ. 영 업 상 황 (일반업종용)

7. 최근영업상황

(단위:백만원)

매출 (수출) 실적 (현재)	(천불)
수주 (L/C) 액 (현재)	(L/C : 천불)
부실채권 보유액 (현재)	( ) 백만원

가격동향	제품(상품,용역)		원 재 료	
매출조건	현금 % / 외상 %		매입조건	현금 % / 외상 %
	결제기간 (일 - 일)			결제기간 (일 - 일)

작성요령	▶최근 매출(수출)실적, 수주(L/C)액 : 기술사업계획서 작성일 또는 최근 월말 현재 기준으로 기재 ◦ L/C보유현황 및 수주액은 신용장 및 order(계약서)상으로 확인가능한 금액 기재 ▶가격동향:제품(상품용역), 원재료의 전년 대비 최근 가격변동 상황에 따른 가격동향(상승, 보합, 하락) 기재 ▶외상비율 : 매출(매입)중 외상매출(매입), 지급(받을)어음거래 등이 각각 차지하는 비율을 기재 ▶결제기간 : 어음 결제시 어음결제 만기일까지의 기간을 기재

KIBO

8. 매 출 현 황

(단위:백만원)

기 간 제품,상품	전 전 기 ~	전 기 ~	당 기 ~
계(수출실적)	(천불)	(천불)	(천불)
반기별 실적 — 상반기	(천불)	(천불)	(천불)
반기별 실적 — 하반기	(천불)	(천불)	(천불)

작성 요령	▶당기 : 결산확정 여부에 불구, 평가신청일의 직전회계년도(기중에 영업이 개시된 경우 동 기간을 표시) (예시1) 설립:1997. 9. 3. 평가신청:2000. 3. 3. ⇨ 1997. 9. 3 - 1997. 12. 31 / 1998. 1. 1 - 1998. 12. 31 / 1999. 1. 1 - 1999. 12. 31 (예시2) 설립:1999. 7. 8. 평가신청:2000. 3. 3. ⇨ 1999. 7. 8 - 1999. 12. 31 ▶제품별 비율 큰 순서대로 기재(상품매출·용역수입이 있을 경우 구분기재) 및 제품별 구분 곤란시 합산 기재가능(품목별 매출실적의 합계액은 손익계산서의 순매출액과 일치하여야 함) ▶수출실적에는 외화금액(U$)만 기재하되, 원화는 합계에 포함 기재

9. 주요거래처

(단위:백만원)

구분	상 호 (사업자등록번호)	연간거래액	전화번호	거래 기간	구분	상 호 (사업자등록번호)	연간거래액	전화번호	거래 기간
매 출 처	(- -)				매 입 처	(- -)			
	(- -)					(- -)			
	(- -)					(- -)			
	(- -)					계		약 개업체	
	(- -)				외 주 가 공	(- -)			
	(- -)					(- -)			
	(- -)					(- -)			
	계		약 개업체			계		약 개업체	

작성 요령	▶당기말(년도중 창업기업은 최근월말)을 기준으로 작성 ▶매출처/매입처/외주가공 : 거래금액 큰 순서로 기재(거래처수가 난을 초과할 때에는 기타로 표시) 　ㅇ 합계액은 각각 당기 손익계산서의 순매출액/당기 제조원가명세서상 당기원재료매입액/외주가공비와 일치 　ㅇ 수출의 경우상대 국가별로 원화환산 구분 기재 및 "거래기간"은 작성일 기준 년단위로 절사하여 기재 ▶임가공업, 용역업 등의 경우에는 원재료 매입처 및 외주가공비란의 작성을 생략 가능

Ⅳ. 영 업 상 황 (건설업종용)

7. 면허 및 시공능력 현황 (건설면허 1.종합, 2.전문)

(단위:백만원)

면 허 종 류	년도		년도		년도		비 고 (취득일자등)
	순 위	시공능력	순 위	시공능력	순 위	시공능력	
	/		/		/		
	/		/		/		

8. 최근영업상황

(단위:백만원)

매출 (수출) 실적 (		현재)		(		천불)
수주 (L/C) 액 (		현재)		(L/C :		천불)
부실채권 보유액 (		현재)		(	) 백만원	
가격동향	제품(상품,용역)		원 재 료			
판매조건	현금 % / 외상 %		구매조건	현금 % / 외상 %		
	결제기간 (일 - 일)			결제기간 (일 - 일)		

9. 공사수입현황

(단위:백만원)

기 간 공사구분	전 전 기 ~	전 전 기 ~	전 전 기 ~
국 내 공 사(소계)			
구분 일반수주공사			
관 납 공 사			
분 양 공 사			
해 외 공 사	(천불)	(천불)	(천불)
기 타 매 출			
매 출 합 계			

KIBO

작성 요령	▶당기 : 결산확정 여부에 불구, 평가신청일의 직전회계년도(기중에 영업이 개시된 경우 동 기간을 표시)			
	(예시1) 설립:1997. 9. 3. 평가신청:2000. 3. 3. ⇨	1997. 9. 3 - 1997. 12. 31	1998. 1. 1 - 1998. 12. 31	1999. 1. 1 - 1999. 12. 31
	(예시2) 설립:1999. 7. 8. 평가신청:2000. 3. 3. ⇨			1999. 7. 8 - 1999. 12. 31

▶제품별 비율 큰 순서대로 기재(상품매출·용역수입이 있을 경우 구분기재) 및 제품별 구분 곤란시 합산 기재가능(품목별 매출실적의 합계액은 손익계산서의 순매출액과 일치하여야 함)
▶수출실적에는 외화금액(U$)만 기재하되, 원화는 합계에 포함 기재

10. 당기말현재 진행공사 및 당기말이후(.   .   현재) 신규계약공사

(단위:백만원)

주 요 공 사 명	발 주 처	당기말현재진행공사			당기말 이후 신규수주금액	공사예정기간
		수주금액	당기말현재총기성고	이월공사액		
						-
						-
						-
						-
계						-

작성 요령
▶당기말 현재 진행중인 공사의 수주금액, 기성고 및 이월공사액을 각 공사별로 입력
▶당기말 이후 조사일까지의 신규계약 체결한 공사내용을 신규수주금액란에 입력(조사일 현재 공사완료된 건은 입력 생략)
▶이월공사액 : 수주금액에서 당기말 현재 총기성고를 차감한 금액
　[(예시) 수주금액 500,000, 총기성고 300,000('07년 기성고 100,000,+ '08년 기성고 200,000)⇨이월공사액 200,000]

11. 주요거래처

(단위:백만원)

	상 호 (사업자등록번호)	연간거래액	전화번호	거래기간		상 호 (사업자등록번호)	연간거래액	전화번호	거래기간
구	(- -)				하	(- -)			
매	(- -)				도	(- -)			
처	(- -)				급	(- -)			
	(- -)					(- -)			
	(- -)					(- -)			
계			약 개업체		계			약 개업체	

작성 요령
▶당기말을 기준으로 작성하고 각 구매처, 하도급처별 사업자등록번호를 상호란 하단에 입력
▶매출매입처원장 등에 의해 거래금액이 큰 순서대로 입력 및 입력난을 초과할 때에는 기타로 표시
▶구매처 합계액 : 공사원가명세서상의 당기원재료매입액과 일치하도록 작성
▶하도급 합계액 : 당기 공사원가명세서상 외주비와 일치하도록 작성

〈부록 2〉 등록 액셀러레이터 현황 (2022.5.31. 기준)

번호	법인명 / 연락처	대표	본사	전문 분야	등록일
1	㈜아이빌트 044-868-3671 / cksong@ibuilt.kr www.ibuilt.kr	이준배	세종 연동면	ICT, 바이오	2017-01-24
2	와이앤아처 주식회사 02-2690-1550 / shinjino@ynarcher.com http://ynarcher.com	신진오	서울 영등포구	문화예술, 콘텐츠, 스포츠, 관광, 글로벌, 바이오, 소프트웨어융합 등	2017-01-24
3	포항공과대학교기술지주 02-279-8423 / report@postechholdings.com http://www.postechholdings.com	유주현	경북 포항시	바이오, IT, 신소재, 헬스케어 등	2017-01-24
4	비스마트 053-214-8101 / dabibi@b-smart.kr 준비 중	오형석	충북 청주시	바이오, 성형가공, 스마트IT, 화학	2017-02-28
5	엔슬파트너스 02-6339-2967 / ohkoo@enslpartners.com http://www.enslpartners.com	구원회	서울 강남구	정보통신(플랫폼, IOT 등), 전기전자(제조, SW), 바이오 및 헬스케어 등	2017-02-28
6	킹슬리벤처스 02-537-5163 / admin@kingsley.co.kr http://www.kingsley.co.kr	이정훈	서울 강남구	ICT, 바이오, 기술창업 전 분야	2017-03-06
7	인프라비즈㈜ 062-952-0083 / lji6501@nate.com http://infrabiz.co.kr	이정익	광주 광산구	기업경영, 기술지도 모델 및 기법 수단의 연구개발, 사업 성 평가 및 창업절차 대행, 창업자문 및 투자 등	2017-03-16
8	㈜글로벌청년창업가재단 1544-1950 / dongha6328@gef.kr http://www.epicenter.or.kr	함성룡	서울 강남구	ICT융합, 초기창업기업투자	2017-03-16
9	빅뱅엔젤스 070-8672-3155 / michael@bigbangangels.com http://www.bigbangangels.com	황병선	서울 강남구	AI, 헬스케어, 메디칼, AgTech, 플랫폼	2017-03-29
10	더인벤션랩 02-508-0740 / david@roailab.com http://www.theilab.kr	김진영	서울 서초구	패션/뷰티 커머스, 푸드테크, B2B SaaS, Edutech, O2O/On-Demand 서비스, 디지털헬스케어	2017-04-11
11	주식회사 애플애드벤처 053-254-0911 / swno@applead.co.kr www.applead.co.kr	노상우	대구 중구	IT, SW, 지식서비스	2017-04-11
12	주식회사 레이징 02-543-2333 / kane192@raising.kr https://www.raising.kr	김광수	서울 성동구	IT, Healthcare IT, 신재생에너지, 식품, 농업, 스마트기기	2017-04-26

번호	법인명 / 연락처	대표	본사	전문 분야	등록일
13	선보엔젤파트너스 051-743-3453 / paul.oh@sunboangel.kr http://www.sunbonpartners.com	최영찬, 오종훈	부산 해운대구	이차전지, 위성통신, 신재생에너지	2017-04-26
14	스마트파머 bs-innobiz@hanmail.net http://www.ac-smartfarmer.com	이주홍	부산 금정구	IoT, SW, 물류, 유통 · 서비스	2017-05-11
15	㈜로우파트너스 042-862-9581 / hthyung@rowe.kr http://rowe.kr	황태형	대전 유성구	바이오, ICT	2017-05-26
16	아이파트너즈 051-987-8101 / ted.tgkim@ipartners.kr http://www.ipartners.kr	김태규	부산 해운대구	기술사업화	2017-05-26
17	스프링캠프 02-6959-0235 / inq@springcamp.co http://springcamp.co	최인규	서울 관악구	전 분야	2017-05-26
18	㈜SAG Korea wjbaek@sagkorea.com http://www.sagkorea.com	백운주	대구 북구	ICT, 헬스케어, 플랫폼, 기술기반 제조	2017-06-14
19	충북창조경제혁신센터 043-710-5901 / ats303@ccei.kr 준비 중	안태성	충북 청주시	Beauty, ICT, BIO	2017-06-21
20	벤처스퀘어 mse@venturesquare.net https://www.venturesquare.net	명승은	서울 강남구	ICT, 바이오, 미디어 콘텐츠 등	2017-07-04
21	뉴패러다임인베스트먼트 02-541-9628 / ssbae@npinvestment.co.kr http://www.npinvestment.co.kr	배상승, 박제현	서울 서초구	AI, 빅데이터, 모바일, O2O, 콘텐츠, 헬스케어, 소비재 등	2017-07-05
22	올콘텐츠 031-284-2070 / kaisereduone@hanmail.net http://www.allcontents.kr	윤훈주	경기 용인시	콘텐츠 분야	2017-07-19
23	코맥스벤처러스 02-3440-7450 / biun@iventurus.com https://www.iventurus.com	변우석	경기 성남시	AI, IoT, Smarthome	2017-07-19
24	㈜엘스톤 02-2235-1690 / pius@elstone.co.kr http://elstone.co.kr	김창석	서울 중구	제조, ICT, 엔젤투자	2017-07-19
25	㈜오퍼스이앤씨 02-6221-2022 / lanule38@naver.com http://opusbiz.kr	이승현	서울 서초구	초기스타트업 사업 아이템 선정을 위한 창업교육 및 투자유치 멘토링	2017-08-02
26	벤처박스 주식회사 shjeon@outlook.kr / http://www.venturebox.co.kr	이선호	서울 동대문구	ICT, SW	2017-08-07

번호	법인명 / 연락처	대표	본사	전문 분야	등록일
27	㈜상상이비즈 02-1544-3769 / bookid@naver.com http://www.ssebiz.com	박순봉	서울 금천구	농식품, ICT 등	2017-08-10
28	고려대학교기술지주 holdings@korea.ac.kr http://www.kuholdings.co.kr	장재수	서울 성북구	바이오, ICT	2017-08-14
29	매쉬업엔젤스 02-581-5871 kyung@mashupangels.com http://www.mashupangels.com	이택경	서울 강남구	인터넷, S/W, 모바일, 커머스, ICT, IoT서비스 분야	2017-08-25
30	마그나인베스트먼트 02-554-2207 / ceo@mgni.co.kr http://www.mgni.co.kr	박기일	서울 강남구	바이오, 헬스케어, 의료기기 등	2017-08-25
31	벤처포트 02-302-7037 / wspark@ventureport.co.kr http://www.ventureport.co.kr	박완성	서울 강서구	소비재 및 콘텐츠 분야	2017-09-05
32	블루포인트파트너스 042-936-3588 / bigapple@bluepoint.ac https://bluepoint.ac	이용관	대전 유성구	ICT, 로봇, 바이오, 헬스케어 등	2017-09-19
33	재단법인 서울테크노파크 02-944-6057 / bongpark@seoultp.or.kr http://www.seoultp.or.kr	박봉규	서울 노원구	ICT, 바이오 등 4차 산업	2017-10-12
34	에이블벤처스 070-4757-0000 / ableventures1212@gmail.com http://www.a-ventures.co.kr	성상기	부산 해운대구	해양환경, BIO헬스케어, 핀테크, 문화콘텐츠 분야의 IoT, AI융합기술	2017-10-12
35	전북지역대학연합기술지주회사 063-214-0016 / kyji@jbth.co.kr http://www.jbth.co.kr	지건열	전북 전주시	전 분야	2017-10-12
36	사단법인네트워크고리 jay@parast.com / http://www.gori.or.kr	김정찬	서울 종로구	문화/예술, 농/수/축/임산, 바이오, 공간개발, 소셜벤처	2017-10-31
37	제이엔피글로벌 042-487-6481 / jnpglobal@daum.net https://jnp-aventures.com	박지환	대전 유성구	기술창업 분야	2017-11-29
38	전주정보문화산업진흥원 063-281-4114 / park@jica.or.kr http://www.jica.kr	김승수	전북 전주시	기술창업 전 부문	2017-11-29
39	드림랩 053-611-0722 / limkh@drimlab.com 준비 중	임경현	대구 달성군	기술 창업 분야	2017-12-20

번호	법인명 / 연락처	대표	본사	전문 분야	등록일
40	특허법인지원 02-6268-4860 / srshim@g1pat.com http://www.g1pat.com	심성렬	서울 금천구	기술창업 전 부문	2017-12-27
41	페이스메이커스 ceo@pacemakers.kr / https://pacemakers.kr	김경락	광주 동구	기술창업 및 콘텐츠	2018-01-16
42	제피러스랩 ywseo.zephyrus@gmail.com https://zephyruslab.co.kr	서영우	부산 해운대구	4차산업 및 전 분야	2018-01-16
43	호서대학교산학협력단 041-540-5363 / kbs@hoseo.edu http://iacf.hoseo.ac.kr	김병삼	충남 아산시	반도체 디스플레이	2018-01-16
44	후앤후 070-8803-3355 / wksun999@hanmail.net http://www.whonwho.com	선웅규	서울 강남구	ICT, 제조업	2018-01-16
45	지구파트너스 jigoopartners@gmail.com http://www.jigoopartners.co.kr	정기준	서울 종로구	기술창업 분야	2018-01-16
46	한양대학교기술지주회사 02-2220-4071 / blee@hanyang.ac.kr http://hyuholdings.com	이병희	서울 성동구	AI, 바이오	2018-01-17
47	메디톡스벤처투자 02-6901-5838 / swkim@medytox.com http://www.medytoxventure.com	신효진	서울 강남구	바이오/헬스케어	2018-02-01
48	요즈마그룹코리아 070-5208-8400 / ceo@yozma.asia http://korea.yozma.asia	이원재	서울 강남구	IoT 분야, 바이오/헬스케어	2018-02-05
49	카이트창업가재단 042-864-5411 / baseo@kiteef.or.kr http://kiteef.or.kr	김철환	대전 유성구	ICT, 의료/바이오, 소부장	2018-02-05
50	프라이머시즌5 douglas@primer.kr / https://www.primer.kr	권도균	서울 마포구	이커머스, 솔루션, 콘텐츠	2018-02-27
51	벤처필드 eunhyelee@venturefield.net https://venturefield.co.kr	이은혜	서울 영등포구	ICT, 바이오 등	2018-02-27
52	서울대학교기술지주 moksh@snu.ac.kr https://www.snuholdings.com	목승환	서울 관악구	전 분야	2018-02-27
53	인천창조경제혁신센터 032-458-5001 / ybjoo113@ccei.kr https://ccei.creativekorea.or.kr/incheon	김석준	인천 연수구	기술기반 전 분야	2018-03-19

번호	법인명 / 연락처	대표	본사	전문 분야	등록일
54	㈜데이타앤밸류 hjlee@dava.co.kr dava.co.kr	이홍재	대전 유성구	기술사업화 전 문야	2018-03-29
55	한국바이오투자파트너스 031-703-7709 / kichil007@hanmail.net 준비 중	이기칠	경기 성남시	바이오, 의료기기, 건강기능식품, 헬스케어 분야	2018-03-29
56	아이스타트업랩 032-860-7532 / keeahn@inha.ac.kr https://startup.inha.ac.kr	이기안	인천 남구	기술사업화, 투자 컨설팅	2018-03-29
57	한국과학기술지주 042-862-8661 / hkang@kstholdings.co.kr http://www.kstholdings.co.kr	강훈	대전 유성구	첨단제조, 부품소재, 바이오, ICT	2018-04-06
58	주식회사 오너스코리아 02-2273-3690 / k01199181004@gmail.com https://sbizpartners.modoo.at	이동원	서울 중구	ICT, 전기 전자	2018-11-06
59	제이에이치제이홀딩스 nembird@hanmail.net 준비 중	정종현	대전 유성구	전 분야	2018-04-30
60	씨엔티테크 02-309-0380 / glory@cntt.co.kr http://www.cntt.co.kr	전화성	서울 서대문구	IT플랫폼	2018-06-04
61	대구창조경제혁신센터 053-759-6380 / lljjii@ccei.kr https://ccei.creativekorea.or.kr/daegu	이재일	대구 북구	전 분야	2018-05-09
62	경기창조경제혁신센터 031-8016-1102 / hyunsam@ccei.kr https://ccei.creativekorea.or.kr/gyeonggi/main.do	신현삼	경기 성남시	ICT, AI 등	2018-05-09
63	시리즈벤처스유한책임회사 051-747-1261 / kap-jun@naver.com http://www.s-ventures.co.kr	박준상, 곽성욱	경남 창원시	스타트업 투자 전반	2018-05-09
64	스타트업파트너스㈜ 055-267-2311~2 / phykk1@naver.com http://www.gn1biz.co.kr	이문기	경남 창원시	기술기반 전 분야, 바이오, 농식품	2018-05-18
65	씨앤티아이㈜ 041-630-4550 / jjy@chungwoon.ac.kr http://www.cnti.co.kr	정종용	충남 홍성군	기술기반 전 분야	2018-05-18
66	스페이스점프 02-572-5090 / mike@spacejump.kr http://www.spacejump.kr	이형민	전남 나주시	ICT, 헬스케어, 빅데이터	2018-05-18
67	미래과학기술지주 042-349-3100 / payton.kim@miraeholding.com https://miraeholding.com	김판건	대전 유성구	소재부품, ICT, 바이오 헬스케어	2018-05-31

번호	법인명 / 연락처	대표	본사	전문 분야	등록일
68	에이치지이니셔티브 02-6212-9769 / bohyun.nam@hginitiative.com http://www.hginitiative.com	남보현	서울 성동구	기술기반 전 분야	2018-05-31
69	에스와이피 02-563-9607 / ase9554@sypip.com http://sypip.com/	홍성욱, 심경식	서울 강남구	기술기반 전 분야	2018-05-31
70	슈미트 02-3453-1972 / hyunjun.kim@dscinvestment.com http://schmidt.kr	김현준	서울 성동구	기술기반 전 분야	2018-04-30
71	대전창조경제혁신센터 042-385-0635 / jsk@ccei.kr https://ccei.creativekorea.or.kr/daejeon	김정수	대전 유성구	5G모빌리티, ICT, 에너지, 반도체	2018-09-06
72	강원창조경제혁신센터 033-248-7979 / jongho.han@ccei.kr https://ccei.creativekorea.or.kr/gangwon	한종호	강원 춘천시	전 분야	2018-06-07
73	영산대학교 산학협력단 055-380-7106 / plasma@ysu.ac.kr http://iacf.ysu.ac.kr	김근수	경남 양산시	기술기반 전 분야	2018-06-07
74	패러다임파트너스 tom3288@naver.com http://www.bizpool.co.kr	송재환	경기 가평군	바이오, 블록체인, ICT	2018-06-07
75	대덕이노폴리스벤처협회 042-630-0601 / bskim@nanoht.co.kr http://www.diva.or.kr	김병순	대전 유성구	ICT, 바이오, 기술 분야 등	2018-06-19
76	㈜티투비파트너스 tony9988@naver.com 준비 중	이용석	경기 성남시	ICT, 축산바이오	2018-06-19
77	창업지원네트워크 062-233-0810 / startupgj@gmail.com http://www.startupnow.co.kr	하상용	광주 동구	기술기반 전 분야	2018-06-19
78	씨비에이벤처스 070-5126-7900 / kjwoo@cbaventures.net http://cbaventures.net	우광제	서울 강남구	ICT, 바이오	2018-07-03
79	더존홀딩스 02-6233-2518 / tips@douzone.com http://www.douzone.com	김용우	강원 춘천시	기술기반 전 분야	2018-07-03
80	다스킨트 02-780-0906 / bear@daskind.co.kr 준비 중	김성욱	서울 은평구	기술기반 전 분야	2018-07-03
81	주식회사 온비즈아이 02-471-2018 / jin9356@naver.com 준비 중	윤강열	서울 강동구	ICT, 의료기기, 문화콘텐츠, 바이오 등	2018-07-30

번호	법인명 / 연락처	대표	본사	전문 분야	등록일
82	크립톤 02-2115-2360 / ceo@krypton36.co http://krypton36.co	양경준	서울 중구	ICT, AI, 농식품, 바이오 등 전 분야	2018-07-30
83	다래전략사업화센터 02-3475-7789 / eui@daraelaw.co.kr http://www.daraebiz.com	김정국, 배순구	서울 강남구	기술기반 전 분야 (제조기업 제외)	2018-07-30
84	액트너랩 02-6257-6257 / chjoseph@chol.com http://www.actnerlab.com	조훈제	서울 강남구	바이오, 헬스케어, 서비스융합, ICT	2018-08-21
85	에스아이디파트너스 042-867-2588 / dwkweon@sidpartners.net 준비 중	권대웅	인천 연수구	ICT, 바이오 등 전 분야	2018-08-21
86	킥스타트인베스트먼트 02-2138-2834 / margerase@gmail.com http://kickstart.ac	박현규	경기 수원시	청년, 소비재, 글로벌	2018-09-10
87	㈜제타플랜인베스트 02-561-6698 / zetabiz@zetaplan.com http://www.zetaplan.com	김미나	서울 금천구	기술기반 전 분야 (제조기업 제외)	2019-02-18
88	㈜메라클 tbspboeun@naver.com http://www.tbspartners.com	이동규	부산 해운대구	기술기반 전 분야 (제조기업 제외)	2018-10-01
89	오픈워터엔젤스 02-6951-2223 / swchoi@chnp.co.kr http://openwaterinv.co.kr	최상우, 김성근	서울 강남구	ICT, 콘텐츠 등	2018-10-23
90	이그나이트이노베이터스㈜ 02-2621-7050 / lkim@igniteinnovators.com http://igniteinnovators.com	김희준	서울 구로구	ICT, 바이어, 헬스케어, 4차산업 등 전 분야	2018-10-24
91	메티스톤에쿼티파트너스 02-6006-0307 / kyungsun@metistone.com http://www.metistone.com	안경진, 박규헌	서울 영등포구	기술기반 전 분야	2018-10-24
92	경남창조경제혁신센터 055-256-2700 / Koleedh@ccei.kr http://ccei.creativekorea.or.kr/gyeongnam	이동형	경남 창원시	기술기반 전 분야	2018-11-07
93	울산창조경제혁신센터 052-716-5140 / jhkimhhi@ccei.kr https://ccei.creativekorea.or.kr/ulsan	김재훈	울산 남구	기술기반 전 분야	2018-11-07
94	컴퍼니에이 042-867-0319 / ktkim@companya.kr http://www.companya.kr	조병현	대전 유성구	문화콘텐츠, 지식서비스, 소셜벤처	2018-11-07
95	주식회사 내비온 02-6407-7750 / shcho@navion.biz http://www.navion.biz	조성한	서울 서초구	기술기반 전 분야 (제조기업 제외)	2018-11-19

번호	법인명 / 연락처	대표	본사	전문 분야	등록일
96	한국엔젤투자협회 02-3440-7400 / gobest21@gmail.com http://www.kban.or.kr	고영하	서울 강남구	ICT, 바이오 등	2018-11-27
97	경북창조경제혁신센터 054-470-2600 / kevinlee@ccei.kr https://ccei.creativekorea.or.kr/gyeongbuk	이경식	경북 구미시	하드웨어(제조/기술)	2018-11-26
98	케이그라운드파트너스 02-3343-4579 / jhkim@kground.co 준비 중	김정호, 이보근	부산 해운대구	기술기반 전 분야 (제조기업 제외)	2018-11-26
99	인포뱅크 031-628-1501 / thpark@infobank.net https://www.infobank.net	박태형	경기 성남시	기술기반 전 분야	2018-12-05
100	엔피프틴파트너스 070-4215-9966 / sangmin.kim@n15partners.asia http://www.n15partners.asia	허제, 류선종	인천 연수구	하드웨어, 제조, 바이오 및 기술 전 분야	2018-12-06
101	㈜기술과가치 hgkwon@technovalue.com http://www.technovalue.com	임윤철	서울 서초구	정책연구	2018-12-05
102	에스티지벤처스 morrisguy@naver.com http://www.stgventures.com	이인규	서울 강남구	기술기반 전 분야 (제조기업 제외)	2018-12-07
103	인트로매그나 02-3288-3450 / intro@intromagna.co.kr http://www.intromagna.co.kr	정석원	서울 중구	바이오, 헬스케어, 화학, ICT	2018-12-19
104	㈜엠와이소셜컴퍼니 02-532-1110 / jtkim@mysc.co.kr http://www.mysc.co.kr	김정태	서울 성동구	소셜벤처, 환경&에너지, 공유경제&플랫폼	2018-12-19
105	와이제이씨 sophiaham@naver.com http://www.yjcwithus.co.kr	함연주	경기 성남시	정보통신, ICT	2018-12-19
106	주식회사 리온아이피엘 02-6251-4600 / kclee@leeon.kr http://www.leeon.kr	이건철	서울 서초구	기업컨설팅, 기술가치평가	2018-12-19
107	와이플래닛㈜ 042-716-3328 / ceo@yplanets.com 준비 중	양수희	대전 유성구	4차 산업혁명 핵심기술 분야	2018-12-19
108	디지털헬스케어파트너스 yoonsup.choi@dhpartners.io http://dhpartners.io	최윤섭	서울 강남구	디지털 헬스케어	2019-01-14
109	김기사랩 hychoi@kimgisacompany.com https://www.kimgisacompany.com	신명진	서울 마포구	모든 분야	2019-01-21

번호	법인명 / 연락처	대표	본사	전문 분야	등록일
110	㈜데일리파트너스 02-563-0890 / shlee@dayli.partners http://dayli.partners	이승호	서울 강남구	바이오/헬스케어	2019-01-22
111	타이탄벤처스 humanus.titan@gmail.com 준비 중	정준모	서울 서초구	기술기반 전 분야 (제조기업 제외)	2019-01-29
112	주식회사 비피메이커스랩 a800710@naver.com 준비 중	장민호	경기 성남시	기술기반 전 분야	2019-02-22
113	부산지역대학연합기술지주 051-717-2317 / hope3579@buholdings.co.kr https://www.buholdings.co.kr	성희엽	부산 해운대구	전 산업 분야	2019-02-25
114	케이액셀러레이터 02-761-0990 / yhk@kaccelerator.co.kr http://www.kaccelerator.co.kr	소재문	서울 영등포구	테크핀	2019-02-28
115	엔텔스㈜ invest@ntels.com http://www.ntels.com	최영래	서울 강남구	정보통신 (IoT, 플랫폼), Service 등	2019-03-01
116	주식회사 한길 054-232-8234 / hg8234@naver.com http://hangilcon.com	한형주	경북 포항시	농촌, 관광	2019-03-05
117	아이피에스벤처스 070-8667-4970 / cwhan@ipspat.com http://www.ipsventures.com	한치원	서울 서초구	의료기기, 바이오, 소프트웨어 등	2019-03-05
118	주식회사 비즈니움 054-461-0030 / lionreo@biznium.net http://www.biznium.net	이창형	경북 구미시	기술기반 전 분야	2019-03-07
119	㈜이암허브 02-792-2398 / awake@iiam.co.kr 준비 중	구교영	서울 용산구	기술기반 전 분야 (제조기업 제외)	2019-03-20
120	킹고스프링 070-4230-0112 / harry@kingospring.com http://www.kingospring.com	정해진	경기 성남시	ICT, 소비, 부품, 장비, 바이오 등	2019-03-21
121	주식회사 어썸벤처스 rock@awesome-v.com http://awesome-v.com	오영록	서울 마포구	AI, 미디어, 핀테크, 모빌리티, 동남아진출	2019-03-21
122	주식회사 라쿠카라차 02-508-0611 / jslee1@lbpsi.com 준비 중	이윤상	서울 강남구	신재생에너지 (제조업 제외)	2019-03-25
123	주식회사 대동씨엠씨 052-903-1070 / cmc114@naver.com http://daedongcmc.com	최진혁	울산 남구	기술기반 전 분야	2019-04-15

번호	법인명 / 연락처	대표	본사	전문 분야	등록일
124	나눔엔젤스 charles@nanuhm.com http://www.nanuhm.com	엄철현	인천 연수구	ICT 의식주&문화콘텐츠	2019-04-15
125	컴퍼니엑스 070-7459-9121 / hykim@sigong-ip.com http://company-x.partners	유광철	서울 서초구	기술기반 전 분야 (제조기업 제외)	2019-04-15
126	㈜드림이앤씨 isojoik@hanmail.net http://www.dreamenc.or.kr	황조익	경기 안산시	경영, 기술, 헬스케어 등	2019-04-15
127	플래티넘기술투자 02-6246-3115 / rouzili@pltic.co.kr 준비 중	이창수	서울 강남구	4차 산업혁명 분야	2019-03-25
128	대경지역대학공동기술지주 053-721-7055 / kwon067@naver.com http://www.dgth.co.kr	권대수	경북 경산시	전 분야	2019-03-28
129	광주창조경제혁신센터 062-974-9359 / nbig21c@ccei.kr https://ccei.creativekorea.or.kr/gwangju	하상용	광주 서구	기술 분야 전 분야	2019-04-18
130	유닉 070-5056-5341 / hschoi@unicc.kr https://www.unicc.kr	최희승	전북 완주군	ITC, 바이오, 헬스케어 분야	2019-04-18
131	투썬캠퍼스 031-706-8400 / jh5860@twosun.com http://www.twosun.org	김종화, 이종현	경기 성남시	ICT	2019-04-18
132	주식회사 골드아크 admin@goldark.kr http://goldark.kr	김대일, 김민정	서울 중랑구	정보통신, 전기전자, 기계소재, 지식서비스	2019-04-18
133	퓨처플레이 02-557-1805 / eun.cho@futureplay.co https://futureplay.co	류중희	서울 성동구	AI, Digital Healthcare, Robotics, Mobility, Fintech 등 기술기반 전 분야	2019-05-28
134	시저스랩㈜ https://www.facebook.com/CaesarsPartners/	권영준	서울 강남구	디지털콘텐츠, 의료기 및 디지털 치료제, 전자약, 어플리케이션	2019-05-28
135	충북대학교기술지주주식회사 043-261-3849 / leedbstn@cbnu.ac.kr http://cbnuholdings.com	이영성	충북 청주시	모든 분야	2019-05-28
136	연세대학교기술지주 02-2123-2649 / jfk1@yonsei.ac.kr http://www.ysuholdings.com	김지현	인천 연수구	기술기반 전 분야	2019-06-12
137	한국사회혁신금융 070-7178-9534 / o2lady@ksifinance.com http://ksifinance.com	이상진	서울 성동구	기술기반 전 분야	2019-06-12

번호	법인명 / 연락처	대표	본사	전문 분야	등록일
138	충남대학교기술지주 042-821-5601 / kancho@cnu.ac.kr https://connect.cnu.ac.kr/holdings	정종율	대전 유성구	기술기반 전 분야	2019-06-12
139	콜즈다이나믹스 litermin@collzdynamics.com http://collzdynamics.com	강종수	부산 남구	물류유통, 프롭테크, 도시재생, 수출B2B제조, F&B(유통특화)	2019-06-13
140	벤처기업협회 02-890-0586 / bumjoonp@kova.or.kr http://www.kova.or.kr	강삼권	서울 구로구	기술기반 전 분야	2019-06-27
141	오픈놀 070-8221-3056 / ceo@openknowl.com https://openknowl.com	권인택	서울 영등포구	기술기반 전 분야 (제조기업 제외)	2019-06-27
142	㈜크리액티브헬스 kdy@creactivehealth.com http://www.creactivehealth.com	장준근	서울 용산구	바이오, 의료	2019-06-27
143	엑센트리벤처스 jamesyun@xntree.com http://xntreeventures.com	윤우근	서울 강남구	스마트시티, 기술 분야	2019-06-27
144	㈜경상북도경제진흥원 054-470-8590 / nam1030@gepa.kr http://www.gepa.kr	전창록	경북 구미시	4차산업 관련	2019-06-27
145	제주창조경제혁신센터 064-710-1901 / jeon@ccei.kr http://jccei.kr	전정환	제주 제주시	기술기반 전 분야	2019-06-27
146	하나금융티아이 bms0414@hanafn.com http://www.hanati.co.kr	유시완	인천 서구	핀테크, SW, ICT 등	2019-06-27
147	빅베이슨캐피탈 유한회사 phil@bigbasincapital.com http://www.bigbasincapital.com	윤필구	서울 강남구	기술기반 전 분야 (제조업 제외)	2019-07-03
148	주식회사 아이피씨앤비 070-7204-2630 / icsong@ipcnb.com http://www.ipcnb.com	송인창	서울 강남구	기술기반 전 분야	2019-07-04
149	플랜에이치벤처스 02-6177-1510 / nate@planhventures.co.kr http://planhventures.co.kr	원한경	서울 서초구	기술기반 전 분야	2019-07-04
150	더웍스코리아 02-557-6001 / theworkskorea@gmail.com http://theworkskorea.com	이지수	서울 강남구	창업컨설팅, 임대업	2019-07-04
151	유스업파트너스 070-4365-8888 / mwkim901@gmail.com https://www.youthup.co.kr	김민우	서울 강남구	기술기반 전 분야	2019-07-05

번호	법인명 / 연락처	대표	본사	전문 분야	등록일
152	주식회사 엘케이경영연구원 053-633-0669 / pro@lkmi.org www.lkmi.org	이순석	대구 북구	경영컨설팅	2019-07-17
153	젠엑시스 02-557-3008 / danaemkson@gmail.com https://genaxis.co.kr	손미경	서울 강남구	바이오, 디지털헬스케어	2019-07-17
154	탭엔젤파트너스 02-6247-6858 / jhpark@tapaps.com http://www.tapaps.com	박재현	인천 연수구	바이오, 테크, 콘텐츠 분야	2019-08-05
155	가톨릭관동대학교기술지주㈜ 032-290-2591 / sue9996@daum.net http://uicf.cku.ac.kr/page/tj.php	이봉문	인천 서구	의료, 바이오	2019-08-05
156	한국인증협회 kca_0526@naver.com 준비 중	김현우	대전 유성구	기술경영	2019-08-09
157	대덕벤처파트너스㈜ 042-485-9684 / seoghoon@gmail.com http://www.dvpdvp.com	이석훈	대전 유성구	ICT, 바이오/헬스케어	2019-08-09
158	윈베스트 bgw@wepat.co.kr http://win-winvest.com	방현태, 신용운	서울 강남구	바이오, 헬스케어, 의약학	2019-08-09
159	엠플러스아시아 02-6082-9960 / a217089@gmail.com 준비 중	이철호	서울 영등포구	기술기반 전 분야 (제조업 제외)	2019-08-09
160	순천향대학교기술지주회사 041-530-1441 / suh@sch.ac.kr http://www.schth.co.kr	전창완	충남 아산시	바이오	2020-09-08
161	㈜카카오벤처스 shina@kakaoventures.co.kr http://www.kakao.vc	정신아	경기 성남시	선행기술, 서비스, 게임 (제조업 제외)	2019-09-06
162	안랩 031-722-8000 / sukkyoon.kang@ahnlab.com https://company.ahnlab.com/kr/company/ startup.do	강석균	경기 성남시	IT, 보안	2019-09-02
163	㈜르호봇비즈니스인큐베이터 02-783-4511 / mok-yd@ibusiness.co.kr http://ibusiness.co.kr	목영두	서울 마포구	푸드테크, 바이오, 플랫폼서비스	2019-09-09
164	부산창조경제혁신센터 051-749-8910 / yjs.bstartup@ccei.kr https://ccei.creativekorea.or.kr/busan/main.do	송용준	부산 해운대구	기술창업 전 분야	2019-09-24

번호	법인명 / 연락처	대표	본사	전문 분야	등록일
165	아이젠 igen.peterpen@gmail.com http://www.igen.link	최근영	광주 동구	IT, NT, 융합산업	2019-09-25
166	㈜젠티움파트너스 1877-7260 / pastrios@naver.com 준비 중	박현준	서울 용산구	F&B, Bio-healthcare, IT	2019-09-26
167	스파크랩 02-2231-3014 / eugene@sparklabs.co.kr http://www.sparklabs.co.kr	김유진	서울 강남구	IT, IOT, 의료기기, 신약 등	2019-10-31
168	재단법인 홍합밸리 02-3141-3040 / ceo@honghapvalley.org https://honghapvalley.org/?page_id=2474	고경환	서울 마포구	임팩트투자 (제조업 제외)	2019-11-04
169	재단법인 넥스트챌린지 kccf0515@gmail.com www.ncf.or.kr	김영록	제주 서귀포시	ICT, 플랫폼서비스, AI, 에듀테크, 소셜임패트	2019-11-06
170	JB주식회사 041-530-1808 / cmg0319@jbcorporation.com http://jbcorporation.com	한권희	충남 아산시	에너지, 플랫폼, ICT, AI, Bigdata, 바이오	2019-11-08
171	주식회사 코어씨앤씨 02-322-3944 / style353@naver.com http://www.corecnc.co.kr	김성은	서울 마포구	기술기반 전 분야 (제조업 제외)	2019-11-26
172	주식회사 픽스텍 pssoon7@fixfree.co.kr http://www.fixfree.co.kr	박성순	서울 금천구	IoT시제품	2019-12-09
173	재단법인 다차원 스마트 아이티 융합시스템 연구단 042-350-3423 / kyung@kaist.ac.kr http://ciss.re.kr	경종민	대전 유성구	IT, 바이오, 헬스케어, 4차신산업 (제조업 제외)	2019-12-16
174	㈜테라벤처스 hankyung@kakao.com http://www.teraventures.co.kr	강한혁	인천 미추홀구	인공지능, AI딥러닝, AI스타트업, 4차산업기반	2019 12 19
175	광운대학교 산학협력단 02-940-5635 / chpark@kw.ac.kr http://iacf.kw.ac.kr	박철환	서울 노원구	ICT, 의료기기	2019-12-30
176	세종창조경제혁신센터 044-999-0302 / cholsoonsk@ccei.kr https://ccei.creativekorea.or.kr/sejong	박철순	세종 조치원읍	스마트시티·팜, 자율주행, 소셜벤처 기술 분야	2019-12-30
177	전북창조경제혁신센터 063-220-8901 / parkkwangjin@hanmail.net http://ccei.creativekorea.or.kr/jeonbuk	박광진	전북 전주시	탄소산업, 농생명식품, 문화ICT융복합기업	2019-12-30
178	소풍벤처스 max@sopoong.net https://sopoong.net	한상엽	강원 춘천시	임팩트 투자(소셜벤처)	2020-01-15

번호	법인명 / 연락처	대표	본사	전문 분야	등록일
179	주식회사 게이트웨이즈 051-583-5110 / shkim@gateways.kr http://gateways.kr	김성희	부산 해운 대구	소프트웨어개발, 컨설팅	2020-01-15
180	바이온 nowkbj@by-on.co.kr http://www.by-on.co.kr	김병준	충북 청주시	바이오, 헬스케어 분야	2020-02-03
181	성균관대학교 기술지주회사 031-290-7345 / pjyoo@skku.edu http://ranbiz.skku.edu	유필진	경기 수원시	IT, BT, NT 등	2020-02-11
182	충남창조경제혁신센터 041-536-7888 / nuel65@ccei.kr https://ccei.creativekorea.or.kr/chungnam/	강희준	충남 아산시	4차산업 신기술, IT, IOT, ICT 등	2020-02-11
183	디티앤인베스트먼트 02-6219-4000 / duke4d@dtni.co.kr http://dtni.co.kr/	이승석	서울 강남구	AI, 바이오, 헬스케어, IT 등	2020-02-27
184	㈜카페캠프통 green@tong.com http://www.cafecamptong.com	최상길	서울 강남구	인터넷/모바일 기반 O2O비즈 니스, 커머스, B2C (제조업 제외)	2020-02-27
185	㈜에스엠비투자파트너스 02-559-0905 / macsim181@gmail.com 준비 중	심선식	울산 북구	바이오, ICT (제조업 제외)	2020-03-11
186	JB벤처스 041-530-1808 / shyoo@jbventures.kr https://jbventures.kr/	유상훈, 한권희	충남 천안시	신재생에너지, 서비스플랫폼, 바이오헬스, 미래자동차, 인공지능	2020-03-10
187	㈜임팩트스퀘어 timothydho@impactsquare.com https://www.impactsquare.com	도현명	서울 성동구	소셜벤처	2020-03-11
188	주식회사 와이드앤파트너스 ygkim@widenpartners.com http://widenpatners.com	김윤기	대전 서구	바이오, 헬스케어	2020-03-11
189	㈜비스퀘어 hkkim@bsquare.co.kr http://www.centap.kr	김혜경	부산 해운대구	부산 기반 액셀러레이터 및 1인 창조기업 지원센터	2020-03-13
190	와이즈플래닛파트너스 070-5099-1259 / jkmworld@wplanet.co.kr http://w-partners.co.kr	주경민	서울 금천구	광고플랫폼, 푸드테크, 제조	2020-03-16
191	㈜티랩 tlab3835@gmail.com http://www.tlab.or.kr	강성민	부산 해운대구	부품소재, 기계, 조선, ICT, 바이오	2020-03-27
192	프렌즈 02-6374-4500 / lyw5000@friendspat.com http://friendspat.com/web/home.php	이윤원	서울 서초구	기술기반 전 분야	2020-03-31

번호	법인명 / 연락처	대표	본사	전문 분야	등록일
193	맥스컨설팅㈜ yj@maxconsulting.or.kr http://maxconsulting.or.kr	조윤재	경기 안양시	지식서비스 · 콘텐츠, 헬스케어 등 (제조업 제외)	2020-04-01
194	끌림벤처스 n@klimvc.com http://www.klimvc.com	남홍규	서울 서초구	IT, AI, 4차산업 분야 지원	2020-04-03
195	㈜인비전아이피컨설팅 070-4070-5310 / jsw@envisionpat.com http://www.envisionip.co.kr	정성욱	서울 강남구	기술기반 전 분야 (제조업 제외)	2020-04-02
196	전남창조경제혁신센터 061-661-1920 / chyj500@ccei.kr https://ccei.creativekorea.or.kr/jeonnam	정영준	전남 여수시	농수산식품 분야, 바이오활성소재 분야	2020-04-06
197	블록크래프터스 suyong.park@blockcrafters.com https://challengex.io	박수용	서울 서초구	블록체인, 4차산업 융합	2020-04-13
198	씨앤벤처파트너스 02-6745-5500 / jhshim@cnvpartners.co.kr http://cnvpartners.co.kr	심재희	서울 강남구	IoT, 바이오, 헬스케어 등	2020-04-13
199	주식회사 텐원더스 02-2088-1955 / com10won@gmail.com http://www.10wondersinvest.com	이정훈	강원 춘천시	ICT, 콘텐츠, F&B, 기술관련 전 분야	2020-04-15
200	서울창조경제혁신센터 sunny@cau.ac.kr https://ccei.creativekorea.or.kr/seoul	김진수	서울 용산구	창업 전 분야	2020-04-27
201	스테이션니오 cj@stationneo.com http://www.stationneo.com	장지현, 김영우	서울 성동구	IT, 4차 신산업, 콘텐츠, 기타	2020-05-01
202	㈜겟투 ktarf@naver.com http://www.gettoo.co.kr	이지행	경기 성남시	전 분야	2020-05-08
203	임팩트파트너스 주식회사 ktarf@naver.com http://www.gettoo.co.kr	진기준, 김종화	경기 용인시	바이오 등	2020-05-13
204	주식회사 케이브이에이액셀러레이터 invest.kva@daum.net 준비 중	조기헌	서울 강남구	IT, 바이오, 4차신산업, 콘텐츠	2020-05-13
205	㈜MBI컨소싱그룹 051-914-7653 / mbicg@naver.com http://www.mbicg.com	최석재	부산 해운대구	전 분야	2020-05-25
206	노틸러스인베스트먼트 070-4468-3410 / gada@nautilusinve.com https://nautilusinve.com	임성원	인천 연수구	IT, BT, Deep Tech	2020-05-25

번호	법인명 / 연락처	대표	본사	전문 분야	등록일
207	주식회사 렛츠 kse@letsedu.kr http://www.letsedu.kr	김성은	대전 유성구	기타	2020-05-26
208	아이피스트 cooljoon@daum.net http://ipist.co.kr	이준성	서울 강남구	제조업, IT, 4차신산업	2020-05-26
209	시너지엑스 y@synergy.ac https://www.synergy.ac	유상훈	충남 천안시	신재생에너지, 서비스플랫폼, 바이오헬스, 미래자동차, 인공지능	2020-06-01
210	주식회사 강쎈 moonsteel0614@kangssen.com http://www.kangssen.com	강달철	경기 안산시	ICT, 바이오, 콘텐츠, 기타	2020-06-02
211	㈜더벤처스 sean@theventures.co https://www.theventures.co	김철우	서울 강남구	IT, 4차 신산업, 기타	2020-06-03
212	주식회사 케이브레인컴퍼니 02-7440-530 / simin@kbrainc.com http://www.kbrainc.com	민상일	서울 마포구	콘텐츠 및 기타	2020-06-11
213	대웅제약 02-550-8800 / stomeve@daewoong.co.kr http://daewoong.co.kr	전승호	경기 화성시	제약, 바이오	2020-06-11
214	㈜본엔젤스벤처파트너스 02-564-5770 / inae.song@bonangels.net http://bonangels.net	송인애	서울 강남구	IT서비스 (SW, 모바일, 인터넷)	2020-06-23
215	히스토리벤처투자 02-6337-5584 / ds.park@hisstoryinv.co.kr http://hisstoryventure.co.kr	박대성	서울 영등포구	IT, ICT, AI, 빅데이터, SW, 플랫폼 등	2020-06-23
216	(사)대전세종경영시스템협회 gnpartners14@naver.com http://gnpartners.kr/dsma	권오삼	대전 유성구	IT, 환경, 바이오	2020-06-24
217	재단법인 한국사회투자 02-2278-8399 / yestax1@hanmail.net http://www.social-investment.kr	최병주	서울 은평구	소셜임팩트	2020-06-24
218	㈜알마덴디자인리서치 02-555-7025 / ckcho@almaden.co.kr http://www.almaden.co.kr	조창규	서울 강남구	제조서비스, 유통서비스, 컨슈머 브랜드, 4차산업, 문화콘텐츠	2020-06-30
219	한국표준협회 02-6240-4789 / mskang@ksa.or.kr http://www.ksa.or.kr	강명수	서울 강남구	전 분야 (제조업 포함)	2020-07-07
220	사단법인 스타트업미래포럼 033-743-9195 / 1004@sff.kr http://www.startupforum.or.kr	서귀동	강원 원주시	바이오, 임팩트	2020-07-08

번호	법인명 / 연락처	대표	본사	전문 분야	등록일
221	에트리홀딩스㈜ 042-860-0777 / sk.yun@etriholdings.com http://www.etriholdings.com	윤상경	대전 유성구	IT융합, 부품소재, 방송통신 및 인터넷, 소프트웨어 및 콘텐츠 분야	2020-07-09
222	케이오씨파트너스 02-575-0501 / somyo1@of-course.kr http://kocpartners.co.kr	전용덕	서울 동대문구	4차 산업혁명 (ICT, 바이오, 헬스케어)	2020-07-16
223	㈜나인후르츠미디어 02-566-4498 / grape@9fruits.com http://www.9fruits.com	김남호	서울 중구	친환경	2020-07-16
224	주식회사 로간 02-3497-1992 / wyrim@loganasia.com http://loganasia.com	임화영, 박대희	서울 서초구	CT, 에너지, 모빌리티	2020-07-28
225	스케일업파트너스 02-551-2090 / ceo@supartners-cg.com www.supartners.cg.com	이태규	서울 종로구	바이오	2020-08-04
226	스노우볼벤처스㈜ nampoleon88@naver.com http://www.snowballvc.com	남인현	전북 전주시	농식품, 푸드테크, 농업	2020-08-10
227	더세움 drager410@naver.com http://www.thesewoom.com	권용범	강원 춘천시	농식품, ICT, 콘텐츠	2020-08-11
228	㈜에이치지 솔루션 02-851-0350 / kbmc21@hanmail.net http://www.hgsol.kr	한규형	경기 광명시	ICT, 바이오	2020-08-11
229	㈜스타트업리서치 070-8235-1615 / kevinlee@startupresearch.co.kr http://www.startupresearch.co.kr	이승혁	경기 광주시	콘텐츠, 소프트웨어, 플랫폼 서비스, AI, 바이오텍 등	2020-08-11
230	한국생산성본부 02-398-6423 / ksnoh114@kpc.or.kr http://www.kpc.or.kr	안완기	서울 종로구	에듀테크, 콘텐츠, 소프트웨어 (인공지능, 클라우드, 빅데이터, IoT 등)	2020-09-04
231	커넥팅닷유나이티드 051-791-1331 / kdustyle@condot.kr http://www.condot.kr	김동욱	경남 김해시	콘텐츠, 헬스케어,	2020-09-08
232	이노폴리스파트너스유한회사 02-541-4835 / innollc@innollc.com http://www.innollc.com	이상진, 이기주	서울 강남구	IT, BT, 바이오	2020-09-08
233	노바라이즈 dllow2@gmail.com https://novariseinvestment.com	장민석	서울 영등포구	해외진출 (투자+해외파트너탐색)	2020-09-08
234	에프원파트너스 044-216-5051 / leecheol70@gmail.com http://www.f1partners.kr	이철	세종 조치원읍	바이오, 친환경차, 콘텐츠 등	2020-09-10

번호	법인명 / 연락처	대표	본사	전문 분야	등록일
235	카네기경영연구원㈜ 063-915-1133 / cng4242@daum.net http://cng4242.com	이창은	전북 익산시	경영컨설팅	2020-09-18
236	쿼드벤처스 02-730-8330 / kanghon@quads.vc http://vc.quadim.com	김정우, 조강헌	서울 강남구	IT 제조 및 서비스 등	2020-09-18
237	스마일게이트인베스트먼트 031-622-4770 / kmnam@smilegate.com http://smilegateinvestment.com	남기문	서울 강남구	AI, 바이오, 블록체인, 플랫폼	2020-09-21
238	선문대학교산학협력단 041-530-2641 / kjhae@sunmoon.ac.kr http://iucf.sunmoon.ac.kr	김종해	충남 아산시	반도체, 디스플레이, 자동차, 바이오, 이차전지 등	2020-09-24
239	프리코 jesuspower86@gmail.com http://www.preco.co.kr	한상준	서울 중구	문화, 스포츠, 관광, 예술	2020-09-24
240	㈜지티티비 070-4788-3356 / gttbceo@naver.com http://gttb.co.kr	박용선	광주 동구	IT, BT, 농식품 분야	2020-09-24
241	케이제이액셀 02-3147-1211 joon-soo.kim@kjsnm.com http://www.kjsnm.com	김준수, 경수봉	서울 성동구	IT(푸드테크, 에듀테크, IT서비 스 등), 컨슈머브랜드, 미디어	2020-09-28
242	아이엑스브이 02-2632-1384 / dahn@ixvlab.com http://ixvlab.com	안도현	서울 영등포구	ICT, 바이오	2020-10-13
243	다날투자파트너스 031-697-1242 / lockdown@danal.co.kr 준비 중	최병우	경기 성남시	ICT, 핀테크, 플랫폼, 디지털콘텐츠	2020-10-15
244	특허법인지담 070-4820-6874 / hjju@jidamip.com https://www.jidamip.com	주한중	경기 성남시	ICT, 바이오, 의료 기기	2020-10-15
245	전라북도경제통상진흥원 063-711-2099 / jjh@jbba.kr http://jbba.kr	이현웅	전북 전주시	농생명바이오, 탄소소재, 스마트모빌리티 등	2020-10-19
246	마크앤컴퍼니 02-587-6275 / kphong@markncompany.co.kr http://markncompany.co.kr	홍경표	서울 서초구	라이프스타일, ICT	2020-10-22
247	밴드 1644-3395 / ha.jungeun70@gmail.com http://sefund.or.kr	하정은	서울 서대문구	사회적경제, 소셜벤처	2020-10-23

번호	법인명 / 연락처	대표	본사	전문 분야	등록일
248	트러스트벤처투자 1522-9693 / parkjungmin13@hanmail.net https://trustventure.co.kr	박정민	서울 강남구	교육, 컨설팅, 중소벤처기업 창업 투자	2020-10-27
249	주식회사 전남지역대학연합창업기술지주 061-332-1240 / hjsong@jnth.co.kr http://www.jnth.co.kr	송한종	전남 나주시	바이오헬스케어소재, 에너지 신산업, 첨단운송기기부품, 청색 및 청정환경	2020-11-04
250	케이아이엠씨 ted@kimcgroup.com http://kimcgroup.com	김태호	서울 성동구	AI, FinTech, FoodTech, EduTech	2020-11-10
251	잡앤조이 070-7678-7575 / soju3607@naver.com http://www.office-one.co.kr	이대근	경기 부천시	IT(웹, App) 및 4차산업(VR 등) 분야	2020-11-12
252	주식회사 브릿지스퀘어 compathy.k@gmail.com https://www.bridgesquare.net	강영재	제주 제주시	콘텐츠 융복합	2020-11-12
253	㈜에스씨지 02-780-4991 / scgjob@naver.com http://scgjob.com/	고영	서울 금천구	4차산업 전 분야, 콘텐츠, 환경	2020-11-12
254	주식회사 래버리지 02-2088-6885 / roy@leverage.partners http://leverage.partners	김용현	서울 종로구	핀테크, 친환경, RPA 분야	2020-11-18
255	루트벤처스 주식회사 by@root.ventures 준비 중	정보영	서울 강남구	ICT 전 분야, 서비스 전 분야, 커머스, 제조, 프랜차이즈	2020-11-19
256	주식회사더넥스트랩 02-6954-0373 / csyoo@thenextlab.kr http://www.thenextlab.kr	유채선	경기 하남시	IT, 바이오, 4차 신산업, 콘텐츠기반	2020-11-23
257	주식회사 비즈코웍 02-919-9002 / bizceo@bizcowork.co.kr http://1cup.kr	홍혜영	서울 서초구	ICT S/W, 지식콘텐츠 · 디자인 · 문화서비스업	2020-11-25
258	에스에스투인베스트먼트 ss2invest@naver.com 준비 중	신향숙	서울 광진구	정보통신(플랫폼, ICT, AI 등), 전기전자(제조, SW), 바이오 및 헬스케어	2020-12-03
259	퍼스트스텝랩스 유한회사 02-567-0406 / jojaemoon@gmail.com bora@bapvc.com	조재문	서울 강남구	소재 · 부품, 헬스케어, AI, 핀테크, 콘텐츠, E-커머스	2020-12-03
260	아이디어파트너스 skysuhwan@ideapartners.co.kr 준비 중	김수환	전북 전주시	ICT, 소셜벤처, 스핀오프(사 내벤처, 분사) 기업	2020-12-04
261	퍼스트게이트 070-4907-0202 / psj@firstgate.kr www.firstgate.kr	박성준	서울 서초구	ICT, AI, 교육콘텐츠, 소재 · 부품 · 장비	2020-12-10

번호	법인명 / 연락처	대표	본사	전문 분야	등록일
262	쿨리지코너인베스트먼트㈜ 02-2183-2743 / mrchoi@ccvc.co.kr 준비 중	강신혁	서울 강남구	플랫폼, ICT, 에듀테크, 제조업, 바이오, 농업기술	2020-12-14
263	재단법인 윤민창의투자재단 02-6433-2823 / smssky@sookmyung.ac.kr http://yoonmin.org	성민섭	서울 서초구	ICT, 온라인 플랫폼, 콘텐츠 분야	2020-12-18
264	더이노베이터스 070-8778-0120 / eddie.choi@theinnovators.zone http://www.theinnovators.zone	최광선	서울 영등포구	인공지능, 빅데이터, AR/VR, IoT, 지식서비스 및 콘텐츠	2020-12-22
265	강원대학교기술지주회사 033-250-6088 / dyshin@kangwon.ac.kr http://knuholdings.co.kr	장철성	강원 춘천시	AI, 빅데이터, IT, BT, 문화콘텐츠(애니메이션, AR/VR)	2020-12-22
266	주식회사 그리트벤처스 02-512-0135 / mmhjung@naver.com 준비 중	정명훈	서울 강남구	미디어, 바이오, E-커머스	2020-12-22
267	크리스탈바이오사이언스 031-628-2721 / wdyoon@cgxinc.com 준비 중	윤원도	경기 성남시	신약, 바이오, 디지털 헬스케 어 분야	2020-12-29
268	액틴 02-940-7646 / shblee@skuniv.ac.kr 준비 중	이석형	서울 성북구	4차 산업혁명 기술, 생활 및 문화예술 분야	2020-12-29
269	알앤디파트너스 02-6959-1303 / ceo@rndpartners.org http://www.rndpartners.org	김정곤	서울 영등포구	차산업, 소·부·장, 바이오, 제조, 인공지능, 빅데이터	2020-12-31
270	카이스트청년창업투자지주 02-6494-7772 / henry@kaist.vc http://kaistventures.com	정회훈	서울 서초구	AI, 빅데이터, 클라우드, 블록체인, IoT, 디지털헬스케어	2020-12-31
271	주식회사 알토란벤처스 02-563-0983 / mychang@altoranventures.com www.bizbang.net	장민영	서울 강남구	O2O플랫폼, 바이오, IT(AI, Big Data, AR/VR)	2021-01-11
272	리벤처스 042-825-1610 / camel620@naver.com 준비 중	김나경	대전 유성구	바이오, 전기자동차(배터리), 헬스케어, AI, ICT 분야	2021-01-18
273	메인콘텐츠 02-6671-2100 / ceo@maincontents.com http://www.maincontents.com	임한규	서울 동작구	생활 기반 아이디어 제품, 에듀테크, 모바일 서비스 분야	2021-01-25
274	엠엠에스벤처스 042-482-3075 beautydental@hanmail.net 준비 중	김평수	대전 유성구	헬스케어, 스마트팩토리, 플랫폼, 부품/소재	2021-01-25

번호	법인명 / 연락처	대표	본사	전문 분야	등록일
275	네스트컴퍼니 jimmy@nestco.kr http://nestco.kr	신재식	서울 강남구	IT 분야(E-커머스), 라이프스 타일, B2G기술, 서비스 분야	2021-02-02
276	㈜에이앤컴퍼니 02-2179-8732 / ancomcco@gmail.com www.ancom.kr	안준권	경기 성남시	제조업 및 IT서비스 분야	2021-02-05
277	㈜충남정보문화산업진흥원 041-620-6452 / goodjsy@ctia.kr www.ctia.kr	이우성	충남 천안시	콘텐츠, ICT, 실감콘텐츠(AR, VR 등)	2021-02-10
278	글로벌스퀘어㈜ 042-476-6166 / imja04@naver.com https://www.globalsquare.co.kr	노현철	대전 유성구	6차 산업, 농림·축산·식품, 교육·문화 콘텐츠 분야	2021-02-10
279	한세예스24파트너스 02-3755-2122 / seholee@hansae.com 준비 중	이세호	서울 영등포구	콘텐츠, ICT서비스, 소비재, 친환경기술, 4차 산업혁명, 디지털 헬스케어	2021-02-17
280	부산플랜 051-805-0775 / ejyang61@naver.com https://busanplan.org	양은진	부산 해운대구	소셜벤처, 스마트팜, 친환경, 스마트 양식	2021-02-19
281	우정바이오 031-888-9375 / bnc@woojungbio.kr http://www.woojungbio.kr	천병년	경기 화성시	바이오, 헬스케어, 신약개발 분야	2021-02-19
282	주식회사 알파브라더스 02-6953-2166 / ceo@alphabrothers.co.kr www.alphabrothers.co.kr	채중규	충북 청주시	IT(플랫폼), SW, 지식서비스	2021-03-04
283	에이티피벤처스 070-8290-2020 / kmss21@gmail.com 준비 중	김명선	서울 강남구	클라우드 시스템, AI, 모빌리티, 콘텐츠	2021-03-04
284	전남대학교기술지주회사 062-710-0452 / jjmin@jnu.ac.kr http://www.jnuholdings.com	민전준	광주 북구	AI, 친환경자동차, 바이오, 문화예술, ICT 플랫폼	2021-03-09
285	㈜심플프로젝트컴퍼니 070-5220-1777 / andy.kim@wecook.co.kr www.wecook.co.kr	김기웅	서울 종로구	F&B, FOOD TECH	2021-03-15
286	티앤이파트너스 02-2088-1661 / rachel@tneedu.com www.tnepartners.kr	유성화	서울 서초구	AI, AR/VR, 비대면, 교육	2021-03-30
287	㈜비전웍스 02-555-3898 / kmp@govw.co.kr www.govw.co.kr	김민표	서울 성북구	에듀테크, 문화콘텐츠, 헬스케 어, 사회혁신/소셜벤처	2021-03-25
288	드림벤처스 유한책임회사 051-710-5391 / gunhwank@gmail.com 준비 중	강건환	부산 해운대구	지능형 기계·부품, 스마트해양, 의료기기 분야	2021-03-25

번호	법인명 / 연락처	대표	본사	전문 분야	등록일
289	㈜ 엠투엔티 choigiseon@naver.com www.M20-Acelerator.com	최기선	경기 안산시	제조 전 분야, 4차 산업혁명	2021-03-31
290	인덕대학교산학협력단 02-950-7093 / ljsskku@induk.ac.kr 준비 중	이준성	서울 노원구	IT, 4차 신산업, 콘텐츠	2021-04-07
291	패스트벤처스 02-501-7602 / jwpark@fast-track.asia 준비 중	박지웅	서울 강남구	IT, 콘텐츠	2021-04-07
292	비티비벤처스 n1373@naver.com 준비 중	진태준	서울 강남구	IT, 바이오	2021-04-12
293	주식회사 한국해양벤처투자 051-637-3616 / jh.park@kmov.co.kr 준비 중	박종현	부산 남구	제조업, IT, 4차 신산업, 콘텐츠	2021-04-19
294	㈜비즈니스넷 02-6205-8355 / tedsnam@naver.com 준비 중	남상봉	서울 강동구	제조업, IT, 4차 신산업, 콘텐츠	2021-04-19
295	아이피텍코리아㈜ 051-505-8200 / info@iptk.co.kr 준비 중	김성현	부산 연제구	기타	2021-04-21
296	주식회사 세르파벤처스 070-7878-0866 / Jeon-mh@spventures.kr http://spventures.kr	전명훈	서울 서초구	제조업, IT, 4차 신산업, 콘텐츠	2021-05-07
297	라이징에스벤처스 042-630-9552 / erickim4u@risingsv.co.kr www.risingsv.co.kr	김영환	대전 서구	IT, 바이오, 4차 신산업, 전 분야	2021-05-12
298	주식회사 킴벤처러스 02-565-9214 / ceo@kimventurous.com http://www.kimventurous.com	김영철	서울 강남구	IT, 바이오	2021-05-12
299	주식회사 알파랩 khanbsj@naver.com https://alphalabs.co.kr	방수준	서울 중구	ICT 기반 푸드테크 기업	2021-05-24
300	한림제약주식회사 02-3489-6000 / plan1@hanlim.com http://www.hanlim.com/index.php	김재윤, 김정진	경기 용인시	제약바이오, 의료기기, 헬스케어 분야	2021-06-17
301	지앤원테크솔루션 02-3482-2160 / kskim@wnbip.com www.risingsv.co.kr	김경수	서울 강남구	IT, 바이오, 4차 신산업, 콘텐츠	2021-06-24
302	메인스트리트벤처스 02-569-9181 / bradley@mainst5.com http://www.kimventurous.com	고병우	서울 강남구	IT, 4차 신산업, 콘텐츠	2021-06-24

번호	법인명 / 연락처	대표	본사	전문 분야	등록일
303	㈜블리스바인벤처스 02-6956-8507 / ceojiin@blissvinevc.com http://blissvinevc.com	형경진	서울 용산구	바이오, 4차 신산업, 콘텐츠	2021-06-30
304	뉴본벤처스 02-3442-0127 / ceo@nbholdings.co.kr https://alphalabs.co.kr	이근웅	서울 강남구	제조업, IT, 4차 신산업	2021-06-30
305	블루오션벤처스 nato1971@naver.com blueocean-ventures.kr	이준희	서울 용산구	AI, Big Data, ICT서비스, Medical	2021-07-27
306	주식회사 사덕벤처스 02-540-2124 / jcpatent@hanmail.net 준비 중	이주철	경기 용인시	전 분야	2021-07-14
307	주식회사 제이엠비즈솔루션 2jh9999@naver.com 준비 중	이재환	인천 미추홀구	제조업, IT, 바이오, 4차 신산업 등	2021-07-14
308	테일 주식회사 hojonglee@tail.company tail.company	이호종	서울 서초구	메디컬, IT, 헬스케어, 바이오, 콘텐츠	2021-07-19
309	㈜다빈치벤처스 02-6124-6127 / kpbr1001@naver.com 준비 중	윤기창	서울 종로구	ICT, 콘텐츠, 모빌리티 기계 제조	2021-07-30
310	㈜BSK인베스트먼트 02-538-0460 / skpark@bskinvest.com http://www.bskinvest.com	백승권	서울 강남구	첨단ICT/그린뉴딜, 바이오헬 스케어, B2C/소비재	2021-07-30
311	주식회사 엔지켐생명과학 043-652-2845 / sky@enzychem.com www.enzychem.co.kr	손기영	충북 제천시	바이오, 헬스케어, 첨단소재 등	2021-07-30
312	아이피밸류파트너스 02-525-4615 / dwshin@IPvaluepartners.com www.IPvaluepartners.com	신동원	서울 서초구	ICT융복합기술, 디지털헬스케어, IT	2021-07-30
313	사단법인 한국산업지능화협회 02-808-0828 / taehwan.kim@koiia.or.kr www.koiia.or.kr	김태환	경기 성남시	Data, Network, AI, 스마트제 조(팩토리), 플랫폼	2021-08-03
314	주식회사 아이피씨지 062-971-0604 / skp0202@nate.com 준비 중	성경필	광주 북구	AI 기반의 제조·서비스 분야	2021-08-03
315	주식회사 리얼비즌 davidjkpark@realwesen.com 준비 중	박진규	서울 강남구	IT, 콘텐츠, 핀테크, 에듀테크	2021-08-03
316	경북대학교기술지주㈜ 053-950-2371 / kcjung@knu.ac.kr 준비 중	김지현, 정경철	대구 북구	의료, ICT, 미래형 자동차, 로봇, 에너지, 물, 바이오	2021-08-05

번호	법인명 / 연락처	대표	본사	전문 분야	등록일
317	한성케이에스콘㈜ 02-6670-0021 / dongasin@hanmail.net 준비 중	신동하	서울 금천구	IT, 헬스케어, 교육, 소재, 친환경	2021-08-09
318	주식회사 바이씨엠씨 02-6317-8972 / must2015@hanmail.net www.bycmc.co.kr	부원영	서울 도봉구	IT 업종(시스템 소프트웨어 외) / 신기술 제조	2021-08-09
319	재단법인 넥스트챌린지아시아 070-5103-6422 / ncf-01.rocky@ncf.or.kr 준비 중	김영록	인천 연수구	ICT, 에듀테크, 그린 뉴딜	2021-08-09
320	㈜토탈소프트뱅크 070-4733-1000 / jschoi@tsb.co.kr 준비 중	최장수	부산 해운대구	해운, 항만, 물류, AI	2021-08-09
321	헥사곤인베스트먼트컨설팅 02-2659-9825 / jaykim@hexainv.com 준비 중	김재욱	서울 강서구	프롭테크, 바이오, 핀테크	2021-08-09
322	더피플앤파트너스 02-556-2479 / gda2222@paran.com www.thepnp.co.kr	배동진, 박재영 (각자대표)	서울 강남구	IT, O2O, IoT, B2C	2021-08-11
323	존스앤로켓 won@jonesnrocket.com jonesnrocket.com	원정욱	서울 강동구	엔터테인먼트, 서비스	2021-08-20
324	주식회사 트라이앵글벤처스 yuniez762@gmail.com 준비 중	이상윤	경북 경산시	IT, 문화콘텐츠	2021-08-25
325	파인드어스 02-501-0672 / pjkim@find-us.co.kr find-us.co.kr	김판준	서울 강남구	전 분야	2021-08-25
326	주식회사 하이버프파트너스 1855-4549 / apply@highbuff.com https://partners.highbuff.com	황용국	부산 남구	인공지능, 빅데이터, 블록체인, 핀테크, 메타버스	2021-08-26
327	사단법인 충남산학융합원 041-357-8558 / parksj@ciuc.or.kr 준비 중	김대현	충남 당진시	친환경 자동차, 헬스케어, 차세대 디스플레이, 코로 나-19 방역 관련 보건 분야	2021-09-07
328	주식회사 브이엔티지 02-6970-1600 / tg@vntgcorp.com 준비 중	김태근	서울 마포구	AI, 에듀테크, 헬스케어	2021-09-07
329	코리아스타트업빌더 02-3489-7950 / creator5090@gmail.com 준비 중	안창호	서울 영등포구	제약, 바이오 (화장품, 의료기기)	2021-09-14
330	㈜베스트프랜즈파트너스 070-4354-5499 / goldcrown_kr@yahoo.co.kr 준비 중	박세훈	서울 강남구	바이오, 미래차, 사물인터넷	2021-09-14

번호	법인명 / 연락처	대표	본사	전문 분야	등록일
331	스타벤처스 02-2039-2439 / bobby1004@gmail.com 준비 중	문지은	서울 구로구	기술기반산업, ESG	2021-09-16
332	㈜한국경영인증원 02-6309-9000 / eunju@ikmr.co.kr http://www.ikmr.co.kr	황은주	서울 영등포구	관광·문화·예술 융합 기업 및 4차 산업기술기업	2021-09-27
333	베터그라운드 02-6956-2951 / atilan@betterground.co.kr 준비 중	이진우	서울 강남구	IT, 차세대 모빌리티, CONTENTS(게임, 웹툰)	2021-10-05
334	구디파트너스 02-561-2994 / kisoon1025@gmail.com 준비 중	박기순	경기 성남시	정보통신(AR, VR), 지적재산권 및 특허, CONTENTS(웹툰)	2021-10-18
335	유한회사 미라벤처스 mira@mirapartners.co.kr 준비 중	박미라	서울 강남구	바이오, ICT서비스, 인공지능, 로봇, 모빌리티, 커머스, 신재 생에너지, ESG	2021-10-20
336	바이텐파트너스 02-761-8210 / leeyoos@naver.com 준비 중	강경훈, 이유석	서울 송파구	바이오, IT융복합, 모빌리티, 디지털콘텐츠(게임, 애니메이션)	2021-10-25
337	㈜페이서 02-6952-0021 / hohyunlee@pacer.co.kr www.pacer.co.kr	이호현	서울 서초구	콘텐츠/미디어 플랫폼, AI 사물인터넷, 헬스케어, 커넥티드 디바이스 융복합 플랫폼	2021-11-01
338	미리어드생명과학 주식회사 02-2138-6130 / brian@myriadls.com www.myriadls.com	성상용	서울 강남구	바이오, 헬스케어	2021-11-01
339	브라더스컨설팅㈜ khc2220@naver.com www.brothersconsulting.net	권형창	대구 수성구	4IR(인공지능, 바이오, 2차전지 등)	2021-11-04
340	유니스트기술지주㈜ 052-217-7111 / sykwon@unist.ac.kr https://industry.unist.ac.kr/technology- commercialization-center	권순용	울산 울주군	신소재, 에너지, 바이오, IT	2021-11-08
341	부산대학교기술지주㈜ 051-510-7513 / choigm@pusan.ac.kr 준비 중	최경민	부산 금정구	인공지능, 빅데이터, 블록체인, 핀테크, 메타버스	2021-11-07
342	㈜빅무브벤처스 arron.hs.choi@gmail.com 준비 중	최형섭, 정훈재	서울 강남구	IT, 바이오, 헬스케어	2021-11-12
343	이다윌 070-5222-5371 / lison@paran.com 준비 중	박현정, 손기혁	서울 금천구	빅데이터분석 컨설팅, 경영컨설팅, MES공급, 액셀러레이터 사업	2021-11-12

번호	법인명 / 연락처	대표	본사	전문 분야	등록일
344	오렌지나무시스템㈜ 02-577-5303 / nbc21@nate.com www.orangenamu.co.kr	박민규	경기 과천시	스타트업(Start-Up), 소상공인 경영컨설팅	2021-11-15
345	에쓰지에이치코리아 주식회사 eunpyo.hong@kr.sghcapital.com www.sgkkorea.kr	홍은표	울산 중구	ICT(메타버스), 에너지 및 환경	2021-11-22
346	전북벤처스 063-902-0111 / ceo@jeonbuk.vc 준비 중	김종복	전북 전주시	스마트팜, 기후탄소, 신재생에너지, ESG	2021-11-22
347	㈜윕스 02-726-1100 / chilly@wips.co.kr 준비 중	이형칠	서울 마포구	AI융합, 바이오, 화학 등 특허기반 기술창업	2021-11-29
348	주식회사 비전벤처파트너스 jessy@visioncreator.co.kr 준비 중	김샛별	서울 영등포구	IT, AI, 헬스케어, 콘텐츠	2021-11-29
349	피에이알벤처스 주식회사 070-4354-8795 / parventurestony@gmail.com 준비 중	박기준	경기 수원시	ICT 융복합, AI, 빅데이터	2021-12-16
350	㈜휴넷벤처스 070-5210-4813 / brad@hunet.co.kr 준비 중	방승천	서울 구로구	에듀테크, B2B서비스, 소셜 임팩트	2021-12-16
351	와이벤처스 유한책임회사 02-3016-8320 / yventures@y-ventures.co.kr 준비 중	정해양	서울 영등포구	문화콘텐츠, AI, VR/AR, IT융복합, 자동차	2021-12-20
352	한양대학교 에리카산학협력단 031-400-4950 / taejoon@hanyang.ac.kr 준비 중	박태준	경기 안산시	IT, AI, 바이오, 4차 신산업 분야	2021-12-29
353	코헬레트 02-747-1013 / solomon@ikohelet.com 준비 중	이충희	서울 종로구	바이오·헬스케어, AI, 의료기기	2022-01-05
354	애드벤처스 주식회사 02-6213-3300 / sunje@ad2ventures.com www.ad2ventures.com	제명선	경기 남양주시	인터넷, 전자상거래, AI, 핀테크	2022-01-17
355	핀업파트너스 02-565-8146 / dsuh@finup.co.kr https://partners.finup.co.kr	서동욱	서울 강남구	핀테크, 콘텐츠, 빅데이터, AI, ICT 서비스 플랫폼, 농식품	2022-01-17
356	한국투자액셀러레이터㈜ 02-6356-1400 / yhbaek@koreainvestment.com 준비 중	백여현	서울 강남구	청년창업, 기후 위기 극복을 위한 친환경 기업, 바이오	2022-01-21
357	앤틀러코리아 주식회사 0505-606-7676 / jiho.kang@antler.co 준비 중	강지호, 정사은	서울 강남구	ICT, AI, 빅데이터, SaaS, 핀테크	2022-02-14

번호	법인명 / 연락처	대표	본사	전문 분야	등록일
358	도담벤처스 031-698-4127 / chroh@dodamip.com https://partners.finup.co.kr	노철호	경기 성남시	신기술집중기업, 전통사업 혁신기업, 2차 산업 효율성 향상기업	2022-02-14
359	주식회사 레드일렉 02-2658-4707 / powerusr@redelec.kr www.redelec.kr	한주엽	서울 강남구	소재 · 부품 · 장비 분야(반도 체, 디스플레이, 이차전지)	2022-02-28
360	그라운드업벤처스㈜ 02-543-2852 / hjlee@ground-up.kr 준비 중	이호재	서울 강남구	ICT 신기술, 플랫폼 (커머스, 미디어, 서비스)	2022-02-28
361	에이비엘기술사업협동조합 041-551-9985 / koreacsk@ablbiz.co.kr 준비 중	조성규	충남 아산시	미래자동차, 바이오헬스, 시스템반도체	2022-02-28
362	허드슨헨지인베스트먼트㈜ 070-8873-8558 / andrew.khlee1@gmail.com 준비 중	이광혁	서울 강남구	메타버스, 게임개발, 4차산업, 차세대단말기, 헬스케어, 바이오	2022-03-02
363	㈜브리티시인터내셔널 1600-6780 / president@binter.co.kr https://binter.co.kr	손지형	부산 해운대구	소프트웨어 융합, 문화교육콘텐츠	2022-03-02
364	엠디글로벌넷 02-2062-0001 / mdglobalnet@naver.com www.mdglobalnet.co.kr	이상발	서울 강서구	제조업, 콘텐츠 등 전 분야	2022-03-02
365	주식회사 링크브릭스벤처스 02-571-0214 / sangkyu@linkbricks.com https://www.linkbricks.vc	김상규, 지윤성	서울 강남구	뷰티, 모바일 · 인터넷 서비스, 헬스케어(빅데이터, ML기반)	2022-03-02
366	국민대학교기술지주 02-910-5301 / holdings@kookmin.ac.kr www.kmuholdings.com	오하령	서울 성북구	친환경 자율주행자동차, 바이오 · 헬스케어, 디자인문화콘텐츠	2022-03-04
367	코벤트 캐피탈 파트너스 YYUN@COVENTLAB.COM www.coventlab.com	윤영준	서울 마포구	바이오, ICT, 클라우드 컴퓨팅	2022-03-04
368	서울과학종합대학원대학교산학협력단 070-7012-2700 / jekim@ips.or.kr www.assist.ac.kr/AssistIntroduction/Assist/ consortium.php	김재은	서울 서대문구	딥테크, 핀테크, 메타버스, 블록체인	2022-03-17
369	㈜이드로경영파트너스 062-714-1444 / edro@edro.co.kr www.edro.co.kr	정문수	광주 북구	ICT, 제조, 바이오 분야	2022-04-15
370	스타트업엑스 유한책임회사 02-572-9379 / serisheen@startup-x.com http://www.startup-x.com	신유정	서울 관악구	디지털 헬스케어, ICT융합 콘텐츠, 환경, 임팩트 분야	2022-04-28

번호	법인명 / 연락처	대표	본사	전문 분야	등록일
371	하이테크벤처스 soonahn@alumni.gsb.stanford.edu 준비 중	안동순	서울 강서구	그린 수소 에너지, 수소생산 · 유통 · 활용 분야	2022-04-28
372	㈜센터보드 02-3476-4417 / jin-park@outlook.com centerboard.co.kr	박진형	서울 서초구	푸드테크, ICT 분야	2022-04-28
373	주식회사리채인사이트 jhlee@ipleechae.com www.ipleechae.com	이준호	서울 강남구	바이오 제약 소재 부품 장비 지식재산권 분야	2022-05-20
374	㈜제로투원파트너스 02-6228-5100 / zto@ztop.kr www.zerotoonepartners.com	김경태	서울 서초구	푸드테크 애드테크 기업 바이오 헬스케어 분야	2022-05-20
375	주식회사 코업파트너스 055-606-0014 / windsup9@gnvi.co.kr 준비 중	김태현, 문양호	경남 창원시	ESG, 소재부품장비 바이오 스마트팜 분야	2022-05-20

* 출처: 창업진흥원 홈페이지(2022)

〈부록 3〉 등록 벤처캐피탈 현황 (2022. 3분기 기준)

번호	회사명	대표자	전화번호	홈페이지
1	가우스벤처스㈜	최해선	02-3481-1789	
2	㈜경남벤처투자	조국형	055-606-0014	www.knvi.co.kr
3	나우아이비캐피탈㈜	이승원	02-565-6234	www.nauib.com
4	나이스투자파트너스㈜	정용선	02-2122-5839	www.nicefni.co.kr
5	㈜네오인사이트벤처스	심승규	02-561-2357	
6	다올인베스트먼트	신진호	031-628-6400	www.daolinvestment.com
7	대경인베스트먼트㈜	신장철, 송준호	053-751-2537	www.dgvc.co.kr
8	㈜대교인베스트먼트	진성태	02-3289-4980	www.daekyoinvest.com
9	대덕벤처파트너스㈜	이석훈	042-485-9684	www.dvpdvp.com
10	대성창업투자㈜	김영훈, 박근진	02-559-2900	www.daesungpe.com
11	더웰스인베스트먼트㈜	정진호, 강상훈, 서학수	02-552-1203	investwells.com
12	데브시스터즈벤처스㈜	최형규	02-551-7903	www.devsistersventures.com
13	㈜데일리파트너스	이승호	02-563-0890	www.dayli.partners
14	㈜동문파트너즈	이은재	02-2265-0566	www.egpartners.co.kr
15	동훈인베스트먼트㈜	김남연, 김성택	02-6250-1500	www.dhinvestment.co.kr
16	디쓰리쥬빌리파트너스	이덕준	02-6239-0110	d3jubilee.com
17	디에스씨인베스트먼트㈜	윤건수	02-3453-3190	www.dscinvestment.com
18	디에스엔인베스트먼트	구자규, 박준혁	02-6253-7660	www.dsninv.com
19	㈜디티앤인베스트먼트	이승석	02-6009-8600	www.dtni.co.kr
20	라구나인베스트먼트	박혁주	070-5014-2317	www.lagunai.com
21	라이트하우스컴바인 인베스트㈜	최영찬	051-743-0323	
22	레드배지퍼시픽㈜	김갑수	02-3452-5980	www.redbadgepacific.com
23	리더스기술투자	나용선	02-2051-9640	www.leadersti.co.kr
24	린드먼아시아 인베스트먼트㈜	김진하	070-7019-4001	www.laic.kr
25	㈜린벤처스	현경석	062-223-2270	
26	마그나인베스트먼트㈜	박기일, 김세현	02-554-2222	www.mgni.co.kr
27	마이다스동아 인베스트먼트㈜	이희준	02-2020-0900	
28	㈜마젤란기술투자	여주상	02-6013-0114	www.mtivc.com
29	㈜메디치인베스트먼트	배진환	02-561-1881	
30	메타리얼벤처캐피탈	김형민, 임창우	02-782-7737	www.metarialVC.com

번호	회사명	대표자	전화번호	홈페이지
31	뮤렉스파트너스㈜	이범석	02-585-1116	murexpartners.com
32	뮤어우즈벤처스	류정아	02-6204-5847	muirwoodsvc.com
33	미래에셋벤처투자㈜	김응석	02-6205-2630	venture.miraeasset.co.kr
34	미시간벤처캐피탈㈜	조일형	02-3445-1310	www.michiganvc.net
35	㈜베이스인베스트먼트	강준열, 신윤호	070-7006-0100	
36	보광인베스트먼트	강민구	02-558-2092	
37	브리즈인베스트먼트	박제무	02-568-4909	
38	블리츠벤처스 주식회사	박인우	02-596-2366	
39	㈜비브이인베스트먼트	양철웅	051-783-2021	
40	비앤케이벤처투자㈜	도승환	02-508-8187	www.uqip.co.kr
41	비엔에이치인베스트먼트㈜	김명환	02-552-9769	www.bnhinv.com
42	비전벤처스	김웅진, 윤선호	02-2039-3901	
43	㈜비티씨인베스트먼트	김재환	02-2138-8650	
44	빅무브벤처스	최형섭, 정훈재	010-5475-0001	
45	삼성벤처투자㈜	최영준	02-2255-0299	www.samsungventure.co.kr
46	삼호그린인베스트먼트㈜	조수봉	02-3453-5500	www.sgivc.com
47	서울경영파트너스㈜	이정훈	02-6001-2904	
48	서울기술투자㈜	김기덕	02-552-0665	
49	서울투자파트너스㈜	맹동준	02-566-2690	www.seoulip.com
50	세마인베스트먼트㈜	황치연	02-3484-7081	www.semainv.com
51	㈜세종벤처파트너스	류준걸	070-4667-0760	
52	㈜센트럴투자파트너스	이수희	02-3446-6102	www.cipartners.co.kr
53	소프트뱅크벤처스㈜	이준표	02-3484-9000	www.softbank.co.kr
54	㈜솔리더스인베스트먼트	김정현	02-569-0300	www.solidusvc.com
55	㈜솔본인베스트먼트	홍기태	02-519-7115	www.solbornvi.com
56	㈜송현인베스트먼트	이영수	02-528-3900	www.songhyuninvest.com
57	스마일게이트인베스트먼트㈜	남기문	02-2192-5000	www.mvpc.co.kr
58	스마트스터디벤처스㈜	이현송	02-586-0073	
59	스톤브릿지벤처스㈜	유승운	02-6182-4700	www.stonebridge.co.kr
60	스틱벤처스㈜	정근호	02-3404-7899	www.sticinvestments.com
61	㈜시그나이트파트너스	임승배	02-6981-3939	
62	신한벤처투자	이동현	02-560-9700	www.neoplux.com
63	심본투자파트너스㈜	권동진	02-3453-0333	

번호	회사명	대표자	전화번호	홈페이지
64	심포니인베스트먼트	박승남	02-3487-4013	
65	씨제이인베스트먼트	서장원, 이재환	02-2017-1417	www.cjvc.com
66	씨케이디창업투자㈜	김주영	02-3453-3331	www.ckdvc.co.kr
67	㈜씨티케이인베스트먼트	전상윤	02-6956-7763	www.ctkinvest.com
68	아시아창업투자㈜	김영재	02-546-6688	
69	아이디벤처스㈜	김은섭	02-556-9300	www.id-vc.com
70	아이비엑스파트너스㈜	김도윤	02-6212-9800	−
71	㈜아이비케이캐피탈	최현숙	02-531-9480	www.ibkcapital.co.kr
72	아이스퀘어벤처스	이재훈	02-6920-6500	
73	아이엠엠인베스트먼트㈜	지성배, 장동우	02-2112-1777	www.imm.co.kr
74	아주아이비투자㈜	김지원	02-3451-9200	www.ajuib.co.kr
75	안다아시아벤처스	조용준	02-569-6706	www.andaasiavc.com
76	알바트로스 인베스트먼트㈜	최정현	070-4924-5090	www.albatrossvc.co.kr
77	에버그린 투자파트너스㈜	홍종국	02-2055-2866	
78	에스디벤처캐피탈㈜	전동준	02-544-9326	
79	스브이인베스트먼트㈜	박성호, 홍원호	02-3775-1020	www.svinvestment.co.kr
80	에스비아이 인베스트먼트㈜	이준효, 소우 에이이치로	02-2139-9200	www.sbik.co.kr
81	㈜에스엘인베스트먼트	이승헌	02-6241-5400	www.slinvestment.com
82	㈜에스엠시노기술투자	이성화	02-6004-5080	
83	에스제이벤처인베스트먼트	홍승표	02-561-3004	www.sj-vi.com
84	㈜에스제이투자파트너스	윤강훈	02-512-0707	www.sjinvest.co.kr
85	에스지씨파트너스	이우성, 서영현	02-489-9435	
86	에이벤처스 주식회사	조창래	02-6389-7000	
87	에이치비인베스트먼트㈜	박하진	02-3448-5622	www.hbvc.co.kr
88	에이치엘비인베스트먼트 주식회사	임창윤	02-539-4456	www.hlbkorea.com
89	㈜에이티넘인베스트먼트	신기천, 이승용	02-555-0781	www.atinuminvest.co.kr
90	㈜에프브이인베스트먼트	조상원	02-6951-3040	
91	엑스퀘어드㈜	김병규, 조강희	02-6225-3777	www.xqrd.vc
92	엔브이씨파트너스㈜	김경찬, 성춘호	042-365-0958	
93	엔피엑스벤처스㈜	황사무엘	02-564-8348	www.npxcap.com
94	엘비인베스트먼트㈜	구본천, 박기호	02-3467-0523	www.lbinvestment.com
95	엘앤에스벤처캐피탈	김호정, 장동식	02-501-1031	lnsvc.co.kr

번호	회사명	대표자	전화번호	홈페이지
96	엠벤처투자㈜	천승욱, 홍성혁	02-6000-5533	www.m-vc.co.kr
97	오엔벤처투자㈜	김상철	02-564-0086	www.onventure.co.kr
98	오픈워터인베스트먼트	최상우, 김성근	02-6951-2223	
99	와이얼라이언스 인베스트먼트	김상용	02-6205-0210	www.y-alliance.com
100	우신벤처투자㈜	이상두	02-538-5906	www.wooshinvc.com
101	원익투자파트너스㈜	이용성	02-6446-7125	www.wiipco.com
102	웰컴벤처스㈜	노희섭	02-6953-7624	
103	웰투시벤처투자㈜	정명	02-508-7798	
104	위벤처스㈲	하태훈	02-565-6671	
105	유니온투자파트너스㈜	이재우	02-594-8470	www.unionip.net
106	유안타인베스트먼트㈜	양기석	02-561-0056	www.yuantainvest.com
107	유티씨인베스트먼트㈜	박근용	02-783-3347	www.utc.co.kr
108	이노폴리스파트너스㈲	이상진, 이기주	02-541-4838	www.innollc.com
109	이수창업투자㈜	이희섭	02-3482-2010	www.isuvc.com
110	㈜이앤벤처파트너스	노장수	02-569-3456	
111	이에스인베스터㈜	정영수, 윤종연	02-3474-8750	
112	인라이트벤처스㈲	유동기	053-341-9222	www.enlightvc.com
113	인사이트에퀴티 파트너스㈲	김기식	02-3487-5375	
114	인터밸류파트너스㈜	김영석	02-564-0494	www.intervaluep.com
115	인터베스트㈜	이태용, 우충희	02-551-7340	www.intervest.co.kr
116	일신창업투자㈜	고정석	02-767-6400	www.iic.co.kr
117	일진투자파트너스	김철호	02-707-9745	
118	제이비인베스트먼트㈜	김정민	02-3453-2540	www.megainv.co.kr
119	㈜제이앤티인베스트먼트	이덕선	02-538-2280	
120	제이엑스파트너스㈜	구자득	02-569-4661	www.jxpartners.co.kr
121	제이원창업투자㈜	김창욱	02-2222-5091	www.j1vc.com
122	㈜본엔젤스벤처파트너스	강석흔, 송인애	02-564-5770	bonangels.net
123	㈜브릿지폴인베스트먼트	이병주	02-2016-6100	
124	㈜솔론인베스트	김형근	02-538-5585	
125	㈜스탤리온파트너스	최영재	02-3775-1104	www.stallionpartners.co.kr
126	㈜아이피파트너스	이선호	02-6953-1850	
127	㈜아일럼인베스트	한웅	070-4060-4208	

번호	회사명	대표자	전화번호	홈페이지
128	㈜엘에스케이인베스트먼트	김명기	02-553-9631	
129	㈜지비벤처스	이강복	02-6956-5850	
130	㈜토니인베스트먼트	윤영민	02-6959-9138	tonyinvestment.com
131	㈜티비티	이람, 임정욱	070-4488-6140	
132	㈜포지티브인베스트먼트	현승철	02-567-8111	
133	㈜피앤피인베스트먼트	김남정	031-622-3953	
134	㈜해시드벤처스	김서준	070-8866-0193	
135	지앤텍벤처투자㈜	홍충희	02-549-8045	www.gntechvc.co.kr
136	지엘창업투자	조윤희	02-2202-8828	
137	진앤투자파트너스	김주용	031-782-7222	
138	㈜카카오벤처스	정신아	02-6243-0301	www.kakaoventures.co.kr
139	캐피탈원 주식회사	유형권	02-595-7451	
140	캡스톤파트너스㈜	송은강	02-575-1210	www.cspartners.co.kr
141	컴퍼니케이파트너스㈜	김학범	031-906-3941	
142	케이넷투자파트너스㈜	김대영	02-3473-7117	
143	케이런벤처스㈜	권재중, 김진호	02-553-9003	www.krunventures.com
144	케이비인베스트먼트㈜	김종필	02-545-5091	www.kbic.co.kr
145	케이비증권㈜	김성현, 박정림	02-6114-1006	www.kbsec.com
146	케이씨벤처스㈜	김승현	02-566-6911	
147	㈜케이앤투자파트너스	김철우	02-567-0380	www.kninvest.co.kr
148	케이투인베스트먼트 파트너스㈜	김지훈, 김봉수	02-566-0526	www.k2investment.co.kr
149	㈜케이티인베스트먼트	김지현	02-739-8356	www.ktinvestment.co.kr
150	고메스인베스드민드㈜	최백용, 김도언	02-558-1996	
151	㈜코오롱인베스트먼트	안상준	02-2052-2310	www.koloninvest.com
152	쿨리지코너 인베스트먼트㈜	강신혁	02-2183-2740	www.ccvc.co.kr
153	쿼드벤처스㈜	김정우, 조강헌	02-2052-0610	quads.vc
154	쿼드자산운용	황호성	02-786-1830	
155	㈜퀀텀벤처스코리아	김학균	02-6954-1091	㈜퀀텀벤처스코리아
156	큐캐피탈파트너스㈜	황희연	02-538-2411	www.qcapital.co.kr
157	크릿벤처스㈜	송재준	02-558-1940	
158	㈜클레어보이언트벤처스	박정원	02-568-0601	
159	키움인베스트먼트㈜	김동준	02-3430-4800	www.kiwoominvest.com
160	타이거자산운용투자일임㈜	이재완	070-4015-8878	

번호	회사명	대표자	전화번호	홈페이지
161	트랜스링크인베스트먼트㈜	박희덕	070-4124-3601	
162	트루윈창업투자㈜	한상민	02-6295-3000	
163	㈜티에스인베스트먼트	김웅	02-6250-5700	www.tsinvestment.co.kr
164	㈜티인베스트먼트	김태훈	02-568-8581	www.tinvestment.co.kr
165	㈜파트너스인베스트먼트	박성철, 김재완	02-6248-7600	www.partnersventure.com
166	㈜패스파인더에이치	인은식	02-739-9041	www.pathfinderh.com
167	팰콘제이파트너스㈜	정만회	02-6485-6000	
168	펜처인베스트㈜	장용운	070-7609-1405	
169	포스코기술투자㈜	임승규	054-279-8486	www.posventure.co.kr
170	프리미어파트너스㈜	정성인, 송혁진	02-554-0030	www.premiervp.co.kr
171	플래티넘기술투자㈜	이창수	02-6246-3114	
172	피앤아이인베스트먼트㈜	김승태	02-6925-4591	
173	필로소피아벤처스㈜	여수아	010-4439-2127	
174	하이투자파트너스	권준희	02-761-8600	
175	한국가치투자㈜	배준학	061-285-7300	
176	한국벤처투자㈜	이영민	02-2156-2000	www.k-vic.co.kr
177	한국투자파트너스㈜	황만순	02-6001-5300	www.kipvc.com
178	한화투자증권	권희백	02-3772-7454	www.hanhwawm.com
179	현대기술투자㈜	권 토마스, 오윤	02-728-8990	www.hvic.co.kr
180	KDB산업은행	이동걸	02-787-0000	www.kdb.co.kr
181	기술보증기금	김종호	051-606-7672	www.kibo.or.kr
182	농업정책보험금융원	민연태	02-3775-6700	www.apfs.kr
183	신용보증기금	최원묵	053-430-4455	www.kodit.co.kr
184	우리종합금융㈜	김종득	02-2000-6600	www.wooriib.com
185	인텔렉추얼디스커버리	장세익	02-6004-8000	www.i-discovery.com
186	㈜제이케이엘파트너스	정장근	02-2016-5900	www.jklpartners.co.kr/kor
187	㈜요즈마그룹코리아	이원재	031-603-2350	www.yozma.asia
188	㈜텐케이 벤처스	조승현	02-6267-0088	www.marvelstone.co
189	중소벤처기업진흥공단	김학도	055-751-9380	www.kosmes.or.kr
190	지에스홈쇼핑	김호성	02-6718-2390	company.gsshop.com
191	케이티앤지	백복인	02-3404-4624	www.ktng.com
192	한국방송광고진흥공사	김기만	02-731-7114	www.kobaco.co.kr

* 출처: 벤처캐피탈협회 홈페이지(2022)

〈부록 4〉 창업보육센터 현황 (2021년 말 기준)

번호	지역	시군구	센터명	운영 주체	연락처	주력보육 분야
1	서울특별시	동작구	Creative Business Center(중앙대)	대학	02-820-6370	바이오, 의학, ICT, 문화예술, 소셜벤처
2	서울특별시	관악구	S-INNOVATION (에스이노베이션)	민간 기관	02-880-2030	IT융복합 분야
3	서울특별시	강남구	TIPS타운(팁스타운)	공공 기관	02-3440-7436	TIPS프로그램
4	서울특별시	광진구	건국대학교 창업보육센터	대학	02-450-3387	정보통신 및 컴퓨터 바이오
5	서울특별시	동대문구	경희창업보육센터(서울)	대학	02-961-9330	바이오, IT
6	서울특별시	성북구	고려대학교 크림슨창업지원단	대학	02-3290-4811	생물환경 정보통신공학기술
7	서울특별시	노원구	광운창업지원센터	대학	02-940-5635	ICT, 에너지바이오, 문화콘텐츠
8	서울특별시	성북구	국민대 창업보육센터	대학	02-910-5916	디자인 분야
9	서울특별시	강남구	글로벌벤처센터	민간 기관	070-7090-0851	IT, SW, 모바일앱
10	서울특별시	종로구	덴탈메디케어 창업보육센터	대학	02-740-8637	치과의약바이오, 의료기기, 의약품, 바이오소재
11	서울특별시	중구	동국대학교 창업보육센터	대학	02-2088-2132	IT, AI, 문화콘텐츠, 바이오·헬스 등
12	서울특별시	마포구	마포비즈니스센터	정부·지자체	070-7432-4032	정보통신 및 전기전자
13	서울특별시	중구	비채나 창업보육센터	민간 기관	02-2273-3690	메타버스, 패션테크, AI, IoT, AR, VR, ICT융복합
14	서울특별시	노원구	삼육대학교 창업보육센터	대학	02-3399-3908	교육용 멀티미디어
15	서울특별시	마포구	서강비즈니스센터	대학	02-3274-4868	정보처리 및 기타 컴퓨터 운영 관련업 전자부품 영상 음향 및 통신장비제조업
16	서울특별시	서대문구	서대문구-서울시립대학교 창업지원센터	대학	02-360-8517	IT정보통신, 환경, 소셜, 디지털
17	서울특별시	노원구	서울과학기술대 창업보육센터	대학	02-970-9026	IT, 소프트, 콘텐츠, NT, BT
18	서울특별시	노원구	서울여자대학교 창업보육센터	대학	02-970-7655	지식서비스 분야(CT, IT, 디자인 등)
19	서울특별시	성북구	성북구한성대 벤처창업 지원센터_SHBI	대학	02-941-6639	정보통신, 플랫폼 개발

번호	지역	시군구	센터명	운영 주체	연락처	주력보육 분야
20	서울특별시	광진구	세종대학교 벤처창업보육센터	대학	02-3408-3884	정보통신, 디지털콘텐츠, 앱개발
21	서울특별시	용산구	숙명여대 창업보육센터	대학	02-2077-7108	문화콘텐츠, 1인창조기업
22	서울특별시	동작구	숭실대학교 벤처중소기업센터	대학	02-829-8211	정보처리 및 컴퓨터운영 관련업
23	서울특별시	마포구	아트앤디자인테크 창업보육센터 (홍익대_서울)	대학	02-336-1163	아트앤디자인, 아트앤디자인 테크 결합
24	서울특별시	강남구	여성기업종합지원센터	재단 · 협회	02-369-0913	여성창업지원
25	서울특별시	서대문구	연세대학교 창업지원단	대학	02-2123-4317	연구개발1
26	서울특별시	서대문구	이화여자대학교 창업보육센터	대학	02-3277-3721	문화콘텐츠 등
27	서울특별시	노원구	인덕대학 창업지원단	대학	02-950-7095	학생창업지원사업
28	서울특별시	영등포구	장애인기업종합지원센터 (서울지역센터)	재단 · 협회	02-2181-6512	장애인 특화 창업보육
29	서울특별시	마포구	출판지식 창업보육센터	공공 기관	02-3153-2900	출판 및 콘텐츠
30	서울특별시	성동구	한양대학교 창업보육센터	대학	02-2220-1340	정보통신(IT)
31	서울특별시	서초구	호서대학교 서울창업보육센터	대학	02-2059-2383	반도체, 디스플레이, 나노, 문화콘텐츠
32	서울특별시	성북구	홍릉벤처밸리 창업보육센터	재단 · 협회	02-958-6687	Post-BI IT부품소재
33	경기도	성남시	가천대학교 창업보육센터	대학	031-750-5735	나노, 바이오, IT 등 첨단기술 분야
34	경기도	부천시	가톨릭대학교 창업보육센터	대학	02-2164-4771	BT/IT관련 산업
35	경기도	용인시	강남대 창업보육센터	대학	031-283-6178	전기전자 IT
36	경기도	시흥시	경기과학기술대학교 창업보육센터	대학	031-496-4597	녹색성장 및 1인기업
37	경기도	용인시	경기도여성 창업보육센터	공공 기관	031-270-9755	전자상거래, 콘텐츠비즈니스, IT 등
38	경기도	수원시	경기벤처 창업보육센터	재단 · 협회	031-259-6187	전기전자 반도체 정보통신 정밀기기 S/W
39	경기도	수원시	경기중소기업성장지원센터	정부 · 지자체	031-278-9503	IT, BT, NT 등
40	경기도	수원시	경기창업보육센터 (경기대)	대학	031-249-8663	IT, BT
41	경기도	안산시	경기테크노파크 안산창업보육센터	재단 · 협회	031-492-9901	IT, SW, IT/SW융합
42	경기도	의정부시	경민대학교 창업보육센터	대학	031-828-7581	의료기기, 전기전자 등

번호	지역	시군구	센터명	운영 주체	연락처	주력보육 분야
43	경기도	남양주시	경복대학교 창업보육센터	대학	031-570-9831	지식서비스산업, 신성장동력 등
44	경기도	수원시	경희대학교 국제캠퍼스 창업보육센터	대학	031-201-3714	디지털전자
45	경기도	군포시	군포산업진흥원 창업보육센터	재단·협회	031-380-7133	IT
46	경기도	용인시	단국대학교 창업보육센터	대학	031-8005-2806	IT, CT
47	경기도	포천시	대진대학교 창업보육센터	대학	031-539-1281	전기, 전자, 기계, 무인항공
48	경기도	고양시	동국대학교 BMC 창업보육센터	대학	031-961-5465	BT(바이오테크, 천연물신약, u-Health기기, 화장품, 기능성소재)
49	경기도	성남시	동서울대학교 창업보육센터	대학	031-720-2272	IT융합
50	경기도	용인시	명지대 창업보육센터 (용인)	대학	031-330-6677	기계, 전기, 전자
51	경기도	수원시	서울대학교 농생명과학 창업지원센터	대학	031-294-8526	농생명바이오
52	경기도	수원시	성균관대학교 창업보육센터	대학	031-290-5088	BT, IT, NT
53	경기도	성남시	성남창업센터 정글ON	공공 기관	031-782-3060	IT융합, 바이오, 콘텐츠 등
54	경기도	화성시	수원대 창업보육센터	대학	031-229-8483	전자/전기
55	경기도	수원시	수원시 시니어 창업보육센터	정부·지자체	031-280-6362	시니어창업
56	경기도	성남시	시너지 창업보육센터	민간 기관	070-7437-6144	바이오, 의료
57	경기도	성남시	신구대학교 창업보육센터	대학	031-740-1267	CT, BT, IT
58	경기도	수원시	아주대학교 창업보육센터	대학	031-219-2056	반도체, 전자, 정보통신
59	경기도	안산시	안산대학교 창업보육센터	대학	031-400-7085	전기, 전자, 정보통신기기 개발
60	경기도	안양시	안양대학교 창업보육센터	대학	031-465-3006	인공지능(AI), 소프트웨어, 헬스케어
61	경기도	여주시	여주대학교 창업보육센터	대학	031-880-5574	전기·전자, 도자기(향토산업), 농업ICT(6차산업)
62	경기도	안양시	연성대학교 창업보육센터	대학	031-441-1474	전자전기통신
63	경기도	오산시	오산대학교 창업보육센터	대학	031-370-2632	IT, 전기전자
64	경기도	용인시	올콘텐츠 창업보육센터	민간 기관	070-4150-3233	스마트콘텐츠, 사물지능 등
65	경기도	용인시	용인예술과학대학교 창업보육센터	대학	031-330-9181	기계금형사출 전기전자 기타

번호	지역	시군구	센터명	운영 주체	연락처	주력보육 분야
66	경기도	부천시	잡앤조이&오피스원 창업보육센터	민간 기관	010-6535-0067	인공지능, 빅데이터, 블록체인 등 DNA 분야
67	경기도	안성시	중앙대휴먼테크노 창업보육센터	대학	031-670-4762	생명자원 분야
68	경기도	안산시	중진공 안산 포스트BI	공공 기관	031-492-7854	전자 및 무선통신, 반도체 관련산업
69	경기도	포천시	차의과학대학교 바이오 스타트업 창업보육센터	대학	031-850-9345	의약, 바이오, 식품
70	경기도	성남시	투썬창업보육센터	민간 기관	031-706-5494	인큐베이팅 펀드
71	경기도	안성시	평택대학교 글로벌 피어선 창업보육센터	대학	031-685-8751	ICT, 문화
72	경기도	안성시	한경대학교 창업보육센터	대학	031-670-5682	환경, 바이오산업
73	경기도	시흥시	한국공학대학교 기술지 주회사 창업보육센터	대학	031-8041-0893	정밀/특소/요소기계, 전자/기계부품, 나노광학, 정밀화학, 환경기술
74	경기도	부천시	한국세라믹기술원 부천 창업보육센터	공공 기관	032-233-2103	세라믹 관련 소재, 부품
75	경기도	이천시	한국세라믹기술원(이천분원) 공예디자인 창업보육센터	연구소	031-645-1407	공예 디자인
76	경기도	용인시	한국외대 창업보육센터	대학	031-330-4621	ICT헬스바이오환경, 글로벌 진출
77	경기도	성남시	한국전자기술연구원 창업보육센터	연구소	031-789-7637	전기, 전자
78	경기도	고양시	한국항공대학교 창업보육센터	대학	02-300-0393	항공우주 및 기계 분야, 전자 및 정보통신 분야
79	경기도	오산시	한신대학교 창업보육센터	대학	031-379-0242	반도체, 제조업 분야
80	경기도	안산시	한양대학교 에리카 창업보육센터	대학	031-400-4976	전자부품 제조업 등
81	경기도	화성시	협성대학교 창업보육센터	대학	031-299-1376	지식 분야, 기술기반 제조 분야
82	인천광역시	남동구	미래혁신 창업보육센터	민간 기관	032-216-0091	소셜벤처, 사회적기업 등
83	인천광역시	연수구	인천대학교 송도창업보육센터	대학	032-835-9669	기계, 전자부품, 환경, 정보통신
84	인천광역시	미추홀구	인천테크노파크 창업보육센터	재단·협회	032-250-2182	IT, SW, CT, RT
85	인천광역시	미추홀구	인하대학교 창업보육센터	대학	032-860-9149	신재생 에너지, 의료기기, IT융합
86	인천광역시	부평구	한국폴리텍2대학 창업보육센터	대학	032-510-2144	기계, 제조업, 금형, 정보통신, 자동차

번호	지역	시군구	센터명	운영 주체	연락처	주력보육 분야
87	인천광역시	서구	환경벤처센터	연구소	032-540-2211	녹색환경기술업체 보육
88	강원도	강릉시	㈜강릉과학산업진흥원 창업보육센터	재단·협회	033-650-3361	해양바이오 기능성 식품, 해양바이오 화장품, 해양바이오 의약품
89	강원도	강릉시	가톨릭관동대학교 창업보육센터	대학	033-655-8843	에너지, 해양바이오 및 IT
90	강원도	강릉시	강릉영동대학교 창업보육센터	대학	033-610-0383	보건 복지 관광
91	강원도	강릉시	강릉창업보육센터	대학	033-640-2725	공예·디자인 및 해양바이오
92	강원도	춘천시	강원대학교 강원창업보육센터	대학	033-250-8966	기계·환경 및 IT, 바이오 및 농업
93	강원도	강릉시	강원도립대학교 창업보육센터	대학	033-660-8093	해양바이오, 환경에너지 및 지역전략산업
94	강원도	속초시	경동대학교 창업보육센터	대학	033-639-0554	해양심층수
95	강원도	동해시	동해시 창업보육센터	정부·지자체	033-539-8985	생활용품제조
96	강원도	강릉시	리스트 강원산업기술연구소 창업보육센터	재단·협회	033-655-1744	소재(금속, 세라믹)/수소/제조업
97	강원도	삼척시	삼척창업보육센터	대학	033-570-6254	방재산업 관광용품개발
98	강원도	원주시	상지대학교 창업보육센터	대학	033-730-0547	농식품 및 사회적기업
99	강원도	원주시	연세원주창업보육센터	대학	033-760-2886	BIO, 환경, 지식기반서비스
100	강원도	영월군	영월군 창업보육센터	정부·지자체	070-8255-0279	스마트제조, 농축산바이오
101	강원도	원주시	중진공 원주 포스트BI	공공 기관	033-747-3894	전기, 전자, 토목
102	강원도	원주시	한라대학교 창업보육센터	대학	033-760-1400	녹색성장, 자동차부품 관련
103	강원도	춘천시	한림대학교 창업보육센터	대학	033-248-3055	생물산업 분야 및 IT산업
104	충청남도	논산시	건양대학교 창업보육센터	대학	041-730-5178	음식료품
105	충청남도	공주시	공주대학교 창업보육센터	대학	041-850-8918	문화콘텐츠, 식품·바이오, IT, 전자·기계
106	충청남도	천안시	남서울대학교 창업보육센터	대학	041-580-2421	디지털미디어
107	충청남도	천안시	단국대학교 생명공학 창업보육센터	대학	041-550-1892	생명공학
108	충청남도	천안시	백석대학교 창업보육센터	대학	041-550-9194	정보통신
109	충청남도	천안시	백석문화대학교 창업보육센터	대학	041-622-9535	디자인, ICT, 영상
110	충청남도	천안시	상명대학교 창업지원센터	대학	041-623-0365	제조, 정보통신

번호	지역	시군구	센터명	운영 주체	연락처	주력보육 분야
111	충청남도	아산시	선문대학교 창업보육센터	대학	041-530-2838	전자부품제조
112	충청남도	아산시	순천향대학교 창업보육센터	대학	041-530-1622	Red Bio, Green Bio, Blue ITC
113	충청남도	당진시	신성대학교 창업보육센터	대학	041-350-1206	제조, 에너지, 식품
114	충청남도	금산군	중부창업보육센터	대학	041-750-6312	그린바이오
115	충청남도	홍성군	청운대학교 창업보육센터	대학	041-630-3183	지식서비스
116	충청남도	천안시	한국기술교육대 창업보육센터	대학	041-580-4808	반도체 및 기계 분야
117	충청남도	태안군	한서대학교 항공해양창업보육센터	대학	041-671-6053	항공 분야, 해양 분야
118	충청남도	아산시	호서벤처창업보육센터	대학	041-540-5365	반도체/디스플레이/나노/문화콘텐츠
119	대전광역시	유성구	대덕대학교 창업보육센터	대학	042-866-0423	여성창업 및 연구단지 시니어 퇴직자
120	대전광역시	동구	대전대학교 창업보육센터	대학	042-280-4878	한방바이오, IT
121	대전광역시	동구	대전보건대학교 창업보육센터	대학	042-670-9741	IT, 보건의료융복합
122	대전광역시	서구	목원대학교 창업진흥센터	대학	042-829-7836	인터넷기반의 정보기술 디지털콘텐츠홈네트워크SW솔루션 개발운영공예디자인
123	대전광역시	유성구	배재대학교 창업보육센터	대학	042-520-5822	IT, NT, BT, CT
124	대전광역시	유성구	충남대학교 창업보육센터	대학	042-821-7181	첨단부품 및 신소재 분야
125	대전광역시	유성구	한국생명공학연구원 바이오벤처센터	연구소	042-860-4543	바이오산업
126	대전광역시	유성구	한국에너지기술연구원 창업보육센터	연구소	042-860-3510	에너지/환경기술
127	대전광역시	유성구	한국전력벤처기업육성센터	연구소	042-865-5032	전력/에너지 분야
128	대전광역시	유성구	한남대학교 창업보육센터(HNU Science Park)	대학	042-629-8718	바이오, 정밀화학소재
129	대전광역시	유성구	한밭대학교 창업보육센터	대학	042-821-1698	화학, 신소재
130	충청북도	충주시	건국대학교 글로컬캠퍼스 창업보육센터	대학	043-840-4752	바이오, 헬스, 정보통신(BT, HT, ICT)
131	충청북도	제천시	대원대학교 창업보육센터	대학	043-649-3545	자동차부품 및 천연물, 한방 분야

번호	지역	시군구	센터명	운영 주체	연락처	주력보육 분야
132	충청북도	청주시	서원대 창업보육센터	대학	043-299-8068	화장품, 바이오, 컴퓨터 정보통신, 디자인
133	충청북도	제천시	세명대학교 창업보육센터	대학	043-649-7182	정보처리 인터넷서비스한방바이오산업
134	충청북도	청주시	오송창업보육센터(고려대)	대학	043-249-0121	BT특화(신약개발, 메디바이오 신소재, 차세대 의료기기, 에코바이오, 건강기능성 식품)
135	충청북도	영동군	유원대학교 창업보육센터	대학	043-740-1463	생물 분야, 신소재 분야
136	충청북도	괴산군	중원대학교 창업보육센터	대학	043-830-8408	농공상 융합산업
137	충청북도	청주시	청주대학교 창업보육센터	대학	043-229-8965	IT 및 신기술
138	충청북도	청주시	충북대학교 G-테크벤처센터	정부·지자체	043-904-3607	글로벌 및 그린창업 분야 전기전자 반도체, 기술집약형산업(IT, BT, ET), 충북전략산업관련
139	충청북도	청주시	충북대학교 창업보육센터	대학	043-261-3237	IT, BT, ET, BIT, 신기술
140	충청북도	옥천군	충북도립대학 창업보육센터	대학	043-220-5382	바이오 식품 특화
141	충청북도	청주시	충북보건과학대학교 창업보육센터	대학	043-210-8415	전기전자, 바이오
142	충청북도	청주시	충청대학교 창업보육센터	대학	043-230-2566	식품·생명 분야
143	충청북도	충주시	한국교통대학교 창업보육센터	대학	043-841-5602	IT, BI, NT, ET 등 제조
144	세종특별자치시	조치원읍	세종창업키움센터	재단·협회	044-999-0172	스마트시티, 스마트팜, 자율주행, 소셜벤처
145	세종특별자치시	연동면	아이빌트창업보육센터	민간 기관	044-868-3671	ICT융복합, BIO
146	세종특별자치시	장군면	한국영상대학교 창업보육센터	대학	044-850-9222	방송, 영상콘텐츠제작, IT
147	세종특별자치시	조치원읍	홍익대학교 벤처기업창업보육센터	대학	044-860-2802	컴퓨터정보통신, 멀티미디어디자인
148	부산광역시	남구	경성대학교 창업보육센터	대학	051-663-5901	IT/친환경소재
149	부산광역시	남구	동명대학교 창업보육센터	대학	051-629-3745	IT, 제조 기계자동화
150	부산광역시	사상구	동서대Dream.E.Valley	대학	051-320-2071	IT, 디자인, 디지털콘텐츠, 영화영상
151	부산광역시	사하구	동아대학교 창업보육센터	대학	051-200-6451	제조, 바이오, IT
152	부산광역시	부산진구	동의대학교 창업보육센터	대학	051-890-2104	신소재, 메카트로닉스, 환경 및 IT 분야

번호	지역	시군구	센터명	운영 주체	연락처	주력보육 분야
153	부산광역시	사하구	동주대학교 창업보육센터	대학	051-200-3221	시스템 소프트웨어 개발 및 공급업, 제조업, 화장품
154	부산광역시	남구	부경대학교 창업보육센터	대학	051-629-5205	기계/제조, 정보통신, 전기/전자, 부품, 소재, 수산 분야 등
155	부산광역시	금정구	부산가톨릭대학교창업 보육센터	대학	051-510-0761	환경, 제조, IT, 의료보건
156	부산광역시	금정구	부산대학교 중소기업 창업보육센터	대학	051-510-1357	기계/장비제조업자동차
157	부산광역시	북구	부산이노비즈센터	정부ㆍ지자체	051-361-9101	POST-BI
158	부산광역시	사상구	신라대학교 창업보육센터	대학	051-999-5858	바이오ㆍ환경산업, 기술정보
159	부산광역시	해운대구	영산대학교 지식창업보육센터	대학	051-540-7392	전자상거래 인터넷무역특허 및 신제품개발
160	부산광역시	강서구	중소조선연구원 창업보육센터	연구소	051-974-5503	해양레저산업
161	부산광역시	부산진구	한국신발피혁연구원 창업보육센터	연구소	051-605-3252	신발 및 피혁 부품소재 분야
162	부산광역시	북구	한국폴리텍대학 부산캠 퍼스 창업보육센터	대학	051-330-7873	기계, 전기, 전자, 자동화, 정보통신
163	부산광역시	영도구	한국해양대학교 해양벤처진흥센터	대학	051-410-4717	조선, 기자재, 선박장비, 항만, 물류, 해양수산
164	울산광역시	남구	울산과학대학교 창업보육센터	대학	052-279-3301	기계, 전자, 화학
165	울산광역시	남구	울산대학교 창업보육센터	대학	052-259-1083	자동차, 조선, 부품, 정밀화학, 에너지, 환경
166	대구광역시	북구	경북대학교 창업보육센터	대학	053-950-6195	전기, 전자, 바이오
167	대구광역시	남구	계명대학교 창업보육센터	대학	053-620-2035	문화/콘텐츠, 디자인
168	대구광역시	달서구	계명문화 창업보육센터	대학	053-589-7930	문화예술디자인
169	대구광역시	달성군	국가물산업클러스터 창업보육센터	공공 기관	053-601-6145	물, 환경
170	대구광역시	달서구	대구경북중소기업청경 북대학교중소기업성장 지원센터	정부ㆍ지자체	053-626-6195	IT, 전자, 기계
171	대구광역시	달서구	대구공업대학교 창업보육센터	대학	053-560-3764	전기, 전자, 기계

번호	지역	시군구	센터명	운영 주체	연락처	주력보육 분야
172	대구광역시	중구	대구광역시 의료관광창업지원센터	재단 · 협회	053-253-1570	의료기반산업, 의료서비스산업, 의료관광산업
173	대구광역시	달서구	대구드림파크(포스트BI)	공공 기관	053-587-7623	신재생에너지 및 기계가공
174	대구광역시	북구	대구보건대학교 창업보육센터	대학	053-320-1289	의료기기, 안경, 식품
175	대구광역시	동구	대구스케일업허브 (DASH)	정부 · 지자체	053-759-0920	기술창업
176	대구광역시	수성구	수성대학교 창업보육센터	대학	053-749-7015	ICT융복합, 제조 분야
177	대구광역시	남구	영남이공대학교 창업보육센터	대학	053-650-9479	전기전자/IT
178	경상북도	울진군	㈜환동해산업연구원 창업보육센터	재단 · 협회	054-780-3422	해양바이오 분야
179	경상북도	포항시	RIST창업보육센터 (리스트)	재단 · 협회	054-279-6211	연구개발, 기술지원, 시제품생산, 경영지원 등
180	경상북도	칠곡군	경북과학대학교 창업보육센터	대학	054-972-9730	바이오식품, 기능성포장재, 기능성안료
181	경상북도	예천군	경북도립대학교 창업보육센터	대학	054-650-0151	생물농업 분야, 자동화 분야
182	경상북도	영주시	경북전문대학교 창업보육센터	대학	054-630-5006	청년창업
183	경상북도	구미시	경운대학교 창업보육센터	대학	054-479-1146	멀티미디어 콘텐츠 및 가상 현실 영상제작
184	경상북도	경산시	경일대학교 창업보육센터	대학	053-600-4431	IT융복합(전기, 전자, 정보통신), 기계재료, 자동차부품
185	경상북도	구미시	구미대학교 창업보육센터	대학	054-440-1467	전기, 전자, 통신, 기계 분야
186	경상북도	구미시	구미시 창업보육센터	정부 · 지자체	054-465-7991	Mechatronix 및 부품소재관련
187	경상북도	구미시	금오공과대학교 창업원 창업보육센터	대학	054-478-6750	그린에너지, 의료기기, 전기전자, 기계
188	경상북도	경산시	대경대학교 창업보육센터	대학	053-850-1171	CT(Culture Technology) 산업
189	경상북도	경산시	대구가톨릭대학교 창업보육센터	대학	053-850-3861	농공상융합, 식품특성화, 바이오, 생명공학, 의료기기교육
190	경상북도	영천시	대구대학교 창업보육센터	대학	053-850-5598	정보통신, 기계, 바이오
191	경상북도	경산시	대구한의대학교 한방바이오창업보육센터	대학	053-819-1717	한방바이오산업
192	경상북도	경주시	동국대학교 벤처창업보육센터 (경주)	대학	054-770-2853	신성장동력 (신재생에너지, IT융복합)

번호	지역	시군구	센터명	운영 주체	연락처	주력보육 분야
193	경상북도	영주시	동양대학교 창업보육센터	대학	054-630-1309	농공상융합
194	경상북도	문경시	문경대학교 창업보육센터	대학	054-559-1031	농식품 바이오
195	경상북도	안동시	안동대학교 창업지원센터	대학	054-820-7415	식품, 바이오
196	경상북도	경산시	영남대학교 창업보육센터	대학	053-810-4738	전자부품소재
197	경상북도	칠곡군	영진전문대학교 창업보육센터	대학	054-970-9501	기계/전자 제조
198	경상북도	경주시	위덕대 창업보육센터	대학	054-760-1072	IT업종 및 친환경 전기에너지 관련 기업보육
199	경상북도	포항시	포항공과대학교 기술지주 창업보육센터	대학	054-289-3803	바이오/의료, IT, 신소재
200	경상북도	포항시	포항대학교 창업보육센터	대학	054-245-1043	정보통신기반기술식품개발사업 해양환경기술관광마케팅 정보통신기반기술
201	경상북도	포항시	한동대학교 창업보육센터	대학	054-260-1443	정보통신, 청년창업 분야, 바이오
202	경상남도	진주시	(재)진주바이오 산업진흥원 창업보육센터	재단 · 협회	055-762-9831	바이오 분야
203	경상남도	창원시	경남대학교 창업보육관	대학	055-249-2906	화학, IT, 일반제조 등
204	경상남도	거창군	경남도립거창대디자인창업보육센터	대학	055-254-2756	항노화(농산물) 분야, 드론 분야
205	경상남도	진주시	경상국립대학교 창업보육센터	대학	055-772-2602	기계 · 장비 제조
206	경상남도	진주시	경상국립대학교 칠암창업보육센터	대학	055-772-3534	생명공학 및 메카트로닉스 분야
207	경상남도	창원시	경상남도창업보육센터 (GNBI)	정부 · 지자체	055-291-9374	IT 및 S/W
208	경상남도	양산시	동원과학기술대학교 창업보육센터	대학	055-370-8052	기계, 장비제조
209	경상남도	창원시	로봇창업보육센터	재단 · 협회	055-272-0830	로봇, 기계, IT
210	경상남도	창원시	마산대학교 창업지원센터	대학	055-230-1255	인터넷비즈니스, 유비쿼터스, 스마트홈, 제조
211	경상남도	밀양시	부산대학교 밀양캠퍼스 창업보육센터	대학	055-350-5238	기계장비 IT 분야, 바이오

번호	지역	시군구	센터명	운영 주체	연락처	주력보육 분야
212	경상남도	양산시	부산대학교 양산캠퍼스 스마트바이오 창업보육센터	대학	051-510-8522	바이오, ICT, 나노융합
213	경상남도	진주시	세라믹스 창업보육센터	연구소	055-792-2766	세라믹
214	경상남도	양산시	영산대학교 그린창업보육센터	대학	055-380-9104	그린산업 (친환경 수송기계부품 및 IT융복합)
215	경상남도	김해시	인제대김해 창업보육센터	대학	055-320-3781	기계, 바이오 산업
216	경상남도	창원시	창신대학교 창업보육센터	대학	055-250-3076	스마트융합(ICT, 항공·기계, 소방), 헬스케어
217	경상남도	창원시	창원대학교 창업보육센터	대학	055-213-2965	메카트로닉스관련 제조업
218	경상남도	창원시	창원문성대학교 창업지원단 창업보육센터	대학	055-279-5047	기계(장비) 제조 및 IT(소프트웨어 개발)
219	경상남도	진주시	한국국제대학교 창업보육센터	대학	055-751-7951	기능성 식품 개발
220	경상남도	창원시	한국전기연구원 기술창업센터	연구소	055-280-1062	전기전자 정보통신
221	전라남도	광양시	광양보건대학교 창업보육센터	대학	061-760-1517	환경, 화학, 금속, 디자인, IT
222	전라남도	장성군	나노융합의료부품소재 창업보육센터	재단·협회	061-399-0506	나노바이오초임계추출, 의료기기, 화장품
223	전라남도	나주시	동신대학교 창업보육센터	대학	061-330-2951	에너지, 바이오, 서비스
224	전라남도	무안군	목포대학교 창업보육센터	대학	061-450-6259	식품가공, 기계장비 제조업
225	전라남도	목포시	목포수산식품지원센터 창업보육센터	재단·협회	061-276-1674	수산 가공식품
226	전라남도	목포시	목포해양대학교 창업보육센터	대학	061-240-7135	해양기자재 제조업
227	전라남도	화순군	바이오소재실용화창업 보육센터(생물의약)	재단·협회	061-370-1336	바이오의약(백신, 세포치료제 등) 및 바이오소재
228	전라남도	곡성군	바이오융합 창업보육센터(친환경)	재단·협회	061-363-8991	곤충, 미생물, 농생명 관련 분야
229	전라남도	순천시	순천대 창업보육센터	대학	061-750-3850	시스템, 소재
230	전라남도	여수시	전남대학교 여수창업보육센터	대학	061-659-6977	바이오 환경 산업

번호	지역	시군구	센터명	운영 주체	연락처	주력보육 분야
231	전라남도	담양군	전남도립대학교 창업보육센터	대학	061-380-8617	ICT융합 녹색산업
232	전라남도	강진군	전남환경산업진흥원 창업보육센터	재단 · 협회	061-430-8360	환경산업 (신재생, 수질, 대기, 폐기물 등)
233	전라남도	장흥군	천연소재실용화 창업보육센터(천연자원)	재단 · 협회	061-860-2641	천연자원을 활용한 건강식품, 의약품 및 기타 가공산업 분야
234	전라남도	나주시	한국전력 창업보육센터	공공 기관	061-345-7764	에너지신산업 (기존 전력 분야 포함)
235	광주광역시	북구	광주과학기술원 기업지원센터	대학	062-715-2596	AI, 드론, 4차산업, 에너지
236	광주광역시	남구	광주대학교 창업보육센터	대학	062-670-2699	소방공사, 탈취기, 대기환경정보표시장치, 컴팩트인풋디바이스, 통합유지보수솔루션, 소프트웨어개발, 공기청정기 등
237	광주광역시	광산구	광주드림파크 (포스트BI)	공공 기관	062-952-2971	기계전기전자
238	광주광역시	광산구	남부대학교 창업보육센터	대학	062-970-0086	부품소재
239	광주광역시	북구	동강대학교 창업보육센터	대학	062-520-2581	광산업, IT산업, 녹색산업
240	광주광역시	남구	송원대학교 창업보육센터	대학	062-360-5586	기계자동차, 에너지, 전기전자
241	광주광역시	북구	전남대학교 창업보육센터	대학	062-530-1970	바이오환경 신소재개발 IT 분야
242	광주광역시	동구	조선대학교 창업보육센터	대학	062-230-7667	바이오, 광산업, 첨단부품 소재, 전자부품
243	광주광역시	광산구	호남대 창업보육센터	대학	062-940-5622	AI산업, 미래자동차, 에너지신산업
244	전라북도	군산시	군산대학교 창업보육센터	대학	063-469-4890	제조업, IT, 해양
245	전라북도	전주시	바이오플렉스(Bio Plex) 창업보육센터	재단 · 협회	063-210-6563	바이오, 식품
246	전라북도	전주시	에코인쇄전자 창업보육센터	연구소	063-219-0004	유연인쇄전자, 디스플레이, 반도체, 자동차 전장, 신재쟁, IoT
247	전라북도	익산시	에코파이버 창업보육센터	연구소	063-830-3589	에코파이버소재
248	전라북도	완주군	우석대학교 창업보육센터	대학	063-290-1285	소프트웨어개발,디자인

번호	지역	시군구	센터명	운영 주체	연락처	주력보육 분야
249	전라북도	익산시	원광대학교 IT · BT 창업 보육센터	대학	063-850-7454	Information Technology Biotech Technology
250	전라북도	익산시	익산창업보육센터	민간 기관	063-841-7480	홀로그램, 에너지, IT
251	전라북도	정읍시	전북과학대학교 창업보육센터	대학	063-530-9234	메카트로닉스, 농생명, 문화관광, 정보통신
252	전라북도	전주시	전북대 창업보육센터	대학	063-270-4256	전기전자 메카트로닉스, 식품생물, 녹색 신성장동력
253	전라북도	전주시	전주대학교 창업보육센터	대학	063-220-2845	IT, BT, CT
254	전라북도	전주시	전주비전대학교 창업보육센터	대학	063-220-3738	전기, 전자, 신재생에너지
255	전라북도	전주시	탄소융합부품소재창업 보육센터	재단 · 협회	063-219-3682	탄소융합부품소재, 탄소복합소재
256	전라북도	전주시	한국농수산대학교 창업보육센터	대학	063-238-9751	농생명 ICT, 스마트팜, 농수산물 가공 및 연구개발, 관련분야 전후방산업
257	전라북도	군산시	호원대학교 창업보육센터	대학	063-450-7178	IoT융합, 부품, 센서
258	전라북도	전주시	희망전북 POST-BI	정부 · 지자체	063-211-7600	광, 기계, 전자
259	제주특별자치도	제주시	제주관광대학 창업보육센터	대학	064-740-8857	청정헬스푸드형 식품기업 및 향장품, 디자인, 영상, 4차산업(IOT)
260	제주특별자치도	제주시	제주국제대학교 창업보육센터	대학	064-754-0269	신항공산업, 지능형관광콘텐츠, 스마트그리드, 정보통신, 4차산업혁명기업
261	제주특별자치도	제주시	제주대학교 창업보육센터	대학	064-752-4413	바이오/환경
262	제주특별자치도	세주시	제주한라대학교 창업보육센터	대학	064-741-7470	정보기술 및 생명공학

* 출처 : BI-Net(창업보육센터네트워크시스템)(2022년)

〈부록 5〉 2023년도 정부 창업지원사업 일람표

1 중앙부처

◇ 사업화(47건)

연번	사업명	지원대상 (기타(교수, 학생 등))	지원대상 체크	지원내용	예산(억원)	사업공고일	소관부처	전담(주관)기관	비고
1	K-Global 액셀러레이터 육성	민간창업기획자 등 (단, 대한민국 국적자가 액셀러레이터 대표)	예비창업자 ●, 창업후 3년 이내 ●	멘토링/컨설팅 ●, 정보제공/멘토링 ●, 대회/경진대회 ●	20.2	'23.2월	과기정통부 (정보통신산업기반과)	정보통신 산업진흥원 (글로벌협업성장팀)	
2	글로벌 ICT 미래 유니콘 육성	글로벌 역량을 갖춘 ICT 또는 ICT 기반 융·복합 분야 중소기업	창업후 3년 이내 ●, 3년 이상~5년 이내 ●, 5년 이상~7년 이내 ●, 7년 이상 ●	R&D자금 ●, 사업화자금 ●, 기타자금(융자포함) ●, 정보제공/멘토링 ●, 대회/경진대회 ●, 해외진출 ●	24.1	'23.2.~3월	과기정통부 (정보통신산업기반과)	정보통신산업진흥원 (글로벌협업성장팀)	
3	데이터 활용 사업화 지원 (DATA-Stars)	데이터 기반 비즈니스 모델을 가진 7년 이내 창업기업	창업후 3년 이내 ●, 3년 이상~5년 이내 ●, 5년 이상~7년 이내 ●	사업화자금 ●, 해외진출 ●	17.3	'23.3월	과기정통부 (데이터진흥과)	한국데이터산업진흥원 (산업진흥팀)	—
4	예술기업 성장 지원	창업 7년 이내 기업	창업후 3년 이내 ●, 3년 이상~5년 이내 ●, 5년 이상~7년 이내 ●	사업화자금 ●, 창업교육 ●, 정보제공/멘토링 ●, 멘토링/컨설팅 ●	77.6	'23.1월	문체부 (예술정책과)	예술경영지원센터 (기업성장지원팀)	
5	예술기업 글로벌 도약 지원	해외 법인 설립 등 글로벌 시장 진출을 준비하고 있는 예술기업	창업후 3년 이내 ●, 3년 이상~5년 이내 ●, 5년 이상~7년 이내 ●	사업화자금 ●, 창업교육 ●, 정보제공/멘토링 ●, 해외진출 ●	22.5	'23.1월	문체부 (예술정책과)	예술경영지원센터 (사회가치창출팀)	
6	스포츠산업 창업지원사업	예비창업자~7년 미만 창업기업	예비창업자 ●, 창업후 3년 이내 ●, 3년 이상~5년 이내 ●, 5년 이상~7년 이내 ●	사업화자금 ●, 대회/경진대회 ●, 멘토링/컨설팅 ●, 홍보마케팅 ●	69	'23.2월	문체부 (스포츠산업과)	국민체육진흥공단 (기업성장지원팀)	
7	스포츠 액셀러레이팅 프로그램 지원	창업 7년 미만 기업 (예비창업자 제외)	창업후 3년 이내 ●, 3년 이상~5년 이내 ●	사업화자금 ●, 정보제공/멘토링 ●, 대회/경진대회 ●, 멘토링/컨설팅 ●	42	'23.2월	문체부 (스포츠산업과)	국민체육진흥공단 (기업육성지원팀)	

연번	사업명	예비창업자	창업후 3년 이내	3년 이상~5년 이내	5년 이상~7년 이내	7년 이상	재창업자	소상공인	기타(교수, 학생 등)	R&D자금	사업화자금	기타자금(운영자금 포함)	BM개발/고도화	시설장비지원	공간제공	창업교육	컨설팅/멘토링	교류회/네트워킹	대회/경진대회/IR/피칭	판로개척	홍보마케팅	해외진출	예산(억원)	사업공고일	소관부처	전담(주관)기관	비고
8	스포츠산업 재창업지원사업	●	●				●		예비재창업자~3년 미만 재창업기업		●						●		●		●		23	'23.2월	문체부 (스포츠산업과)	국민체육진흥공단 (기업성장지원팀)	
9	콘텐츠 초기창업 육성 프로그램			●					콘텐츠 스타트업 (창업 3년 이내)		●						●						42	'23.1~3월	문체부 (문화산업정책과)	한국콘텐츠진흥원 (기업육성팀)	
10	콘텐츠 창업육성 프로그램				●				콘텐츠 스타트업 (창업 4~7년 차)		●						●						29.5	'23.1~3월	문체부 (문화산업정책과)	한국콘텐츠진흥원 (기업육성팀)	
11	콘텐츠 액셀러레이팅 지원								콘텐츠 분야 민간 액셀러레이터			●											9.3	'23.1~3월	문체부 (문화산업정책과)	한국콘텐츠진흥원 (기업육성팀)	
12	콘텐츠 오픈이노베이션 지원(콘피니티)		●		●				파트너사 사업영역과 접목 가능한 7년 이내 스타트업		●						●						9.7	'23.1~3월	문체부 (문화산업정책과)	한국콘텐츠진흥원 (기업육성팀)	
13	콘텐츠 아이디어 융합팩토리								개인창작자/팀		●						●						11	'22.1~3월	문체부 (문화산업정책과)	한국콘텐츠진흥원 (기업육성팀)	
14	전통문화 청년창업 육성지원 사업		●						전통문화산업*분야에서 창업하고자 하는 만 39세 이하 예비창업자 및 만 39세 이하 3년 이내 창업기업 대표자(* 문화산업진흥 기본법, 제2조제1호 저촉)		●					●	●						32.3	'23.3~4월	문체부 (전통문화과)	한국공예디자인문화진흥원 (전통문화산업팀)	
15	관광벤처사업 공모전	●	●						관광 분야 예비창업자, 초기기업(~3년), 성장기업(3~7년) 등		●					●	●	●					118.1	'23.2월	문체부 (관광산업정책과)	한국관광공사 (관광기업창업팀)	
16	관광액셀러레이팅 프로그램		●						관광 분야 초기기업(~3년)		●					●	●		●				30	'23.3월	문체부 (관광산업정책과)	한국관광공사 (관광기업창업팀)	

연번	사업명	예비창업자	창업후 3년 이내	3년 이상~5년 이내	5년 이상~7년 이내	7년 이상	재창업자	소상공인	기타(교수, 학생 등)	R&D자금	사업화자금(융자포함)	기타	시제품제작 등	시설창업비지원	공간제공	창업교육	컨설팅/멘토링	멤버십/네트워킹/교류회/밋업/행사	투자/자유치지원	판로개척	홍보마케팅	해외진출	예산(억원)	사업공고일	소관부처	전담(주관)기관	비고
17	농식품 벤처육성지원	●	●	●	●				농식품 분야 예비창업자 및 창업기업, 첨단 분야 (그린바이오, 스마트농업) 창업기업		●												122.5	'23.1월	농식품부	한국농업기술진흥원 (벤처기획팀, 창업육성팀)	
18	농식품 크라우드펀딩 활성화	●	●	●	●				농업, 농촌, 식품 및 관련 분야 아이디어 혹은 기술력 등을 바탕으로 사업을 영위하는 농식품기업 또는 예비창업자		●	●									●		6.0	'23.3월	농식품부	농업정책보험금융원 (투자기획부)	
19	농식품 기술창업 액셀러레이팅 육성지원		●	●					예비창업자 및 농식품 분야 창업기업 (창업5년 이내)							●	●	●					16.5	'23.3월	농식품부	한국농업기술진흥원 (벤처기획팀)	
20	농식품 기술솔루션지원		●	●					농식품 분야 특허기술, 품종보호권 등 지식재산권 및 노하우를 보유한 벤처·창업기업														2.0	'23년 1분기, 3분기	농식품부	한국농업기술진흥원 (기술평가팀)	
21	농식품 판로지원		●	●	●				농식품 분야 창업기업(창업 7년 이내)											●			86.4	연중 수시	농식품부	한국농업기술진흥원 (창업육성팀)	
22	투자 유치 중개 지원사업	●						●	7년 미만 창업기업 및 예비창업자										●				7.5	'23.3~4월	복지부 (보건산업정책과)	한국보건산업진흥원 (보건산업육성단)	—
23	에코스타트업 지원사업	●						●	① 예비창업자 ② 창업기업 (업력 7년 이내)		●						●	●					158	'23.1월	환경부 (녹색산업혁신과)	한국환경산업기술원 (연구단지운영단)	—
24	물드림 사업화지원		●	●	●	●			국가물산업클러스터 창업 보육센터 입주기업				●				●						1	'23.2월	환경부 (물산업협력과)	국가물산업클러스터사업단 (물산업진흥과)	신규

연번	사업명	예비창업자	창업후 3년 이내	3년 이상~5년 이내	5년 이상~7년 이내	7년 이상	재창업자	소상공인	기타 (교수, 학생 등)	R&D자금	사업화자금	기타 자금(융자포함)	BM개발/고도화	시제품제작 등	시설 창업비 지원	공간 제공	창업교육	컨설팅/멘토링	IR/데모데이/경진대회	투자/자금지원	판로개척	홍보마케팅	해외진출	예산 (억원)	사업공고일	소관부처	전담(주관)기관	비고
25	사회적기업가 육성사업	●	●						미창업자 또는 창업 2년 이내 사업자		●							●	●					289	'22.12월	고용부 (사회적기업과)	한국사회적기업진흥원 (창업지원팀)	
26	공간정보 창업기업 시장성 검증		●	●					창업 7년 이내 기업				●											0.3	'23.7월	국토부 (공간정보진흥과)	공간정보산업진흥원 (산업연구치)	
27	해양신산업 인큐베이팅 지원 사업	●	●						해양수산 분야 예비창업자 및 창업기업		●			●				●	●			●	●	25.6	'23.1월	해수부 (해양수산과학기술정책과)	해양수산과학기술진흥원 (창업투자팀)	
28	민간공동투자 발굴육성사업		●						팁스(TIPS) R&D에 선정된 창업기업 중 업력 7년 이내 기업		●			●					●			●	●	1,100.8	'23.1월	중기부 (기술창업과)	창업진흥원 (민관협력창업실)	
29	청년창업 사관학교		●						만 39세 이하, 창업 3년 이내 기업		●													845.1	'23.1월	중기부 (청년창업과)	중소벤처기업진흥공단 (창업지원처)	
30	재도전 성공패키지	●	●				●		예비 재창업자 또는 재창업 3년 이내 기업		●		●					●			●			168.5	'23.1월	중기부 (재도전성장과)	창업진흥원 (재도전창업실)	
31	지역기반 로컬 크리에이터 활성화		●	●					업력 7년 이내 기업		●													54.4	'23.1월	중기부 (소상공인성장촉진과)	창업진흥원 (지역창업실)	
32	혁신 분야 창업패키지 (소재·부품·장비)		●	●					소재·부품·장비 창업기업			●												90.9	'23.2월	중기부 (미래신산업전략팀)	창업진흥원 (혁신창업실)	
33	혁신 분야 창업패키지 (비대면)		●	●					비대면 분야 창업기업		●										●			410.7	'23.2월	중기부 (미래신산업전략팀)	창업진흥원 (혁신창업실)	
34	혁신 분야 창업패키지 (신산업)		●	●					신산업 분야 창업기업			●												570.4	'23.2월	중기부 (미래신산업전략팀)	창업진흥원 (혁신창업실)	

연번	사업명	예비창업자	창업후 3년 이내	창업 3년 이상~5년 이내	창업 5년 이상~7년 이내	7년 이상	재창업자	소상공인	기타 (교수, 학생 등)	R&D자금	사업화자금	기타자금(융자포함)	BM개발/고도화	시제품제작 등	시설공간배치지원	공간제공	창업교육	컨설팅/멘토링	데모데이/IR/피칭/네트워킹	투자유치지원	판로개척	홍보마케팅	해외진출	예산(억원)	사업공고	소관부처	전담(주관)기관	비고
35	예비창업패키지	●							예비창업자 (공고일 기준 사업자 등록이 없는 자)		●							●						650.6	'23.2월	중기부 (기술창업과)	창업진흥원 (예비창업실)	
36	초기창업패키지		●	●					업력 3년 이내 창업기업		●							●						553.1	'23.2월	중기부 (기술창업과)	창업진흥원 (초기창업실)	
37	창업도약패키지			●	●				업력 3년 초과 7년 이내 창업기업		●										●			592	'23.2월	중기부 (기술창업과)	창업진흥원 (창업도약실)	
38	아기유니콘200 육성사업		●	●	●				투자실적(20억원 이상 100억원 미만)이 있는 업력 7년 이내 기업		●									●	●			212.5	'23.3월	중기부 (벤처정책과)	창업진흥원 (민관협력 창업실)	
39	창업중심대학 지원사업	●	●						(예비)창업자		●									●				674.2	'23.3월	중기부 (청년창업과)	창업진흥원 (청년창업실)	신규/청년
40	공공기술 창업 사업화 지원사업	●							만 39세 이하 (예비)창업자(팀)								●	●						19.7	'23.3월	중기부 (청년창업과)	창업진흥원 (청년창업실)	신규/청년
41	생애최초 청년창업 지원사업	●							만 29세 이하 예비창업자		●						●	●						78.6	'23.3월	중기부 (청년창업과)	창업진흥원 (청년창업실)	신규/청년
42	사내벤처 육성 프로그램	●							사내벤처팀 (예비)창업자		●			●										50	'22.3월	중기부 (기술창업과)	창업진흥원 (민관협력창업실)	
43	장애인기업 시제품 제작지원	●					●		장애인 예비창업자 및 창업 3년이내 기업	●														7.1	'23.2월	중기부 (소상공인 정책과)	(재)장애인기업 종합지원센터 (기업육성팀)	장애인
44	장애인 창업사업화 지원	●					●		장애인 예비창업자 및 재창업자		●													12.4	'23.2월	중기부 (소상공인 정책과)	(재)장애인기업 종합지원센터 (창업지원팀)	장애인

◇ 기술개발(R&D)(3건) / ◇ 시설·공간·보육(9건)

연번	사업명	예비창업자	창업후 3년 이내	3년 이상 ~ 5년 이내	5년 이상 ~ 7년 이내	7년 이상	재창업자	소상공인	기타 (교수, 학생 등)	R&D자금	사업화자금	기타 (융자금 포함)	BM개발/고도화/시제품제작 등	시설·창업비지원	공간제공	창업교육	컨설팅/멘토링	대회/경진대회/박람회/페어/전시	투자/IR/데모데이	판로개척	홍보마케팅	해외진출	예산(억원)	사업공고일	소관부처	전담(주관)기관	비고
45	헬스케어 빅데이터 플랫폼 기반 AI 스타트업 육성	●	●	●	●				AI 헬스케어 분야 (예비)창업자						●								32.3	'22.3월	중기부 (창업생태계과)	창업진흥원 (혁신창업실)	
46	창업중심대학 (경남심 특화)		●	●					업력 3년 이내 창업기업		●						●		●				90	'23.3월 (예정)	중기부 (청년창업과)	창업진흥원 (청년창업실)	
47	청년농업인 경쟁력제고사업					●			만 18세 이상~39세 이하 영농에 종사하고 있는 청년농업경영체	●													30.6	'22.7월	농진청 (청년농업인육성팀)	농진청 (청년농업인육성팀)	청년
◇ 기술개발(R&D)(3건)																											
1	ICT미래시장초격차 협업기술개발		●	●	●				전라북소재(예정) ICT 스타트업 (주관연구개발기관 창업 7년 이내)	●													50	'22.12월	과기정통부 (정보통신산업기반과)	정보통신기획평가원 (기업지원팀)	
2	해양수산 기술창업 Scale-up사업		●	●	●				해양수산 분야 창업기업	●													62.8	'23.1월	해수부 (해양수산과학기술정책과)	해양수산과학기술진흥원 (사업화R&D팀)	
3	창업성장 기술개발		●	●	●	●			업력 7년 이하이며 전년도 매출액 20억원 미만인 창업기업	●													4,423	'22.12월	중기부 (기술개발과)	중소기업기술정보진흥원 (스타트업사업실)	
◇ 시설·공간·보육(9건)																											
1	혁신창업멤버스	●	●						예비창업자, 창업 3년 이내 기업						●								–	'23.2 (예정) *입주공간 발생시기에 따라 변동가능 등	보건복지부 (보건산업정책과)	한국보건산업진흥원 (보건산업육성단)	–

연번	사업명	지원대상								지원내용													예산(억원)	사업공고월	소관부처	전담(주관)기관	비고
		예비창업자	창업후 3년 이내	3년 이상~5년 이내	5년 이상~7년 이내	7년 이상	재창업자	소상공인	기타(교수·학생 등)	R&D자금	사업화자금	기타자금(융자포함)	BM개발/고도화	시제품제작 등	시설장비지원	공간제공	창업교육	컨설팅/멘토링	데모데이/IR/피칭/네트워크 등	판로개척	홍보마케팅 등	해외진출					
2	메이커 활성화 지원								민간, 공공기관, 단체 등 발인('23년 기준 중기부 선정·지원 중인 이커스페이스 제외)							●							283.3	'23.1~2월	중기부 (창업생태계과)	창업진흥원 (창업교육실)	
3	중장년 기술창업센터 지원사업	●							만 40세 이상 예비창업자								●	●	●				36.9	연중 수시	중기부 (창업생태계과)	창업진흥원 (창업인프라조성실)	중장년
4	창업존 운영	●							업력 7년 미만 (예비)창업자							●	●	●	●				49.3	공실 발생 시 수시	중기부 (창업생태계과)	창업진흥원 (창업인프라조성실)	
5	1인 창조기업 활성화 지원사업		●	●					1인 창조기업 육성에 관한 법률 제2조의 (예비)1인 창조기업							●	●	●	●				51.1	수시	중기부 (창업촉진과)	창업진흥원 (창업인프라조성실)	
6	창조경제혁신센터	●	●	●	●				예비창업자 및 7년 이내 창업기업							●	●	●	●	●	●	●	363.7	연중 수시	중기부 (창업생태계과)	창업진흥원 (지역사업실)	
7	발달장애인 특화사업장 구축사업	●							발달장애인과 가족후견인으로 구성된 예비창업자(팀)						●					●			12	연중 수시	중기부 (소상공인정책과)	(재)장애인기업종합지원센터 (지역성립)	
8	장애인 창업보육실 운영		●						장애인 예비창업자 또는 창업 3년 미만의 장애인기업							●			●				8	수시	중기부 (소상공인정책과)	(재)장애인기업종합지원센터 (지역성립)	
9	창업보육센터 지원사업								창업보육센터 입주 (예비)창업자							●	●						97.7	연중 수시	중기부 (창업생태계과)	한국창업보육협회	

◇ 멘토링·컨설팅(19건)

연번	사업명	지원대상								지원내용													예산(억원)	사업공고월	소관부처	전담(주관)기관	비고
1	대학 창업교육체계 구축								창업교육 거점대학 5개 권역 내외(일반대 5, 전문대 3 내외)								●						52	'23.1월 (예정)	교육부 (청년교육 일자리정책팀)	한국연구재단 (산학협력지원팀)	

연번	사업명	예비창업자	창업후 3년이내	3년이상~5년이내	5년이상~7년이내	7년이상	재창업자	소상공인	기타 (교수, 학생 등)	R&D자금	사업화자금	기타 자금(융자포함)	BM개발/고도화	시제품제작 등	시설/창업비용지원	공간제공	창업교육	컨설팅/멘토링	특자야지원	대회/경진/공모/IR/박람회/매칭 등	판로개척	홍보마케팅	해외진출	예산 (억원)	사업공고일	소관부처	전담(주관)기관	비고
2	학생 창업유망팀 300	●							전국의 초·중·고등학생 및 대학(원)생(휴학생 포함) 및 학교 밖 청소년 등								●	●						16	'23.3월 (예정)	교육부 (청년교육일자리정책팀)	한국연구재단 (산학협력지원팀)	
3	K-Global 창업멘토링(ICT 혁신기업 멘토링)			●					ICT 및 4차산업혁명 분야 (예비)창업자, 7년 이내 창업기업								●	●		●		●		29	'23.2,6월	과기정통부 (정보통신산업기반과)	(재)한국청년기업가정신재단 (K-ICT창업멘토링센터)	
4	농식품 벤처창업 인턴제 사업	●		●					만 19세 이상 39세 이하의 농식품 분야 청년 예비창업자(예비) 및 매출액 1억원 이상, 상시근로자 3인 이상의 농식품 분야 벤처·창업기업(멘토)			●					●	●						4	'23.3월	농식품부 (농산업정책과)	한국농업기술진흥원	
5	농식품 벤처창업센터	●	●	●	●				농식품 분야 예비창업자 및 창업기업 (창업 7년 이내)								●	●						37.4	공고 없음	농식품부 (농산업정책과)	한국농업기술진흥원 농식품벤처창업센터 입주공간 (서울남·북, 부산, 세종, 경기, 강원, 전남, 경북)	
6	특허 컨설팅 지원사업		●	●	●				창업 7년 이내 기업									●						8	'23.2월	보건복지부 (보건산업정책과)	한국보건산업진흥원 (보건신약육성단)	
7	인·허가 컨설팅 지원사업		●	●	●				창업 7년 이내 기업									●						8	'23.2월	보건복지부 (보건산업정책과)	한국보건산업진흥원 (보건신약육성단)	
8	공간정보 창업기업건설팅		●	●	●				창업 7년 이내 기업									●						0.35	'23.4월	국토부 (공간정보진흥과)	공간정보산업진흥원 (산업연구처)	

연번	사업명	예비창업자	창업 후 3년 이내	3년 이상~5년 이내	5년 이상~7년 이내	7년 이상	재창업자	소상공인	기타 (교수, 학생 등)	R&D 자금	사업화자금	기타자금(융자포함)	시제품제작 등	BM 개발/고도화	시설장비지원	공간제공	창업교육	컨설팅/멘토링	대회/이벤트/피칭/네트워킹 등	판로개척	홍보마케팅	해외진출	예산(억원)	사업공고일	소관부처	전담(주관)기관	비고
9	공간정보 창업기업 밸류업 지원		●	●	●				창업 7년 이내 기업									●					0.135	'23.5월	국토부 (공간정보진흥과)	공간정보산업진흥원 (신산업연구처)	
10	신사업창업사관학교	●							예비 창업자		●						●	●					199.7	'22.2월	중기부 (소상공인성장촉진과)	소상공인시장진흥공단 (창업성장실)	
11	청소년 비즈쿨								전국 초·중·고등학교 및 대안학교, 학교 밖 센터								●						64	'23.2월	중기부 (청년정책과)	창업진흥원 (청년교육실)	청소년
12	학생창업스쿨	●							(예비)창업자								●	●					29.5	'23.3월	중기부 (청년정책과)	창업진흥원 (청년교육실)	
13	여성벤처창업 케어 프로그램								여성 예비창업자								●	●					4	'22.2~3월	중기부 (벤처정책과)	(사)한국여성벤처협회	
14	민간협력 여성벤처스타트업 육성지원사업		●	●	●				7년 이내 초기 여성 스타트업		●								●				8	'22.2~3월	중기부 (벤처정책과)	(사)한국여성벤처협회	
15	기업가정신기반 구축 및 확산								기업가정신 교육자 (현직 교사, 교수, 취·창업유관기관 및 일반 국민)								●	●					8.8	수시	중기부 (창업정책과)	한국청년기업가정신재단	
16	장애인 맞춤형 창업 교육						●		장애인 예비창업자 및 재창업자									●					6.7	수시	중기부 (소상공인정책과)	(재)장애인기업종합지원센터 (창업지원팀)	
17	지식재산기반 차세대영재기업인 육성사업								중학교 1~3학년 또는 그에 준하는 연령 (만 13~15세)의 청소년														18.6	'23.9월	특허청 (산업재산인력과)	KAIST, POSTECH (한국발명진흥회 창의발명교육연구실)	
18	IP디딤돌 프로그램	●							예비창업자									●					32	연중 수시접수	특허청 (지역산업재산과)	한국발명진흥회 (지역지식재산실)	

◇ 창업지원 사업 목록 (지원대상·지원내용)

연번	사업명	지원대상							지원내용															예산(억원)	사업공고일	소관부처	전담(주관)기관	비고
		예비창업자	창업후 3년 이내	3년이상~5년이내	5년이상~7년이내	7년이상 재창업자	소상공인	기타(교수, 학생 등)	R&D자금	사업화자금(운자금 포함)	기타자금(융자금 포함)	BM개발/고도화	시제품제작 등	시설공간지원	공간제공	창업교육	멘토링/컨설팅	멘토링/네트워킹	IR/피칭/경진대회	판로/해외진출/기타 네트워킹	판로개척	홍보마케팅	해외진출					
19	IPL래 프로그램		●		●			기술을 보유한 중소기업으로 업력이 7년 이내, 또는 전환창업 후 5년 이내									●							92	연중 2회 ('23.2, 6월)	특허청 (지역산업재산과)	한국발명진흥회 (지역지식재산실)	

◇ 행사·네트워크(12건)

연번	사업명	예비창업자	창업후 3년 이내	3년이상~5년이내	5년이상~7년이내	7년이상 재창업자	소상공인	기타(교수, 학생 등)	R&D자금	사업화자금(운자금 포함)	기타자금(융자금 포함)	BM개발/고도화	시제품제작 등	시설공간지원	공간제공	창업교육	멘토링/컨설팅	멘토링/네트워킹	IR/피칭/경진대회	판로/해외진출/기타 네트워킹	판로개척	홍보마케팅	해외진출	예산(억원)	사업공고일	소관부처	전담(주관)기관	비고
1	원자력 대학생 혁신 및 창업경진대회	●						전국 대학(원)생, 원자력/방사선/에너지 관련 전공 1인 포함											●					1	'23.6월	과기정통부 (원자력연구개발과)	(재)한국원자력협력재단 (미래인재전략부)	
2	농식품 창업 콘테스트	●	●	●				예비창업자 및 농식품 분야 창업기업 (창업 7년 이내)										●	●			●		6.0	'23.5월	농식품부 (농산업정책과)	한국농업기술진흥원 (벤처기획팀)	
3	2023환경창업대전	●	●	●				① 예비창업자, ② 창업기업 (업력 7년 이내)					●				●	●	●			●		4.5	'23.3월	환경부 (녹색전환정책과)	한국환경산업기술원 (연구단지운영단)	
4	대한민국 물산업 혁신창업 대전	●	●	●				예비창업자 및 7년 이내 창업기업		●			●				●		●					3	'23.6월	환경부 (물산업협력과)	한국수자원공사 (창업혁신부)	
5	해양수산 창업콘테스트		●	●				해양수산 분야 예비 창업자 및 창업 7년 이내 기업										●	●				●	2.5	'23.6	해수부 (수산정책과)	해양수산과학기술 진흥원	
6	도전! K-스타트업	●	●	●				예비창업자(예비팀) 또는 7년 이내 창업기업 대표자									●	●	●					21.2	'23.1월 (미확정)	중기부 (기술창업과)	창업진흥원 (창업교류협력실)	
7	여성창업 경진대회	●	●	●				여성 예비창업자 및 창업 후 5년 미만의 여성기업			●							●	●					1.5	'23. 1~4월	중기부 (기업환경정책과)	(재)여성기업 종합지원센터 (창업보육팀)	

연번	사업명	예비창업자	창업후 3년이내	창업 3년이상~5년이내	창업 5년이상~7년이내	7년이상	재창업자	소상공인	기타 (교수, 학생 등)	R&D자금	사업화자금	기타자금(융자포함)	시제품제작 등	시설장비지원	공간제공	창업교육	멘토링/컨설팅	판로/대회/협력네트워킹	특허/지식재산권지원	판로개척	홍보마케팅	해외진출	예산(억원)	사업 공고일	소관부처	전담(주관)기관	비고
8	장애인 창업아이템 경진대회	●	●	●	●				장애인 예비창업자 및 창업 7년 미만인 장애인기업			●											0.6	'23.2월	중기부 (소상공인정책과)	(재)장애인기업종합지원센터 (창업지원센터)	
9	민관협력 오픈 이노베이션 지원	●	●	●	●				중소기업창업 지원법상 (예비)창업기업		●	●											96.4	'23.3월	중기부 (기술창업과)	창업진흥원 (민관협력창업실)	
10	컴업(COMEUP) 2023						●		국내외 스타트업, VC, 미디어, 창업지원기관 등 글로벌 창업관계자									●	●			●	29.2	'23.상반기 (미확정)	중기부 (창업정책과)	창업진흥원 (글로벌창업협력팀)	
11	지식재산 정보 활용 창업 경진대회						●		수상자			●							●				0.1	'23.3월	특허청 (정보관리과)	한국특허정보원 IP정보활용활성화센터	
12	신림분야 청년 창업경진대회								산림분야 창업에 관심 있는 청년 및 대학(원)생							●	●				●		2	'23.3~4월	산림청 (산림일자리창업팀)	—	

◇ 융자(3건)

연번	사업명	예비창업자	창업후 3년이내	창업 3년이상~5년이내	창업 5년이상~7년이내	7년이상	재창업자	소상공인	기타 (교수, 학생 등)	R&D자금	사업화자금	기타자금(융자포함)	시제품제작 등	시설장비지원	공간제공	창업교육	멘토링/컨설팅	판로/대회/협력네트워킹	특허/지식재산권지원	판로개척	홍보마케팅	해외진출	예산(억원)	사업 공고일	소관부처	전담(주관)기관	비고
1	청년전용 창업자금	●	●	●					업력 7년 미만인 중소기업 및 중소기업을 창업하는 자			●											19.3	'22.12.29~ 예산소진 시	중기부 (기금운용과)	중소벤처기업진흥공단	
2	재창업자금		●	●			●		업력 7년 미만 재창업자 및 예비재창업자			●											750	'22.12.29~ 예산소진 시	중기부 (재도약정책과)	중소벤처기업진흥공단	
3	귀산촌인 창업 및 주택자금지원	●	●						만 65세 이하 귀산촌인 (5년 미만)			●											2.5 (융자규모 180억원)	'23.1월	산림청 (사유림경영소득과)	산림조합	

◇ 인력(2건)

연번	사업명	예비창업자	창업후 3년이내	창업 3년이상~5년이내	창업 5년이상~7년이내	7년이상	재창업자	소상공인	기타 (교수, 학생 등)	R&D자금	사업화자금	기타자금(융자포함)	시제품제작 등	시설장비지원	공간제공	창업교육	멘토링/컨설팅	판로/대회/협력네트워킹	특허/지식재산권지원	판로개척	홍보마케팅	해외진출	예산(억원)	사업 공고일	소관부처	전담(주관)기관	비고
1	스타트업 AI 기술 인력 양성								만 39세 이하의 청년 (학력·전공 무관)							●							27	'23.1월	중기부 (창업정책과)	중소벤처기업진흥공단 (창업지원처)	

◇ 글로벌(7건)

연번	사업명	예비창업자	창업후 3년 이내	3년이상~5년이내	5년이상~7년이내	7년이상	재창업자	소상공인	기타(교수, 학생 등)	R&D자금	사업화자금	기타자금(융자포함)	BM개발/고도화	시제품제작 등	공간제공 및 설치비지원	창업교육	멘토링/컨설팅	데모데이 특허/지재권지원	IR/피칭/전시 네트워크지원	판로개척	홍보마케팅	해외진출	예산(억원)	사업공고일	소관부처	전담(주관)기관	비고
2	벤처스타트업 아카데미	●							(교육생) 연령제한 없음 중소벤처기업에 개발자로 취업하고자 하는 자			●				●							100 (교육부) 300 (고용부, 미확정)	'23.2월	중기부(벤처정책과) *고용부, 교육부 협업	벤처기업협회, 한국여성벤처기업협회, 코리아스타트업포럼, 메인비즈협회, 대덕이노폴리스벤처협회, 이노비즈협회	
1	창업이민 인재양성프로그램(OASIS)	●							국내 기술창업 희망 외국인						●	●	●						8.4	'23.2월	법무부(체류관리과), 중기부	글로벌창업이민센터(한국생산성본부, 한국발명진흥회, 서울산업진흥원, 정보통신산업진흥원, 창업진흥원)	
2	글로벌창업 사관학교		●	●					업력 3년 이하 D.N.A. 분야 (예비)창업기업								●						108.6	'22.1월	중기부(기술창업과)	중소벤처기업진흥공단	
3	글로벌 기업 협업 프로그램		●	●					혁신기술을 보유한 업력 7년 이내 창업기업		●						●					●	405	'23.2월	중기부(기술창업과)	창업진흥원(민관협력창업실)	
4	스타트업 해외 전시회 지원		●	●					7년 이내 창업기업 중 각 전시회별 지원요건을 충족하는 자									●		●	●	●	12	'23.2월	중기부(기술창업과)	창업진흥원(창업교류협력실)	
5	K-스타트업 그랜드 챌린지	●							외국 국적을 보유한 (예비)창업자 및 7년 이내 창업기업			●				●	●	●				●	60	'23.2월 말	중기부(기술창업과)	정보통신산업진흥원(글로벌창업성장팀)	
6	글로벌 스타트업 육성		●	●					해외진출을 희망하는 7년 이내 창업기업			●					●	●				●	99.2	'23.3월	중기부(기술창업과)	창업진흥원(글로벌창업실)	
7	K-스타트업 센터 사업		●	●					해외진출을 희망하는 7년 이내 창업기업			●			●	●	●	●				●	144.4	'23.3월	중기부(기술창업과)	창업진흥원(글로벌창업실)	

❷ 지자체(광역·기초)

◇ 사업화(125건)

연번	사업명	예비창업자	창업 후 3년 이내	3년 이상 ~ 5년 이내	5년 이상 ~ 7년 이내	7년 이상	재창업자	소상공인	기타 (교수, 학생 등)	R&D자금	사업화자금	기타 자금(융자 포함)	BM 개발/고도화	시제품 제작 등	시설 창업비 지원	공간 보육 제공	창업 교육	컨설팅/멘토링	대외 이미지/홍보/마케팅/네트워킹	투자 유치 지원	판로 개척	융복합 개발팅	해외 진출	예산(억원)	사업 공고일	소관부처	전담(주관)기관	비고
1	사회적경제 청년 온라인예술 청년 일자리 지원 프로젝트	●	●						만 39세 이하, 청년문화예술인			●							●					3.8	'23.1월	서울시 서초구	서울시 서초구	청년
2	청년창업도전 프로젝트		●						송파구 소재 기업		●													1	'23.2~3월	서울시 송파구	서울시 송파구	
3	벤처·창업 ESG선도 기업 지원 사업		●	●					ESG 분야 관련 사업		●	●												2	'23.3월	부산시 (청년벤처 담당관)	(재)부산신테크노파크	
4	청년기업 판로개척 지원	●	●	●					만 34세 이하 청년사업자		●													1.2	'23.2~3월	부산시 (청년벤처 담당관)	부산인재평생 교육진흥원 (미래청년단)	
5	부산대표 청년기업 지원 (플래티넘클럽)			●					1억원 이상 투자유치한 청년기업		●		●	●				●	●	●				1	'23.3월	부산시 (청년벤처 담당관)	부산테크노파크 (디지털혁신창업단)	
6	에이스스타클래 육성 지원사업			●					5억원 이상 투자유치한 기업(청년펀드, VC, AC)		●			●						●				3.5	'23.3월	부산시 (청년벤처 담당관)	부산테크노파크	
7	부산청년지원센터 지원	●									●					●	●				●			37	프로그램별 상이	부산시 (청년벤처 담당관)	부산경제진흥원 청년지원단	
8	디지털기술기반 스타트업 육성사업		●	●					데이터·AI 기반 스타트업			●							●	●				3.1	'22.12월	대구광역시	대구창조경제혁신센터	

지원대상 = 예비창업자 / 창업 후 3년 이내 / 3년 이상~5년 이내 / 5년 이상~7년 이내 / 7년 이상 / 재창업자 / 소상공인 / 기타(교수, 학생 등)
지원내용 = 자금지원(R&D자금, 사업화자금, 기타자금(융자포함)) / 기술개발(R&D)(BM 개발/고도화, 시제품 제작 등) / 시설공간/보육/액셀러레이팅(시설 장비 지원, 공간 제공, 창업 교육, 컨설팅/멘토링 등) / 행사/네트워크(대회/경진/박람회/IR 등, 투자 유치 지원) / 사업화지원(판로 개척, 유통·마케팅 등, 해외 진출)

연번	사업명	예비창업자	창업 후 3년 이내	3년 이상~5년 이내	5년 이상~7년 이내	7년 이상	재창업자	소상공인	기타(교수, 학생 등)	R&D자금	사업화자금	기타자금(융자포함)	BM 개발/고도화	시제품 제작 등	시설 장비 지원	공간 제공	창업 교육	컨설팅/멘토링 등	대회/경진/박람회/IR 등	투자 유치 지원	판로 개척	유통·마케팅 등	해외 진출	예산(억원)	사업 공고월	소관부처	전담(주관)기관	비고
9	청년 소셜대로 창업 성장 플러스 지원사업		●	●					만 39세 이하, 사회적경제 기업 등 소셜임팩트기업		●	●					●	●						1.6	'23.1월	대구광역시, 행정안전부	(사)사회적기업협의회	사회적 경제 기업
10	청년소셜벤처 육성사업	●	●	●					만 39세 이하 미취업 청년, 기간 이내 소셜벤처		●						●	●		●				8.5	'23.1월	대구광역시, 행정안전부	대구창조경제혁신센터	
11	대구스타벤처 육성사업	●	●	●		●			기술창업 (연간 87개사)										●	●	●	●	●	5	'23.2월	대구광역시	대구창조경제혁신센터	
12	대구 투자 및 성장(IPO) 활성화 지원		●	●					지역기반 중소벤처기업										●	●	●	●	●	4	'22.3월	대구광역시	대구테크노파크	
13	c-seed 청년스타트업 육성사업		●	●					만 39세 이하		●								●	●				3.8	'23.3월	대구광역시	대구창조경제혁신센터	
14	의료창업 활성화 지원		●	●					지역 내 청년 추가 채용한 스타트업		●	●							●	●				5.5	'23.1~2월	대구광역시, 행정안전부	대구창조경제혁신센터	
15	실증 상용화 지원사업		●	●					바이오헬스 및 4차산업 기반 창업기업															1.5	'23.2월	인천광역시 (인천 경제자유구역청 스마트시티과)	인천테크노파크	
16	스케일업 챌린지랩		●	●					바이오헬스 및 4차산업 기반 창업기업				●	●			●	●						8.4	'23.2월	인천광역시 (인천 경제자유구역청 스마트시티과)	인천테크노파크	
17	청년 소셜벤처기업 육성사업		●	●					소셜벤처(사회, 복지, 환경) 관심 있는 청년								●	●						2.3	'23.2~3월	인천광역시 (투자창업과)	인천창조경제혁신센터	청년

연번	사업명	예비창업자	창업후 3년 이내	3년 이상 ~ 5년 이내	5년 이상 ~ 7년 이내	7년 이상	재창업자	소상공인	기타 (교수, 학생 등)	R&D자금	사업화자금	기타자금(융자포함)	BM개발/고도화	시제품제작 등	시설장비지원	공간제공	창업교육	컨설팅/멘토링	대외이미지/피칭/네트워킹	투자유치지원	판로개척	홍보마케팅	해외진출	예산(억원)	사업 공고일	소관부서	전담(주관)기관	비고
18	청년창업 챌린지	●							만 39세 이하						●			●	●	●	●	●	●	1	'23.2~12월	인천광역시 (투자창업과)	인천창조경제혁신센터	청년
19	로컬크리에이터 육성사업		●	●	●													●			●	●	●	2	'23.4월	인천광역시 (투자창업과)	인천창조경제혁신센터	
20	대중견기업 협업 오픈이노베이션 지원		●	●	●													●	●	●	●	●	●	0.6	'23.4월	인천광역시 (투자창업과)	인천창조경제혁신센터	
21	실증 브릿지 사업		●						바이오헬스 및 4차산업 기반 창업기업									●						9.6	상시	인천광역시 (인천경제자유구역청 스마트시티과)	인천테크노파크	
22	강화군 청년창업 스타트 지원	●							만 18~39세 이하		●	●	●	●	●	●	●	●						1.3	'23.1월	인천광역시 강화군 (경제교통과, 행정안전부)	—	
23	청년창업 강화 지원사업		●		●				만 18~39세 이하									●	●	●				1	'23.1월	인천광역시 강화군 (경제교통과, 행정안전부)	—	
24	세대별맞춤형예비창업기반육성사업	●					●		만 39세 이하(청년, 중장년 세대통합)		●	●						●	●	●				16	'23.2월	광주광역시 (청년진흥과)	광주테크노파크 (I-PLEX센터)	
25	빛고을 재도전 지원사업		●						광주지역 재창업자		●				●			●						4.5	'23.2월	광주광역시 (청년진흥과)	광주테크노파크 (I-PLEX센터)	
26	우수창업기업 집중지원사업		●	●	●				창업(도약기) 기업		●							●	●	●				3.5	'23.3월	광주광역시 (청년진흥과)	광주테크노파크 (I-PLEX센터)	
27	청년 테스트베드 실증 지원		●	●	●				광주시 소재 기업				●	●							●	●	●	30	'23.3월	광주광역시 (청년진흥과)	광주테크노파크 (I-PLEX센터)	

연번	사업명	예비창업자	창업후 3년 이내	3년 이상~5년 이내	5년 이상~7년 이내	7년 이상	재창업자	소상공인	기타 (교수·학생 등)	R&D자금	사업화자금 (융자 포함)	기타 자금 (운영자금 포함)	BM개발/고도화	시제품 품질 제작 등	시설 입주 지원	공간 제공	창업교육	건설팅/멘토링	데모데이/IR/피칭대회 등	투자 유치 지원	판로 개척	해외 뮤 개발 등	글로벌 진출	예산 (억원)	사업 공고일	소관부처	전담(주관)기관	비고
28	광주 시민회관 청년 창업지원	●	●						만 19~39세 이하		●						●	●						3.5	'23.1월	광주광역시 (청년정책관)	광주창조경제혁신센터	청년
29	창업기업 마케팅 지원		●	●							●											●		6	'23.2월	대전광역시	대전일자리경제진흥원 (창업지원팀)	
30	혁신공공기술 창업지원 사업								지역연구소 공공기술 연구원, 혁신창업기업 등		●								●	●				5.6	'23.3월	대전광역시	대전창조경제혁신센터 (특화사업팀)	
31	기업지출형 창업프로그램	●	●						전국에너지·발전, 울산 주력신업분야		●													2	'23.1월	울산시 (중소벤처기업과)	울산테크노파크 (기업지원단)	
32	세종창업벤처 패키지 지원사업		●	●	●				세종시 소재 기업		●							●						2.0	'23.3월	세종시	세종창조경제 혁신센터 (창업보육팀)	
33	창업 성장 투자지원		●	●					세종시 소재 벤처, 기술 (경영혁신형 비상장 중소기업)		●							●	●	●	●	●	●	2.5	'23.3월	세종시	세종창조경제 혁신센터 (투자건략팀)	
34	경기 기술창업 지원프로그램 운영	●	●						도내 창업(예비)자		●				●	●	●	●						13.3	'23.2월	경기도 (창업지원과)	경기도경제과학 진흥원 (창업육성팀)	
35	재도전 사업자 지원	●	●				●		도내 예비 재창업자 및 재창업자		●							●						5.4	'23.2월	경기도 (창업지원과)	경기도경제과학 진흥원 (창업육성팀)	
36	크라우드펀딩 연계 스타트업 지원		●	●	●				기술창업기업		●	●					●	●	●					12.0	'23.2월	경기도 (창업지원과)	경기도경제과학 진흥원 (창업육성팀)	
37	기술이전 창업지원	●	●		●								●											2.5	'23.2월	경기도 (창업지원과)	경기테크노파크 (기술사업화센터)	

연번	사업명	예비창업자	창업후 3년 이내	3년 이상~5년 이내	5년 이상~7년 이내	7년 이상	재창업자	소상공인	기타 (교수, 학생 등)	R&D자금	사업화자금	기타자금(융자포함)	BM개발/고도화	시제품제작 등	시설장비지원	공간제공	창업교육	컨설팅/멘토링	데모데이/IR/피칭/네트워킹	투자유치지원	판로개척	홍보마케팅	해외진출	예산 (억원)	사업 공고일	소관부처	전담(주관)기관	비고
38	스타트업 데스밸리 극복지원			●	●				누적투자유치 1억원 이상, 순이익 증가율 10% 이하		●													3.0	'23.2월	경기도 (창업지원과)	경기도경제과학 진흥원 (창업육성팀)	
39	소상공인 재창업 지원						●		폐업 경험 있는 도민		●	●												9	'23.2월	경기도 (소상공인과)	경기도 시장상권진흥원 (소상인팀)	
40	경기도 대학생 융합기술 창업지원								도내 대학생, 대학연생		●						●	●						5.8	'23.3월	경기도 (창업지원과)	차세대융합기술 연구원 (지역활성팀)	청년
41	경기스타트업 공정 M&A지원								도내 창업기업							●	●	●	●	●	●	●	●	6.9	'23.3월	경기도 (창업지원과)	경기도경제 과학진흥원 (창업허브팀)	
42	용인시산업진흥원 및 중앙창업지원		●	●	●			●	용인시 소재 창업기업									●	●	●	●	●	●	1.1	'23.3월, 8월 (2회)	경기도 용인시 (기업지원과)	용인시산업진흥원 (창업지원팀)	청년, 중장년
43	창업 레벨업(LEVEL UP) 지원사업		●						청년 및 신중년 초기창업자									●				●		0.5	'23.3월	경기 군포시 (일자리기업과)	군포산업진흥원 (일자리기업과)	청년, 중장년
44	크라우드펀딩 지원사업		●						청년 및 신중년 창업자			●						●				●		0.4	'23.4월	경기 군포시 (일자리기업과)	군포산업진흥원 (일자리기업과)	청년, 중장년
45	청년기업 민간투자연계 지원사업		●						민간투자 확보(예정) 기술기업		●		●	●										2.1	'23.상반기	경기도 성남시 (아시아실리콘밸리 리담당관)	성남산업진흥원 (창업성장부)	

연번	사업명	예비창업자	창업후 3년 이내	3년 이상 ~ 5년 이내	5년 이상 ~ 7년 이내	7년 이상	재창업자	소상공인	기타 (교수, 학생 등)	R&D자금	사업화자금	기타 자금(융자 포함)	BM 개발 고도화	시제품 제작 등	시설 창업 비용 지원	공간 제공	창업 교육	컨설팅 멘토링	IR/데모데이/피칭/네트워킹	투자 야치 지원	판로 개척	홍보 마케팅	해외 진출	예산 (억원)	사업 공고일	소관부서	전담(주관)기관	비고
46	기술검증(PoC) 지원_대중견기업 협력사업 (舊 오픈 이노베이션 지원)		●	●	●				대기업/중견기업 협업형, 제안형								●	●						1.5	'23.상반기	경기도 성남시 (아시아실리콘밸리 담당관)	성남산업진흥원 (창업성장팀)	
47	부천벤처펀드 운영		●	●	●												●	●	●	●				30	수시	경기도 부천시 (기업지원과)	부천산업진흥원 (창업성장팀)	
48	G-스타트업 예비창업 지원	●	●						업력 1년 미만 창업자		●						●	●						9	'23.2월	강원도 (일자리과)	강원창조경제 혁신센터	청년
49	G-스타트업 초기창업 지원		●						업력 1~2년 이내		●		●				●	●			●	●		5.5	'23.2월	강원도 (일자리과)	강원창조경제 혁신센터	
50	G-스타트업 청년도약 지원										●		●								●	●		3.5	'23.2월	강원도 (일자리과)	강원창조경제 혁신센터	
51	소멸위기지역 로컬벤처 예비창업가 육성사업	●							청년		●	●										●	●	3	'23.2월	강원도 (일자리과)	강원창조경제 혁신센터	청년
52	청년창업 우수기업 인증		●		●				만 19~39세		●													0.4	'23. 1~2월	강원 춘천시 (기업지원과)		청년
53	청년창업희망자금	●							만 19~39세		●							●						1.1	'23.1월	강원 강릉시 (경제진흥과)		청년
54	강릉시 청년창업드림프로젝트 창틀 유랑		●						만 19~39세		●							●						2.4	'23.1월	강원 강릉시 (경제진흥과)	강릉원주대 청년지원부	청년
55	2023년 횡성군 청년창업 지원사업	●	●	●	●				만 39세 이하		●	●												1.2	'22.12월	강원 횡성군 (기업경제과)		청년

다음은 청년·중장년 창업지원사업 목록 표입니다.

연번	사업명	예비창업자	창업 후 3년 이내	창업 후 3년 이상~5년 이내	창업 후 5년 이상~7년 이내	7년 이상	재창업자	소상공인	기타 (교수, 학생 등)	R&D 자금	사업화 자금	기타(융자 포함)	BM 개발/고도화	시제품 제작 등	시설장비 지원	공간 제공	창업교육	멘토링/컨설팅	대회/이벤트/전시회 등	투자 유치 지원	판로 개척	홍보 마케팅	해외 진출	예산(억원)	사업 공고일	소관부서	전담(주관)기관	비고
56	평창청년 창업성공 지원		●	●	●				만 39세 이하 청년		●													0.3	'23.1월	강원 평창군 (경제과)		청년
57	평창청년 창업성장 지원		●	●	●				만 39세 이하		●													0.3	'23.1월	강원 평창군 (경제과)		청년
58	철원군 청년창업지원사업	●							만 18세 이상 49세 이하 청년 창업자			●												2	'23.2월	강원 철원군 (경제진흥과)		청년
59	충북콘텐츠코리아랩 운영	●	●	●							●						●	●	●	●				19	'23.2월	충청북도 (문화예술산업과)	충북과학기술혁신원 / 청주시문화산업진흥재단	
60	벤처 및 스타트업 공동 연구장비 활용 지원		●	●	●				바이오 분야 벤처 및 창업기업			●			●									1.2	'23.3월~	충청북도 (바이오산업과)	(사)충북바이오 신약융합원	
61	창업 사업화 실증지원 프로그램 운영		●	●	●						●							●	●	●				8	'23.3월	충청북도 (경제기업과)	(재)충북 창조경제혁신센터	
62	청년 창업 활성화 프로그램운영		●	●					만 39세 이하		●								●					1.8	'23.3월	충청북도 (청년정책담당관)	충청북도 기업진흥원	청년
63	이공계전지 스타트업 육성 플랫폼 구축사업		●	●					협약 후 분사 이전 기능 기업		●													2.8	'23.4월~	충청북도 (산업육성과)	(재)충북 창조경제혁신센터	
64	ICT디바이스랩 시제품 제작 및 사업화 지원	●	●						학생, 예비창업자, 초기 청년창업자				●	●	●			●	●					3.2	'23.4월	충청북도 (신성장동력과)	충북과학 기술혁신원	
65	충북 창업지원사업	●	●	●							●		●	●				●						15	상시	충청북도 (경제기업과)	(재)충북 창조경제혁신센터	
66	충청남도 새도약 청년창업지원사업	●	●						만 40~만 64세 이하		●					●								2.3	'23.3~4월	충청남도 (기업지원과)	충청남도경제 진흥원	중장년

연번	사업명	예비창업자	창업후 3년 이하 이내	3년 이상~5년 이내	5년 이상~7년 이내	7년 이상	재창업자	소상공인	기타 (교수, 학생 등)	R&D자금	사업화자금	기타자금(운영자 포함)	BM개발/고도화	시제품제작 등	시설창업비용	공간제공	창업교육	컨설팅/멘토링	경영/마케팅/투자/피칭/네트워크	행사/포럼/박람회 등	판로개척	홍보마케팅	해외진출	예산(억원)	사업공고일	소관부처	전담(주관)기관	비고
67	태안군 청년 스타트업	●							만 39세 이하(2명), 특화 사업(드론, 인공지능 등) 창업자		●	●												0.3	'22.12~ '23.1월	충청남도 태안군 (주민공동체과, 행정안전부)	–	청년
68	창업기업 양성 프로젝트		●						기술 및 지식서비스 기반 창업		●						●	●				●		7.5	'22.2~3월	전라북도 (청년지원과)	(재)전북창조경제혁신센터	
69	창업꿈나무 사업화 지원	●							고교 및 대학 창업동아리			●					●							1.3	'22.2~3월	전라북도 (청년지원과)	전라북도 (청년지원과)	청년
70	창업기업 전자상거래 판로지원사업		●						전자상거래 플랫폼 기반 창업기업			●					●	●						1.9	'23.3월	전라북도 (청년지원과)	전북창조경제혁신센터	
71	스타트업 파트너 연계 육성 지원		●		●													●						2	'22.2월	전라북도 (청년지원과)	(재)전북창조경제혁신센터	
72	전북 탄소중립 기술창업 지원		●	●	●						●		●	●				●						4	'22.3월	전라북도 (청년지원과)	(재)전북경제통상진흥원	
73	전북 성장육성 바우처 지원		●	●	●													●	●	●	●	●	●	3	'22.2월	전라북도 (청년지원과)	(재)전북창조경제혁신센터	신규
74	청년 희망기움사업	●	●						만 19~39세 이하		●	●					●	●						5.5	'23.2월	전라북도 군산시 (일자리정책과)	군산시 (일자리정책과)	청년
75	민관협력 위드코걸 청년창업 지원		●						만 39세 이하 (전국 대상)		●							●						10	'23.2월	전라북도 익산시 (기업일자리과)	익산시 (기업일자리과)	청년
76	청년 다이로움 창업지원		●	●					만 39세 이하(청년 고용 중인 기업)		●							●						6.5	'23.2월	전라북도 익산시 (기업일자리과)	원광대학교 (청년지원단)	청년

연번	사업명	지원대상								지원내용														예산(억원)	사업 공고월	소관부처	전담(주관)기관	비고
		예비창업자	창업 후 3년 이내	3년이상~5년이내	5년이상~7년이내	7년이상	재창업자	소상공인	기타(교수, 학생 등)	R&D자금	사업화자금	기타자금(운영자금 포함)	BM개발/고도화	시제품제작 등	시설장비지원	공간제공	창업교육	컨설팅/멘토링	대회/이벤트/박람회/페어 등	투자유치지원	판로개척지원	홍보및광고등	해외진출					
77	익산형 로컬 크리에이터지원		●	●					만 39세 이하 (전국 대상)		●	●					●	●						10	'23.3월	전라북도 익산시 (기업일자리과)	익산시 (기업일자리과)	
78	익산형 MVP 지원	●							만 39세 이하, 예비창업자 (전국 대상)		●	●					●	●				●		2.7	'23.7월	전라북도 익산시 (기업일자리과)	익산시 (기업일자리과)	
79	청년 기업 홍보비 지원		●		●				만 39세 이하;									●				●		0.5	'23.7월	전라북도 익산시 (기업일자리과)	익산시 (기업일자리과)	청년
80	남원시 청년 희망돋움 창업지원사업		●						만 39세 이하		●	●						●	●					1.8	'22.12월	전라북도 남원시 (기획실 청년정책 담당)	남원 청년메이커스 수탁기관	청년
81	지역특화산업 청년창업 지원 이음		●						만 39세 이하(지역전략 및 연고사업, 지역공예품 및 특산물 육성, 지역장인 육성 분야)		●	●						●						0.4	'23.1~2월	전라북도 정읍시 (지역경제과)	정읍시청년지원센터 청장마당	청년
82	정읍형 로컬 청년창업 패키지 지원사업	●	●						만 18세 이상~만 39세 이하		●	●						●						1.5	'23.1월	전라북도 정읍시 (성장전략실)	정읍시청년지원센터	청년
83	순천군 청년창업 지원사업		●						만 18세 이상~49세 이하(6개월 이상 지역 거주자)		●	●												1.5	'23.1월	전라북도 순천군 (경제교통과)	순천군 (경제교통과)	청년
84	조명특화 연계 청년창업지원	●							만 18~39세					●										5	'23.2~3월 (예정)	전라남도 (일자리경제과)	전남창조경제혁신센터	청년
85	청년 도전 창업 지원사업	●							만 18~39세 창업 희망하는 마련을 청년			●					●	●						34	'23.2~3월	전라남도 (일자리경제과)	전남창조경제혁신센터	청년

연번	사업명	예비창업자	창업후 3년 이내	3년 이상~5년 이내	5년 이상~7년 이내	7년 이상	재창업자	소상공인	기타 (교수, 학생 등)	R&D자금	사업화자금	기타자금(융자포함)	BM개발고도화	시제품제작 등	시설장비지원	공간제공	창업교육	멘토링/컨설팅	대회/이벤트/창업캠프	네트워크/교류회	판로개척	홍보마케팅	해외진출	예산(억원)	사업공고일	소관부서	전담(주관)기관	비고
86	전남형 지역연계 청년 창업지원	●	●	●	●												●	●			●	●	●	36	'23.10~11월	전라남도 (일자리경제과)	전남창조경제혁신센터	
87	목포시 (중소기업) 창업육성센터 지원사업		●						센터 입주기업				●	●				●	●	●		●		0.3	'23.3월	전라남도 목포시(지역경제과)	목포대학교(신약협력단), 목포해양대학교(신약협력단)	청년
88	영암 일자리 창업지원 플랫폼 구축 및 운영사업		●		●						●							●						2.3	'23.2월	전라남도 영암군(일자리경제과)	전남창조경제혁신센터(서부권센터)	
89	여수시 청년도전 창업 지원	●									●							●						2.5	'23.2월	전라남도 여수시(인구일자리과)	전남창조경제혁신센터	
90	여수시 청년 소상공인 맞춤형 방문 컨설팅		●		●				지역 소재 매출액 2억원 이하 개인사업자		●							●						0.8	'23.3월	전라남도 여수시(인구일자리과)	전남창조경제혁신센터	
91	진도군 희망브리지 청년 창업 지원사업		●		●				지역 거주 만 18~39세 이하		●							●						1.6	–	전라남도 진도군(일자리투자과, 행정안전부)	전남창조경제혁신센터	
92	지역상생 언택트마켓 청년리더 육성사업								지역 거주 만 19~39세 이하 (고용지원)			●				●								4.2	'23.1월	전라남도 무안군(미래성장과, 행정안전부)	지역청년고용진흥협회	
93	경북 청년CEO 심화 육성 지원		●						만 39세 이하		●							●				●		10	'23.1월	경북도청(청년정책관)	경북테크노파크(경북청년창업지원센터)	청년
94	북부권 청년창업지원 센터 운영	●	●						만 39세 이하의 청년 창업 3년 미만(청년예비청년 수료자)		●							●						6.2	'23.1월	경북도청(청년정책관)	경상북도 북부권 청년지원센터	청년

연번	사업명	예비창업자	창업후 3년이내	3년이상~ 5년이내	5년이상~ 7년이내	7년이상	재창업자	소상공인	기타 (교수, 학생 등)	R&D 자금	사업화 자금	기타자금 (융자포함)	BM개발/ 고도화	시제품 제작 등	시설장비 지원	공간 제공	창업 교육	컨설팅/ 멘토링	데모데이/ IR/피칭/ 네트워킹	특허 및 지식재산권 지원	판로 개척	홍보 마케팅	해외 진출	예산 (억원)	사업 공고일	소관부서	전담(주관)기관	비고
95	경북청년(예비)창업가 육성지원	●	●						만 39세 이하의 청업 청년 1년 미만		●						●	●						21.8	'23.2월	경북도청 (청년정책관)	22개 시군 (시군에서 지정한 운영 기관)	청년
96	영양군 청년창업 지원사업	●	●						만 49세 이하, 미취업 청년															2.4	'23.2월	경상북도 영양군 경제일자리과	-	청년
97	대학 특화 청년창업 활성화 지원	●	●						도내 청년 (예비)창업자															3	'23.2월	경상남도 (청년지원단)	경남창조경제혁신센터 (기획파트)	
98	경남형 재창업지원	●	●						예비 재창업자, 재창업자		●					●	●	●	●	●	●	●	●	1.2	'23.4월	경상남도 (청년지원단)	경남창조경제혁신센터 (사업파트)	
99	투자연계형 사업화 지원사업		●						기술기반 창업기업(3년 미만) 중 투자유치(10백 만원 이상) 실적을 보유한 기업		●													1	'23.1월	경상남도 (청년지원단)	경남창조경제혁신센터 (청년경영지원본부)	
100	청년 투자유치 역량 강화 지원사업		●	●	●				기술기반 창업기업		●						●	●	●	●	●	●	●	1.2	'23.1월 수시	경상남도 (청년지원단)	경남창조경제혁신센터 (청년경영지원본부)	
101	기술창업 크라우드펀 딩 지원사업		●	●	●				본사, 연구소, 지사 경남 소재 기업										●	●				0.8	'23.1월	경상남도 (청년지원단)	경남창조경제혁신센터 (청년경영지원본부)	
102	경남청년 일자리 플 러스 지원사업		●	●	●				기술기반 청년기업		●	●												4	'22.12월	경상남도 (청년지원단)	경남창조경제혁신센터 (청년경영지원본부)	청년
103	청년 지역 가치 창출 가 육성 지원		●						만 19~34세 청년		●	●						●						4.5	'23.2월 예정	경상남도 (청년정책 추진단)	경남 청조경제혁신센터	청년
104	여성 창업지원 서비스 지원	●							여성 예비창업자			●						●				●		0.5	'23.2월	경상남도 (여성정책과)	-	여성

연번	사업명	예비창업자	창업후 3년이내	3년이상~5년이내	5년이상~7년이내	7년이상	재창업자	소상공인	기타(교수, 학생 등)	R&D자금	사업화자금	기타자금(융자지원포함)	BM개발/고도화	시제품제작 등	시설창업비지원	창업공간제공	창업교육	컨설팅/멘토링	대회/IR/피칭/네트워킹	전시/박람회/페어지원	판로개척	홍보 및 마케팅	해외진출	예산(억원)	사업공고일	소관부처	전담(주관)기관	비고
105	여성 창업보육 사업	●							여성 예비창업자					●							●	●		0.1	'23.2월	경상남도 (여성정책과)	-	여성
106	청년기술창업수당		●				●		연매출액 2억원 미만, 3개월 이상 3년 이내 기술제조업자			●												2.9	'23.1월	경상남도 창원시 (미래신산업과)	창원시 (미래신산업과)	
107	청년 로컬크리에이터 육성지원 사업		●		●				만 19~39세 미만		●						●	●	●	●				0.5	'23.4월	경상남도 전주시 (기업통상과)	(재)경남창조 경제혁신센터	
108	전주시 모태펀드 출자사업		●							●							●		●					2	'23.1월~ '23.2월	경상남도 전주시 (기업통상과)	(주)경남벤처투자, (재)경남창조 경제혁신센터	
109	전주자산산업센터 입주기업 맞춤형지원 사업								전주자산산업센터 입주 29개사 내외				●	●										0.6	'23.2월	경상남도 전주시 (기업통상과)	미정	
110	김해형 액셀러레이팅 지원사업								지역 내 본사, 지사 소재 기업		●	●					●	●	●	●	●	●	●	0.6	'23.5월	경상남도 김해시 (투자유치과)	김해 의생명산업진흥원 (펀드투자운영(가)립)	
111	거제시 로컬크리에이터 육성 사업		●	●												●		●						1.4	'23.2월	경상남도 거제시 (조선산업지원과)	경남창조경제 혁신센터(예정)	
112	예비(재)창업자 조기 창업자금 지원사업	●					●		창업교육을 이수한 예비 및 재기 창업자		●	●												0.7	'23.1월	경상남도 함양군 (일자리경제과)	경남 함양군 (일자리경제과)	
113	제주관광 스타트업육성 사업				●						●	●							●	●				3.7	'23.2월	제주도 (관광정책과)	제주관광공사	
114	제주콘텐츠크리에이텀 운영	●	●								●	●												7	'23.2월	제주도 (문화정책과)	제주영상· 문화산업진흥원	

연번	사업명	예비창업자	창업후 3년이내	3년이상~5년이내	5년이상~7년이내	7년이상	재창업자	소상공인	기타 (교수/학생 등)	R&D자금	사업화자금	기타자금(융자포함)	BM개발/고도화	시제품제작등	시설장비지원	공간제공	창업교육	컨설팅/멘토링	데모데이/IR/피칭/네트워킹	투자유치지원	판로개척	홍보마케팅	해외진출	예산 (억원)	사업 공고일	소관부서	전담(주관)기관	비고
115	도내 ICT 기업 지원 사업		●	●	●				제주산업정보서비스에 등록된 기업·ICT 관련기업				●	●										1.1	'23.2월	제주도 (디지털융합과)	제주테크노파크 디지털융합센터	
116	여성 공동체 창업(사회적기업, 협동조합) 등 인큐베이팅 지원	●							경력단절 및 취약계층 여성		●	●						●						1.3	'23.2월	제주도 (여성가족청소년과)	인화로 사회적협동조합	여성
117	중소기업청업 프로젝트 지원사업	●															●	●						1.3	'23.2월	제주도 (소상공인기업과)	제주특별자치도 경제통상진흥원	
118	지식재산 기반 창업 촉진	●	●	●	●												●	●						5.3	'23.2월	제주도 (미래전략과)	제주 지식재산센터	
119	창신창업 성장 맞춤형 지원사업		●	●	●												●	●						2.7	'23.2월	제주도 (소상공인기업과)	제주 테크노파크	
120	창업도약패키지 지원사업		●	●	●				창업 도약기 해당 기업								●	●	●	●	●	●	●	1	'23.2월	제주도 (소상공인기업과)	제주 테크노파크	
121	청년창업 스케일업 지원사업		●	●					만 39세 이하													●		2.5	'23.2월	제주도 (소상공인기업과)	제주 테크노파크	신규/청년
122	청년농업인 청년 인큐베이팅 지원								도내 청년농업인								●					●		1.2	'23.2월	제주도 (친환경농어업정책과)	–	청년
123	수산선업 청년투자 지원사업	●	●	●	●				해양수산 분야 청업자				●	●								●		9	'23.2월	제주도 (수산정책과)	–	청년
124	청년창업 농 영농정착지원금 (제주시)		●						만18세 이상 40세 미만인 농업인		●	●												12.8	'23.1월	제주도 (제주시 농정과)	농림수산식품 교육문화정보원	청년 지원

◇ 기술개발(2건) 앞 표

연번	사업명	지원대상							지원대상 기타(교수·학생 등)	지원내용 자금지원 R&D자금	사업화자금	기타자금(융자포함)	기술개발(R&D) BM개발/고도화	시제품제작 등	시설/공간/보육/액셀러레이팅 시설장비지원	공간제공	창업교육	멘토링/컨설팅 등	행사/네트워크 IR/피칭/네트워킹	투자유치/데모데이	사업화지원 판로개척	글로벌 마케팅 등	해외진출	예산(억원)	사업 공고일	소관부처	전담(주관)기관	비고
		예비창업자	창업 후 3년 이내	창업 3년 이상~5년 이내	창업 5년 이상~7년 이내	7년 이상 재창업자	재창업자	소상공인																				
125	청년창업농 영농정착지원금(서귀포시)	●	●						만18세 이상 40세 미만인 농업인		●	●												10.3	'23.1월	제주도 (서귀포시 감귤농정과)	농림수산식품 교육문화정보원	청년지원

◇ 기술개발(2건)

연번	사업명	예비창업자	창업 후 3년 이내	창업 3년 이상~5년 이내	창업 5년 이상~7년 이내	기타(교수·학생 등)	R&D자금	공간제공	예산(억원)	사업 공고일	소관부처	전담(주관)기관	비고
1	보은군 창업자금 및 R&D센터 운영		●	●	●			●	-	'23.1월 (예정)	충청북도 보은군 (경제진흥과)	-	
2	백신 기술사업화 오픈이노베이션 업무협약 사업(예비창업자 및 창업기업 지원사업)		●	●	●	신약개발 창업기업	●		10.3	'23.1월	전라남도 (연구바이오산업과, 보건복지부)	(재)전남바이오 산업진흥원 생물의약연구센터	

◇ 시설·공간·보육(98건)

연번	사업명	예비창업자	창업 후 3년 이내	기타(교수·학생 등)	사업화자금	시제품제작 등	공간제공	창업교육	멘토링/컨설팅 등	IR/피칭/네트워킹	투자유치/데모데이	판로개척	글로벌 마케팅 등	해외진출	예산(억원)	사업 공고일	소관부처	전담(주관)기관	비고
1	서울창업허브 공덕			연내 투자유치 및 글로벌 진출가능 기업			●							●	160	'23.1월	서울시 (창업정책과)	서울산업진흥원	선정 중
2	서울창업허브 M+			벤처급 특화 스타트업			●								53.7	수시	서울시 (창업정책과)	서울산업진흥원	
3	서울창업허브 창동		●	도시문제 해결 관심기업 및 임팩트 기업				●	●	●	●	●	●		35	'23.1월	서울시 (창업정책과)	서울산업진흥원	
4	서울창업허브 성수		●		●			●	●	●	●				15	'23.1월	서울시 (창업정책과)	서울산업진흥원	
5	서울창업디딤터	●			●	●		●	●	●	●				13	'22.2월	서울시 (창업정책과)	광운대학교 산학협력단	
6	서울창업센터관악		●	신성장 동력 기업 (창업 2~7년 미만)			●	●				●	●	●	5.8	'21.12월	서울시 (창업정책과)	(재)서울창조경제혁신 센터	

연번	사업명	예비창업자	창업 후 3년 이내	3년 이상~5년 이내	5년 이상~7년 이내	7년 이상	재창업자	소상공인	기타(교수·학생 등)	R&D자금	사업화자금	기타자금(운영자금 포함)	BM개발/고도화	시제품제작 등	시설/창업공간지원	공간/장비제공	창업교육	컨설팅/멘토링	데모데이/IR/피칭/네트워킹	투자/업체지원	판로개척	홍보/마케팅	해외진출	예산(억원)	사업 공고일	소관부처	전담(주관)기관	비고
7	서울창업성장센터		●	●	●													●	●	●	●	●	●	74	미정	서울시 (창업정책과)	한국기술 벤처재단	
8	청년창업꿈터	●	●						만 39세 이하 입주기업		●					●	●	●				●		5.6	'22.3월	서울시 (창업정책과)	(주)오프놀	
9	도봉구 중소기업 창업보육센터 운영	●	●		●											●	●	●						2.3	'23.9월	서울시 도봉구	도봉구	
10	중소기업창업지원 센터 운영	●	●													●	●							0.3	연중 (연 3~4회)	서울시 동작구	동작구	
11	청년창업지원센터 운영	●		●											●	●	●	●						1	연중 (연 3~4회)	서울시 동작구	동작구	
12	마포비즈니스센터 운영	●	●													●	●	●						1.2	수시	서울시 마포구		
13	서대문구·서울시립 대학교 청년지원센터	●	●												●	●		●	●	●		●		0.5	수시	서울시 서대문구	서대문구·서울시립 청년지원단	
14	양천청년창업허브 운영	●														●								–	입주기업 퇴실 시	서울시 양천구	양천구	
15	청년디딤누리 운영	●														●								–	상반기 하반기	서울시 양천구	양천구	
16	청년 인큐베이팅 운영 (공유 주방 & 바리스 타 교육장)						●		요식업 예비창업자, 바리스타 자격증 취득 희망자							●	●	●						1.5	수시	서울시 양천구	양천구	
17	은평창업지원센터 운영	●	●								●					●		●	●	●				2.9	'23.상반기 중	서울시 은평구	은평창업지원센터	신규

연번	사업명	예비창업자	창업후 3년 이내	3년 이상~5년 이하	5년 이상~7년 이하	7년 이상	재창업자	소상공인	기타 (교수, 학생 등)	R&D자금	사업화자금	기타자금(융자포함)	BM개발고도화	시제품제작 등	시설창업비지원	공간제공	창업교육	멘토링/컨설팅	투자유치지원	행사/교류/네트워킹/홍보	판로개척	마케팅/홍보	해외진출	예산(억원)	사업공고일	소관부처	전담(주관)기관	비고
18	종로청년창업센터 운영		●						만 39세 이하							●	●	●						1.9	'22.12월	서울시 중구	종로문화재단 (문화사업팀)	청년
19	청년창업센터 종로청년큐브 운영	●	●						만 19~39세							●	●	●						2.6	'23.12월	서울시 중구	서울시 중구	청년
20	중랑청년창업지원센터	●	●		●				모집연령: 만 20~39세, ICT 분야의 (예비)창업가							●	●	●	●	●				1	'23.5월	서울시 중랑구	서울시 중랑구	
21	송파ICT 청년창업지원센터 운영	●	●													●	●	●						2.5	'23.1월	서울시 송파구	서울시 송파구	청년
22	서울창업카페 서초교대점		●				●								●	●								2.3	연중	서울시 서초구	서울시 서초구	
23	창업공간100 운영	●	●		●											●	●	●						2	수시공고	부산광역시 (창업벤처담당관)	(재)부산테크노파크	
24	센텀기술창업타운 운영								지역 투자사 및 기술창업기업				●	●		●	●	●	●	●				10.5	사업별 상이	부산광역시 (창업벤처담당관)	(재)부산테크노파크	
25	디딤스페이스		●		●				만 39세 이하							●	●	●						0.8	'23.下	부산진구 (일자리경제과)	위워크사면	청년
26	비상스페이스		●													●	●	●		●				0.3	'23.下	부산진구 (일자리경제과)	콜리지코너부산센터	청년
27	청년창조발전소 공유 사무실 입주 업체 모집		●						만 18~39세 이하							●								—	'23.下	부산진구청 일자리경제과 청년희망팀	청년창조발전소 디자인스프링	청년

연번	사업명	예비창업자	창업후 3년 이내	3년 이상~5년 이내	5년 이상~7년 이내	7년 이상	재창업자	소상공인	기타 (교수, 학생 등)	R&D자금	사업화자금	기타 자금(융자 포함)	BM 개발/고도화	시제품 제작 등	시설 창업지원	공간 제공	창업교육	컨설팅/멘토링	데모데이/IR/피칭/네트워킹	투자유치지원	판로개척	홍보 및 마케팅	해외진출	예산 (억원)	사업 공고일	소관부처	전담(주관)기관	비고
28	청년창조발전소 청년 가게 업주 모집		●						만 18~39세 이하							●								–		부산진구청 일자리경제과/청년희망계	청년창조발전소 디자인스프링	청년
29	전파메트로 청춘드림 센터 운영		●	●	●				만 18~39세 이하 (입주료 지원)			●												–	'23.下	부산시 진구청 관광과 지역특구계	부산진구청 관광과 지역특구계 (부서 자체 운영)	청년
30	금사 푸드앤마크 푸드청년 특화공간 지원	●							만 19세 이상 성인으로 금사 푸드앤마크 내 창업 의사가 있는 자									●						0.1	'23.上	부산시 금정구 (일자리경제과)	부산광역시 금정구 (일자리경제과)	신규
31	청년창조발전소 청년 플러스 운영	●	●						만 19~39세 이하							●	●	●						1.6	연중	부산시 금정구 (일자리경제과)	(주)스마트파머 (민간위탁)	청년
32	청년창업문화촌 운영		●						만 39세 이하							●								0.1	입주기업 계약만료 시	부산시 금정구 (일자리경제과)	부산광역시 금정구 (일자리경제과)	청년
33	섬유패션디자인 창업 보육센터 지원		●						섬유·패션디자인, 텍스타일디자인 관련					●			●	●				●		1.4	'23.1월	대구광역시	계명대학교 산학협력단	
34	C-LAB		●	●	●						●					●	●	●	●	●				5	'23.2월, 8월	대구광역시	대구창조경제혁신센터	
35	스포츠산업 창업지 원실 운영사업				●						●					●	●	●						1.3	'23.3월	인천광역시 (체육진흥과)	공모선정	
36	남동구 청년창업지원 센터 운영	●	●						인천시 거주 만 19~39세 이하									●						4.5	'23.5월	인천광역시 남동구 (일자리정책과)	–	청년
37	서구스타트업센터 입주 업주기업 모집		●						만 39세 이하, 서구 구민							●								1.3	'23.3월	광주광역시 서구청 (일자리청년지원과)	광주광역시 서구청 (일자리청년지원과)	청년

아래 표는 90도 회전되어 인쇄된 창업지원 사업 목록(연번 38~47)이다.

연번	사업명	예비창업자	창업 후 3년 이내	3년이상~5년이내	5년이상~7년이내	7년이상	재창업자	소상공인	기타(교수, 학생 등)	R&D자금	사업화자금	기타자금(융자 포함)	BM개발고도화	시제품제작 등	시설장비지원	공간제공	창업교육	컨설팅/멘토링	데모데이/IR/피칭/네트워킹	특허/법률/자문/지원	판로개척	홍보마케팅	해외진출	예산(억원)	사업 공고일	소관부처	전담(주관)기관	비고
38	창업생태계 조성 및 스타트업파크 운영		●	●					대전스타트업파크 입주기업								●	●	●	●				20	'23.1월	대전광역시	대전창조경제혁신센터 (창업생태계팀)	
39	대전창업성장캠퍼스 활성화 사업			●		●										●						●	●	17.9	상시	대전광역시 (창업진흥과)	대전테크노파크 (혁신기반지원팀)	
40	대전 서구 청년창업 지원센터 운영		●											●			●	●				●		1	'22.12월	대전 서구 (일자리경제과)	대전서구 청년창업 지원센터	
41	톡톡튀리 운영	●		●					만 18~39세 (제조업 운영)							●		●						6.5	'23.1월	울산시 (중소벤처기업과)	울산경제진흥원 (청업육성팀)	
42	지식기술 청년창업 지원	●		●					만 18~39세 (지식, 기술 분야)		●					●								3	'23.1월	울산시 (중소벤처기업과)	울산경제진흥원 (청업육성팀)	
43	울산 북구 청년창업 지원센터 제조공간 및 사무공간 제공		●	●					지역 내 만 18~39세 (제조업 창업자)					●	●		●	●						1.5	'23.2~3월	울산 북구 (경제일자리 담당관)	울산 창조경제혁신센터	청년
44	스타 비즈니스 센터 운영	●	●														●							1	'22.11월	울산 북구 (경제일자리 담당관)	울산 테크노파크 (기업지원단)	신규
45	꿈꾸는 청년대장간		●	●					만 39세 이하(제조업 기반 기업)							●								2	(수시) 중도퇴거자 발생 시	울산시 울주군 일자리정책과	울산경제진흥원	청년
46	세종보육공간 운영 사업	●	●	●											●	●		●						0.8	'23.3월	세종시	세종창조경제 혁신센터 (창업보육팀)	
47	스마트팜 인프라 운영 사업	●	●						시설·농산업 분야						●	●		●						0.7	'23.3월 예정	세종시	세종창조경제혁신센터 (지역혁신팀)	

연번	사업명	예비창업자	창업후 3년 이내	3년 이상~5년 이내	5년 이상~7년 이내	7년 이상	재창업자	소상공인	기타(교수/학생 등)	R&D자금	사업화자금	기타자금(융자포함)	BM개발/고도화	시제품제작 등	시설창업비 지원	공간제공	창업교육	건설팅/멘토링	대회/이벤트 지원	국내/외 교류/판로/창업네트워킹	판로개척	홍보/마케팅	해외진출	예산(억원)	사업공고일	소관부처	전담(주관)기관	비고
48	세종창업기운센터 운영사업	●	●	●	●				입주기업 외 창업 관심자						●		●	●						1.7	'23.2월	세종시	세종창조경제혁신센터 (청년보육팀)	
49	스타트업 캠프 운영지원		●						4차 산업혁명 분야								●	●						4.9	'23.1월	경기도 (창업성장팀)	경기도경제과학진흥원 (벤처성장팀)	
50	경기 창업허브 운영		●												●		●	●						8	'23.3월	경기도 (창업허브팀)	경기도경제과학진흥원 (창업허브팀)	
51	Station-G(안산) 운영지원		●													●								2.3	'23.10월	경기도 (창업성장팀)	경기도경제과학진흥원 (벤처성장팀)	
52	경기(벤처)창업지원센터 운영		●											●		●					●	●	●	14.5	수시	경기도 (창업성장팀)	경기도경제과학진흥원 (벤처성장팀)	
53	창업지원센터(동부권) 조성 및 운영		●													●					●	●	●	12	수시	경기도 (창업성장팀)	경기도경제과학진흥원 (벤처성장팀)	
54	창업지원센터(남부권) 조성 및 운영		●													●					●	●	●	16.6	수시	경기도 (창업성장팀)	경기도경제과학진흥원 (벤처성장팀)	
55	북부 경기문화 창조하브 운영	●							디자인·콘텐츠 융복합 분야		●								●	●	●	●	●	18	'23.2월	경기도 (콘텐츠정책과)	경기콘텐츠진흥원 (북부권역센터)	
56	판교 경기문화 창조하브 운영	●							문화콘텐츠 분야		●								●	●	●	●	●	15	'23.2월	경기도 (콘텐츠정책과)	경기콘텐츠진흥원 (남부권역센터)	
57	여성창업플랫폼 운영		●						도내 여성						●		●	●			●	●	●	4.1	연중 수시	경기도 (일가정지원과)	경기도일자리재단(여성능력개발본부)	여성
58	여성창업성장센터 운영		●	●					여성창업자						●		●	●			●	●	●	1.4	'22.7월	경기도 (일가정지원과)	경기도일자리재단 (여성능력개발본부)	여성
59	북부 경기 문화창조 하브 지원								제조업, 디자인, 콘텐츠 융합 분야						●						●	●	●	25	'23.1월	경기도	경기도 콘텐츠정책과 의정부시 기업경제과	

연번	사업명	예비창업자	창업후 3년이내	3년이상~5년이내	5년이상~7년이내	7년이상	재창업자	소상공인	기타 (교수, 학생 등)	R&D자금	사업화자금	기타자금(운영자금포함)	BM개발/고도화	시제품제작 등	시설창업비지원	공간제공	창업교육	컨설팅/멘토링	판로/유통/마케팅/홍보 등	투자유치지원	판로개척	홍보 및 마케팅	해외진출	예산(억원)	사업 공고일	소관부처	전담(주관)기관	비고
60	경민대학교 창업보육센터 운영지원	●	●						벤처기업 및 기술창업형 초기기업							●		●			●	●	●	0.3	'23.1월	경기도 청년지원과, 중기부	의정부시 기업경제과	
61	의왕시 창업지원공간 유니콘로드 운영	●	●														●		●	●				-	'23. 6월 예정	경기도 의왕사천 (기업지원과)	-	
62	용인시산업진흥원 창업지원센터 운영	●	●	●	●	●									●	●	●	●	●	●	●	●	●	0.5	'23. 수시	경기도 용인시 (기업지원과)	용인시산업진흥원 (창업지원팀)	
63	용인시 창업지원센터 운영	●	●	●	●	●									●	●	●	●	●	●	●	●	●	3.6	'23. 수시	경기도 용인시 (기업지원과)	용인시산업진흥원 (창업지원팀)	
64	용인 드림 1인창업센터 운영	●	●						만 40세 미만 청년 혹은 여성대표자						●	●	●	●			●	●	●	1.6	'23. 수시	경기도 용인시 (기업지원과)	용인시산업진흥원 (창업지원팀)	여성
65	용인예술과학대학교 창업보육센터	●	●						입주기업 38개 (2022년 기준)															1	'23.1월	경기도 용인시, 경기중기청	용인예술과학 대학교 창업보육센터	
66	성남시 여성비전센터 창업지원실 운영	●	●						창업 2년 이내 여성기업							●	●	●						0.3	'23. 상반기	경기도 성남시 (여성가족과)	성남시 여성비전센터	여성
67	청년창업기업 액셀러레이팅 지원	●	●						만 39세 이하		●				●	●	●	●	●	●				3.7	'23.2월	경기 안양시청 (기업경제과)	안양산업진흥원 (창업성장부)	청년
68	청년오피스	●	●						청년							●	●	●						3.5	'23.1월	경기 안양시청 (기업경제과)	안양산업진흥원 (창업성장부)	청년
69	청년큐브	●	●													●	●	●						11	'23.2월	경기 안산시 (청년정책과)	(재)경기 테크노파크	청년
70	안산시 청년몰								만 39세 이하 안산시민			●			●	●	●	●			●	●	●	2	상시	경기 안산시 (청년정책과)	(재)청년산업육성재단 (경영지원부)	청년
71	군포 창업 오픈스페이스 지원사업	●	●						관내 청년 및 신중년										●	●				0.1	수시	경기 군포시 (일자리기업과)	군포산업진흥원	청년, 중장년

연번	사업명	지원대상								지원내용													예산 (억원)	사업 공고월	소관부처	전담(주관)기관	비고
		예비창업자	창업후 3년 이내	3년 이상~5년 이내	5년 이상~7년 이내	7년 이상	재창업자	소상공인	기타 (교수, 학생 등)	자금지원			기술개발 (R&D)		시설/공간/보육/액셀러레이팅				행사/네트워크	사업화지원							
										R&D 자금	사업화 자금	기타 운영 자금(응급 포함)	BM 개발/ 고도화	시제품 제작 등	시설 창업비 지원	공간 제공	창업 교육	컨설팅/ 멘토링 등	대규모 IR/ 피칭/ 네트워크 행사	판로 개척	홍보 마케팅	해외 진출					
72	청년 외식창업 공동체 공간조성		●	●	●				청년 창업가			●				●							0.6	'23.1월	강원 춘천시 (식품산업과)	㈜이올리	청년
73	근화동396 청년 창업 공간 운영	●	●	●					(예비)청년창업가		●	●								●	●		7.2	연중	강원 춘천시 (기업지원과)	근화동396 청년창업지원센터	청년
74	2023년 홍천군 청년창업 지원사업		●		●				19세 이상 47세 이하인 지역주민			●									●		1.7	'23.1월	강원 홍천군 (일자리경제과)	홍천군 (일자리경제과)	청년
75	고성 평생설리 청년창업지원		●						만 19~39세 이하 (1년 이내 초기창업자)														0.8	'23.1월	강원 고성군 (경제재생과)		청년
76	청년창업 및 빈점포 창업 지원사업		●	●					39세 이하/ 40~65세 이하		●						●	●					0.5	'23.1~2월	강원 인제군 (경제협력과)		청년
77	충북 창업스타티움 운영		●	●											●	●							0.6	'23.1월~	충청북도 (경제기업과)	충북 창조경제혁신센터	
78	창업마루나비 운영		●	●												●							4.9	'23.1~12월	충청남도 (기업지원과)	충남창조경제 혁신센터	
79	전북미래신업 청년기 술창업가 육성		●	●					만 39세 이하 청년기술창업가						●		●	●		●	●	●	5	'23.3월	전라북도 (청년지원과)	전북창조경제 혁신센터	청년
80	군산 STAY 청년창업 주거지원사업		●						만 19~39세 이하(타 시 군에 주소지나 군산에서 창업 예정)			●				●							1.1	'23.2월	전라북도 군산시 (일자리정책과)	LH 전북본부	청년
81	수제청튜플랫폼 운영·지원사업		●						만 19~49세 이하 수제청 창작 부야														0.5	'22.11월	전라북도 군산시 (일자리정책과)	–	막거리 제외
82	청년(예비)창업자 인프라 구축 지원		●						만 39세 이하 (창업 1년 이내)		●	●						●					1	'23.5월	전라북도 익산시 (기업일자리과)	–	청년

연번	사업명	예비창업자	창업 후 3년 이내	3년 이상~5년 이내	5년 이상~7년 이내	7년 이상	재창업자	소상공인	기타 (교수, 학생 등)	R&D자금	사업화자금	기타자금(융자포함)	BM개발/고도화	시제품제작 등	시설창업비지원	공간제공	창업교육	컨설팅/멘토링	데모데이/IR/피칭/행사/네트워킹	멘토/자문/자원/지원	판로개척	유통마케팅	해외진출	예산(억원)	사업 공고일	소관부처	전담(주관)기관	비고
83	청년창업 드림카 구입 지원	●	●						만 39세 이하			●												1	'23.1월	전라북도 익산시 (기업일자리과)	-	청년
84	청년기업 안정화 임대료 지원				●				만 39세 이하			●					●	●						0.5	'23.5월	전라북도 익산시 (기업일자리과)	-	청년
85	진안군 청년창업 지원사업		●		●				만 18~45세 이하			●			●									1.4	'23.3월	전라북도 진안군 (농촌활력과)	-	청년
86	활력 고창 청년창업 지원사업		●						만 39세 이하			●				●								0.3	'23.1월	전라북도 고창군 (신활력경제정책관)	-	청년
87	문화콘텐츠 창업보육센터 운영		●						문화 콘텐츠 분야															0.6	'23.2월	전라남도 (문화예술과)	전남정보문화산업진흥원	청년
88	영광군 청년창업지원사업		●		●				만 18~45세 이하 (창업 1년 미만)			●												1.0	'22.2월	전라남도 영광군 (인구일자리정책실)	전라남도 영광군 (인구일자리 정책실)	청년
89	목포벤처문화창업 지원센터		●			●			IT/SW · 문화산업 분야					●								●		5	'23.4월	전라남도 목포시 (지역경제과)	전남창업문화산업진흥원(청년지원팀)	청년
90	청년 창업공간 지원사업		●						만 19~39세 이하			●												1.5	'23.1월	경상북도 김천시 일자리경제과	-	청년
91	청년 창업공간 리모델링 지원사업		●						만 18~45세 이하(창업 1년 미만)			●												0.3	'23.5월	경상북도 고령군 인구정책과	-	청년
92	청년 창업아카데미		●						만 39세 이하							●	●	●						10	'23.7월	경상남도 (청년지원단)	경남조선경제혁신센터 (청년경영지원부)	청년
93	수도권 투자거점 구축 활용 지원사업																			●				1	'23.수시	경상남도 (청년지원단)	경남조선경제혁신센터 (청년경영지원부)	청년
94	청년사업자 임차료 지원사업		●									●												0.4	'23.1월, 7월	경상남도 함양군 (일자리경제과)	경남 함양군 (일자리경제과)	신규

연번	사업명	예비창업자	창업후 3년 이내	3년 이상~5년 이내	5년 이상~7년 이내	7년 이상	재창업자	소상공인	기타(교수, 학생 등)	R&D자금	사업화자금	기타자금(융자금 포함)	BM개발/고도화	시제품제작 등	시설 창업비 지원	공간 지원 제공	창업교육	컨설팅/멘토링	데모데이/IR/피칭/네트워킹	투자유치지원	판로개척	홍보마케팅	해외진출	예산(억원)	사업 공고일	소관부처	전담(주관)기관	비고
95	청년시 창업지원센터		●	●	●				기술창업기업						●	●		●						1.6	연중	경상남도 창원시 (미래산업과)	(재)창원산업진흥원 (청년지원팀)	
96	김해형 창업사관학교 운영사업		●	●											●	●	●	●	●	●	●	●	●	0.9	'23.3월	경상남도 김해시 (투자유치과)	김해의생명산업진흥원	
97	창업보육센터 입주료지원사업			●								●												0.3	'23.2월	경상남도 양산시 (미래산업과)	양산시 (미래산업과)	
98	START2030 청년창업존		●						만19~39세			●			●									0.3	수시	경상남도 양산시 (일자리경제과)	양산시 (일자리경제과)	

◇ 멘토링·컨설팅(55건)

연번	사업명	예비창업자	창업후 3년 이내	3년 이상~5년 이내	5년 이상~7년 이내	7년 이상	재창업자	소상공인	기타(교수, 학생 등)	R&D자금	사업화자금	기타자금(융자금 포함)	BM개발/고도화	시제품제작 등	시설 창업비 지원	공간 지원 제공	창업교육	컨설팅/멘토링	데모데이/IR/피칭/네트워킹	투자유치지원	판로개척	홍보마케팅	해외진출	예산(억원)	사업 공고일	소관부처	전담(주관)기관	비고
1	구로구 창업지원센터 운영	●							만 19세 이상 예비창업자 및 3년 이내 초기창업자						●	●		●	●					1.7	'23.1월	서울시 구로구	서울벤처인큐베이터(SVI)	
2	구로구 청년 창업지원센터	●							만 19세 이상 예비창업자 및 3년 이내 초기창업자							●		●	●					2	'23.1월	서울시 구로구	서울시 구로구	청년
3	구로구 청년 창업교육 및 컨설팅	●							창업에 관심 있는 (일반인, 청업자 등)								●	●						1	수시	서울시 구로구	서울시 구로구	청년
4	창성아이숍센터 및 청년이음 창업체험센터 운영							●	송파구에 거주하는 경력단절자 및 청년, 주부계층							●								1.3	'23.2월, 6월	서울시 송파구	서울시 송파구	
5	양천 청년지원센터 운영							●	창업을 희망하는 관내 예비창업자								●							1.9	'23.5월	서울시 양천구	서울신용보증재단	
6	소상공인 창업아카데미							●	중랑구민 중 예비창업자 및 업종전환 희망자 등								●							0.01	'23.5월	서울시 중랑구	서울신용보증재단	

연번	사업명	지원대상								지원내용														예산(억원)	사업 공고일	소관부처	전담(주관)기관	비고
										자금지원			기술개발(R&D)		시설/공간/보육/액셀러레이팅				행사/네트워크		사업화지원							
		예비창업자	창업후 3년이내	3년이상~5년이내	5년이상~7년이내	7년이상	재창업자	소상공인	기타(교수, 학생 등)	R&D자금	사업화자금	기타자금(융자포함)	BM개발/고도화	시제품제작등	시설장비지원	공간제공	창업교육	컨설팅/멘토링	데모데이/IR/피칭/네트워킹	투자유치지원	판로개척	홍보마케팅	해외진출					
7	부산창업촉진지구 지원	●	●	●	●				지역 예비창업자 및 7년 이내 창업기업															8	사업별 상이	부산시 (창업벤처 담당관)	(재)부산테크노파크	
8	메이커 활성화사업	●	●	●	●	●	●	●	일반시민 및 학생						●	●	●					●		2.3	'23.2~3월	부산시 (창업벤처 담당관)	(재)부산경제진흥원	
9	청년 창업오피스 지원								만 39세 이하, 창업 7년 이내					●	●	●	●	●				●		0.6	'22.12월	부산시 사상구청	부산벤처기업협회	
10	신계념 세대융합 청년 창업지원	●	●						만 39세 이하, 창업 3년 이내 기업, 예비창업자									●						0.9	'23.2월	인천광역시 (투자창업과)	인천창조경제혁신센터	청년
11	폼 플랫폼 활용지원	●	●	●	●				창업 7년 이내 청년 스타트업								●	●						3.4	'23.3월	인천광역시 (인천경제자유 구역청 스마트 시티과)	인천테크노파크	청년
12	청년 스타트업 액셀러레이팅	●	●	●	●				창업 7년 이내 청년 스타트업		●							●						3.4	'23.3월	인천광역시 (인천경제자유 구역청 스마트 시티과)	인천테크노파크	청년
13	청년 스타트업 인큐베이션	●	●	●	●				창업 7년 이내 청년 스타트업									●						1.8	'22.10월	인천광역시 (인천경제자유 구역청 스마트 시티과)	인천테크노파크	청년
14	지피지기 투자유치 지원사업		●	●	●				창업 7년 이내 기업 (인천 소재)															1	'23. 6월	인천광역시 (투자창업과)	인천테크노파크	
15	창업카페 운영	●	●	●	●	●	●	●	창업에 관심 있는 인천시민 누구나						●		●							1.9	'23.2~3월 (창업 모임)	인천광역시 (투자창업과)	인천테크노파크	

연번	사업명	예비창업자	창업후 3년 이내	3년이상~5년이내	5년이상~7년이내	7년이상	재창업자	소상공인	기타(교수, 학생 등)	R&D자금	사업화자금	기타자금(융자포함)	BM개발/고도화	시제품제작 등	시설장비지원	공간제공	창업교육	컨설팅/멘토링	대회/데모데이/피칭/경진대회/박람회	판로개척	홍보/마케팅	해외진출	예산(억원)	사업 공고월	소관부처	전담(주관)기관	비고
16	e-다누리 지원사업	●	●	●	●				다문화 가족 구성원 및 외국인 주민 등 창업자								●						0.2	'23.3월	인천광역시 (투자창업과)	인천 부평구 다문화가족지원센터	
17	세대별 맞춤형 예비창업자 창업자금 지원	●							공고일 기준 사업자등록을 하지 않은 자 또는 2023.1.1.이후 창업자 또는 사업선정 후 3개월 이내에 창업 가능한 자		●						●	●			●		1	'23.3월 예정	광주광역시 북구	광주광역시 북구 (한국발명진흥회 광주지부)	
18	동구 소상공인 (예비창업자) 창업스쿨	●							동구 소상공인, 예비창업자, 청년 등								●						0.1	'23.4월	광주광역시 동구 (일자리경제과)	광주광역시 동구 (창업지원센터)	
19	동구 맞춤형 경영컨설팅	●							동구 소상공인, 예비창업자, 청년 등								●						0.1	'23.6월	광주광역시 동구 (일자리경제과)	광주광역시 동구 (창업지원센터)	
20	로컬크리에이터 양성	●							관내 대학 컨소시엄								●						3.6	'22.12월	대전광역시 (청년진흥과)	대전광역시 (청년진흥과)	
21	창업보육 경쟁력 강화사업	●							창업보육센터 입주기업								●						3.2	'23.3월	대전광역시	대전 일자리경제진흥원 (창업지원)	
22	청의 인재육성 특성화 사업	●							관내 중학생, 고등학생								●	●					1.0	'23년 수시	대전광역시	대전 일자리경제진흥원 (청년지원실)	
23	울주청년 창업아카데미		●						만 39세 이하, 예비창업자 또는 창업 3년 이내 기업							●	●	●					5	'23.1월	울산 울주군 일자리정책과, 중기부	중소벤처기업진흥공단 (청년지원단)	청년
24	울주형 지역산업 맞춤형 전문인력 육성사업	●							만 39세 미만 청년								●						1.5	'23.1월	울산 울주군 일자리정책과	울산 사회적경제 지원센터	청년

연번	사업명	예비창업자	창업 후 3년 이내	3년 이상~5년 이내	5년 이상~7년 이내	7년 이상 창업자	재창업자	소상공인	기타(교수, 학생 등)	R&D자금	사업화자금(융자포함)	기타자금(정책보조 등)	BM개발/고도화	시제품제작지원 등	시설창업비지원	공간제공	창업교육	건설팅/멘토링	대회/경진대회/박람회/네트워킹	판로개척	홍보마케팅	해외진출	예산(억원)	사업 공고일	소관부처	전담(주관)기관	비고
25	사회적경제 창업 지원(지자체경상보조)	●							(교육) 경기도민, (창업지원) 사회적경제 교육 수료자 및 예비 창업가(팀)								●						4	시·군별 상이	경기도 (사회적경제과)	31개 시·군	
26	용인시 산업진흥원 1인크리에이터 양성 과정 운영	●							용인시 소재 청년(만 40세 미만) 및 경력단절여성								●						0.5	'23.5월	경기도 용인시 (창업지원과)	용인시산업진흥원 (창업지원팀)	
27	실전 창업아카데미 교육 운영	●							관내 창업 및 예비·창업자								●						0.1	'23.3월/9월	경기도 군포시 (일자리기업과)	군포산업진흥원 (일자리경제과)	청년, 중장년
28	안성시 창업컨설팅 지원사업	●	●						안성시에서 창업을 준비 중, 창업 후 3년 이내 초기 창업가									●					0.1	'23.2월	경기 안성시 (일자리경제과)	–	
29	「강원형 벤처펀드」투자생태계 조성사업		●	●	●				강원도내 벤처·창업 기업									●	●				1.5	연중	강원도 (기업지원과)	(재)강원 테크노파크 (지역사업단)	
30	창업여성 건설팅 및 인큐베이팅 지원		●						예비 및 3년 이내 초기 창업자								●						0.5	'23.4월~	충청북도 (양성평등가족정책관)	충북광역여성 새로일하기센터	여성
31	바이오 창업아카데미 운영	●							제약사, 스타트업, 대학, 투자사 등								●						2	'23.4월, 9월	충청북도 (바이오 산업과)	(재)충북 창조경제혁신센터	
32	충북 공공데이터 활용 창업경진대회 및 수상자 컨설팅 지원	●							공공데이터에 관심 있는 일반인, 예비창업자								●						0.5	'23.5월~	충청북도 (신성장동력과)	충북과학 기술혁신원	

연번	사업명	예비창업자	창업후 3년 이내	3년이상~5년이내	5년이상~7년이내	7년이상	재창업자	소상공인	기타 (교수, 학생 등)	R&D자금	사업화자금	기타 (자금융자 등 포함)	BM개발/고도화	시제품제작 등	시설/창업공간지원	공간지원	창업교육	컨설팅/멘토링/교육	대회/이벤트/페스티벌/네트워킹	판로개척	홍보마케팅	해외진출	예산 (억원)	사업 공고일	소관부처	전담(주관)기관	비고
33	여성창업 역량강화 해외 벤치마킹		●	●	●				여성창업기업													●	0.3	'23. 상반기	충청북도 (양성평등 가족정책관)	충북광역여성 새로일하기센터	여성
34	충북 블록체인전문 센터 운영	●	●	●	●				예비창업자, 청년기업								●						2	상시	충청북도 (신성장 동력과)	충북과학 기술혁신원	청년
35	청년창업 아카데미	●							만 39세 이하, 청년 누구나								●						0.1	'23.3월	전라북도 익산시 (기업일자리과)	익산시 (기업일자리과)	청년
36	시군청년혁신가 예비창업 지원 사업	●							50명 만 39세 이하 시군 (예비)창업가								●	●					5	'23.3월	전라북도 (청년지원과)	(재)전북창조경제혁신 센터	청년
37	부안군 청년창업 초기성장 지원사업		●						만 39세 이하 청년 기술창업가												●		0.2	'23.3월	전라북도 부안군 (청년지원과)	—	
38	전남은둔청년 운영사업	●	●						전남도민			●						●					4	'23.1월	전라남도 (중소벤처기업과)	전남창조경제혁신센터	청년
39	기업멘토형 청년창업 운영사업		●	●	●				전남 창업 7년 이내 청년 청년창업자(39세 이하)									●					3.5	'23.2~3월 (예정)	전라남도 (일자리경제과)	전남정보문화산업 진흥원	청년
40	전라남도 사회적경제 청년 창업 아카데미	●							전남도민 중 만 19세 이상 39세 이하 청년 (모집인원 30%에 한해 연령 제한 없음)									●					0.4	'23.7월	전라남도 (사회적경제과)	사단 법인 상생 나무	청년
41	신안군 "와보랑께" 청년창업지원	●							만 49세 이하								●						1.5	'23.2월	전라남도 신안군 (경제유통과), 행정안전부	전남창조경제혁신센터 서부사무소	청년

연번	사업명	예비창업자	창업후 3년이내	3년이상~5년이내	5년이상~7년이내	7년이상	재창업자	소상공인	기타 (교수, 학생 등)	R&D자금	사업화자금	기타자금(융자포함)	BM개발고도화	시제품제작(시작품등)	시설창업비지원	공간제공	창업교육	컨설팅/멘토링	투자유치지원	멤버링/교류회/네트워킹	판로개척	홍보마케팅	해외진출	예산(억원)	사업공고일	소관부서	전문(주관)기관	비고
42	청년창업 플랫폼 운영	●							포항시 거주 창업준비 청년 누구나								●	●						2		경상북도 포항시 (일자리경제 노동과)	–	청년
43	청년 맞춤형 창업지원 교육	●							만 45세 이하, 군위군 청년								●							0.1	'23.1월	경상북도 군위군 (경제과)	전문운영기관 위탁	청년
44	로컬 크리에이터 육성사업	●							관내 예비 또는 기창업 청년											●				0.2	'23.3월	경상북도 봉화군 (새마을일자리 경제과)	주관기관 미지정	청년
45	대학 특화 청년창업자 액셀러레이팅	●							도내 청년 (예비)창업자											●				3	'23.2월	경상남도 (청년지원단)	경남창조경제혁신센터 (기획파트)	
46	여성 창업교육 프로그램 운영	●							여성 예비창업자								●			●				0.3	'23.2월	경상남도 (여성정책과)	경상남도 여성 정책과	여성
47	경남형 스타트업 액셀러레이팅	●	●	●	●				경남지역 신성장산업(항공우주, 에너지, 방산) 분야 등 기술기반 예비창업자 및 창업 7년 미만 창업기업		●					●	●		●					7	'23. 3월	경상남도 (창업지원단)	경남창조경제혁신센터 (투자파트)	
48	기술창업 멘토 뱅크사업	●	●						기술창업기업 또는 (예비)창업자 5개사									●						0.4	'23.2월	경상남도 창원시 (미래산업과)	민간보조 사업자	
49	스타트업 액셀러레이팅 지원	●	●						기술창업기업 18개사 (일반 8, 글로벌 10)								●	●						1	'23.6월	경상남도 창원시 (미래산업과)	(재)창원산업진흥원 (창업지원팀)	
50	크라우드펀딩 지원사업	●	●						진주시에 본사 소재한 7년 미만 (예비) 창업기업									●	●					0.6	'23.4월	경상남도 진주시 (기업통상과)	(재)경남창조 경제혁신센터	

연번	사업명	지원대상								지원내용															예산(억원)	사업 공고일	소관부처	전담(주관)기관	비고
		예비창업자	창업 후 3년 이내	3년 이상~5년 이내	5년 이상~7년 이내	7년 이상	재창업자	소상공인	기타 (교수, 학생 등)	자금지원			기술개발(R&D)		시설/공간보육/액셀러레이팅				행사/네트워크		사업화지원							
										R&D자금	사업화자금(융자포함)	기타 자금지원(융자포함)	BM개발/고도화	시제품제작등	시설·장비지원	공간제공	창업교육	컨설팅/멘토링/진단	대회/이벤트/캠페인	투자유치지원	판로개척	홍보마케팅	해외진출					
51	제주지역 활용형 청년지원사업	●	●	●	●				제주지역 활용형 예비청년자 및 창업기업(업력 7년 이내)															0.7	'23.2월	제주도 (소상공인 기업과)	제주특별자치도 경제통상진흥원	
52	제주향토음식 엄마의 교실 운영								창업 요리교실 수강 신청자 (규모)								●							0.2	'23.2월	제주도 (식품원예과)	제주향토음식명인 감지순, 제주향토음식 명인 고정순	
53	귀농창업 보수 교육 및 워크숍								귀농인, 신규 농업인 등								●	●						0.1	'23.2월	제주도 (농업기술원 기술지원조정과)	제주특별자치도 경제통상진흥원	
54	탐나는 디지털창작소 운영사업	●							예비창업자						●									1	연중 수시	제주도 (소상공인 기업과)	제주특별자치도 경제통상진흥원	
55	(예비)사회적기업 창업 인큐베이팅 지원사업	●							사회적기업 창업하고자 하는 예비창업인 또는 기창업인									●						0.3	'23.1월	제주도 (서귀포시 경제일자리과)	서귀포시회적 경제복지센터	

◇ 행사·네트워크 (26건)

연번	사업명	예비창업자	창업 후 3년 이내	3년 이상~5년 이내	5년 이상~7년 이내	7년 이상	재창업자	소상공인	기타 (교수, 학생 등)	R&D자금	사업화자금(융자포함)	기타 자금지원(융자포함)	BM개발/고도화	시제품제작등	시설·장비지원	공간제공	창업교육	컨설팅/멘토링/진단	대회/이벤트/캠페인	투자유치지원	판로개척	홍보마케팅	해외진출	예산(억원)	사업 공고일	소관부처	전담(주관)기관	비고
1	송파 청년CEO포럼	●	●						송파구에서 활동하고 있는 (예비)청년경영가 누구나											●				0.1	'23. 6~7월	서울시 송파구	서울시 송파구	
2	아시아 창업엑스포 FLY ASIA 2023		●	●					창업기업, 투자사 등											●				15	'23.3분기 (예정)	부산광역시 (창업벤처담당관)	(재)부산테크노파크	
3	대구 스타트업 리더 스포럼		●	●					7년 이내 스타트업 및 엔젤투자자								●	●						2	상시 모집	대구광역시	대구창조경제혁신센터	
4	대구스타트업어워즈	●							스타트업, 액셀러레이터, 예비창업자, 지원기관 등 창업생태계 관계자		●													1	'23.9월	대구광역시	대구창조경제혁신센터	

연번	사업명	예비창업자	창업후 3년 이내	3년이상~5년이내	5년이상~7년이내	7년이상	재창업자	소상공인	기타(교수·학생 등)	R&D자금	사업화자금	기타자금(융자포함)	BM개발/고도화	시제품제작지원 등	시설장비지원	공간제공	창업교육	컨설팅/멘토링	데모데이/IR/피칭/네트워킹	투자연계지원	판로개척	홍보마케팅	해외진출	예산(억원)	사업공고일	소관부처	전담(주관)기관	비고
5	스파크 IR DAY		●	●	●				바이오헬스 및 4차산업혁명 창업 7년 이내 기업 (인천지역)									●	●					3.1	'23.3월	인천광역시 (인천경제자유구역청 스마트시티과)	인천테크노파크	
6	유연탐사 프로그램	●	●	●	●				바이오헬스 및 4차산업혁명 창업 7년 이내 기업										●			●		2.3	'23.3월	인천광역시 (인천경제자유구역청 스마트시티과)	인천테크노파크	
7	창업커뮤니티 네트워크 구축	●							창업에 관심이 있는 누구나										●					1.5	'23.3월	대전광역시	대전창조경제혁신센터 (창업생태계본부)	
8	창업지원기관 창업 프로그램 운영	●	●	●	●				세종시민, 세종시 7년 이내 (예비)창업기업, 창업지원기관(관계자)								●		●	●				0.2	'23.7월	세종시	세종창조경제혁신센터 (청년지원팀)	
9	세종 기업형 로컬크리에이터 성장지원	●							세종시 (예비)로컬크리에이터이다										●					1.4	'23.3월	세종시	세종창조경제혁신센터 (지역혁신팀)	신규
10	변화와 기회의 경기 창업공모	●	●						예비 또는 창업 3년 이내 기업									●		●				2.5	'23.3월	경기도 (창업지원과)	경기도경제과학진흥원 (벤처기반팀)	
11	부천창업 리그 운영		●						창업 3년 이내 기업									●						0.3	'23.3월	경기도 부천시 (기업지원과)	부천산업진흥원 (청년성장팀)	
12	군포 청년 창업 (도전 G-스타트업) 경진대회	●	●						관내 청년 예비·초기 창업자		●							●						0.1	'23.3월	경기도 군포시 (일자리기업과)	군포산업진흥원	신규/청년
13	용인시 산업진흥원 창업기업 투자유치 지원		●	●	●				용인시 소재 7년 미만 창업기업										●					0.1	'22.4, 8월	경기도 용인시 (기업지원과)	용인산업진흥원 (창업지원팀)	신규

연번	사업명	예비창업자	창업 후 3년 이내	3년 이상~5년 이내	5년 이상~7년 이내	7년 이상	재창업자	소상공인	기타 (교수, 학생 등)	R&D자금	사업화자금	기타자금(융자포함)	BM개발/고도화	시제품제작 등	공간제공	시설장비제공	창업교육	컨설팅/멘토링	행사/네트워킹	투자유치지원	판로개척	홍보마케팅	해외진출	예산 (억원)	사업 공고월	소관부처	전담(주관)기관	비고
14	청년창업 공모대전	●	●	●	●				예비창업자, 직장인, 일반인, 학생 또는 7년 이내 창업기업								●							1	'23.2월	경기도 안양시 (기업경제과)	안양산업진흥원 (청년성장부)	청년
15	충북 바이오 스타트 업 밋업(Meet-Up) 개최	●	●	●	●				5년 미만 초기창업기업										●			●		0.6	'23. 5월, 8월	충청북도 (바이오산업과)	미정	
16	혁신창업 페스티벌 개최	●							창업가, 대학, 혁신기관, 투자자 등								●			●				1	'23.상반기	충청북도 (경제기업과)	(제)충북 창조경제혁신센터	
17	충북 노매드 포럼 운영	●							창업가, 투자자 등								●			●				0.3	매월 1회	충청북도 (경제기업과)	(제)충북 창조경제혁신센터	
18	청년창업가 발굴 육성 특화프로그램	●	●						만 39세 이하, 청년 누구나								●							0.5	'23.3월	전라북도 익산시 (기업일자리과)	익산시 (기업일자리과)	청년
19	청년리리 프로젝트	●							사업장 소재지 및 주소지가 영천시이며 만 19~45세 이하 청년							●								0.2	'23.3월 (예정)	경상북도 영천시 일자리노사과	—	청년
20	청년정책 아이디어 공모전	●							관내 주소지를 둔 시민										●					0.04	'23.8월 (예정)	경상북도 영천시 일자리노사과	—	청년
21	김해창업 혁신센터 운영사업		●	●	●				창업 7년 이내 기업															0.1	'23.1~12월	경상남도 김해시 (투자유치과)	김해의생명산업진흥원	
22	CES 참가기업 지원								CES 주최 측(CTA) 승인 10개사										●					2.7	'23.6월	경상남도 창원시 (미래신산업과)	(제)창원산업진흥원 (창업지원팀)	

연번	사업명	지원대상								지원내용														예산(억원)	사업 공고일	소관부처	전담(주관)기관	비고
		예비창업자	창업후 3년이내	3년이상~5년이내	5년이상~7년이내	7년이상	재창업자	소상공인	기타 (교수, 학생 등)	자금지원			기술개발(R&D)		시설/공간/보육/액셀러레이팅			행사/네트워크	사업화지원								
										R&D자금	사업화자금	기타자금(융자,지분포함)	BM개발/고도화	시제품제작 등	시설장비지원	공간 및 보육	창업교육	멘토링/컨설팅/마케팅/판로지원/홍보	판로개척	글로벌 마케팅	투자유치						
23	기술창업 포럼	●							(예비)창업가 스타트업 창업지원기관 투자사(AV, VC)									●				0.3	'23.7월	경상남도 창원시 (미래산업과)	(재)창원산업진흥원 (창업지원팀)	
24	스타트업 테크쇼		●	●					(예비)창업가 스타트업 기관 투자사(AV, VC)									●				1	'23.8월	경상남도 창원시 (미래산업과)	(재)창원산업진흥원 (창업지원팀)	
25	창업네트워크 운영지원		●	●					(예비)창업자 및 유관기관 관계자									●				0.1	–	경상남도 창원시 (미래산업과)	(재)창원산업진흥원 (창업지원팀)	
26	귀농창업전시 및 행동 보행사 운영				●				귀농창업 교육 수료자											●		0.3	'23.2월	제주도 (농업기술원 기술지원조정과)	–	
◇ 융자(1건)																										
1	양산시 소상공인 육성자금 지원							●	양산에 사업장 및 사업자 등록 후 영업 행위를 하는 소상공인			●										22.5	'23.1월	경상남도 양산시 (일자리경제과)	경남신용보증재단 (양산 지점)	
◇ 인력(9건)																										
1	4차산업 분야 청년창업 기업 레벨업 지원 사업	●							부산에 거주 중인 만 39세 미만 미취업 청년			●										5.4	'22.12월	부산광역시 (청년창업담당관)	(재)부산경제 진흥원	청년
2	디지털&클린뉴스 청년 창업기업 지원사업	●							부산에 거주 중인 만 39세 미만 미취업 청년			●										4	'22.12월	부산광역시 (청년창업담당관)	(재)부산경제 진흥원	청년
3	BI맞춤형 청년인재 발굴 매칭 지원사업	●							부산에 거주 중인 만 39세 미만 미취업 청년			●										7.3	중도 포기자 발생 시	부산광역시 (청년창업담당관)	부산 이노비즈센터 (부산대학교)	청년

연번	사업명	예비창업자	창업후 3년 이내	3년 이상~5년 이내	5년 이상~7년 이내	7년 이상	재창업자	소상공인	기타 (교수, 학생 등)	R&D자금	사업화자금	기타자금(융자 포함)	BM개발/고도화	시제품제작 등	시설장비지원	공간제공	창업교육	컨설팅/멘토링	데모데이/IR/피칭/네트워킹	투자유치지원	판로개척	홍보마케팅	해외진출	예산(억원)	사업 공고일	소관부처	전담(주관)기관	비고
4	청년청년 일자리 플러스 지원사업	●							만 39세 이하 미취업 청년					●										0.9	'22.12월	강원 속초시 (일자리 경제과)		청년
5	그린강릉 블루강릉 청년창업자 스케일업	●	●	●					만 19~39세 이하 공고일 기준 청년 7년 이내의 초기창업가		●						●							2.8	'23.1월	강원 강릉시 (경제진흥과)	강원도립대 산학협력단	청년
6	소멸위기지역 청년창업 지원사업	●							만 19세 이상 39세 이하 홍천군에 주민등록이 되어 있는 예비 청년창업자			●												1.6	'22.12월	강원 홍천군 (일자리경제과)	홍천군 청년창업지원센터	청년
7	청년창업 스타트업 브릿지	●	●	●					5년 이내 청년 창업기업 *6+3신성장산업 관련			●												1.9	'23.2월~	충청북도 (청년정책담당관)	(사)충북바이오 산학융합원	청년
8	청년 소상공인 창업성장 지원		●	●					5년 이내 청년 창업기업 *소상공인 기업			●												14.4	'23.2월~	충청북도 (청년정책담당관)	(재)충청북도 기업진흥원	청년
9	청년기업 신규고용 인력 보조금 지원		●	●	●				기술기반 업력 7년 미만 중소 기업(신규투자를 통해 신규고용 창출 시)			●												5	'23. 2월	경상남도 (청년지원단)	창원시 외 16개 시군	

◇ 글로벌(8건)

연번	사업명	예비창업자	창업후 3년 이내	3년 이상~5년 이내	5년 이상~7년 이내	7년 이상	재창업자	소상공인	기타 (교수, 학생 등)	R&D자금	사업화자금	기타자금(융자 포함)	BM개발/고도화	시제품제작 등	시설장비지원	공간제공	창업교육	컨설팅/멘토링	데모데이/IR/피칭/네트워킹	투자유치지원	판로개척	홍보마케팅	해외진출	예산(억원)	사업 공고일	소관부처	전담(주관)기관	비고
1	해외시장 개척단 운영사업								관내 ICT 기업														●	1.5	'23.3월	서울시 구로구	중소벤처기업진흥공단	
2	글로벌셀러 청년 창업가 양성사업		●	●	●				창업 7년 이내 기업 중 청년 펀드, AC/VC 등의 투자를 5억원 이상 유치한 기업		●													3.5	'23.3월	부산광역시 (청년벤처 담당관)	(재)부산테크노파크	

연번	사업명	예비창업자	창업후 3년 이내	창업 3년 이상~5년 이내	창업 5년 이상~7년 이내	7년 이상	재창업자	소상공인	기타(교수, 학생 등)	R&D자금	사업화자금	기타자금(융자포함)	시제품제작 등	시설창업비지원	공간제공	창업교육	컨설팅/멘토링 등	대회/대전/IR/피칭/네트워킹 등	투자야치지원	판로개척	해외마케팅	정책자금 연계	예산(억원)	사업공고일	소관부처	전담(주관)기관	비고
3	창업기업 스타일테크 지원사업			●	●				창업 7년 이내 전자상거래 스타트업		●		●										1.5	'23.4월	부산광역시 (청년벤처창업과)	(재)부산정보산업진흥원	
4	청년 해외진출 기지 지원		●	●	●	●			해외진출을 원하는 만 39세 이하 10년 이내 지역 청년가							●				●			10	'22.2~ '23.1월	인천광역시 (투자창업과)	인천창조경제혁신센터	청년
5	부스티 스타트업 프로그램			●					바이오헬스 및 4차산업혁명 기술기반 창업 7년 이내 기업							●							5.7	'23.2월	인천광역시 (인천경제자유구역청 스마트 시티과)	인천테크노파크	
6	창업기업 글로벌 역량강화 해외벤처마킹		●						3년 미만 초기 창업기업											●			0.4	'23. 상반기	충청북도 (경제기업과)	(재)충북 창조경제혁신센터	
7	창업기업 국제 투자 유치 촉진 지원		●	●					7년 이내 창업기업							●			●	●			4	'22.2월	전라북도 (창업지원과)	(재)전북창조경제혁신 센터	
8	청년 글로벌셀러 육성 지원	●	●						만 18~39세 예비창업자 및 초기창업자											●			0.8	'23.2~4월 (예정)	전라남도 (일자리경제과)	목포대, 순천대	

* 중소벤처기업부(2023년도 창업지원사업 통합공고) 인용 및 재구성

권혁. 2016. 예비창업자를 위한 10대 실전전략: Venture business, Startup. 부크크(Bookk).

권혁진 외. 2023. 중소기업 경영컨설팅 실전가이드. 도서출판 정독.

권혁진 외. 2019. 중소기업 자금조달 컨설팅을 위한 기술금융과 기술평가 실무. 마인드탭.

권혁진 외. 2017. 중소기업 투자유치와 자금조달 실무. 마인드탭.

기술보증기금. 2011. 기술창업 가이드북.

기술보증기금. 2021. 기술보증기금 연차보고서.

기술보증기금. 2022. 기술보증기금 업무안내.

김규인 외. 2021. 나는 정부지원금으로 창업한다: 내 생애 첫 사업계획서 작성가이드. 샵북.

김선현 외. 2018. 신용등급이 M&A 활동에 미치는 영향에 대한 연구. (2018년 한국재무학회 추계학술대회).

김영국. 2017. 창업과 액셀러레이터 for 성공전략. 박영사.

김영기 외. 2022. 정부 · 지자체의 창업지원금 및 지원제도의 모든 것. 브레인플랫폼.

김우명. 2009. 무담보 정책자금 길라잡이. 우용출판사.

김진수. 2016. 예비창업 기술자를 위한 기술창업 실무지침서−따라 하는 기술창업. epage.

노중석. 2019. 정부지원금을 활용해 안전하게 기업 경영하기. 매경출판.

문승권 외. 2022. 경영혁신전략을 위한 중소기업 경영실무. 피앤씨미디어.

박혜경 외. 2022. 스타트업 창업 노하우 이걸 모르고 시작할 뻔했네. 북샵일공칠.

배상완 외. 2022. AHP 기법을 이용한 스타트업의 액셀러레이터 선택 의사결정요인의 상대적 중요도와 우선순위 분석. Journal of Digital Convergence.

배장근. 2021. 정책자금연구. 미다스북스.

법무부. 2022. 기술보증기금법, 시행령, 시행규칙.

법무부. 2022. 과학기술기본법시행령.

법무부. 2022. 벤처기업육성에 관한 특별조치법, 시행령, 시행규칙.

법무부. 2022. 벤처투자 촉진에 관한 법률, 시행령, 시행규칙.

법무부. 2022. 서민의 금융생활 지원에 관한 법률, 시행령, 시행규칙.

법무부. 2022. 소상공인보호및지원에관한법률, 시행령, 시행규칙.

법무부. 2022. 신용보증기금법, 시행령, 시행규칙.

법무부. 2022. 중소기업기본법, 시행령, 시행규칙.

법무부. 2022. 중소기업진흥에 관한 법률, 시행령, 시행규칙.

법무부. 2022. 중소기업창업 지원법, 시행령, 시행규칙.

법무부. 2022. 지역신용보증재단법, 시행령, 시행규칙.

법무부. 2022. 창조경제 민관협의회 등의 설치 및 운영에 관한 규칙.

법무부. 2022. 1인창조기업육성에관한법률, 시행령, 시행규칙.

벤처캐피탈협회. 2022. 2022년 3분기 Venture Capital Market Brief.

서동준. 2020. 성공창업을 위한 자금전략 – 투자, 정책자금, 정부 R&D 자금. 도서출판 당나귀.

석호삼. 2019. 창업 길잡이 실무중심으로 – 창업부터 정책자금까지 사업 성공 길잡이. 와이지북스.

신용보증기금. 2022. 신용보증기금 업무가이드.

신용보증기금. 2022. 신용보증기금 업무설명.

우혁 외. 2017. 나는 정부과제로 창업한다–내 돈 들이지 않고 정부과제 지원금으로 시작하는 성공창업 가이드북. 한스미디어.

유영은. 2020. 정부지원금 노하우(2020): 돈은 타이밍이다 4조 5900억원 지금 당장 가져다 써라. 지식공작소.

이득규 외. 2017. 창업자금 활용설명서 소상공인 편 (체험판): 기본 용어부터 실제 사례까지 정부지원 정책의 모든 것!. 한솜미디어.

이정일 외. 2018. 사업계획서와 창업실무. e퍼플

이정일. 2020. 2020 소상공인 소공인 정부지원사업 해설. e퍼플

이종훈. 2015. 2015 창업지원금 가이드: 창업자와 1인창조기업을 위한 성공적인 창업자금 공략법. 행성B.

이지훈. 2022. 창업과 경영 31가지 이야기. 상상.

이혁재. 2019. 정부지원사업 합격 사업계획서 쓰는 법. 한국학술정보.

이혁재. 2019. 창업지원금 1억원 받고 시작하는 초보 창업 방법. 좋은땅.

이혁재. 2020. 창업지원금 10억원 이상 받는 정부지원사업 합격의 정석. 좋은땅.

임성준. 2021. 스타트업 아이템 발굴부터 투자 유치까지. 유노북스.

임철순. 2019. 정부 지원 사업계획서 작성 사례. 다윗컨설팅.

전기석. 2020. 최신창업론. 명경사.

전창완. 2022. 경제교육 수업 가이드 신용과 신용관리.

정승환. 2021. 창업기업이 꼭 알아야 하는 정책자금. 비티타임즈.

중소벤처기업부. 2021. 2022년 중소기업 정책자금 융자계획 공고.

중소벤처기업부. 2021. 중소기업 창업지원계획('21~'22).

중소벤처기업부. 2021. 중소·벤처기업, 소상공인 지원사업(1권).

중소벤처기업부. 2021. 중소·벤처기업, 소상공인 지원사업(2권).

중소벤처기업부. 2022. 2023년 소상공인 온라인판로 지원사업 공고.

중소벤처기업부. 2022. 2023년 중소기업 정책자금 융자계획 공고.

중소벤처기업부. 2022. 2023년 창업지원사업 통합 공고.

중소벤처기업진흥공단. 2015. 사업계획서 작성 요령.

중소벤처기업진흥공단. 2021. 중소벤처기업진흥공단 2021 연차보고서.

최노아 외. 2019. 정책은 바뀌어도 변하지 않는 정책자금 핵심전략 – 몰라서 못 받는 정부지원자금 당당하

게 받자. 청년정신.

한국산업정보원. 2021. 정부지원제도총람(2022).

한국창업보육협회. 2022. 창업보육센터 홍보자료집.

한국콘텐츠진흥원. 2022. 2023 콘텐츠진흥원 설명회 발표자료.

한정미. 2018. 중소벤처기업 법제연구 1: 혁신창업 활성화를 위한 중소벤처기업 자금공급 확대방안 연구. 한국법제연구원.

홍성훈 외. 2022. 소상공인의 자금조달 전략. 북밴드.

홍승민. 2020. 합격사례 따라하면 성공하는 정부지원 사업계획서 작성법: 평가위원 기준으로 해석하는 사업계획서 작성법. 지식과감성.

홍진우 외. 2020. 2030 창업 길라잡이: 예비창업자, 스타트업을 위한 정부지원 사업계획서 작성법. 씨이오메이커.

황보윤 외. 2021. 창업실무론 Start-up Business & Practice. 3판. 도서출판 북넷.

Ayoub, M. R., Gottschalk, S., & Müller, B. 2017. Impact of public seed-funding on academic spin-offs. The Journal of Technology Transfer.

Cohen, S., Fehder, D. C., Hochberg, Y. V., & Murray, F. 2019. The design of startup accelerators. Research Policy.

Crişan, E. L., Salanţă, I. I., Beleiu, I. N., Bordean, O. N., & Bunduchi, R. 2021. A systematic literature review on accelerators. The Journal of Technology Transfer.

Deidda Gagliardo, E., Gobbo, G., Papi, L., & Bigoni, M. 2017. The effectiveness of incubation programs in startup development. Rivista italiana di ragioneria e di economia aziendale.

Dempwolf, C. S., Auer, J., & D'Ippolito, M. 2014. Innovation accelerators: Defining characteristics among startup assistance organizations. Small Business Administration.

Doblinger, C., Surana, K., & Anadon, L. D. 2019. Governments as partners: The role of alliances in US cleantech startup innovation. Research Policy.

Harris, W. L., & Wonglimpiyarat, J. 2019. Start-up accelerators and crowdfunding to drive innovation development. The Journal of Private Equity.

Kegel, P. 2016. A Comparison of Startup Entrepreneurial Activity Between the United States and Japan. Journal of Management Policy & Practice.

Kuschel, K., Lepeley, M. T., Espinosa, F., & Gutiérrez, S. 2017. Funding challenges of Latin American women start-up founders in the technology industry. Cross Cultural & Strategic Management.

Lee, J. R., & Chang, G. S. 2018. Impact of Startup Support Program on Entrepreneurial Self-efficacy, Opportunity Recognition · Startup Intention of Undergraduate Students. Asia-Pacific Journal of Business Venturing and Entrepreneurship.

LK Consulting. 중소기업과 창업기업을 위한 정책자금융자 조달 실무 가이드북.

Ries, E. 2014. Lean Startup: Founding companies quickly, risk—free and successfully. Redline economy.

Stayton, J., & Mangematin, V. 2019. Seed accelerators and the speed of new venture creation. The Journal of Technology Transfer.

Tsaplin, E., & Pozdeeva, Y. 2017. International strategies of business incubation: the USA, Germany and Russia. International Journal of Innovation.

Wonglimpiyarat, J. 2018. Challenges and dynamics of FinTech crowd funding: An innovation system approach. The Journal of High Technology Management Research.

Yasuda, T. 2009. Programs to stimulate start-ups and entrepreneurship in Japan: Experiences and lessons. In 21st century innovation Systems for Japan and the United States: Lessons from a decade of change. Report of a symposium.

경기신용보증재단. https://www.gcgf.or.kr.

기술보증기금. https://www.kibo.or.kr.

디캠프. https://dcamp.kr.

서민금융진흥원. https://www.kinfa.or.kr.

서울산업진흥원. https://www.sba.seoul.kr.

소상공인시장진흥공단. https://www.semas.or.kr.

신용보증기금. https://www.kodit.co.kr.

신용보증재단중앙회. https://www.koreg.or.kr.

중소벤처기업진흥공단. https://www.kosmes.or.kr.

중소기업기술정보진흥원. https://www.tipa.or.kr.

창업진흥원. https://www.kised.or.kr.

창조경제혁신센터. https://ccei.creativekorea.or.kr.

한국발명진흥회. https://www.kipa.or.kr.

한국창업보육협회. http://www.kobia.or.kr.

한국콘텐츠진흥원. https://www.kocca.kr.

한국테크노파크진흥회. http://www.technopark.kr.

정부등록 제 2022-2337 호

〈중소기업금융지도사 (CFC) 자격증 과정〉

'중소기업 자금조달전문' 지도사 양성과정

중소기업 자금조달과 투자유치 실무

정부등록 중소기업금융지도사 (CFC) 자격증 교육과정 안내

1. 개요
- 수백만 원을 내고 현장에서 써먹지도 못하는 자금컨설팅 교육을 들으셨나요?
  실무를 잘 모르는 이론만 들으신 겁니다. 이런 상황이 안타까워 본 과정을 개설하였습니다.
- 현장 실무에 바로 적용할 수 있는 '중소기업 자금조달 및 투자유치' 교육입니다.
- 경험이 풍부한 시중은행/보증기금 지점장, 벤처캐피탈 투자심사역, 신용평가기관 실장,
  정책금융기관 부장, 기술평가기관 본부장, 정부투자기관 투자팀장 등 검증된 강사진이 '
  실제사례'를 강의합니다.

- 실제 사례중심 강의, 강의 중 언제든 질의 응답
- 자금유치가 어려운 경우 대응방안/재무제표의 문제점 진단/개선방안
- 대출이 불가능한 업체 골라내서 버리기 / 내년 진행을 위한 회계결산 진단/개선
- 경영컨설팅의 큰 부담인 계약 체결하기(실무적/법적//건별/기간별), 계약금/잔금 받기 노하우

2. 교육 대상
- '기업금융자문 컨설팅' 사업을 성공적으로 수행하고자 하는 경영컨설턴트
- '기업대출'을 무기로, 법인보험영업을 성공적으로 수행하고자 하는 FC/FP
- 자금유치(대출/투자)에 어려움을 겪고 있는 중소기업 CEO/CFO
- 전문직 자격증 취득으로 본격적인 중소기업 컨설팅을 수행하고자 하는 분
- 따분하고 답답하고 답도없는 직장생활을 정리하고, 나만의 전문직 사업을 구상하는 분

3. 교육 특전
- 중소기업금융지도사(CFC) 자격증 수여 (중소벤처기업부 등록 2022-2337호)
- 자격증 취득 후 협회 회원 등록을 통한 개별 업체별 OJT 실무지도

4. 교육 시간 및 장소 : 12시간 (금요일 4시간/토요일 8시간)
  한국중소기업금융협회 용산교육장

5. 모집정원 및 운영
  10명 이내 소수정예 / 식사제공
  교재제공 '중소기업 자금조달과 투자유치 실무'(250 page)

* 성공적으로 사업중인 선배기수 CFC지도사 특강도 있습니다
  '중소기업금융지도사(CFC) 자격증' 을 활용한 성공적인 자금조달 컨설팅

수강신청 및 문의
한국중소기업금융협회 교육본부장 010-6303-3138

교육일정

日次	강좌	시간	주제	강의 주요내용	교수
1日次(금요일)	Intro	16:00~0.5H	중소기업금융지도사(CFC) 이해 및 업무	기업금융지도사 이해 업무 범위 및 수익창출 방안	금융협회 교육본부장
	1강	16:30~2.0H	스타트업/창업초기기업 정부지원정책	창업활성화 맞춤형 프로그램 스타트업 정부지원제도 창업자금 조달 팁	정책금융기관 부장
			Hamburger & Cola break		
	2강	19:00~2.0H	투자유치 벤처캐피탈 활용실무	벤처캐피탈 투자 프로세스 공공투자기관 투자 실무 성공적 투자유치 전략 / 투자 실패사례	벤처캐피탈 투자심사역
2日次(토요일)	3강	09:00~3.0H	보증기관 활용실무	보증기관 이용실무 (신보/기보/보증재단) 보증상담/현장실사 주요확인사항/주의사항 성공/실패사례 case study	보증기금 지점장
			Lunch & Coffee break		
	4강	13:00~2.0H	은행자금 조달 실무	중소기업대출 실무((시중은행/저축은행) 성공/실패사례 case study	시중은행 기업금융 지점장
	5강	15:00~1.0H	기업신용등급 개선자문	신용평가방법론 실무 신용등급개선 컨설팅 case study 비외감 기업 회계결산 진단/개선자문	신용평가기관 본부장
	6강	16:00~1.0H	기술가치평가 이해 및 특허 기술 금융	기술가치평가 개요 및 IP(특허)담보대출 성공/실패 실제 사례	협회 교육본부장
	7강	17:00~1.0H	IPO 전략수립 컨설팅	기술특례상장 제도 및 상장절차 특례상장 평가 및 세부평가지침 특례상장대상기업 발굴 및 컨설팅	기술평가기관 본부장
	Extro	18:00~1.0H	자격검정	중소기업금융지도사(CFC) 자격시험 및 자격증 수여	

정부등록 심사중

〈중소기업회생지도사〈CRC〉자격증 과정〉

중소기업 기업회생 컨설팅 실무

 **KEFA** 한국중소기업금융협회
KOREA SMALL AND MEDIUM-SIZED
ENTERPRISE FINANCE ASSOCIATION

중소기업회생지도사(CRC) 자격증 과정

1. 교육 대상
'기업대출 컨설팅'을 성공적으로 수행중인 중소기업 금융컨설턴트로서
'중소기업회생' 컨설팅사업을 병행하여 수행하고자 하시는 분

2. 교육 중점
- 중소기업금융지도사(CFC)의 '기업회생컨설팅 병행수행'을 통한 영역 확장교육입니다.
  => 특별한 실무방법론을 전수합니다.
- 국내 최고로 권위있는 법무법인의 변호사/총괄국장, 회생연구소 소장, 금융기관 채권
  관리 실무팀장, 기업회생 자문을 성공적으로 수행중인 지도사가 강의를 진행합니다.
  철저한 실무중심, 사례중심, 질의응답 방식으로 진행합니다.
- '중소기업 경영컨설팅 실전가이드(5판)' 저자 직강입니다.

3. 교육 특전
- **중소기업회생지도사(CRC) 자격증 수여(정부등록 신청 중)-한국중소기업금융협회 명의**
- **자격증 취득 후 협회 이사 등록을 통한 개별 업체별 OJT 실무지도(등록비 별도)**

4. 교육시간/장소/교재
   시간 : 토요일 10시간
   장소- 금융협회 교육장 **교재제공 '중소기업 기업회생 컨설팅 실무' / 식사제공**

5. 수강신청 및 문의
- 교육본부장 010-6303-3138

6. 중소기업회생지도사의 직무범위
   ▌차입금과다, 매입채무과다, 매출부진, 거래처 부실, 매출채권과다 등 한계상황에
     봉착한 중소기업의 발굴
   ▌한계 중소기업의 과중채무의 신속한 구제를 위한 부도전 선제적 재기방안 도출
   ▌한계 중소기업 경영진단 및 위기경영 진로제시 컨설팅

   ▌발굴기업의 재건을 위한 '기업회생방안' 제시 컨설팅
   ▌회생종결 이후 정상화 방안 제시컨설팅(사업방향, 조직구조 개편, 재무구조 개선,
     투자유치)

교육일정

강좌	시간	주제	강의내용	교수
Intro	09:30~ 0.5H	오리엔테이션	과정 및 진행 안내	진행자
		중소기업회생지도사 이해 및 업무범위	- 중소기업회생지도사 이해 및 필요성 - 지도사 업무범위	협회 부회장
1강	10:00~ 2.0H	통합도산법 해설	- 채무자회생 및 파산에 관한 법률 해설 - 통합도산법 입법 취지 및 주요내용 - 도산절차의 진행과정과 흐름	법무법인 변호사
Lunch & Coffee break				
2강	13:00~ 2.0H	금융기관의 기업회생 업체 업무처리방안	- 금융기관의 업무범위와 태도 - 실무적인 처리방식 - 1순위 회생담보권자 업무방식	금융기관 채권관리 팀장
3강	15:00~ 2.0H	기업회생 이론 및 간이회생제도	- 기업회생 절차별 각론 - 경영권 유지 - 간이회생제도의 이해와 활용	기업회생연구소 국장
4강	17:00~ 2.0H	중소기업 기업회생 실무	- 기업가치 극대화 : 스폰서/백기사/M&A 요령 및 구체적 사례 - 자가공장 지키는 방법 - NPL - 자가공장 되찾아오는 Know How - 근저당권 : 회생담보권(Sale & Lease Back) 회생채권 감경 방안	기업회생연구소 국장
5강	19:00~ 1.0H	회생기업 발굴스킬 및 한계기업 경영진단	- 기업회생 가능기업 발굴 영업방식 - Segmentation 업종/등급/지역/규모/재정상태/징후 別	협회 교육본부장
Extro	20:00~ 0.5H	자격검정 및 수료식	중소기업회생지도사(CRC) 자격증 시험 및 수료식	

• 저자소개

이동명

(英)리버풀대학 경영대학 경영학박사

건국대학교 공과대학 신산업융합학과 교수

건국대학교 창업지원단 자문위원

한국과학기술기획평가원 자문위원

한국경영 · 기술컨설턴트협회 전문위원

산업기술진흥원 평가위원

KOTRA 고용추천서 평가위원

한국경영공학회 부회장(편집위원장)

아시아 · 유럽미래학회 부회장

대한경영학회 상임이사

Supply Chain Management: an International Journal,

Journal of Retailing and Consumer Services,

International Journal of Advanced Manufacturing Technology 등 심사위원

남기정

건국대학교 대학원 경영공학박사

신용보증기금 서울서부영업본부 기업경영지원실 부장(현)

신용보증기금 안동, 이천, 강서, 성남지점장(전)

신용보증기금 산업분석부, 연구개발부 팀장(전)

한국평가데이터 자문위원(현)

창업진흥원 창업사업 평가위원(현)

기술거래사/기업 · 기술가치평가사/신용분석사/정보처리기사

(공저)중소기업 경영컨설팅 실전가이드(도서출판 정독)

(공저)기술금융과 기술평가 실무(마인드탭)

배상완

건국대학교 대학원 경영공학박사

신용보증기금 서울동부영업본부 기업경영지원실 부장(현)

신용보증기금 사하, 테헤란로, 천안, 광진지점장(전)

신용보증기금 서울동부창조금융센터, 서울동부스타트업지점장(전)

창업진흥원 창업사업 평가위원(현)

한국콘텐츠진흥원 심사평가위원(현)

한국발명진흥회 평가위원(현)

한국평가데이터 기술평가 자문위원(현)

인덕대 창업지원단 창업멘토(현)

창업상권분석상담사/벤처캐피탈리스트

기술거래사/신용분석사/창업지도사

(공저)중소기업 경영컨설팅 실전가이드(도서출판 정독)

오경상

건국대학교 대학원 경영공학박사

신용보증기금 수원지점 팀장(현)

신용보증기금 사내컨설턴트(현)

창업진흥원 창업사업 평가위원(현)

신용보증기금 투자금융센터 팀장(전)

기술거래사/기업 · 기술가치평가사/기술사업가치평가사

기술창업지도사/경영진단사/정보처리기사

(공저)중소기업 경영컨설팅 실전가이드(도서출판 정독)

권혁진

건국대학교 대학원 경영학박사

이크레더블 B2B사업본부장/기술평가본부장(현)

기술보증기금 서초기술평가센터 부지점장(전)

한국중소기업금융협회 교육본부장(현)

기술보증기금 · 신용보증기금 평가위원/한국금융연수원 강의교수

경영지도사(재무관리)/기업 · 기술가치평가사/기술거래사

(공저)중소기업 경영컨설팅 실전가이드(도서출판 정독)

(공저)중소기업 투자유치와 자금조달 실무(마인드탭)

(공저)기술금융과 기술평가 실무(마인드탭)

창업지원제도
활 용
실무 가이드

초판 1쇄 발행 2023년 4월 21일
초판 2쇄 발행 2023년 5월 03일

지은이 이동명, 남기정, 배상완, 오경상, 권혁진
펴낸이 채종준
펴낸곳 한국학술정보㈜
주 소 경기도 파주시 회동길 230(문발동)
전 화 031-908-3181(대표)
팩 스 031-908-3189
홈페이지 http://ebook.kstudy.com
E-mail 출판사업부 publish@kstudy.com
등 록 제일산-115호(2000. 6. 19)

ISBN 979-11-6983-280-9 13320